中国轻工业"十三五"
普通高等学校"十三五"规划教材

物流管理类

物流概论

高 音 何 娜 常青平 主 编
周 慧 卢改红 王志山 卢 园 蒋 亮 副主编

微信扫描
获取课件等资源

南京大学出版社

内 容 简 介

本书立足专业基础知识，紧盯专业前沿，对物流的基础知识和基础理论进行了详细而全面的介绍。本书共分11章，主要内容包括导论、物流的主要功能、配送与配送中心、仓储与库存、物流系统化、物流成本、国际物流、供应链、现代物流、物流信息管理、物流组织与控制。本书内容配合实践实训环节，重点培养学生的应用能力和创新能力，为后续专业课的学习打下坚实的基础。

本书不仅可以作为普通高等院校物流管理及相关专业学生的教材，还可以作为成人教育和企业培训的教材，对物流管理的从业人员也具有较高的参考价值。

图书在版编目（CIP）数据

物流概论 / 高音，何娜，常青平主编. -- 南京：
南京大学出版社，2019.1
ISBN 978-7-305-21311-3

Ⅰ. ①物… Ⅱ. ①高… ②何… ③常… Ⅲ. ①物流—概论—高等学校—教材 Ⅳ. ①F252

中国版本图书馆 CIP 数据核字(2018)第 267393 号

出版发行	南京大学出版社
社　　址	南京市汉口路 22 号　　　邮　编　210093
出版人	金鑫荣
书　　名	物流概论
主　　编	高 音　何 娜　常青平
策划编辑	胡伟卷
责任编辑	胡伟卷　蔡文彬　　　　编辑热线　010-88252319
照　　排	北京圣鑫旺文化发展中心
印　　刷	南京人民印刷厂有限责任公司
开　　本	787×1092　1/16　印张 19　字数 523 千
版　　次	2019 年 1 月第 1 版　　2019 年 1 月第 1 次印刷
ISBN 978-7-305-21311-3
定　　价	48.00 元
网　　址	http://www.njupco.com
官方微博	http://weibo.com/njupco
微信服务号：	njuyuexue
销售咨询热线：（025）83594756

* 版权所有，侵权必究

* 凡购买南大版图书，如有印装质量问题，请与所购图书销售部门联系调换

前言

物流业是融合运输业、仓储业和信息业的复合运输行业,是国民经济的重要组成部分。"十二五"时期,国家发改委大力发展物流业,着力破解制约物流业发展的体制机制障碍,积极营造行业发展良好环境。2015年,中国社会物流总额达到220万亿元,社会物流总费用与GDP的比率约为15%。"十三五"期间,国家继续加大物流业的发展力度,按照引领经济新常态、贯彻发展新理念的要求,进一步把物流业降本增效和服务国家重大战略,作为降成本、补短板,推进供给侧结构性改革的重点任务,着力推动物流业创新发展。

同时,物流业作为支撑经济社会发展的基础性、战略性产业,对国民经济的发展起到了重要的作用,其涉及领域广,吸纳就业人数多,促进生产,拉动消费作用大,在促进产业结构调整、转变经济发展方式和增强国民经济竞争力等方面,发挥着越来越重要的作用。由此物流管理专业在高等教育中的重要性日益突显。

在高校本科阶段物流管理专业的教学中,现代物流概论是一门重要的专业主干课程。通过本课程的学习,能使学生掌握物流的基础知识和基础理论,知晓物流的功能和物流作业,了解现代物流的发展现状,认识现代物流的发展趋势。

本书立足点是"紧跟形势,贴近实际;理论够用,强调实践;避免高深,着眼应用;兼顾体系,突出特色"。尽量抓住本科物流管理专业教育目标,为社会培养应用型的物流管理人才。本书涉及物流作业的各个环节,体系完整,内容详尽。本书在明确总体教学目标的基础上,通过知识点和技能点将能力目标具体化,每章都有明确的学习目标和学习重点。同时,突出理论与应用并重,采用图文并茂的表达形式强化知识与技能。本书的特色是以物流功能的实现为线索,明确学习目标;以案例为导入,配合正文适当安排"小知识""案例""专业拓展"等形式多样的内容介绍。每章的最后安排有思考题、案例分析和技能训练题,以巩固所学知识,达到良好的教学效果。

本书由天津科技大学高音、闽南理工学院何娜、天津科技大学常青平任主编,九江学院周慧,天津科技大学卢改红、王志山、卢园、蒋亮任副主编。高音负责全书的框架结构设计、统稿与审核工作。具体编写分工如下:第一章由常青平编写,第二章由高音编写,第三章由卢园编写,第四章由王志山、周慧编写,第五章由王志山编写,第六章由常青平编写,第七章由何娜编写,第八章由蒋亮编写,第九章由常青平、周慧编写,第十章、第十一章由卢改红编写。

本书在编写过程中,参阅和引用了国内外有关物流学科的书籍和论文,在此向这些论著的作者表示衷心的感谢。随着物流行业在我国的飞速发展,物流的重要性不断被业界所认知,现代物流的发展日新月异,虽然我们为本书的编写付出了艰辛的努力,但由于水平有限,难免存在疏漏和不足之处,敬请读者批评指正。

编 者
2018年10月

目 录

第一章 导论 / 1
    第一节 物流概述 / 2
    第二节 物流与国民经济 / 14
    本章小结 / 18
    本章习题 / 18

第二章 物流的主要功能 / 21
    第一节 运输 / 22
    第二节 包装 / 33
    第三节 装卸搬运 / 38
    第四节 储存 / 43
    第五节 流通加工 / 49
    本章小结 / 54
    本章习题 / 54

第三章 配送与配送中心 / 57
    第一节 配送概述 / 58
    第二节 配送模式 / 68
    第三节 配送合理化 / 72
    第四节 配送中心 / 76
    本章小结 / 84
    本章习题 / 85

第四章 仓储与库存 / 88
    第一节 仓储 / 89
    第二节 库存 / 94
    第三节 库存控制技术 / 100
    本章小结 / 111
    本章习题 / 112

第五章 物流系统化 / 115
    第一节 物流系统概述 / 117
    第二节 物流系统的结构与要素 / 125
    第三节 物流系统的评价与优化 / 135

    本章小结 / 143
    本章习题 / 143

第六章 物流成本 / 146
    第一节 现代物流成本概述 / 147
    第二节 物流成本的计算 / 153
    第三节 物流成本控制 / 163
    本章小结 / 168
    本章习题 / 168

第七章 国际物流 / 172
    第一节 国际物流概述 / 173
    第二节 国际多式联运 / 181
    第三节 跨国公司 / 186
    本章小结 / 193
    本章习题 / 193

第八章 供应链 / 201
    第一节 供应链概述 / 202
    第二节 牛鞭效应 / 206
    第三节 供应链管理 / 210
    本章小结 / 222
    本章习题 / 222

第九章 现代物流 / 224
    第一节 第三方物流 / 224
    第二节 第四方物流 / 231
    第三节 逆向物流 / 234
    第四节 冷链物流 / 238
    第五节 精益物流 / 243
    本章小结 / 246
    本章习题 / 246

第十章 物流信息管理 / 248
    第一节 物流信息概述 / 249

2　物流概论

第二节　物流信息技术／253
本章小结／273
本章习题／273

第十一章　物流组织与控制／276

第一节　物流组织结构认知／277

第二节　物流质量管理／283
第三节　物流标准化／290
本章小结／295
本章习题／295

参考文献／297

第一章

导论

学习目标

- ◆ 熟练掌握物流与物流管理的基本概念。
- ◆ 掌握物流管理的基本内容。
- ◆ 了解物流业的发展。
- ◆ 理解物流作为第三利润源对我国国民经济发展所带来的巨大影响。

学习重点

- ◆ 掌握物流的基本要素。
- ◆ 了解物流与国民经济。

案例导入 携大数据与人工智能，打造智慧物流产业链

据经济之声《天下财经》报道，在2017年的亚洲消费电子展上，京东、苏宁等企业携大数据与人工智能，力争打造智慧物流产业链。伴随着电商行业的迅猛发展，消费型物流需求激增，智慧物流有望成为快递业下一个重要的突破口。

1. UPS：无人机解决快递最后一公里

在2017年的CES展会上，有这样一个有趣的场景。通过几根绳索，将人吊起在半空中，带上时下新潮的VR眼镜，就能在离地不到半米的高度，体验一把来自百米高空载货无人机的感觉。一位参展观众表示，有一种身临其境的悬空感，有点头晕。

"以无人机的视角，就是你在天上飞的感觉。对于体验来说还是不错的，就是下来以后会感觉很晕。"这就是来自美国的UPS快递公司无人机视角的VR运送货物悬空体验。

不仅如此，UPS带着快递无人机来了：一架黑色的四翼运输无人机，下方带着一个货架，格外吸引眼球。UPS品牌传播和客户关系部经理王海艳告诉记者，逐步完善的无人机送货，提供了智慧物流解决最后一公里的方案。

王海艳说："我们的操作员根据事先规划好的路线，无人机自动从汽车中出来，把货物运送到目的地，然后自动返回。无人机返回后可以自己充电，然后再到下一站。利用无人机，最后一公里，把货物递送过去。"

2. 苏宁：依托数据，智慧采购

苏宁在这次展会上带来的智能化补货系统，则展示了智慧物流的另一种形态。在苏宁展台的一副模拟物流运输页面上，产品的库存与供应链网络直观地呈现在地图上。苏宁研发人员李二国告诉记者，智能补货系统依托大数据分析，综合促销活动、当地用户购物习惯及供应链网络等因素，给出补货建议，形成智慧采购。

李二国介绍道："随着销售地深入，当库存产生预警的时候，可能无法满足未来的需求量，这个时候我们运用大数据、机器学习的技术，找出一些对产品销售有影响的因子，模拟

出一个需要补货的建议值。如果是门店,可以从我们的中心仓往下分货。如果是DC仓,我们可以选择就近调拨。还可以选择直接向供应商采购。"

资料来源:安卓资讯. http://www.thebigdata.cn/YingYongAnLi/33565.html.

第一节 物流概述

随着经济全球化趋势的加强,科学技术尤其是信息技术突飞猛进地发展,企业生产资料的获取与产品销售范围日趋扩大,社会生产、物资流动、商品交易及管理方式正在并将继续发生深刻的变化。与此相对应,被普遍认为企业在降低物质消耗、提高劳动生产率以外的"第三利润源"的现代物流业已经在全世界范围内广泛兴起。

一、物流的相关概念

物流是一个十分现代化的概念,由于它对商务活动的影响日益明显,已经越来越引起人们的注意。现代物流起源于美国,发展于日本,成熟于欧洲,拓展于中国。这是现代物流历史发展的一条公认的轨迹。

(一)"物"的概念

物指一切物质,如物资、物品、商品、原材料、零部件、半成品等。物流中"物"的概念是指一切可以进行物理位移的物质资料。物流中所指"物"的一个重要特点是其必须可以发生物理性位移,而这一位移的参照系是地球。因此固定了的设施等不是物流要研究的对象。

物资在我国专指生产资料,有时也泛指全部物质资料,较多指工业品生产资料。其与物流中"物"的区别在于,"物资"中包含相当一部分不能发生物理性位移的生产资料,这一部分不属于物流研究的范畴,如建筑设施、土地等;另外,属于物流对象的各种生活资料又不能包含在作为生产资料理解的"物资"概念之中。

物料是我国生产领域中的一个专门概念。生产企业习惯将最终产品之外的、在生产领域流转的一切材料(不论其来自生产资料还是生活资料)、燃料、零部件、半成品、外协件,以及生产过程中必然产生的边、角、余料,废料及各种废物统称为"物料"。

货物是我国交通运输领域中的一个专门概念。交通运输领域将其经营的对象分为两大类,一类是人,一类是物。除人之外,"物"的这一类统称为货物。

(二)"流"的概念

物流管理学中的"流",指的是物理性运动,既涵盖由交换产生的商业活动中的"流通",又包括生产领域中的"流程"等。

物流的"流",经常被人误解为"流通"。"流"和"流通"是既有联系又有区别的。其联系在于,流通过程中,物的物理性位移常伴随交换而发生,通过流通最终实现物的转移。其区别主要在于两点:一是涵盖的领域不同,"流"不但涵盖流通领域也涵盖生产、生活等领域,凡是有物发生物理性位移的领域,都是"流"的领域,而流通中的"流"从范畴来看只是全部"流"的一个局部;另一个区别是"流通"并不以其整体作为"流"的一部分,而是以实物物理性运动的局部构成"流"的一部分。流通领域中,商业活动中的交易、谈判、契约、分配、结算等所谓"商流"活动和贯穿之间的信息流等都不能纳入到物理性运动之中。

(三)"物流"的概念

在《中华人民共和国国家标准物流术语》(GB/T 18354—2006)(以下简称《物流术语》)中将物流定义为:"物品从供应地向接收地的实体流动过程。根据实际需要,将运输、储存、装卸、搬运、包装、流通加工、配送、信息处理等基本功能实施有机结合。"

二、物流的特征及分类

(一)物流的特征

现代物流的特征可以概括为以下几个方面。

1. 物流系统化

物流不是运输、保管等活动的简单叠加,而是通过彼此的内在联系,在共同目的下形成的一个系统,构成系统的功能要素之间存在着相互作用的关系。在考虑物流最优化的时候,必须从系统的角度出发,通过物流功能的最佳组合实现物流整体的最优化目标。局部的最优化并不代表物流系统整体的最优化,树立系统化观念是搞好物流管理,开展现代物流活动的重要基础。

2. 物流总成本最小化

物流管理追求的是物流系统的最优化。在成本管理上体现为要实现物流总成本最小化,物流总成本最小化是物流合理化的重要标志。传统的管理方法将注意力集中于尽可能使每一项个别物流活动成本最小化,而忽视了物流总成本,忽视了各项成本之间的相互关系。从系统的观点看,构成物流的各功能之间明显存在着效益背反关系。例如,减少仓库设置的数量可以节省保管费用,但是,另一方面会由于加大了运输距离和运输次数而使运输费用增加,从而有可能使物流总费用水平不但没有降低反而提高。现代物流建立在物流总成本的意识基础之上,通过物流各个功能活动的相互配合和总体协调达到物流总成本最小化的目的。

3. 物流信息化

现代物流可以理解为物资的物理流通与信息流通的结合。信息在实现物流系统化,实现物流作业一体化方面发挥着重要作用。传统物流的各个功能要素之间缺乏有机的联系,对物流活动的控制属于事后控制。而现代物流通过信息将各项物流功能活动有机结合在一起,通过对信息的实时把握控制物流系统按照预定的目标运行。准确地掌握信息,如库存信息、需求信息,可以减少非效率、非增值的物流活动,提高物流效率和物流服务的可靠性。

4. 物流手段现代化

在现代物流活动中,广泛使用先进的运输、仓储、装卸搬运、包装以及流通加工等手段。运输手段的大型化、高速化、专用化,装卸搬运机械的自动化,包装的单元化,仓库的立体化、自动化,以及信息处理和传输的计算机化、电子化、网络化等为开展现代物流提供了物质保证。

5. 物流服务社会化

在现代物流时代,物流业得到充分发展,企业物流需求通过社会化物流服务得到满足的比重在不断提高,第三方物流形态成为现代物流的主流,物流产业在国民经济中发挥着重要作用。

6. 物流管理专门化

越来越多的企业的物流活动开始由专门的部门负责,不再依附于其他部门,而是从采购部或生产部等部门独立出来,成为物流部。物流管理技术亦日趋成熟。

7. 物流电子化

现代信息技术、通信技术及网络技术广泛应用于物流信息的处理和传输过程。物流各个环节之间，物流部门与其他相关部门之间，不同企业之间的物流信息交换、传递和处理可以突破空间和时间的限制，保持实物流与信息流的高度统一和对信息的实时处理。

8. 物流快速反应化

在现代物流信息系统、作业系统和物流网络的支持下，物流适应需求的反应速度加快，物流前置时间缩短，及时配送、快速补充订货及迅速调整库存结构的能力在加强。

9. 物流网络化

随着生产和流通空间范围的扩大，为了保证产品高效率的分销和材料供应，现代物流需要有完善、健全的物流网络体系。网络上点与点之间的物流活动保持着系统性、一致性，这样可以保证整个物流网络有最优的库存总水平及库存分布，将干线运输与支线末端配送结合起来，形成快速灵活的供应通道。

10. 物流柔性化

随着消费者需求的多样化、个性化，物流需求呈现出小批量、多品种、高频次的特点。订货周期变短、时间性增强，物流需求的不确定性提高。物流柔性化就是要以顾客的物流需求为中心，对顾客的需求做出快速反应，及时调整物流作业，同时可以有效地控制物流成本。

小知识

物流中的效益背反效应

效益背反又称二律背反，即两个相互排斥而又被认为是同样正确的命题之间的矛盾。物流成本的效益背反规律或二律背反效应又被称为物流成本交替损益（trade off），是指在物流的各要素间，物流成本此消彼长。

效益背反是物流领域中很经常、很普遍的现象，是这一领域中内部矛盾的反映和表现。这是一种此涨彼消、此盈彼亏的现象。虽然在许多领域中这种现象都是存在着的，但在物流领域中，这个问题似乎尤其严重。效益背反说有许多有力的实证予以支持，如包装问题。在产品销售市场和销售价格皆不变的前提下，假定其他成本因素也不变，那么包装方面每少花一分钱，这一分钱就必然转到收益上来，包装越省，利润则越高。但是，一旦商品进入流通之后，如果简单的包装降低了产品的防护效果，造成了大量损失，就会造成储存、装卸、运输功能要素的工作劣化和效益大减，显然，包装活动的效益是以其他的损失为代价的。我国流通领域每年因包装不善出现的上百亿的商品损失，就是这种效益背反的实证。

物流成本与服务水平的效益背反是指物流服务的高水平必然带来企业业务量的增加、收入的增加，同时却也带来企业物流成本的增加，使得企业效益下降，即高水平的物流服务必然伴随着高水平的物流成本，而且物流服务水平与成本之间并非成线性关系。在没有很大技术进步的情况下，企业很难同时做到提高物流水平和降低物流成本。

资料来源：维基百科．http://wiki.mbalib.com/wiki．

（二）物流的分类

1. 按照作用划分

消费品首先以原料的形式从供应商输送到生产商，制成成品后运往分销中心，直到各地区仓库,然后根据需要运送至商店,最终到达消费者手中,消费品消耗完毕后又会经历回收或废弃阶段,完成一个消费品的生命周期。这一系列的供应链流程都会涉及物流,根据其在供应链中所起到的作用可将物流分为供应物流、生产物流、销售物流、回收物流和废弃物流。

(1) 供应物流

供应物流是指包括原材料等一切生产物资的采购、进货运输、仓储、库存管理、用料管理和供应管理,也称原材料采购物流。它是为生产企业、流通企业或消费者购入原材料、零部件或商品时,物品在提供者与需求者之间的实体流动过程,对企业生产的正常、高效率进行发挥着保障作用。

(2) 生产物流

生产物流是指在生产过程中,原材料、在制品、半成品、产成品等在企业内部的实体流动。它一般是指原材料、燃料、外购件投入生产后,经过下料、发料,运送到各加工点和存储点,以在制品的形态,从一个生产单位(仓库)流入另一个生产单位,按照规定的工艺过程进行加工、储存,借助一定的运输装置,在某个点内流转,又从某个点内流出,始终体现着物料实物形态的流转过程。

(3) 销售物流

销售物流是指生产企业、流通企业出售产品或商品时,物品在供方与需方之间的实体流动。销售物流的起点,一般情况下是生产企业的产成品仓库,经过分销物流,完成长距离、干线的物流活动,再经过配送完成市内和区域范围的物流活动,到达企业、商业用户或最终消费者。

(4) 回收物流

回收物流是指不合格物品的返修、退货,以及周转使用的包装容器从需方返回到供方所形成的物品实体流动。因为企业在生产、供应、销售的活动中总会产生各种边角余料和废料,而这些东西的回收是需要伴随物流活动的。

(5) 废弃物流

废弃物流是指将经济活动中失去原有使用价值的物品,根据实际需要进行收集、分类、加工、包装、搬运、储存,并分送到专门处理场所时所形成的物品实体流动。

案例 1-1

逆向物流规模上万亿,下一个行业金矿待挖掘

电商网购、O2O 零售大战,当消费者享受着便利的购物体验时,企业可能正面临着一个巨大的挑战——逆向物流,也就是由于缺陷召回、退换货等引发的从客户端到企业端的物流。

2015 年 12 月 19 日,上海市物流协会逆向物流分会在同济大学正式成立。中国物流学会副会长、曙光研究院院长郝皓表示,引发逆向物流的因素有很多,如换季退货、维修退货、积压库存、生产报废等,估计占到企业销售总额的 5% 左右。

根据专业机构调研预测,中国物流市场容量大概在 5 万多亿元,而逆向物流约占其中 20%。也就是说,逆向物流带来的市场空间,高达 1 万多亿元。

但现阶段的一个现实却是,目前我国很多企业逆向物流成本占到了总成本的 20% 以上,远远高于发达国家企业 4% 的平均水平。实际上,逆向物流现在已经成为制约我国企业发展的瓶颈。"因为逆向物流无法预估,现阶段绝大部分的企业还只是将注意力集中在正向物流的发展上,并没有真正意识到逆向物流的价值。"郝皓说。

2014 年,国务院印发的《物流业发展中长期规划(2014—2020 年)》中明确指出要大力发展逆向物流和绿色物流。2015年7月4日,《国务院关于积极推进"互联网+"行动的指导意见》强调"充分发挥互联网在逆向物流回收体系中的平台作用""利用物联网、大数据开展信息采集、数据分析、流向监测,优化逆向物流网点布局。"调研发现,由于逆向物流无法预估且对于系统的柔性化要求较高,我国现有的物流信息网络很难达到要求,各企业也因持怀疑态度而不愿投资。另外,廉价的劳动力资源仍是我国现阶段最有利的资源,因此企业并不愿意在物流上做过大的投资。而且我国相关的立法也不够完善,对于企业的监管力度亦不足。"但事实上,从国际经验来看,"郝皓说,"逆向物流可以成为企业的利润中心。"在中国许多企业还在承受占总成本20%以上的逆向物流成本时,全球范围内一些主要跨国企业,如杜邦、巴斯夫、宝马、IBM、康明斯等,都因为积极实施逆向物流带来了可观的经济效益和社会价值。

资料来源:胥会云. 第一财经,2015-12-23.

2. 按物流范畴划分

物流所覆盖的范围可上至社会,下至单个的小企业,按物流的范畴可将物流划分为社会物流、行业物流和企业物流。

(1) 社会物流

社会物流是指以全社会为范畴、面向广大用户的超越一家一户的物流。社会物流涉及在商品的流通领域所发生的所有物流活动,是流通领域发生的物流,是全社会物流的整体,因此社会物流带有宏观性和广泛性,所以也称之为大物流或宏观物流。伴随商业活动的发生,物流过程通过商品的转移实现商品的所有权转移,这是社会物流的标志。这种社会性很强的物流往往是由专门的物流承担人承担。社会物流流通网络是国民经济的命脉,而流通网络分布是否合理、渠道是否畅通又是其中的关键。

(2) 行业物流

行业物流是指同一行业,为了本行业的整体利益或共同目标而形成的行业内部物流网络。在一般情况下,同一行业的各个企业往往在经营上是竞争对手,但为了共同的利益,为了某一行业的发展,同行内各企业在物流领域中却又常常互相协作,共同促进物流系统的合理化。行业物流系统化,能使参与的各物流企业都获得相应的经济利益,又为全社会节约人力、物力资源。

(3) 企业物流

企业物流是指以盈利为目的,运用生产要素为各类用户从事各种后勤保障活动,即流通和服务活动,依法自主经营、自负盈亏、自我发展,并具有独立法人资格的经济实体。它从企业角度研究与之有关的物流活动,是具体的、微观的物流活动的典型领域。企业系统活动的基本结构是投入—转换—产出。对于生产类型的企业来讲,是原材料、燃料、人力、资本等的投入,经过制造或加工使之转换为产品或服务;对于服务型企业来讲,则是设备、人力、管理和运营,转换为对用户的服务。

3. 按物流主体的目的不同划分

按物流主体的目的不同可将物流分为第一方物流、第二方物流、第三方物流和第四方物流。

(1) 第一方物流

第一方物流(1PL)是生产者或供应方组织的物流活动。这些组织的主要业务是生产和供应商品,但为了其自身生产和销售的需要而进行物流网络及设施设备的投资、经营与管理。供应方或厂商一般都需要投资建设仓库、购置运输车辆、建立月台甚至公路专用路线等物流基础设施。供应方为了正常进行生产而建设的物流设施称为生产物流设施,而为了产品的销售在销售网络中配置的这些物流设施称为销售物流设施。总体来说,第一方物流是指卖方,由制造商或供应销售企业自己完成的物流活动。

（2）第二方物流

第二方物流(2PL)是用户企业从供应商市场购进各种物资而形成的物流，实际上就是需求方物流，或者说是购进物流。这些组织的核心业务是采购并销售商品，为了销售业务需要而投资建设物流网络、物流设施和设备，并进行具体的物流业务运作组织和管理。严格地说，从事第二方物流的公司属于经销商。供应链中游经销商承担的自己采购商品的物流活动，如批发商到工厂取货、送货到零售店或客户、自建物流和配送网络、保有库存等都属第二方物流活动。总体来说，第二方物流是指买方，即销售者或流通企业组织的物流活动。

（3）第三方物流

第三方物流(3PL 或 TPL)也称委外物流或合约物流，是专业物流企业在整合了各种资源后，为客户提供包括物流设计规划、解决方案以及具体物流业务运作等全部物流服务的物流活动。第三方物流不属于第一方，也不属于第二方，而是通过与第一方和第二方的合作来提供其专业化的物流服务平台。第三方物流一般自己不拥有商品，不参与商品的买卖，只是在物流管道中，由专业物流企业以合约的形式在一定期限内向用户提供"标准化、客制化、模块化、信息化"的全部或部分物流代理服务，从这个意义上有人称第三方物流为合约物流或委外物流。

（4）第四方物流

第四方物流(4PL)是一个供应链的集成商，为供需双方及第三方物流的专业知识与专业技术领导整合平台。它对公司内部和具有互补性的服务供应商所拥有的不同资源、能力和技术进行整合和管理，提供一整套供应链解决方案。它不是物流的利益方，而是通过拥有信息技术、整合能力、物流网络平台做 any to any(任意至任意)转换，以及其他资源提供一套完整的供应链解决方案，以此获取一定的利润。第四方物流有人称为"物流业中的物流业"，其营运能力不在传统物流业的实体物流资产上发挥，如仓库、场站、设备、货车等，而是提供有效物流需求解决方案与执行方法，并专注核心业务，善用信息科技进行物流资源整合的规划、执行与控管，累积与运用整合经验与知识资产为客户创造更高的附加价值。

三、物流的要素与功能

（一）物流的七大要素

物流的过程，显然是"物"的流动过程。通过这个流动过程，实现物的空间和时间的转移，通过空间和时间的转移实现物的时间价值和空间价值。这个流动过程，体现了物的七个流动要素。这七个流动要素分别是流体、载体、流向、流量、流程、流速、流效。

1. 流体

流体是物流的主体，也是物流的对象，即物流中的"物"，是指物流的实物。但是在具体操作中，已经超出了物的概念。一些国家在对物流进行定义的时候，就把"人"定义在流体的范围之内。

流体具有社会属性和自然属性。社会属性确定了流体的所有权，具有价值属性，具有与消费者、生产者、使用者之间的各种关系。特别是发生重大突发事件时，如战争、地震、洪灾、火灾等大型事件发生时，关系国计民生的重要商品作为物流的流体，肩负着稳定社会、济世救民的重要使命。合理保护流体在运输、保管、装卸作业中的安全显得异常重要。流体的自然属性是指其物理、化学、生物属性，自然属性是流体在流动过程中需要保护和利用的属性。

2. 载体

载体是流体借以流动的设施和设备。载体分成以下两类。

(1) 设施(infrastructure)

第一类载体主要指基础设施,包括铁路、公路、水路、航线、港口、车站、机场等。大多是需要较大规模投资、固定场所、使用年限较长且对物流的发展具有战略意义的一类载体。

(2) 设备(equipment)

第二类载体指各种机械设备,包括车辆、船舶、飞机、装卸搬运设备等。它们大多可以移动,使用年限相对较长,而且必须依附于固定设施才能发挥作用。

管道可以考虑为设施,虽然承载流体,但本身不移动。集装箱和托盘可以考虑为设备,虽然承载流体运动,但很可能不与车辆、船舶等往返于装卸地点。随着社会的发展,第三类载体的出现也不是不可能的。

物流载体是物流系统的重要资源,同时也是物流成本发生和计算的主要对象。物流载体的状况直接影响物流作业的质量、效率和效益。同时对物流系统的网络形成与使用也会产生重大的影响。载体一直是物流学科科学研究的重要内容。物流节点的选择与载体关系密切。如果已有的物流基础设施完善,选择这类节点可行,投资额可能大大减少,对于项目的实施及顺利进行将会大有好处。

3. 流向

流向是指流体从起点到终点的流动方向。物流是矢量。物流的流向有两类,即正向物流和反向物流。从供应链的角度来说,从上游到下游的物流流向称为正向物流,如原材料的采购和供应,产成品的成型过程,销售过程的批发和零售,这些都是正向物流。不合格零部件的返工、消费者的退货、包装材料的回收等,都是反向物流。

从流向的计划性角度可以把正向流向分为四种。①自然流向。自然资源分布、工厂布局、产销关系等决定商品流向,如商品集中产地向消费地的分散供应是一种基本的自然流向。②计划流向。按照经营者的商品计划而形成的商品流向,即商品从供应地流向需求地。③市场流向。根据市场供求规律由市场确定的流向。④实际流向。在物流活动过程中实际发生的流向。

4. 流量

流量是通过载体的流体在一定流向上的数量表现。流量与流向是不可分割的,每一种流向都有一种流量与之相对应。反映流量的时间单位多以日流量、月流量或年流量来表示;数量单位可以是重量单位的吨、千克等,体积或容积单位的立方米、立方厘米等,货币单位的¥、$等。

理论上讲,物流网络节点之间的流量可能平衡。但是事实上这种平衡是不可能实现的。在一个特定的时间段内,各个方向的物流量很难做到完全平衡。承运人和托运人的实际物流量即使是要求平衡也很难做到。还有载体之间、流体之间、流量之间的不平衡是普遍的。这就要求通过资源配置,实现基本平衡。

5. 流程

流程是通过载体的流体在一定流向上行驶路程的数量表现。流程与流量、流向一起构成了物流向量的三个数量特征。流量与流程的乘积是物流的重要量纲,如吨公里就是一个常见的流量与流程之间的乘积关系。流程可以有基本分类方法,如分为自然流程、计划流程、市场流程及实际流程;也可以将流程分为两类,第一类是实际流程,第二类是理论流程。理论流程多数是可行路线中的最小流程,也是可行路线中最省的路线。实际流程的统计方法按照流体、载体、流向、发运人、承运人统计均可,以需要为准。

6. 流速

流速是单位时间内流体空间转移的距离。流速包括两部分，一部分是空间转移的距离，一部分是转移所需要的时间。距离与时间的比值称为速度，流速也是这样。流速反映的是流体运动的速度，流体运动的速度一般需要由载体的速度决定。流速可能是零，如在等装待卸阶段，当然，在配送中心一些短暂的停留也可以认为是流速等于零的物流运动状态。要提高物流的效率，就需要流速等于零的状态尽可能得少，要求装卸作业的时间尽可能得降低，在库的时间尽可能得短。为了使流速等于零的阶段尽可能少，研发效率高的装卸和仓储装备是必不可少的途径。

7. 流效

流效是物流的效率和效益。效率和效益分别属于管理学和经济学研究的范畴，但是在实际生产中，反映的是管理水平的一个统一体。物流企业要提高核心竞争力，就要提高反应速度、提高效率。提高效率的同时，必须增加效益，否则提高的效率只能是暂时的。

物流效率和物流效益的内涵包括：物流效率是单位时间投入人力、资本、时间等要素完成物流量大小的数字反映；物流效益是指单位人力、资本、时间投入所完成物流收益多寡的数量反映，可以用成本、收益、服务水平等定量和定性指标来衡量。

（二）物流要素之间的关系

物流七个要素之间的内在关联极强。流体是主体，其余要素则重点为流体服务。流体的自然属性决定了载体的类型和规模，流体的社会属性决定了流向和流量；载体对流向和流量有制约作用，载体的状况对流体的自然属性和社会属性产生影响；流体、载体、流向、流量、流程等决定流速，具体运作决定了流效。物流企业的工作重点就是要解决或调整六个要素之间的关系，提高第七个要素的结果。前六个要素主要依靠的是物，第七个要素重点是靠人的因素、组织要素、资金要素、信息要素等。

物流七要素横跨整个供应链，存在于原材料采购、制造、销售、回收各物流环节，也存在于运输、储存、装卸搬运、流通加工、包装、物流信息等各种物流活动，以及铁路、公路、水路、航空、管道等各种运输系统中。无论什么层次、类型、规模、环节、行业中的物流系统，都存在以上七个要素，因此可以从七要素的角度分析各项活动开展的如何。一些特殊的情况也必须考虑到，如车辆、船舶等的空驶，集装箱、托盘等的回空，仓库的季节性闲置，这些在物流活动中是非常常见的现象。可以将空驶视为流体为空，流量为零的物流状况，这是物流中必然存在的一种状况。正如生产线不可能24小时不间断作业，保养、维修及换件是必然的。

（三）物流的功能

物流系统的功能要素指的是物流系统所具有的基本能力，这些基本能力有效地组合、联结在一起，便形成了物流的总功能。物流系统的功能要素一般认为有运输、仓储、包装、装卸搬运、流通加工、配送、信息服务。如果从物流活动的实际工作环节来考察，物流由上述七项具体工作构成。换句话说，物流能实现以上七项功能。

1. 运输功能

运输是物流的核心业务之一，也是物流系统的一个重要功能。选择何种运输手段对于物流效率具有十分重要的意义，在决定运输手段时，必须权衡运输系统要求的运输服务和运输成本。可以从运输机具的服务特性作为判断的基准：运费，运输时间，频度，运输能力，货物的安全性，时间的准确性，适用性，伸缩性，网络性和信息等。

2. 仓储功能

在物流系统中,仓储也是重要的构成因素。仓储功能包括了对进入物流系统的货物进行堆存、管理、保管、保养、维护等一系列活动。仓储的作用主要表现在两个方面:一是完好地保证货物的使用价值和商品价值;二是为将货物配送给用户,在物流中心进行必要的加工活动而进行的保存。

3. 包装功能

为使物流过程中的货物完好地运送到用户手中,并满足用户和服务对象的要求,需要对大多数商品进行不同方式、不同程度的包装。包装分工业包装和商品包装两种。

4. 装卸搬运功能

装卸搬运是随运输和保管而产生的必要物流活动,是对运输、保管、包装、流通加工等物流活动进行衔接的中间环节,包括在保管等活动中为进行检验、维护、保养所进行的装卸活动,如货物的装上卸下、移送、拣选、分类等。

5. 流通加工功能

流通加工是在物品从生产领域向消费领域流动的过程中,为了促进产品销售、维护产品质量和实现物流效率化,对物品进行加工处理,使物品发生物理或化学性变化的功能。

6. 配送功能

配送是物流中一种特殊的、综合的活动形式,是商流与物流的紧密结合。配送几乎包括了所有的物流功能要素,是物流的一个缩影或在某个小范围中物流全部活动的体现。

案例 1-2

天猫 1 小时最后的配送变革

在末端配送环节,即时配送对于企业和消费者来讲,已经从一项特殊服务变为标配。2017年12月26日,天猫超市再度加速落地1小时达服务,将服务城市从原有的北京扩展到上海、成都、武汉、杭州等城市和地区。天猫超市以小区、CBD、学校等为中心,将1小时送达服务可触达的范围划定为"天猫小区",半年时间内全国已形成上万个"天猫小区"。

无独有偶,苏宁于同年12月29日落地北京的首家"SU FRESH苏鲜生"精品超市,提供了门店3公里范围内30分钟达的急速达服务,店内的海鲜、河鲜、蔬果、牛奶、肉类等新鲜食品将在30分钟内送达消费者手中。在此之前,新零售的"样板间"——盒马鲜生与超级物种,同样深耕门店附近3公里的商区与社区,将30分钟送达设定为配送时间的上限。

上述加速落地的新零售试验田,整合新业态的同时,已经将门店的即时配送设定为标配服务。即时配送已然成为消费者下单的衡量因素之一。

此外,生鲜电商每日优鲜将2小时达缩短至1小时,百度外卖、饿了么平台提供的送餐服务已经以分钟来计算,叮当送药、快方送药等医药平台同样在提升配送的时效性。以小时和分钟来计算的即时配送正在成为末端配送环节中的常态。

资料来源:北京商报,2017-12-27.

7. 信息服务功能

现代物流是需要依靠信息技术来保证物流体系正常运作的。物流系统的信息服务功能包括进行与上述各项功能有关的计划、预测、动态(运量、收、发、存数)的情报,以及有关的费用情报、生产情报、市场情报活动。

四、物流管理概述

（一）物流管理的概念

物流管理（Logistics Management）是指在社会再生产过程中,根据物质资料实体流动的规律,应用管理的基本原理和科学方法,对物流活动进行计划、组织、指挥、协调、控制和监督,使各项物流活动实现最佳的协调与配合,以降低物流成本,提高物流效率和经济效益。现代物流管理是建立在系统论、信息论和控制论的基础上的。

（二）实施物流管理的目的

实施物流管理的目的就是要在尽可能低的总成本条件下实现既定的客户服务水平,即寻求服务优势和成本优势的一种动态平衡,并由此创造企业在竞争中的战略优势。根据这个目标,物流管理要解决的基本问题,简单地说,就是把合适的产品以合适的数量和合适的价格在合适的时间和合适的地点提供给客户。

物流管理强调运用系统方法解决问题。现代物流通常被认为是由运输、存储、包装、装卸、流通加工、配送和信息诸环节构成。各环节原本都有各自的功能、利益和观念。系统方法就是利用现代管理方法和现代技术,使各个环节共享总体信息,把所有环节作为一个一体化的系统来进行组织和管理,以使系统能够在尽可能低的总成本条件下,提供有竞争优势的客户服务。

（三）物流管理的内容

1. 物流作业管理

物流作业管理是指对物流活动或功能要素的管理,主要包括运输与配送管理、仓储与物料管理、包装管理、装卸搬运管理、流通加工管理、物流信息管理等。

2. 物流战略管理

物流战略管理（Logistics Strategy Management）是指对企业的物流活动实行的总体性管理,是企业制定、实施、控制和评价物流战略的一系列管理决策与行动。其核心问题是使企业的物流活动与环境相适应,以实现物流的长期、可持续发展。

3. 物流成本管理

物流成本管理是指有关物流成本方面的一切管理工作的总称,即对物流成本所进行的计划、组织、指挥、监督和调控。物流成本管理的主要内容包括物流成本核算、物流成本预测、物流成本计划、物流成本决策、物流成本分析、物流成本控制等。

4. 物流服务管理

所谓物流服务,是指物流企业或企业的物流部门从处理客户订货开始,直至商品送交客户过程中,为满足客户的要求、有效地完成商品供应、减轻客户的物流作业负荷,所进行的全部活动。其目的是通过提供更好的服务以达到客户的高度满意。

5. 物流组织与人力资源管理

物流组织是指专门从事物流经营和管理活动的组织机构,既包括企业内部的物流管理和运作部门、企业间的物流联盟组织,也包括从事物流及其中介服务的部门、企业及政府物流管理机构。

6. 供应链管理

供应链管理(Supply Chain Management)是用系统的观点通过对供应链中的物流、信息流和资金流进行设计、规划、控制与优化,以寻求建立供、产、销一条龙的企业和客户间的战略合作伙伴关系,最大程度地减少内耗与浪费,实现供应链整体效率的最优化并保证供应链成员取得相应的绩效和利益,来满足客户需求的整个管理过程。

五、现代物流与传统物流的区别

传统物流一般指产品出厂后的包装、运输、装卸、仓储,传统上的物流活动分散在不同的经济部门、不同的企业及企业组织内部不同的职能部门之中。现代物流管理指的是将信息、运输、仓储、库存、装卸搬运及包装等物流活动综合起来的一种新型的集成式管理,其任务是尽可能降低物流的总成本,为顾客提供最好的服务。现代物流是根据客户的需求,以最经济的费用,将物流从供给地向需求地转移的过程。现代物流管理提出了物流系统化、综合物流管理的概念,并付诸实施。具体地说,就是使物流向两头延伸并加入新的内涵,使社会物流与企业物流有机结合在一起,从采购物流开始,经过生产物流,再进入销售物流,与此同时,要经过包装、运输、仓储、装卸、加工配送到达消费者手中,最后还有回收物流。传统物流与现代物流有着明显的区别:传统物流只提供简单的位移,现代物流则提供增值服务;传统物流是被动服务,现代物流是主动服务;传统物流实行人工控制,现代物流实施信息管理;传统物流无统一服务标准,现代物流实施标准化服务;传统物流侧重点到点或线到线服务,现代物流构建全球服务网络;传统物流是单一环节的管理,现代物流是整体系统优化。

从现代物流的特征来看,现代物流相比传统物流具有如下的特点。

① 反应快速化。物流服务提供者对上游、下游的物流、配送需求的反应速度越来越快,前置时间、配送间隔越来越短,配送速度越来越快,商品周转次数越来越多。

② 功能集成化。现代物流着重于将物流与供应链的其他环节进行集成,包括物流渠道与商流渠道的集成、物流渠道之间的集成、物流功能的集成、物流环节与制造环节的集成等。

③ 服务系列化。现代物流强调物流服务功能的恰当定位与现代物流站场的完善化、系列化。除了传统的储存、运输、包装、流通加工等服务外,现代物流服务在外延上向上扩展至市场调查与预测、采购及订单处理;向下延伸至配送、物流咨询、物流方案的选择与规划、库存控制策略建议、货款回收与结算、教育培训等增值服务;在内涵上则提高了以上服务对决策的支持作用。

④ 作业规范化。现代物流强调功能、作业流程、作业、动作的标准化与程式化,使复杂的作业变成简单的易于推广与考核的动作。

⑤ 物流目标系统化。现代物流从系统的角度统筹规划一个公司整体的各种物流活动,处理好物流活动与商流活动及公司目标之间、物流活动与物流活动之间的关系,不求单个活动的最优化,但求整体活动的最优化。

⑥ 手段现代化。现代物流使用先进的技术、设备与管理为销售提供服务。生产、流通、销售规模越标准的现代物流企业和第三方物流的范围越广,物流技术、设备及管理越现代化。现代物流中计算机技术、通信技术、机电一体化技术、语音识别技术等得到普遍应用。世界上最先进的物流系统运用了全球卫星定位系统(GPS)、卫星通信、射频识别装置(RF)、机器人,实现了自动化、机械化、无纸化和智能化。

⑦ 组织网络化。为了保证对产品促销提供快速、全方位的物流支持,现代物流需要有完善、健全的物流网络体系。网络上点与点之间的物流活动保持系统性、一致性,这样可以保证整个物

流网络有最优的库存总水平及库存分布,运输与配送快速、机动,既能铺开又能收拢。分散的物流单体只有形成网络才能满足现代生产与流通的需要。

⑧ 物流经营市场化。现代物流的具体经营采用市场机制,无论是企业自己组织物流,还是委托社会化物流企业承担物流任务,都以"服务—成本"的最佳配合为总目标,谁能提供最佳的"服务—成本"组合,就找谁服务。国际上既有大量自办物流相当出色的"大而全""小而全"的例子,也有大量利用第三方物流企业提供物流服务的例子。比较而言,物流的社会化、专业化已经占到主流,即使是非社会化、非专业化的物流组织也都实行严格的经济核算。

⑨ 信息电子化。由于计算机信息技术的应用,现代物流过程的可见性明显增加,物流过程中库存积压、延期交货、送货不及时、库存与运输不可控等风险大大降低,从而可以加强供应商、物流商、批发商、零售商在组织物流过程中的协调和配合,以及对物流过程的控制。随着经济的发展,现代物流的发展趋势比传统物流更适应社会经济的发展。

小知识

物流科学的若干学说

商物分离(Separation of Deal and Physical Distribution)说。它也称商物分流,是指商流、物流在时间、空间上的分离。商贸企业可以不再有实际的存货,不再有真实的仓库,仅仅拥有商品的所有权,存货可以由工厂保管,也可以由市郊的物流中心保管,销售时,商贸企业完成的仅仅是所有权的转移,而具体的物流则交给工厂或物流中心处理。这样,可有效降低仓储、运输、装卸、管理成本,缓解相关区域的交通压力。

黑大陆说。黑大陆主要是指尚未认识、尚未了解的领域。如果理论研究和实践探索照亮了这块黑大陆,那么摆在人们面前的可能是一片不毛之地,也可能是蕴含宝藏之地。黑大陆说是对20世纪中经济学界存在的愚昧认识的一种批驳和反对,指出在市场经济繁荣和发达的情况下,无论是科学技术还是经济发展,都没有止境。黑大陆说也是对物流本身的正确评价,即这个领域未知的东西还很多,理论与实践皆不成熟。著名的管理学权威P·E·德鲁克曾经讲过:"流通是经济领域里的黑大陆"。德鲁克泛指的是流通,但是,由于流通领域中物流活动的模糊性尤其突出,是流通领域中最具潜力的领域,所以,黑大陆说现在转向主要针对物流而言。在财务会计中把生产经营费用大致划分为生产成本、管理费用、营业费用、财务费用,然后再把营业费用按各种支付形态进行分类。这样,在利润表中所能看到的物流成本在整个销售额中只占极少的比重。因此物流的重要性当然不会被认识到,这就是物流被称为"黑大陆"的一个原因。

物流冰山说。物流冰山说是日本早稻田大学西泽修教授提出来的。他潜心研究物流成本时发现,现行的财务会计制度和会计核算方法都不可能掌握物流费用的实际情况,因而人们对物流费用的了解是一片空白,甚至有很大的虚假性,他把这种情况比作"物流冰山"。冰山的特点是大部分沉在水面以下,是我们看不到的黑色区域,而我们看到的不过是它的一小部分。

利润中心说。利润中心说的含义是,物流可以为企业提供大量直接和间接的利润,是形成企业经营利润的主要活动。非但如此,对国民经济而言,物流也是国民经济中创利的主要活动。物流的这一作用,被表述为"第三利润源"。

第三利润源说。这个说法主要出自日本。从经济发展历程来看,能够大量提供利润的领域主要有两个,第一个是资源领域,第二个是人力领域。在这两个利润源潜力越来越小,利润开拓越来越困难的情况下,物流领域的潜力被人们所重视,按时间序列排为第三利润源。

效益背反说。效益背反是物流领域中很经常、很普遍的现象,也是这一领域中内部矛盾的反映和表现。物流的若干功能要素之间存在着损益的矛盾,即某一功能要素的优化和利益发生的同时,必然会存在另一个或几个功能要素的利益损失,反之也如此。

成本中心说。其含义是,物流在整个企业战略中,只对企业营销活动的成本发生影响,物流是企业成本重要的产生点。因而,解决物流问题并不主要是为了搞合理化、现代化来支持保障其他活动,而主要是通过物流管理和物流的一系列活动来降低成本。所以,成本中心既是指主要成本的产生点,又是指降低成本的关注点。物流是"降低成本的宝库"等说法,正是这种认识的形象表述。

服务中心说。这一说法代表了美国和欧洲等一些国家和地区学者对物流的认识。他们认为,物流活动最大的作用并不在于为企业节约了消耗、降低了成本或增加了利润,而是在于提高企业对用户的服务水平进而提高了企业的竞争能力。因此,他们在使用描述物流的词汇上选择了后勤一词,特别强调其服务保障职能。通过物流的服务保障,企业以其整体能力来压缩成本,增加利润。

战略说。这是当前非常盛行的说法,实际上学术界和企业界越来越多的人已逐渐认识到物流更具有战略性,是企业发展的战略而不是一项具体操作性任务。应该说这种说法把物流放在了很高的位置。企业战略是什么呢?是生存和发展。物流会影响企业总体的生存和发展,而不是仅仅将哪个环节搞得合理一些,省了几个钱。

第二节 物流与国民经济

一、物流与国民经济发展的关系

现代物流业存在于国民经济体系之中,但又具有区别于其他产业门类的独特产业特性。它是一个复合产业,依附于其他产业,具有明显的外部性等,这些产业特性必然使物流业的发展有着个性化的独特趋势。随着国民经济的不断发展,现代物流也随之呈现出许多新的态势。

(一)产业布局:新的物流中心伴随产业转移而兴起

现代物流首先是从经济较为发达的地区发展起来的。在这些地区,随着产业规模的扩大、分工的细化,要求物资在生产、流通和消费环节之间更为顺畅地流转。在需求的引导下,现代物流逐渐发展、成熟起来,一些大的物流中心也在这些地区逐渐形成。但是,产业的积聚也使这些地区的土地、原材料、劳动力等生产成本不断上升,资源约束也日益凸现,于是大批产业特别是对原材料、劳动力投入量较大的制造业开始从这些地区转移出来,而承接这些产业的基本都是经济相对欠发达,拥有大量廉价原材料和劳动力的地区。

以制造业为主的这些转移产业生成的物流量巨大,对物流服务需求旺盛,因此,产业的转移必然引起物流中心的转移。海运是国际物流最主要的载体,20世纪90年代以前,全球的大型港口主要集中于欧洲和北美,但近些年来亚洲港口以令人惊讶的速度成长起来。如今,全球最繁忙的集装箱港和远洋班轮航线都集中于亚洲和太平洋地区,这些港口绝大多数都是具有综合物流功能的第三代港口。这些地区以港口为核心,整合其他运输方式,拓展各种物流服务功能,成为新兴的国际物流中心;这些物流中心又通过国际航线的延伸和信息的交汇构筑了覆盖全球的物流网络。

（二）产业分工：物流产业由水平分工转向垂直分工

物流产业是一个复合产业，它是在运输、仓储、包装、加工等多个传统产业的基础上整合发展而来的。因此，过去物流产业内部分工一般是水平的，即按照功能进行划分，而物流供应商也是运输企业、仓储企业、配送企业、装卸公司等这些具有单一功能的传统物流企业。但是，随着现代物流理念的发展，整合了各种物流服务功能的现代物流服务模式也应运而生，并且逐渐取代了传统物流服务模式的主体地位。物流服务主体也由功能单一的运输、仓储等传统物流企业，发展到具备运输、仓储、配送、加工等多种服务功能的综合物流企业。物流产业水平分工的界限变得越来越模糊。

与此同时，物流需求时间与空间跨度的不断加大促使物流网络不断扩展，物流服务范围不断扩大，而"门到门"、JIT等物流服务理念的产生又要求不断提高物流服务的专业化水平和运作精度。在这种情况下，很少有物流供应商能够在构建覆盖全球物流网络的同时，又在所有网点建立起综合各种功能的物流服务企业，再加上不同国家物流市场准入条件的限制，物流企业独立建立纵向的经营链条难度很大。因此，物流产业只能依靠垂直分工来整合和完善整个系统，形成国际物流、区域物流、国内物流乃至地区物流的垂直层次结构。如今，许多跨国物流集团与当地物流企业之间就已经建立起这种垂直分工关系。这些大的集团布设了覆盖全球的物流网络，但在许多物流节点上都采用或部分采用向当地物流企业购买服务的方式开展物流活动。这种垂直产业分工模式既降低了大集团开辟新市场的门槛和风险，也充分利用了当地资源，拓展了小企业的生存空间，是双赢之举，也有利于物流产业的健康发展。

（三）运营模式：物流管理与设施软硬分离

现代物流的进一步发展产生了第四方、第五方物流，即专门提供物流方案和进行物流人才培训的企业或机构。虽然这些划分方法在学术界还有争论，但是应该看到，那些不依托或不完全依托物流硬件设施设备的物流服务提供者或参与者在产业内开始涌现，并且其市场份额在逐渐扩大。这种类型的物流服务供应商本身不拥有物流设施设备，但它们会为所服务的企业制定完整的物流方案，然后利用社会物流资源实现方案。还有一些第三方物流企业也在向这一方向发展，它们保持甚至减少自有物流设施设备的规模，与此同时整合社会物流资源服务于自身，也就是变"拥有"物流硬件为"控制"物流硬件。

二、物流在国民经济中的地位和作用

物流的产生和发展是社会再生产的需要，是流通的主要因素。物流在国民经济中占有重要地位，具有重要作用，主要表现在以下五个方面。

（一）物流是国民经济的动脉，联结社会生产各部分使之成为一个有机整体

任何一个社会（或国家）的经济，都是由众多的产业、部门、企业组成的，这些企业又分布在不同的地区、城市和乡村，属于不同的所有者。它们之间相互供应其产品用于对方的生产性消费和职工的生活消费，它们互相依赖而又互相竞争，形成极其错综复杂的关系。物流就是维系这些复杂关系的纽带。马克思对此曾有过一段论述："交换没有造成生产领域之间的差别，而是使不同的生产领域发生关系，并把它们变成社会总生产的多少互相依赖的部门。"商流和物流一起把各个生产部门变成社会总生产中互相依赖的部门。

(二) 物流是社会再生产不断进行,以创造社会物质财富的前提条件

社会生产的重要特点是它的连续性,这是人类社会得以发展的重要保证。一个社会不能停止消费,同样也不能停止生产。而连续不断地再生产总是以获得必要的生产原材料并使之与劳动力结合而开始的。一个企业的生产要不间断地进行,一方面必须按照生产需要的数量、质量、品种、规格和时间不间断地供给原料、材料、燃料和工具、设备等生产资料;另一方面,又必须及时地将产成品销售出去。也就是说,必须保证物质资料不间断地流入生产企业,经过一定的加工后又不间断地流出生产企业。同时,在生产企业内部,各种物质资料也需要在各个生产场所和工序间相继传送,使它们经过一步步的深加工后成为价值更高、使用价值更大的新产品。这些厂内物流和厂外物流如果出现故障,生产过程就必然要受到影响,甚至会使生产停滞。

(三) 物流是保证商流顺畅进行,实现商品价值和使用价值的物质基础

在商品流通中,物流是伴随着商流而产生的,但它又是商流的物质内容和物质基础。商流的目的在于变换商品的所有权(包括支配权和使用权),而物流才是商品交换过程所要解决的社会物质变换过程的具体体现。我国著名经济学家于光远同志为祝贺中国物流研究会成立的题词中写道:"货币的运动只是实物运动的反映,后者是第一性的……""不仅要研究货币流通,还必须研究物资流通,把这两种流通科学地结合起来。"这些论述十分正确,充分说明没有物流过程,也就无法完成商品的流通过程,包含在商品中的价值和使用价值就不能实现。

(四) 物流技术的发展是决定商品生产规模和产业结构变化的重要因素

商品生产的发展要求生产社会化、专业化和规范化,但是,没有物流的一定发展,这些要求是难以实现的。物流技术的发展,从根本上改变了产品的生产和消费条件,为经济的发展创造了重要的前提。而且,随着现代科学技术的发展,物流对生产发展的这种制约作用就越为明显。

(五) 物流的改进是提高微观经济效益和宏观经济效益的重要源泉

这不仅由于物流组织的好坏,直接决定着生产过程是否能够顺利进行,决定着商品的价值和使用价值是否得以实现,而且物流费用已成为生产成本和流通成本的重要组成部分。根据国外资料,英国工厂每年花去的物流搬运费大约占工厂成本的1/4。据估计,美国每年支出的包装材料费用就超过110亿美元,通用电气公司的包装材料费用仅次于它的主要原材料铜和钢的支出,它们把包装看成是发展市场的重要工具。总的看来,在日本和欧美的经济发达国家中,劳动生产率已大幅提高,原材料、燃料节约已经取得较大成果,而产品包装、储存、搬运、运输等方面的费用则在生产费用中占越来越大的比重。因此,搞好物流已被称为获取利润的第三源泉。特别是随着科学技术的急速进步,在工业发达国家通过降低物料消耗而获取利润(即所谓第一利润源泉)和通过节约活劳动消耗而增加的利润(即所谓第二利润源泉)的潜力已经越来越小,而降低物流费用以取得利润(即所谓第三利润源泉)的潜力却很大。

案例 1-3

用五大理念统帅"十三五"物流业发展

"十三五"中国物流业的发展,必须用创新、协调、绿色、开放、共享五大发展理念加以统帅。

这五大发展理念是理论指导,是行动指南,是文化引领,更是中国物流文化的方向。

1. "创新"是物流业发展的基本动力

创新是贯穿物流业始终的灵魂,对目前的物流业来说,要提倡五大创新。

① 战略创新。作为国民经济基础性、战略性产业,物流业要站在全局的高度进行科学顶层设计。物流业的基础性体现在对国民经济的贡献度,而其战略性则体现在对国民经济的引领度。从战略高度上讲,要把建设"物流强国"列为国家战略。什么是物流强国?要有一系列的衡量指标。例如,由世界银行组织发布的全球供应链绩效指数,应是中国物流强国战略的基本考量。

② 技术创新。这主要是贯彻落实"互联网+物流"行动计划。互联网技术在物流业的应用,使智慧物流飞速发展,特别是电商交易额从2011年的6.4万亿元发展到了2015年的20.8万亿元,网购更是从2011年的0.78万亿元发展到2015年的3.88万亿元。流通领域已掀起一场声势浩大的革命,借势发力,弯道超车,是实现物流强国战略的重要途径。

③ 模式创新。要全力推进供应链管理。供应链,即生产与流通过程中,涉及将产品与服务提供给最终用户的上游与下游企业所形成的网链结构。供应链管理,即利用计算机网络技术全面规划供应链的商流、物流、信息流、资金流等,并进行计划、组织、协调与控制。在当代,已不存在一个企业与另一个企业的竞争,存在的是一个供应链与另一个供应链的竞争,企业都在供应链中,供应链管理是所有企业商业运作模式的颠覆性变革,是改变生产与流通环节多、周转慢、效率低、成本高的主要途径。

④ 制度创新。要着力打造法制化营商环境,加强物流市场监管,推进诚信体系建设。要充分发挥市场配置资源的决定性作用及更好发挥政府的宏观调控作用,让公共资源自由流动,提高物流行业的全要素生产率。

⑤ 文化创新。文化是一个行业、一个企业的灵魂。"十三五"期间,要根据十八届五中全会精神,去创新物流企业的人本文化,用"两个一百年"的宏伟目标,振兴中华的中国梦,固本理想信念,激发企业与广大职工的创造力。

2. "协调"是物流业发展的基本手段

要协调好城乡物流、区域物流、国内外物流、实体与虚拟物流、生产性物流与生活性物流;协调好物流需求与物流供给,在供给侧改革中发力;协调好物流市场运作中基础设施、装备与技术、运作主体、行业自律与行政管理的关系;协调好物流运行中的循环、绿色、生态的关系;协调好商流、物流、资金流、信息流的关系等。

3. "绿色"是物流业发展的基本要求

要大力推进可再生资源物流,特别是在物流的运输与仓储环节中低碳排放,把食品安全提到战略高度,推进冷链物流,建设可追溯体系。提倡与鼓励绿色消费、科学消费,坚决淘汰高能耗、高碳排放的落后产能。从绿色物流到绿色供应链,是世界经济可持续发展的必然。

4. "开放"是物流业发展的基本途径

商品与要素自由流动,反对任何形式的地方保护、行业垄断。提高政府管理透明度,简政放权。进一步提升中国物流产业的市场化水平,鼓励中国物流企业走出去。充分利用好全球经济的战略机遇期,取长补短,互联互通,构建经济命运共同体。

5. "共享"是物流业发展的基本目标

只有共享,才能在2020年全面实现小康,而全面实现小康正是物流业的服务目标,物流业的一切工作要以此为落脚点和归宿。要推进公共资源的自由流动,推进统一开放、竞争有序大市场的建设,推进物流业的信息化、标准化、法制化、国际化,共享意味着合作,意味着透明,意味着公正,意味着共赢。

归结为一句话,"十三五"中国物流业的发展要以创新为基本动力,协调为基本手段,绿色为基本要求,开放为基本途径,共享为基本目标。

资料来源:丁俊发. 经济参考报,2016-10-11.

本章小结

本章属于导论部分,主要对物流基础知识进行介绍,分别从物流的相关概念、特征分类、功能要素等几个方面对物流进行了详细的讲解,并从宏观角度出发,从产业布局、产业分工、运营模式探讨了物流与国民经济发展的关系,从五个方面介绍了物流在国民经济中的重要地位和作用。本章重点是要掌握物流的不同功能,分别是运输功能、仓储功能、包装功能、装卸搬运功能、流通加工功能、配送功能、信息服务功能。物流管理是指在社会再生产过程中,根据物质资料实体流动的规律,应用管理的基本原理和科学方法,对物流活动进行计划、组织、指挥、协调、控制和监督,使各项物流活动实现最佳的协调与配合,以降低物流成本,提高物流效率和经济效益。注意现代物流与传统物流的区别。

本章习题

思考题

1. 说明物流的概念及特征。
2. 简要介绍物流的七大功能。
3. 物流在国民经济中的作用有哪些?

案例分析

日本物流管理发展历史

日本的物流概念虽说是20世纪中期从美国引进的,但无论是物流的发展速度、政府对物流的重视程度、企业对物流的管理,还是物流基础设施、现代化物流发展水平,均不亚于欧美,而且诸如配送中心、物流中心、流通加工及物流信息等方面还独具特色。所以,了解和掌握日本的物流发展过程,以及与此密不可分的经济状态、社会生活等情况,对于我们认识物流的实质、内涵和外延均有一定的参考价值。日本的物流共分为六个发展阶段。

1. 物流管理萌芽阶段(1945—1953年)

据有关资料记载,1941—1945年第二次世界大战期间,美国军队有效地运用物流(logistics)解决了战时军事后勤。但在后来的很长一段时间里,物流并没有被企业重视,而physical distribution(物的流通)却在美国、日本作为物流运用了很多年时间。日本1945—1953年是第二次世界大战失败后的经济恢复期,也是物流的萌芽时期。这一阶段以重化学工业为主导,采取"倾斜生产方式",重点发展煤炭、钢铁、化学工业。粮食、食品供给不足,短缺商品曾实行配给制,市场供应紧张。国家重生产、轻流通,物流作为流通技术,只被看作销售过程中的辅助手段,不受重视。1950年成立了装卸研究所后,开始使用传送带、起重设备和叉车。

2. 物流管理形成阶段(1953—1963年)

这一阶段是日本经济恢复到战前水平以后开始高速增长的起步时期,也是物流发展初期。日本经济仍以生产为主导,流通处于配角地位。1956年,日本经济经过十年的恢复期后,生产效率有了很大提高,已经意识到生产效率与流通效率不匹配,于是刚刚成立不久的日本生产性本部决定向美国派出代表团,考察流通,这就是1956年秋季出访美国的日本"流通技术专业考察团"。该考察团从美国带回了物流的概念,从此,在日本掀起了物流启蒙、宣传和普及运动,奠定了物流发展基础。

3. 物流管理理论转化为生产力阶段(1963—1973年)

第三阶段正是日本经济高速增长,物流也开始受到重视的时期,同时也是流通由"配角"上升到"主角"的阶段。市场商品变得饱和,货物流通量骤增,流通成为经济发展的障碍,到了不解决物流,整体经济就无法推进的地步。日本学术界、理论界不断地宣传物流,积极向日本通产省、运输省等政府相关部门提出重视物流的建议,终于使日本政府认识到物流的重要性,开始研究和解决物流问题。

4. 形成物流标准化的思想,逐步实现精细化发展方向阶段(1973—1983年)

这一阶段正遇1973年第一次世界石油危机,日本经济从此由高速增长转为稳步增长,强调节约能源和资源,工业生产由"量"的扩大转为"质"的提高,市场饱和,商品供大于求,流通主导经济发展,物流在经济舞台上唱"主角"。日本政府为使经济持续稳步发展,进一步重视流通环节,加大物流合理化的力度,增加物流基础设施投资,注重企业物流发展。

5. 物流服务的概念开始得到认同阶段(1983—1993年)

在这一发展阶段,消费主导日本经济,消费者是"上帝"的说法被世人公认。企业由原来的注重生产转为注重销售,又由注重销售转向注重消费者。用户第一,客户至上,"上帝"的多样化需求和个性化消费,给物流又增添了新的难度。1992年,日本两大物流团体合并,成立了日本物流系统协会,简称为JILS。这一阶段里,企业在竞争激化的经营环境中,在提高服务质量和水平的同时,努力降低成本,加强物流管理,调整物流体系,追求综合效益。共同运输、共同配送、协同组合的做法得到推崇,条形码技术、托盘联营、单元化装载搬运、门到门配送等进而提升了企业物流运作的水平,系统化、智能化物流有了长足发展。

6. 国际化趋势逐渐渗透,供应链联盟逐渐成熟并大力发展绿色物流阶段(1993年至今)

此时,国际政治经济环境发生了很大变化,在全球经济一体化明显,环境问题越来越受到关注,国际化和环保型经济成为日本的主流。从物流中找出路,把物流问题置于首要地位,加强国际竞争力,建立环保型、资源再生循环型经济社会,成为日本政府新的政策取向。

1996年,日本政府在国家经济体制改革文件中,把物流列为首要课题,1997年制定了一个重要的政策性文件,即《综合物流施政大纲》。2001年,政府为了强化这一施政纲领,根据形势变化和发展需要,又在该大纲的基础上颁布了《新综合物流施政大纲》。这一阶段,企业也开始重新审视自己的经营理念,充分发挥自身核心竞争力,有效利用社会专业企业资源,充分发挥第三方物流作用,实现供应链物流管理和整合。受电子商务、计算机网络、信息平台、第三方物流、供应链、电子标签、电子数据交换(EDI)、全球卫星定位系统(GPS)、无线电射频技术等新技术、高科技的重大影响,在经济全球化、环境和资源再生利用问题突出、消费者要求苛刻等诸多因素中,接受考验,寻找出路。

资料来源:第一物流网. http://www.cn156.com/article-78874-1.html.

请分析日本物流发展的特点,并探讨日本物流发展对中国的启示。

技能训练题

天津物流的发展

随着经济社会发展和工业化程度的不断提高,生产资料的节约和劳动生产率的提高这两个利润源逐步被企业最大程度地发挥,人们需要寻找新的利润源泉。在这一背景下,现代物流应运而生,并持续快速发展。作为现代服务业中的一种,物流业正在逐渐成为天津市第三产业支柱行业。

近年来,天津市委、市政府坚持全面落实科学发展观,把发展现代物流业作为调整产业结构、转变经济增长方式的重要举措,明确提出要大力发展现代物流业,努力形成多层次、开放型、高效便捷的物流体系,并采取切实有效的促进措施,使天津市物流业呈现良好发展态势。天津市物流业在物流经济运行、产业规模、基础设施建设、企业经营管理、政策体制、教育培训、物流发展基础性工作等方面,都取得了明显进步,对全市经济社会的贡献日益凸显,建设北方国际物流中心的步伐不断加快。

要求:请通过文献阅读、走访询问与观察等方法,了解天津市物流现状及物流业发展的整体水平。

请分组完成上述训练,每组2人左右,以组为单位提交学习总结。

第二章

物流的主要功能

学习目标

- ◆ 掌握现代物流的七大功能。
- ◆ 了解运输的基本概念、基本内涵。
- ◆ 了解仓储的概念、分类。
- ◆ 理解仓储在物流管理中的作用及其作业流程。
- ◆ 了解装卸搬运的作业种类和作业方式。
- ◆ 理解物流包装的分类及其功能。
- ◆ 掌握流通加工的基本概念及主要功能。

学习重点

- ◆ 掌握运输的五大方式、作用。
- ◆ 理解包装的合理化。
- ◆ 理解流通加工在物流管理中的主要应用。

案例导入　京东物流

京东物流隶属于京东集团,以打造客户体验最优的物流履约平台为使命,通过开放、智能的战略举措促进消费方式转变和社会供应链效率的提升,将物流、商流、资金流和信息流有机结合,实现与客户的互信共赢。京东物流通过布局全国的自建仓配物流网络,为商家提供一体化的物流解决方案,实现库存共享及订单集成处理,可提供仓配一体、快递、冷链、大件、物流云等多种服务。

京东物流以降低社会化物流成本为使命,致力于成为社会供应链的基础设施。基于短链供应,打造高效、精准、敏捷的物流服务;通过技术创新,实现全面智慧化的物流体系;与合作伙伴、行业、社会协同发展,构建共生物流生态。通过智能化布局的仓配物流网络,京东物流可以为商家提供仓储、运输、配送、客服、售后等正逆向一体化的供应链解决方案,同时提供仓间调拨、代贴条码、个性包装、B2B服务、组套加工、动产金融等增值服务。

截至2017年12月31日,京东在全国运营486个大型仓库,总面积约1 000万平方米。其中全球首个全流程无人仓和无人分拣中心先后投入使用,全球首个顶配奢侈品仓也正式启用。京东物流运营的大型仓库从2016年年底的256个增加到2017年年底的486个,总面积从560万平方米增加到1 000万平方米。

案例来源:百度百科. https://baike.baidu.com/item/京东物流/20476410? fr = aladdin.

第一节 运输

一、运输概述

(一) 运输的定义

运输是物流的核心业务之一,在物流活动中处于中心地位,也是物流系统的一个重要功能。《物流术语》中对运输的定义是:"用专用运输设备将物品从一地点向另一地点运送。其中包括集货、分配、搬运、中转、装入、卸下、分散等一系列操作。"它解决了物质实体从供应地点到需求地点之间的空间差异,创造了物品的空间效用,实现了物质资料的使用价值。

运输是在不同地域范围间(如两个城市、两个工厂之间,或一个大企业内相距较远的两个车间之间),以改变"物"的空间位置为目的的活动,对"物"进行空间位移。运输和搬运的区别在于,运输是在较大范围的活动,搬运是在同一地域内的活动。运输和配送的区别则在于,配送专指分拣配货然后运输,是短距离、小批量的运输,是运输的"送"与"配"共同构成的活动。

(二) 运输的功能

1. 产品转移

运输主要是实现物品远距离的位置移动,创造物品的空间效用或称场所效用。所谓空间效用,是指物品所处的位置与其所使用或消耗的位置不一致,物品的使用价值不能实现,通过运输活动,将物品从当前的位置转移到使用或消耗的地方,使其使用价值能够得到更好的实现,即创造了效用价值。

除此之外,在货物被消费前,通过储存和保管货物,增加了货物的时间效用,而由于运输决定了货物从一个地点运往另一个地点的速度和一致性,运输也可以创造时间效用。所谓时间效用,是指物品处在不同的时刻,其使用价值实现的程度不同,效用价值是不一样的;通过存储和保管将物品从效用价值低的时刻延迟到价值高的时刻再进入消费,使物品的使用价值得到更好的实现。如果产品不能及时发送到消费者的手中,就会形成很大的负面效用,如销售量降低、客户不满意和生产线停顿等。

大多数物流管理者都很明白由于产品延迟可能造成的问题。UPS、联邦快递、DHL、陆运快递公司以及其他24小时承运公司之所以获得成功,其原因正是因为它们能够通过快递和一致的产品交付,提高产品对客户的时间和空间效用。

对运输来说,主要是创造空间效用,时间效用的创造是在创造空间效用的同时演化出来的功能。

2. 短时储存

运输的另一大功能就是对物品在运输期间进行短时储存,也就是说,将运输工具作为临时的储存设施。由于移动中的产品需要储存,但是在短时间内又要重新转移,装货和卸货的成本也许会超过储存在运输工具中的费用,或在仓库空间有限的情况下,可以采用迂回路径或间接路径运往目的地。尽管使用运输工具储存产品可能是昂贵的,但当货物搬运和装卸成本超过存储在运输工具中的费用时,使用运输的存储功能就是合理的,甚至是必要的。只不过此时物品是移动的,而不是处于闲置状态。

(三) 运输在物流中的地位和作用

1. 运输是物流的主要功能要素之一

物流作为供应链流程的一部分,主要指的是物的物理性运动,这种运动,不但改变了物的时间状态,也改变了物的空间状态。而运输承担了改变空间状态的主要任务,运输是改变货物空间状态的主要手段,运输再配以装卸搬运、配送等活动,就能圆满完成改变空间状态的全部任务。在现代物流观念未诞生之前,甚至今天,仍有不少人将运输等同于物流,其原因是物流中很大一部分责任是由运输担任的,运输是物流的主要部分。

2. 运输是社会物质生成的必要条件之一

运输是社会再生产过程的一个生产过程,同时作为联系社会生产、分配、交换和消费的纽带,它也是实现整个商品交易过程必不可少的重要阶段。尤其在现代信息技术、计算机技术和通信技术的合作下,商品的整个交易过程都是数字化的,随着网络技术的不断发展,商品的咨询、订购及合同的签订可能只需要很短的时间就能完成。但是,在基本的交易过程完成之后,如果不能把商品及时送到客户手中,那么,这种交易的效率仍然会显得很低,因为,只有货物真正送达客户手中,并经过客户的认可,才能作为一次交易基本完结的标志。可见运输这种生产活动和一般的生产活动不同,它不创造新的物质产品,不增加社会产品数量,不赋予产品新的使用价值,而只变动其所在的空间位置,但这一变动使生产能继续下去,使社会再生产不断推进,所以将其看成一种物质生产部门。

运输作为物质生产的必要条件,主要表现在以下两个方面。

① 在生产过程中,运输是生产的直接组成部分,没有运输,生产内部的各环节就无法连接。

② 在社会上,运输是生产过程的继续,这一活动联结着生产与再生产、生产与消费,联结着国民经济各部门、各企业,联结着城乡,联结着不同国家和地区。

3. 运输可以创造场所效用

场所效用的含义是:物的供给者和需要者往往处于不同的场所,由于改变这一场所的差别而创造的效用,称为场所效用,也称空间效用。运输创造场所效用是由现代社会产业结构、社会分工所决定的,主要原因是商品在不同地理位置有不同的价值,通过运输活动将商品由低价值区转到高价值区,将物运到场所效用最高的地方,充分发挥物的潜力,便可获得场所效用或空间效用,以实现资源的优化配置。

4. 运输是"第三利润源"的主要源泉

① 运输是运动中的活动。它与静止的保管不同,要靠大量的动力消耗才能实现这一活动,而运输又承担着大跨度空间转移的任务,所以活动的时间长、距离长,消耗也大。

② 从运费来看,运费在全部物流费用中所占的比例最高。一般综合分析计算社会物流费用,运输在其中占接近50%的比例,有些产品运费甚至高于产品的生产成本,所以节约的潜力是很大的。

③ 从宏观角度看,由于运输总里程大,运输总量巨大,通过体制改革和运输合理化可以大大缩短运输吨公里数,从而大大提高运输效率。

5. 运输合理化是物流系统合理化的关键

物流系统合理化是指在各物流子系统合理化基础上形成的最优物流系统总体功能,即系统以尽可能低的成本创造更多的空间效用、时间效用、形质效用,或者从物流承担的主体来说,以最低的成本为用户提供最优质的物流服务。运输是各功能的基础与核心,直接影响着物流子系统,只有运输配送合理化,才能使物流结构更加合理,总体功能更优。因此,运输合理化是物流系统合理化的关键。

二、运输方式的分类

(一) 按运输设备及运输工具的不同分类

1. 公路运输

公路运输是指使用机动车辆在公路上运送货物。它是现代运输主要方式之一,同时也是除铁路运输以外的陆上运输的两个基本运输方式之一。公路运输主要承担近距离、小批量货运,承担铁路及水运难以到达地区的长途、大批量货运,以及铁路、水运优势难以发挥的短途运输,是铁路、水路运输方式不可缺少的接驳工具。其特点是灵活性强,便于实现"门到门"运送,但单位运输成本相对比较高。

公路运输方式的主要优点有:原始投资少,资金周转快,投资回收期短;适合门到门,直达运输,门到站,站到门;机动灵活,运输速度快;包装成本低,货物损失小。其主要缺点有:运输能力相对较小;劳动生产率低,单位运价高;公路拥挤与污染,环境成本高;消耗能量多。

2. 铁路运输

铁路运输是指使用铁路列车运送货物。铁路运输主要承担中长距离、大批量的货物运输,在干线运输中起主要运力作用。其特点是运送速度快、载运量大、不太受自然条件影响;但建设投入大,只能在固定路线上行驶,灵活性差,需要其他运输方式配合与衔接。长距离运输分摊到单位运输成本的费用较低,短距离运输成本很高。铁路运输的经济里程一般在200~500公里以上。

铁路运输一般符合规模经济和距离经济的要求。规模经济的特点就是随着装运规模的增长,单位重量的运输成本会降低。也就是说,用铁路进行运输,一次运输的商品规模越大,单位产品的运输费用就会越低。而距离经济随着运输距离的增加,单位产品的运输费用也会相应减少。因此,一般情况下,对于大批量和长距离的运输情况来说,铁路运输的费用会比较低,一般要低于公路运输的费用;但对于小批量的货物和近距离的大宗货物来说,则运输费用会比较高。

综合考虑,铁路适于在内陆地区作为长途、大批量运送低价值、高密度的一般货物和可靠性要求高的特种货物;从投资的情况来看,在运输量比较大的地区之间建设铁路较为合理。在无水路条件的内陆地区,几乎所有大批量货物都采用铁路运输。

3. 水路运输

水路运输是以船舶为主要运输工具,以港口或港站为运输基地,以水域包括海洋、河流和湖泊为运输活动范围的一种运输方式。水运至今仍是世界许多国家最重要的运输方式之一。水路运输是为目前各主要运输方式中兴起最早、历史最长的运输。

水路运输方式的技术经济特征是载重量大、成本低、投资省,但灵活性小,连续性也差。其较适于担负大宗、低值、笨重和各种散装货物的中长距离运输,特别是海运,更适于承担各种外贸货物的进出口运输。

水路运输有以下四种形式。

① 沿海运输,是使用船舶通过大陆附近沿海航道运送客货的一种方式,一般使用中、小型船舶。

② 近海运输,是使用船舶通过大陆邻近国家海上航道运送客货的一种运输形式,视航程可

使用中型船舶，也可使用小型船舶。

③ 远洋运输，是使用船舶跨大洋的长途运输形式，主要依靠运量大的大型船舶。

④ 内河运输，是使用船舶在陆地内的江、河、湖、川等水道进行运输的一种方式，主要使用中、小型船舶。

4. 航空运输

航空运输是使用飞机或其他航空器进行运输的一种形式。航空运输的单位成本很高，因此，主要适合运载的货物有两类：一类是价值高、运费承担能力很强的货物，如贵重设备的零部件、高档产品等；另一类是紧急需要的物资，如救灾抢险物资等。

航空运输的主要缺点有：运输成本非常高，如在美国，按平均每吨货物每英里的运价计算，航空运输是铁路运输费的12~15倍，是公路运输的243倍；航空运输除了靠近机场的城市外，对于其他地区不太适用，必须结合汽车来弥补不足；恶劣的天气情况也会对航空运输造成极大的影响。

航空运输方式主要有班机运输、包机运输、集中托运和急件专递业务。

（1）班机运输

班机运输是指具有固定开航时间、航线和停靠航站的飞机运输。班机运输通常为客货混合型飞机，货舱容量较小，运价较贵，但由于航期固定，有利于客户安排鲜活商品或急需商品的运送。

（2）包机运输

包机运输是指航空公司按照约定的条件和费率，将整架飞机租给一个或若干个包机人（包机人指发货人或航空货运代理公司），从一个或几个航空站装运货物至指定目的地。包机运输适合于大宗货物运输，费率低于班机，但运送时间则比班机要长些。

（3）集中托运

集中托运可以采用班机或包机运输方式，是指航空货运代理公司将若干批单独发运的货物集中成一批向航空公司办理托运，填写一份总运单送至同一目的地，然后由其委托当地的代理人负责分发给各个实际收货人。这种托运方式可降低运费，是航空货运代理的主要业务之一。

（4）急件专递

急件专递是目前航空运输中最快捷的方式，它由专门经营此项业务的部门和航空公司合作，以最迅速的方式传送急件。航空急件专递业务主要有三种形式：从机场到机场；门到门；派专人送货，即由速递公司专人随机送货。

5. 管道运输

管道运输是用管道作为运输工具的一种长距离输送液体或气体物资的运输方式。它是一种专门由生产地向市场输送石油、煤和化学产品的运输方式，是统一运输网中干线运输的特殊组成部分。与其他运输方式的最大区别在于管道设备是静止不动的。

该运输方式的特点是封闭运输，在运输过程中可避免货损货差，也不存在其他运输设备本身在运输过程中消耗动力所形成的无效运输问题。此外，管道运输的运量大，机械化程度高，适合于运送量大且连续不断的物资。

案例2-1

中国石化在华南地区首次通过管道输送航煤

2018年4月，中国石化通过对原有输油管道工艺及流程改造，加装管输航煤系统设备，重新编制管道输送方案和操作规程等,成功完成海南洋浦至马村的成品油管道输送航煤的任务。这是中国石化在华南地区首次通过管道输送航煤,将为海口美兰机场燃料供应提供有力保障。

当前,海南省内各大机场的航煤供应主要采用船舶、汽车等传统运输方式,当出现台风等异常天气时,严重影响油品运输,无法确保供给。通过管道输送航煤,将有效破解这些瓶颈。此次洋浦至马村成品油管道顺利输送的航煤主要供应海口美兰机场,每年将提供20余万吨航煤。同时,管道运输有利于环境保护,消除了油品泄漏可能带来的污染,也消除了船舶燃油的空气污染,有利于保护海南生态环境。

资料来源:中国经济网.

小知识

五种运输方式的比较

铁路、公路、航空、水路、管道五种运输方式的比较如表2-1所示。

表2-1 五种运输方式的比较

运输方式	优点	缺点	适用性
铁路运输	运量大,速度快,运费较低,受自然因素影响小,连续性好	铁路造价高,占地广,短途运输成本高	大宗笨重、量多、长途运输的货物
公路运输	机动灵活,周转速度快,装卸方便,对各种自然条件适应性强	运量小,耗能多,成本高,运费较高	短程、量小的货物
航空运输	速度快,效率高,是一种快捷的现代化运输方式	运量小,耗能大,运费高,且设备投资大,技术要求严格	急需、贵重、易变质、数量不大的货物
水路运输	运量大,投资少,成本低	速度慢,灵活性和连续性差,受航道水文状况和气象等自然条件影响大	大宗、远程、时间要求不高的货物
管道运输	损耗小,占地小,连续性强,平稳安全,管理方便,运量很大	设备投资大,灵活性差	大量流体货物,部分固体物质

(二) 按运输的范畴分类

1. 干线运输

干线运输是利用铁路、公路的运输,大型船舶的固定航线进行的长距离、大数量的运输,是进行远距离空间位置转移的重要运输形式。干线运输的速度一般较同种工具的其他方式要快,载运量要大,成本也较低。干线运输是远程物流运输的主体。

2. 支线运输

支线运输是相对于干线运输来说的,是在干线运输的基础上,对干线运输起辅助作用的运输形式。一般支线运输的运输路程较短,运输量也相对较小,支线的建设水平和运输工具的水平往往低于干线,因而速度较慢。

3. 二次运输

二次运输是指经过干线与支线运输到站的货物,还需要再从车站运至仓库、工厂或集贸市场等指定交货地点的运输。干、支线运输到站后,需要将货物由车站运至指定交货地点,如仓库、加工厂、集贸市场等。由于该种运输形式是满足单个单位的需要,所以核算成本后,单个物品的运输成本将高于干、支线运输。可见,二次运输是一种补充性的运输方式,其适合路程短、运量小的物流运输。

4. 厂内运输

厂内运输是在工业企业范围内,直接为生产过程服务的运输,一般在车间与车间之间、车间与仓库之间进行。小企业中的这种运输,以及大企业车间内部、仓库内部的运输通常不称运输,而称搬运。

(三) 按运输的作用分类

1. 集货运输

所谓集货运输,是指将分散的货物集聚起来集中运输的一种方式。因为货物集中后才能利用干线进行大批量、远距离的运输,所以集货运输是干线运输的一种补充性运输,多是短距离、小批量的运输。

2. 配送运输

配送运输是指将节点中已按客户需求配好的货物分别送到各个客户的运输,这一般是短距离、小批量的运输,从运输的角度讲是对干线运输的一种补充和完善。其具有时效性、安全性、沟通性、方便性、经济性等特性。

配送运输通常以服务为目标,以尽可能满足客户要求为优先。它属于末端运输、支线运输,主要采用汽车运输。配送运输过程中,货物可能是从工厂等生产地仓库直接送至客户,也可能通过批发商、经销商或由配送中心、物流中心转送至客户手中。

(四) 按运输的协作程度分类

按运输的协作程度分类,可分为一般运输和联合运输。

1. 一般运输

一般运输主要是指在运输的全部过程中,单一地采用同种运输工具,或是孤立地采用不同种运输工具而在运输过程中没有形成有机协作整体的运输形式。汽车运输、火车运输等为一般运输。

2. 联合运输

联合运输简称联运,是指使用两种或两种以上的运输方式,完成一项进出口货物运输任务的综合运输方式。采用联合运输可以充分发挥每种运输方式的优势,提高运输工具的效率,对用户来讲可以简化托运手续,方便用户,同时可以加快运输速度,也有利于节省运费。

(五) 按运输中途是否换载分类

1. 直达运输

直达运输是指在组织货物运输时,利用一种运输工具从启运港、站一直运送到到达港、站,中途不更换载运工具、不入库储存的运输形式。

直达运输的作用在于:避免产生中途换载所出现的运输速度减缓、货损增加、费用增加等一系列问题,从而缩短运输时间、加快车船周转、降低运输费用。

2. 中转运输

中转运输是指在组织货物运输时,在货物运往目的地的过程中,在途中的车站、港口、仓库进行转换包装,包括同种运输工具不同运输路线的转运换装和不同运输工具之间的转运换装。

中转运输的作用在于:通过中转,往往可以将干线、支线运输进行有效衔接,可以化整为零或集零为整,从而方便用户、提高运输效率;可以充分发挥不同运输工具在不同路段上的最优水平,从而获得节约或效益;有助于加快运输速度。中转运输方式的缺点是在换载时必然需要停顿从而会出现低速度、高货损并且增加费用支出。

三、运输合理化

(一)运输合理化概述

运输合理化是指从物流系统的总体目标出发,按照货物流通规律,运用系统理论和系统工程原理、方法,选择合理的运输路线和运输工具,以最短的路径、最少的环节、最快的速度和最少的劳动消耗,组织好货物的运输与配送,以获取最大的经济效益。

1. 运输合理化的作用

运输合理化的重要作用可归结如下。

① 合理组织货物运输,有利于加速社会再生产的进程,促进国民经济持续、稳定、协调地发展。按照市场经济的基本要求,组织货物的合理运输,可以使物质产品迅速地从生产地向消费地转移,加速资金的周转,促进社会再生产过程的顺利进行,保持国民经济稳定、健康地发展。

② 货物的合理运输能节约运输费用,降低物流成本。运输费用是构成物流费用(成本)的主要部分。物流过程的合理运输,就是通过运输方式、运输工具和运输路线的选择,进行运输方案的优化,实现运输合理化。运输合理化必然能缩短运输里程,提高运输工具的运用效率,从而达到节约运输费用、降低物流成本的目的。

③ 合理的运输缩短了运输时间,加快了物流速度。运输时间的长短决定着物流速度的快慢。所以,货物运输时间是决定物流速度的重要因素。合理组织运输活动,可使被运输的货物在途时间尽可能缩短,实现到货及时的目的,因而可以降低库存商品的数量,实现加快物流速度的目标。因此,从宏观角度讲,物流速度加快,减少了商品的库存量,节约了资金占用,相应地提高了社会物质产品的使用效率,同时也利于促进社会化再生产过程。

④ 运输合理化可以节约运力,缓解运力紧张的状况,还能节约能源。运输合理化克服了许多不合理的运输现象,从而节约了运力,提高了货物的通过能力,起到合理利用运输能力的作用。同时,由于货物运输的合理性,降低了运输中的能源消耗,提高能源利用率。这些对于缓解我国目前运输和能源紧张情况具有重要作用。

2. 运输合理化的五要素

物流合理化在很大程度上依赖于运输合理化。运输合理化的影响因素有很多,起决定性作用的有五个因素,称为合理运输的"五要素"。

(1) 运输距离

在运输时,运输时间、运输费用、货损等若干技术经济指标都与运输距离有一定的比例关系,运距长短是运输是否合理的一个最基本的因素。缩短运输距离从宏观、微观方面都会带来好处。

(2) 运输环节

每增加一个运输环节,势必要增加运输的附属活动,如装卸、包装等,各项技术经济指标也会因此发生变化,因此减少运输环节,尤其是减少同类运输工具的环节,对合理运输有一定的促进作用。

(3) 运输工具

各种运输工具都有其优势领域。对运输工具进行优化选择,最大程度地发挥运输工具的特点和作用,是运输合理化的重要的一环。

（4）运输时间

运输是物流过程中花费时间较多的环节,尤其是远程运输,因此,运输时间的缩短对整个流通时间的缩短起决定性的作用。此外,运输时间缩短,有利于运输工具的加速周转和运力的充分发挥,有利于货主资金的周转,有利于提高运输路线通过能力,对运输合理化乃至整个物流系统的合理化都有很大的贡献。

（5）运输费用

运费在全部物流费用中占很大的比例,运费高低在很大程度上决定整个物流系统的竞争能力。实际上,运费的相对高低,无论对货主还是对物流企业都是运输合理化的一个重要指标。运费的高低也是各种合理化措施是否行之有效的最终判断依据之一。

3. 企业物流中合理运输的主要形式

合理运输的主要形式有以下几种：分区产销平衡合理运输；直达运输；"四就"直拨运输；合装整车运输；提高技术装载量。

（1）分区产销平衡合理运输

这种方式是指在物流活动中,某种货物的生产区固定于一定的消费区,在产销平衡的基础上,按照近产近销的原则,使货物走最少的里程,组织运输活动。

这种方式加强了产、供、运、销的计划性,消除过远、迂回、对流等不合理运输,降低了物流费用、节约运输成本及运输耗费。在实际工作中,主要适用于品种单一,规格简单,生产集中、消费分散或生产分散、消费集中且调动量大的货物,如煤炭、木材、水泥、粮食、建材等。

（2）直达运输

这种方式是指越过仓库环节或铁路交通中转环节,把货物从产地或启运地直接运到销地或客户,减少中间环节的一种运输方式。其好处是减少了中间环节,节省了运输时间与费用,灵活度较大。但相对而言对企业各部门分工协作程度的要求较高,企业内部计划、财会、业务、仓库等各个机构应加强联系,建立相应的制度来满足其需求。

直达运输方式通常适用于某些体积大、笨重的生产资料运输,如矿石等。对于出口货物也多采用直达运输方式。一些消费品可依靠货物具体情况的不同,越过不同的中间环节到达批发商或零售商的手中。

（3）"四就"直拨运输

这种方式是指物流经理在组织货物调运的过程中,当地生产或外地到达的货物不运进批发站仓库,而是运用直拨的办法,把货物直接分拨给基层批发、零售环节。这种方式可以减少一道中间环节,在时间与成本等方面收到双重的经济效益。

在实际的物流工作中,可以根据不同的情况,采取就厂直拨、就车站（码头）直拨、就仓库直拨、就车船过载直拨四种运作方式。

（4）合装整车运输

这种方式是指在组织铁路货运中,同一发货人的不同品种货物发往同一车站、同一收货人的零担托运货物,由物流部门组配放在一个车皮,以整车运输的方式托运到目的地；或把同一方向、不同车站的零担货物,集中组配在一个车皮,运到一个适当的车站再中转分运。采用合装整车运输的方法,可以减少一部分运输费用,节约运力。

这种方式主要适用于商业、供销部门的杂货运输。根据实际情况不同,可采取四种方法：零担货物拼整车直达运输；零担货物拼整车接力直达或中转分运；整车分卸（二三站分卸）；整装零担。

(5) 提高技术装载量

这种方式充分利用车船载重吨位和装载容积，对不同的货物进行搭配运输或组装运输，使同一运输工具能装载尽可能多的货物。这种方式一方面最大程度地利用了车船的载重吨位，另一方面充分使用车船的装载容积，提高了运输工具的使用效率。

这种方式的主要做法有三种：将重货物和轻货物组装在一起；对一些体大笨重、容易致损的货物解体运输，分别包装，使之易于装卸和搬运；根据不同货物的包装形状，采取各种有效的堆码方法。

（二）不合理运输的主要表现形式

不合理运输是指由于物流管理体制、水平的制约，造成运力浪费、运输时间增加、运费增多等问题，未能达到现有条件下所能达到的最佳运输水平的运输形式。常见的不合理运输主要有以下几种表现形式：对流运输、迂回运输、过远运输、倒流运输、返程或启程空驶、重复运输、运力选择不当、拖运方式选择不当。

1. 对流运输

所谓对流运输，也称相向运输、交错运输，是指同一种货物，或彼此间可以互相代用而又不影响管理、技术及效益的货物，在同一条路线上或平行路线上做相对方向的运送，而与对方运程的全部或一部分发生重叠交错的运输。对流运输又分明显和隐蔽的两种。

明显的对流是指同类货物沿着同一路线相向运输。如图2-1所示，可知某货物从甲地运往丙地，丁地运往乙地，则在乙地和丙地之间出现了明显的对流运输。

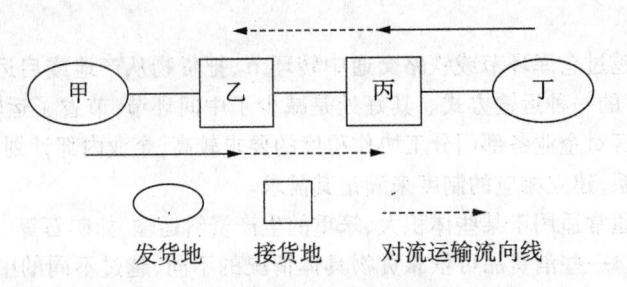

图2-1 明显对流运输

隐蔽的对流是指同类货物沿着两条平行的路线朝相对的方向进行运输。如图2-2所示，甲、丁两个发货地在运送同种货物的情况下，发货地丁没有将货物运送到距离相对较近的乙地，而是运送到了较远的丙地，乙地的货物则是由发货地甲运送的，造成了10吨公里的浪费，可见这种隐蔽的对流运输也是不合理的。

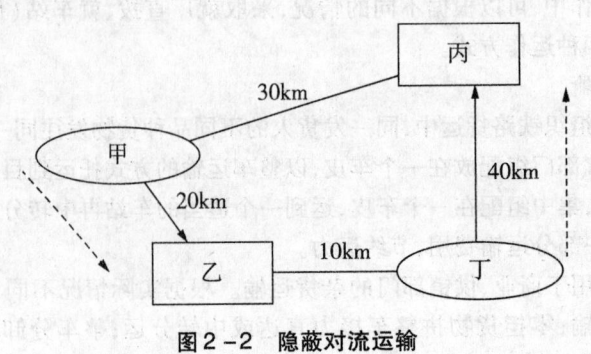

图2-2 隐蔽对流运输

2. 迂回运输

迂回运输是舍近取远的一种不合理的运输形式。迂回运输有一定复杂性,不能简单处理,只有当计划不周、地理不熟、组织不当而发生的迂回,才属于不合理运输。例如,某种物资本来可以从启运地一次直运达到目的地,但由于批发机构或商业仓库设置不当或计划不周,人为地运到中途地点(如中转仓库)卸下后,又二次装运的不合理现象,重复运输增加了一道中间装卸环节,增加了装卸搬运费用,延长了商品在途时间。如果最短距离有交通阻塞、道路情况不好或有对噪音、排气等特殊限制而不能使用时发生的迂回,则不能称为不合理运输。

3. 过远运输

过远运输也是一种舍近求远的货物运输现象。即货物销售地完全有可能由距离较近的供应地购进所需要的相同质量的物美价廉的货物,却超出货物合理运输的范围,从远距离的地区运进来;或者两个生产地生产同一种货物,它们不是就近供应邻近的消费地,却调给较远的消费地。

如图 2-3 所示,甲、乙两地为发货地,A、B 两地为接货地,相对于甲地运向 B 地、乙地运向 A 地来说,甲地运向 A 地、乙地运向 B 地更为合理,运距更短,则甲地向 B 地的运输、乙地向 A 地的运输就属于过远运输。

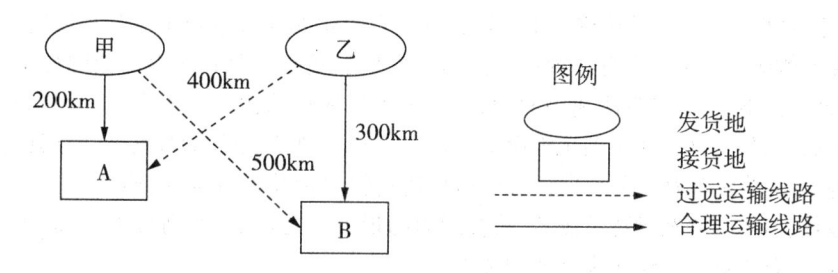

图 2-3 过远运输示意

过远运输从产生的根源来看可分为以下两类。

① 由于产销计划和运输计划不当,人为造成了物资调拨不合理,从而引起货物运行距离的加长。这种过远运输同生产力布局的现状无关。在国民经济中,通过计划与规划工作的改善,完全可以禁止这种过远运输。

② 过远运输是生产力布局所造成的,又有两种不同情况。一种是不宜作远距离调运的物资,如劣质煤、一般建筑材料、副食品等,因缺乏地方性基地,而由远地运来。在城市和工业区的地方工业和郊区农业发展起来后,问题就可解决。另一种是可以作较长距离运输的物资,但通过生产力布局的改善,可使运距大为缩短。例如,海南岛的富铁矿,相当一部分供应华北、东北钢铁企业,在北方铁矿大量发现、海南建成钢铁基地后,矿石运输距离可大为缩短。

4. 倒流运输

倒流运输又称返流运输,是指货物从销售地或中转地向产地或起运地回流的一种运输现象。其不合理程度要甚于对流运输,原因在于,往返两程的运输都是不必要的,形成了双程的浪费。倒流运输也可以看成是隐蔽对流的一种特殊形式。

倒流运输有两种形式:一是同一物资由销售地运回产地或转运地;二是由乙地将甲地能够生产且已消费的同种物资运往甲地,而甲地的同种物资又运往丙地。

5. 返程或启程空驶

空车或无货载行驶,可以说是不合理运输最严重的形式。在实际运输组织中,有时候必须调运空车,从管理上不能将其看成不合理运输,但是,因调运不当、货源计划不周、不采用运输社会化而形成的空驶,则是不合理运输的表现。

造成空驶的不合理运输主要有以下几个原因。

① 能利用社会化的运输体系不利用,却依靠自备车送货,这往往出现单程实车、单程空驶的不合理运输。

② 由于工作失误或计划不周,造成货源不实,车辆空去空回,形成双程空驶。

③ 由于车辆过分专用,无法搭运回程货,只能单程实车、单程空驶周转。

6. 重复运输

重复运输是指一种货物本可以直达目的地,但由于某种原因而在中途停卸重复装运的不合理运输现象。重复运输延长了运输里程,增加了中间装卸环节,延长了货物在途时间,增加了装卸搬运费用,而且降低车、船使用效率,影响其他货物运输。

7. 运力选择不当

未利用各种运输工具的优势而不正确地选择运输工具造成的不合理现象,常见的有以下几种形式。

① 弃水走陆。在同时可以利用水运及陆运时,不利用成本较低的水运或水陆联运,而选择成本较高的铁路运输或汽车运输,使水运优势不被发挥。

② 铁路、大型船舶的过近运输。不是铁路及大型船舶的经济运输里程却利用这些运力进行运输的不合理做法。主要不合理之处在于火车及大型船舶起运及到达目的地的准备、装卸时间长,且机动灵活性不足,在过近距离中利用,发挥不了运速快的优势。相反,由于装卸时间长,反而会延长运输时间。另外,和小型运输设备比较,火车及大型船舶装卸难度大、费用也较高。

③ 运输工具承载能力选择不当。不根据承运货物数量及重量选择,而盲目决定运输工具,造成过分超载、损坏车辆及货物不满载、浪费运力的现象。尤其是"大马拉小车"现象发生较多。由于装货量小,单位货物运输成本必然增加。

8. 托运方式选择不当

托运方式选择不当是指可以选择适合的托运方式而未选择,造成运力浪费及费用支出加大的一种不合理运输。例如,应当选择整车而未选择,反而采取零担托运;应当直达运输而选择了中转运输;应当中转运输而选择了直达运输,等等。

案例 2-2

让物流更环保,京东组建大型绿色运输车队

2017年年底,京东物流宣布引进千辆新能源车,将在北京、上海、成都、西安、沈阳等10多个全国大中城市投入使用。其同时宣布要组建新能源产业联盟,未来5年内计划将体系内几十万辆车替换为新能源车。据京东物流相关负责人介绍,这是目前已知的电商物流行业引入的最大规模的绿色运输车队,也是京东"青流计划"的重要落地。

2013年,京东物流首次提出将新能源车应用在物流领域,目前已有30余款不同车型在高端配送、末端配送、城市内转运等物流环节进行测试及投入运营。其推出的青流计划,重点包含包装耗材、供应链作业流程和基础设施建设等所有低碳环保、节能降耗项目及携手合作伙伴的创新和应用,从商品生产打包、入仓到出库、运输、配送等整个链条中提升资源利用率,减少资源浪费。此次京东物流将与东风、北汽、上汽等十几家主机厂进行全面合作,引进十几款车型,主要应用于城市运输、末端配送等环节。

资料来源:济南日报,2017-11-3.

第二节 包装

一、包装概述

(一) 包装的定义

我国国家标准 GB/T 4122.1—2008 中对包装的定义是："为在流通过程中保护产品,方便储运,促进销售,按一定技术方法而采用的容器、材料及辅助物等的总体名称。也指为了达到上述目的而采用容器、材料和辅助物的过程中施加一定方法等的操作活动。"其他国家或组织对包装的含义有不同的表述和理解,但基本意思是一致的,都以包装功能和作用为其核心内容,一般有两重含义:一是关于盛装商品的容器、材料及辅助物品,即包装物;二是关于实施盛装和封缄、包扎等的技术活动。

(二) 包装的特性与功能

保护性、单位集中性和便利性是包装的三大特性。这三大特性赋予了包装具有保护商品、方便储运、促进销售、单元化的四大功能。

1. 保护商品

保护功能是包装的首要功能和基本功能,是确定包装方式和包装形态时必须要考虑的。只有有效的保护,才能使商品不受损失地完成流通过程,实现所有权的转移。

包装的保护作用体现在以下三个方面。

① 防止商品破损变形。包装应当有一定的强度,能承受住在装卸、运输、保管过程中各种力的作用。例如,包装中的内衬和隔板的设计,就是为了防止在流通过程中,一些易受损害的物品受到震荡和挤压。

② 防止商品发生化学变化。这是指防止商品吸潮、发霉、变质、生锈,这就要求包装能在一定程度上起到阻隔水分、溶液、潮气、光线、空气中酸性气体的作用。

③ 防止腐朽霉变、鼠咬虫食。这就要求包装具有阻隔霉菌、虫、鼠侵入的能力。

此外,包装还有防止异物混入、污物污染,防止商品丢失、散失、盗失等作用。

2. 方便储运

包装在运输环节中的主要目的在于方便装卸搬运、储存和运输。如何能使商品包装更加适应人力或机械力的搬运、储存和运输,外包装的设计尤为重要。好的包装要考虑是否便于人们运输或有效地利用空间,如商品包装是否可以合理排列,方便拆分、组装等。

在人力装卸搬运过程中,包装应主要考虑人工搬运时是否符合人体力学的标准和要求,防止因包装设计不合理而带来的身体伤害;在使用机械装卸搬运时,包装的尺寸和重量设计应考虑是否能充分利用资源,做到不闲置和浪费机器设备。再比如一些食品包装,为了便于开封而添加的锯齿设计。

3. 促进销售

包装提高了商品的整体形象,可以直接刺激消费者的购买欲望,使其产生购买行为;同时还起到了宣传的效应,促进销售。包装外部的形态、装潢与广告说明一样是很好的宣传品,对顾客的购买起着引导的作用。这样看来,适当的包装可以推动商品销售,具有很大的经济意义。对于包装的这个功能有许多描述:"包装是不会讲话的推销员""精美的包装胜过1 000个推销员"等都形象地体现了这一功能。

4. 单元化

包装有将商品以某种单位集中的功能,称为单元化。我们要视商品的生产情况、消费情况以及商品的种类、特征,储运的状况等多方面因素来确定包装单位的大小,不能一概而论。一般来说,包装的单元化主要应达到两个目的:方便物流和方便商业交易。

从物流方面来考虑,包装单位的大小要和装卸、保管、运输的能力相适应。在此基础上,应当尽量做到便于集中运输以获得最佳的经济效益,同时又要求分割和重新组合以适应多种装运条件和分货要求。从商业交易方面来考虑,包装单位的大小应适用于进行交易的批量,如在零售商品方面,应适用于消费者的一次购买。

除以上四点之外,随着信息技术和电子商务的发展,包装的信息功能也越来越明显。产品的相关信息可以通过包装传递给用户。例如,包装上印制的条形码,可提供给零售商有关库存及产品的相关信息,包括库存数量、价格、保质期等。

二、包装的分类

(一) 按包装在流通中的作用分类

1. 运输包装

运输包装又称商品的外包装或工业包装,目的是保证商品在运输、保管、装卸搬运过程中不发生散包、破损、受潮、污染、变质、变色等问题,即在数量和质量上给予保证。商品的运输包装不需要重视外表的美观,更强调包装的实用性和费用的低廉性。在现今社会中,许多知名企业越来越重视商品的运输包装,一方面运输包装的好坏在一定程度上体现了商品的质量,另一方面良好的运输包装,将会提高企业在顾客心目中的形象,提高企业在市场中的地位。

2. 销售包装

销售包装又称内包装或小包装,是直接接触商品并随商品进入零售网点和消费者或用户直接见面的包装。一般来说,在物流过程中,商品越接近顾客,越要求包装起到促进销售的效果。因此,销售包装的特点是美观大方,有必要的装饰,能够吸引顾客的眼球。近年来,随着商品市场竞争和满足多层次消费需求,销售包装被要求不断的改进与创新。客户个性化需求出现,顾客在购买商品的时候,可能会要求商家按照自己的需要为商品定制包装。

这种个性化需求的包装会使企业获得更高的利润,这也是企业必须重视销售包装的一个原因。

(二) 按包装材料的针对性分类

1. 专用包装

专用包装是根据被包装物的特点进行专门设计、专门制造的,只适用于某种专门产品的包装,如水泥袋、蛋糕盒、可乐瓶等。

2. 通用包装

通用包装是不进行专门设计制作,而是根据标准系列尺寸制造的包装,用以包装无特殊要求的或标准尺寸的商品。

(三) 按包装容器分类

1. 包装袋

包装袋是指用于包装各种用品的袋子,广泛用于日常生活和工业生产中,可以是单层的,也可以是多层的。

包装袋按其盛装的重量不同可分为集装袋、一般运输包装袋和小型包装袋等。集装袋是指大多数由聚乙烯或聚丙烯等聚酯纤维编织而成的一种大容积的运输包装袋,盛装重量一般在1吨以上。集装袋的顶部一般有金属吊架或吊环等,以便于铲车或起重机的吊装或搬运。卸货时可直接打开袋底的卸货孔进行卸货。一般运输包装袋大部分都是由植物纤维或树脂纤维编织而成的,或由一种、几种挠性材料制成,其盛装重量一般在 50~100 千克。小型包装袋也称普通包装袋,这类包装袋一般按盛装重量的不同,通常用单层材料或多层材料制成。

2. 包装盒

包装盒是一种刚性或半刚性容器,呈规则几何形状,一般多为长方体,也有尖角或其他形状,容量一般较小,大约在 10 升以下,有关闭装置。其大部分由纸板、金属、硬质塑料以及符合材料制成。

包装盒一般分为固定包装盒和折叠包装盒两种。固定包装盒外形固定,在使用过程中不能折叠变形,通常由盒体和盒盖两个主要部分组成,此外,还包括其他附件。折叠包装盒可以折叠变形,一般由纸板或以纸板为基材的复合材料制成,是一种成本较低的包装容器。

3. 包装箱

包装箱的包装材料为刚性或半刚性材料,有较高强度且不易变形。其包装结构和包装盒类似,只是容积、外形都大于包装盒,两者通常以 10 升为分界,多为闭合式。包装箱整体强度较高,抗压变形能力强,包装量也较大,适合做运输包装、外包装,包装范围较广,主要用于固体杂货包装。

常见的包装箱有瓦楞纸箱和木箱。瓦楞纸箱是用瓦楞纸板制成的,常见的有折叠式瓦楞纸箱、固定式瓦楞纸箱和异形瓦楞纸箱三种,使用范围很广。木箱是流通领域常见的一种包装容器,其用量仅次于瓦楞箱。木箱主要有木板箱、框板箱和框架箱三种。

4. 瓶

包装瓶通常有玻璃瓶和塑料瓶两种。选用包装瓶的原则是便于装填包装的货物,便于搬运,适于在货架下陈列,能引起消费者喜爱,并方便使用者从瓶内取出内装货物等。

5. 罐

罐是一种小型包装容器,通常带有可密封的罐盖。罐按照制罐材料的不同可以分为金属罐和非金属罐两类。

三、集合包装

(一) 集合包装的概念

集合包装是 20 世纪 50 年代发展起来的新型包装,是现代运输包装的新发展,在当代商品包装运输中占有十分重要的地位。所谓集合包装,是指将一定数量的产品或包装件组合在一起,形成一个合适的运输单元,以便于装卸、储存和运输,又称组合包装或集装单元。集合包装可以提高港口装卸速度,减轻装卸搬运的劳动强度,降低运输成本和节省运杂费用,更好地保护商品,并促进包装的标准化。

（二）集合包装的特点与作用

集合包装的出现是对传统包装运输方式的重大改革,在运输包装中占有越来越重要的地位。它之所以受到重视,是因为它有许多与众不同的优点。

1. 促使运输合理化

在运输领域,尤其是大量运输的火车和大吨位货轮的运输领域,集合包装能够有效提高运输的速度,降低运输的成本。

① 加速车船周转率。集合包装商品在流通过程中,无论经过何种运输工具,装卸多少次,都是整体运输,无须搬动内装物。这种运输方式大大地缩短了商品装卸时间,如一艘万吨货轮货物,按常规装卸需时16天,而用集装箱装卸同样吨位的货物,仅需1天。

② 降低运输成本。采用集合包装,单位容积容纳的商品增多,提高了运输工具的运载率,简化运输手续,且集装箱、托盘等可多次周转使用,运输成本自然降低。

2. 促使包装合理化

① 节省包装费用。按常规包装,为保护商品,势必要消耗大量包装材料,而采用集合包装,可降低原外包装用料标准,有的甚至可不用外包装,节省包装费用。据统计,日本用集装箱装运电线,节省包装费50%,装运电视机,节省包装费55%。

② 能可靠地保护商品。集合包装将零散产品或包装件组合在一起,固定牢靠,包装紧密,每个集合包装均有起吊装卸装置,无须搬动内装物,商品得以有效保护。这对易碎、贵重商品尤为重要。

③ 促进包装标准化。集合包装有制定好的国际标准,为了有效利用它们的容积,要求每种商品的外包装尺寸必须符合一定标准,否则会留有空位,从而促进了包装标准化。

3. 极大地提高了装卸搬运的效率

集合包装的装卸均采用机械化操作,效率大为提高。例如,用集装箱装卸的劳动生产率比用人工装卸常规货物要提高15倍以上,同时劳动强度大大降低。

4. 便于储存

① 提高了储运容积利用率。缩小包装件体积,提高了仓库、运输工具容积利用率。由于商品单个包装简化,减小了单个包装体积,单位容积容纳商品数增多,如用集装箱装载可比原来提高容积利用率30%~50%。

② 降低储存费用。集合包装容纳商品多,密封性能好,不受环境气候影响,即使露天存放也对商品无碍。因此,节省了仓容,降低了储存费用。

四、包装合理化

包装合理化是物流合理化的组成部分。从现代物流观点来看,包装合理化不单是包装本身合理与否的问题,同时也是整个物流合理化前提下的包装合理化。

所谓包装合理化,是指在包装过程中使用适当的材料和适当的技术,制成与物品相适应的容器,节约包装费用,降低包装成本,既要满足包装保护商品、方便储运、有利销售的要求,又要提高包装的经济效益的包装综合管理活动。具体来说,有以下几个表现。

① 包装的轻薄化。由于包装只是起保护作用,对产品使用价值没有任何影响,因此在强度、寿命、成本相同的条件下,更轻、更薄、更短、更小的包装,可以提高装卸搬运的效率。

② 包装的单纯化。为了提高包装作业的效率,包装材料及规格应力求单纯化,包装规格还应标准化,包装形状和种类也应单纯化。

③ 符合集装单元化和标准化的要求。包装的规格与托盘、集装箱的尺寸关系密切,也应考虑到与运输车辆、搬运机械的匹配,以系统的观点制定包装的尺寸标准。

④ 包装的机械化与自动化。为了提高作业效率和包装现代化水平,各种包装机械的开发和应用是很重要的。

⑤ 注意与其他环节的配合。包装是物流系统组成的一部分,需要和装卸搬运、运输、仓储等环节一起综合考虑、全面协调。

⑥ 有利于环保。包装是产生大量废弃物的环节,处理不好可能造成环境污染。包装材料最好可反复使用,并能回收再生利用;在包装材料的选择上,还要考虑不对人体健康产生影响,对环境不造成污染,即所谓的"绿色包装"。

案例 2-3

绿色苏宁——共享快递盒

在传统消费提档升级、新兴消费快速兴起的大背景下,苏宁物流针对当前全球气候变化、环境污染等严峻挑战,坚持绿色、低碳发展理念,通过诸多绿色行动保护环境、节能减排,倡导全社会共同守卫"绿水青山"。

过去 5 年电子商务零售额年均增长 30% 以上,社会消费品零售总额年均增长 11.3%,而电商的繁荣背后蕴藏着巨量的废弃物污染。作为绿色包装的先行者之一,苏宁早已对包装材料的合规性、环境影响、化学物质管理等多方面进行综合设计和评价。

基于此借助共享经济热潮,2017 年苏宁物流在业内率先启动"漂流箱计划",推出可循环利用的共享快递盒。2017 年"418"期间,苏宁物流首次推出共享快递盒 1.0 版本,随后逐渐放大共享和循环包装在绿色物流中的应用。2017 年 12 月 11 日,苏宁物流发布共享快递盒 2.0 版本,投入 5 万只共享快递盒(见图 2-4),累计节约了 650 万个快递纸箱。而 2018 年苏宁计划整体投放 20 万个共享快递盒。同时,苏宁还摒弃传统封箱胶带,推出绿色物流新产品"零胶纸箱",继续坚持"绿色包装"。如果全行业普遍推行,一年可节约 3.3 亿卷胶带。

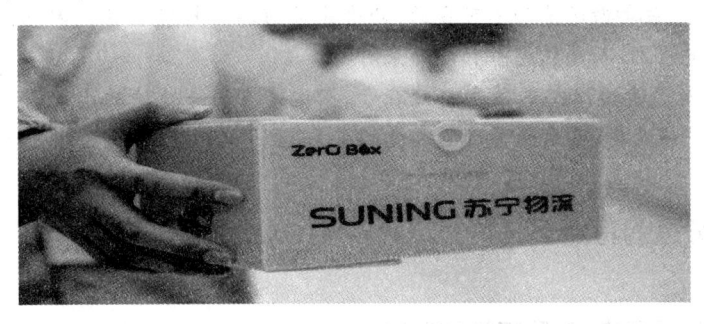

图 2-4 苏宁物流的共享快递盒

作为零售企业,苏宁不仅关注经济价值,更关注企业的商业行为给整个社会和环境带来的影响。通过倡导绿色消费、践行绿色生活方式,苏宁不断将"节约资源,保护环境"的理念有力地传递给越来越多的消费者,"绿色苏宁"的社会形象尽显无遗。

资料来源:每经网. http://www.nbd.com.cn/articles/2018-03-30/1204248.html.

第三节 装卸搬运

一、装卸搬运的概念

在同一地域范围内(如车站范围、工厂范围、仓库内部等)以改变"物"的存放、支承状态的活动称为装卸,以改变"物"的空间位置的活动称为搬运,两者合称装卸搬运。有时候在特定场合单称"装卸"或单称"搬运",也包含了"装卸搬运"的完整含义。

在习惯使用中,物流领域(如铁路运输)常将装卸搬运这一整体活动称为货物装卸;在生产领域中常将这一整体活动称为物料搬运。实际上,这些活动内容都是一样的,只是领域不同而已。

在物流过程中,装卸活动是不断出现和反复进行的,它出现的频率高于其他物流活动,每次装卸活动都要花费很长的时间,所以往往成为决定物流速度的关键。同时,装卸活动消耗较多的人力和财力,因此费用在物流成本中所占的比重也较高。以我国为例,铁路运输的始发和到达的装卸作业费占总成本的20%左右,船运占40%左右。此外,装卸搬运也是物流过程中造成货物破损、散失、损耗、混合等损失的主要环节。例如,袋装水泥的包装破损和散失主要发生在装卸过程中,玻璃、机械、器皿、煤炭等产品在装卸时也最容易造成损失。

可见,装卸搬运活动是影响物流效率、决定物流技术经济效果的重要环节。例如,在我国火车货运以500公里为分界点,运距超过500公里,运输在途时间多于起止的装卸时间;运距低于500公里,装卸搬运时间则超过实际运输时间。再如,美国与日本之间的远洋运输,一个往返需25天,其中运输时间为13天,装卸搬运时间为12天。

小·知识

运输和搬运的区别

在实际操作中,装卸搬运是密不可分的,两者是伴随在一起发生的。因此,在物流科学中并不过分强调两者的区别,而是作为一种活动来对待。

搬运的"运"与运输的"运"的区别之处在于,搬运是在同一地域的小范围内发生的,而运输则是在较大范围内发生的,两者是量变到质变的关系,至于地域范围的大小,并无绝对的界限。

二、装卸搬运的特点

(一)装卸搬运是支持、保障性的活动

装卸搬运的附属性不能理解成被动的,实际上,装卸搬运对其他物流活动有一定决定性。装卸搬运会影响其他物流活动的质量和速度。例如,装车不当会引起运输过程中的损失;卸放不当会引起货物转换成下一步运动的困难。许多物流活动在有效的装卸搬运支持下,才能实现高效率。

（二）装卸搬运是衔接性的活动

在任何其他物流活动互相过渡时都是以装卸搬运来衔接的，因而，装卸搬运往往成为物流的瓶颈，是物流各功能之间能否形成有机联系和紧密衔接的关键，而这又是整个物流系统的关键。建立一个有效的物流系统，关键看这一衔接是否有效。

（三）装卸搬运是附属性、伴生性的活动

装卸搬运是物流中每一项活动开始和结束时必然发生的活动，因而有时被人忽略，有时被视为其他操作不可缺少的组成部分。例如，一般而言的汽车运输，实际上包含了相随的装卸搬运；仓库中泛指的保管活动，也含有装卸搬运活动。

三、装卸搬运的分类

（一）按装卸搬运施行的设施设备对象分类

按装卸搬运施行的设施设备对象分类，可分为仓库装卸、车间搬运、站台装卸搬运、铁路装卸、港口装卸、汽车装卸等。

1. 仓库装卸

仓库装卸配合出库、入库、维护保养等活动进行，并且以堆垛、上架、取货等操作为主。

2. 车间搬运

车间搬运指在车间内部工序间进行的各种装卸搬运活动，如原材料、在制品、半成品、零部件、产成品等的取放、分拣、包装、堆码、输送等作业。

3. 站台装卸搬运

站台装卸搬运指在企业车间或仓库外的站台进行的各种装卸搬运活动，如装车、卸车，以及集装箱的装箱、掏箱、搬运等作业。

4. 铁路装卸

铁路装卸是对火车车皮的装进及卸出，特点是一次作业就实现一车皮的装进或卸出，很少有像仓库装卸时出现的整装零卸或零装整卸的情况。

5. 港口装卸

港口装卸包括码头前沿的装船，也包括后方的支持性装卸搬运，有的港口装卸还采用小船在码头与大船之间过驳的办法，因而其装卸的流程较为复杂，往往经过几次的装卸及搬运作业才能实现船与陆地之间货物过渡的目的。

6. 汽车装卸

汽车装卸一般一次装卸批量不大，由于汽车载体的灵活性，可以很少或根本减去搬运活动，而直接、单纯利用装卸作业达到车与物流设施之间货物过渡的目的。

（二）按装卸搬运的机械及机械作业方式分类

按装卸搬运的机械及机械作业的方式分类，可分成使用吊车的吊上吊下方式，使用叉车的叉上叉下方式，使用半挂车或叉车的滚上滚下方式，以及移上移下方式和散装散卸方式等。

1. 吊上吊下方式

采用各种起重机械从货物上部起吊，依靠起吊装置的垂直移动实现装卸，并在吊车运行的范

围内或回转的范围内实现搬运或依靠搬运车辆实现小搬运。由于吊起及放下都是垂直运动,因此这种装卸方式属垂直装卸。

2. 叉上叉下方式

采用叉车从货物底部托起货物,并依靠叉车的运动进行货物位移,搬运完全靠叉车本身,货物可不经中途落地直接放置到目的处。这种方式垂直运动不大而主要是水平运动,属水平装卸方式。

3. 滚上滚下方式

该方式主要是港口装卸的一种水平装卸方式。利用叉车或半挂车、汽车承载货物,连同车辆一起开上船,到达目的地后再从船上开下。利用叉车载货车辆在船上卸货后,叉车必须离船;利用半挂车或汽车载货,则原车开上或用拖车将载货车辆拖拉至船上后,拖车开下离船,而载货车辆连同货物一起运到目的地,再原车开下或用拖车上船拖拉载货车辆下船。滚上滚下方式需要有专门的船舶,对码头也有不同要求,这种专门的船舶称滚装船(见图2-5)。

图2-5 滚装船

4. 移上移下方式

该方式是在两车之间(如火车及汽车)进行靠接,然后利用各种方式不使货物垂直运动,而靠水平移动从一辆车上推移到另一辆车上。移上移下方式需要使两种车辆水平靠接,因此,对站台或车辆货台有要求,并要配合移动工具实现这种装卸。

5. 散装散卸方式

该方式是对散装货进行装卸。一般从装点直到卸点,中间不再落地,采用的设备主要是管道系统。管道输送的长度可以变化,这种装卸方式的装、卸两个点无须靠近,可以隔相当长的距离,这是集装卸与搬运于一体的装卸方式。

(三) 按被装卸物的主要运动形式分类

按被装卸物的主要运动形式分类,可分为垂直装卸和水平装卸。

(四) 按装卸搬运对象分类

按装卸搬运对象分类,可分成散装货物装卸、单件货物装卸、集装货物装卸等。

1. 散装货物装卸

这是指对煤炭、矿石、粮食、化肥等块、粒、粉状物资,采用重力法(通过筒仓、溜槽、隧洞等方法)、倾翻法(铁路的翻车机)、机械法(抓、舀等)、气力输送(用风机在管道内形成气流,应用动能、压差来输送)等方法进行装卸。

2. 单件货物装卸

这主要是对单件货物逐件进行装卸搬运。目前主要针对长大笨重、形状特殊或集装会增加危险的货物采用该方式来完成。

3. 集装货物装卸

这是指先将货物集零为整,再进行装卸搬运。可以采用集装箱、托盘、捆扎、网装及挂车等进行集装。

(五) 按装卸搬运的作业特点分类

按装卸搬运的作业特点分类,可分成连续装卸和间歇装卸。

1. 连续装卸

连续装卸主要是同种大批量散装或小件杂货通过连续输送机械连续不断地进行作业,中间无停顿、货间无间隔的装卸方式。在装卸量较大、装卸对象固定、货物对象不易形成大包装的情况下适合采取这一方式。

2. 间歇装卸

间歇装卸具有较强的机动性,装卸地点可在较大范围内变动,主要适用于货流不固定的各种货物,尤其适于包装货物、大件货物,散粒货物也可采取此种方式。

四、装卸搬运合理化

(一) 防止无效作业

所谓无效作业,是指在装卸作业活动中超出必要的装卸、搬运量的作业。显然,防止和消除无效作业对装卸作业的经济效益有重要作用。为了有效防止和消除无效作业,可从以下几个方面入手。

1. 尽量减少装卸次数

在物流过程中,货损主要发生在装卸搬运环节。在整个物流作业中,装卸搬运环节从发生的频数来讲超过物流过程中的其他活动,过多的装卸次数必然导致不必要的损失。要使装卸次数降低到最小,就要避免没有物流效果的装卸作业。

2. 提高被装卸物料的纯度

物料的纯度指物料中含有水分、杂质及与物料本身使用无关的物质的多少。物料的纯度越高,则装卸作业的有效程度越高;反之,则无效作业就会增多。

3. 包装要适宜

包装是物流中不可缺少的辅助作业手段。包装的轻型化、简单化、实用化能减少用于包装上的无效劳动。

4. 缩短搬运作业的距离

物料在装卸搬运过程中,要实现水平和垂直两个方向的位移,应选择最短的路线来完成。

(二) 提高装卸搬运的灵活性

所谓装卸搬运的灵活性,是指对物料进行装卸作业的难易程度。在堆放货物时,事先要考虑到物料装卸作业的方便性。

根据物料所处的状态,即物料装卸搬运的难易程度,可将装卸搬运的灵活性分为 0~4 共 5 个不同的级别(见表 2-2)。

0 级——物料杂乱地堆在地面上的状态。

1级——物料装箱或经捆扎后的状态。

2级——箱子或被捆扎后的物料,下面放有枕木或其他衬垫后,便于叉车或其他机械作业的状态。

3级——物料被放于台车上或用起重机吊钩钩住,即刻移动的状态。

4级——被装卸搬运的物料,已经被起动、直接作业的状态。

表2-2 装卸搬运活性指数

放置状态	需要进行的作业				活性指数
	整理	架起	提起	托运	
散放地上	√	√	√	√	0
置于一般容器		√	√	√	1
集装化			√	√	2
无动力车				√	3
动力车辆或传送带					4

从理论上讲,活性指数越高越好,但也必须考虑到实施的可能性。例如,物料在储存阶段,活性指数为4的置于传送带和活性指数为3的置于车辆,在一般的仓库中很少被采用,这是因为大批量的物料不可能存放在传送带和车辆上的缘故。而活性指数为2的置于托盘上或其他集装化的包装内,则具有广泛的实用价值。

由于搬运在物流过程中是反复进行的,因而其速度可能决定整个物流的速度,将每次的搬运时间缩短,多次搬运的累加效果则十分明显。因此,提高搬运的灵活性对装卸搬运的合理化是非常重要的。

(三)装卸搬运实现省力化

装卸搬运使物料发生垂直和水平位移,必须通过做功才能实现,要尽力实现装卸作业的省力化。

在装卸作业中应尽可能地消除重力的不利影响。在有条件的情况下利用重力进行装卸,可减轻劳动强度和能量的消耗。将不设动力的小型运输带(板)斜放在货车、卡车或站台上进行装卸,使物料在倾斜的输送带(板)上移动,这种装卸就是靠重力的水平分力完成的。在搬运作业中,不用手搬,而是把物料放在推车上,由车具承担物体的重量,人们只要克服滚动阻力,使物料水平移动,这无疑是十分省力的。

利用重力式移动货架也是一种利用重力进行省力化装卸的方式之一。重力式货架的每层板均有一定的倾斜度,货箱或托盘可自行沿着倾斜的货架层板滑到输送装置上。为了减小物料滑动的阻力,通常货架表面处理得十分光滑,或者在货架层上装设滚轮,也有在承重物料的货箱或托盘下装上滚轮,这样将滑动摩擦变为滚动摩擦,物料移动时所受到的阻力会更小。

(四)提高装卸搬运的机械化程度

物料装卸搬运设备组织工作是以完成装卸任务为目的,以提高装卸设备的生产率、装卸质量,降低装卸搬运作业成本为中心的技术组织活动。它包括下列内容。

① 确定装卸任务量。根据物流计划、经济合同、装卸作业不均衡程度、装卸次数、装卸车时

限等,来确定作业现场年度、季度、月、旬、日平均装卸任务量。装卸任务量有事先确定的因素,也有临时变动的可能。因此,要合理地运用装卸设备,就必须把计划任务量与实际装卸作业量两者之间的差距缩小到最低水平。同时,装卸作业组织工作还要对进行装卸作业的物料对象的品种、数量、规格、质量指标及搬运距离尽可能地做出详细的规划。

② 根据装卸任务和装卸设备生产率,确定装卸搬运设备需用的台数和技术特征。

③ 根据装卸任务、装卸设备生产率和需用台数,编制装卸作业进度计划。它通常包括装卸搬运设备的作业时间表、作业顺序、负荷情况等详细内容。

④ 下达装卸搬运进度计划,安排劳动力和作业班次。

⑤ 统计和分析装卸作业成果,评价装卸搬运作业的经济效益。

随着生产力的发展,装卸搬运的机械化程度不断提高。装卸搬运的机械化能把工人从繁重的体力劳动中解放出来。对于危险品的装卸作业,机械化能保证人和货物的安全。这些都是装卸搬运机械化程度不断得以提高的动力。

(五) 装卸搬运推广组合化

在装卸搬运作业过程中,根据不同物料的种类、性质、形状、重量来确定不同的装卸作业方式。处理物料装卸搬运的方法有三种:普通包装的物料逐个进行装卸,叫作分块处理;将颗粒状物料不加小包装而原样装卸,叫作散装处理;将物料以托盘、集装箱、集装袋为单位进行组合后装卸,叫作集装处理。对于包装的物料,尽可能进行集装处理,实现单元化装卸搬运,可以充分利用机械进行操作。组合化装卸具有以下优点。

① 装卸单位大、作业效率高,可大量节约装卸作业时间。

② 能提高物料装卸搬运的灵活性。

③ 操作单元大小一致,易于实现标准化。

④ 不用手去触碰物料,可达到保护物料的目的。

(六) 装卸搬运合理规划

装卸搬运合理规划是指对整个装卸作业的连续性进行合理的安排,以减少运距和装卸次数。

装卸搬运作业现场的平面布置是直接关系到装卸搬运距离的关键因素。装卸搬运机械要与货场长度、货位面积等互相协调。要有足够的场地集结物料,并满足装卸搬运机械工作面的要求。货场内的道路布置要为装卸搬运创造良好的条件,以利于加速货位的周转。

提高装卸搬运作业的连续性应做到:作业现场装卸搬运机械合理衔接;不同的装卸搬运作业在相互衔接时,力求使它们的装卸搬运速率相等或接近;充分发挥装卸搬运调度人员的作用,一旦发生装卸搬运作业障碍或停滞,能立即采取有力的措施补救。

第四节 储存

一、储存的概念

储存是指保护、管理、储藏物品(见《物流术语》)。具体来说是对货品进行保存并对其数量、质量进行管理控制的活动。储存是物流中的一个核心功能,起着缓冲、调节和平衡的作用。储存的目的是克服产品生产与消费在时间上的差异。产品从生产领域进入消费领域之前,往往要在流通领域停留一段时间,这就形成了商品的储存。通过储存,可以使商品在最有效的时间段发挥作用,创造商品的时间价值和使用价值。

小·知识

储存与库存、储备

库存指的是仓库中处于暂时停滞状态的物资。物资的停滞状态可能由任何原因引起,这些原因大体有能动的各种形态的储备、被动的各种形态的超储和完全的积压。

储备多指物资储备,是一种有目的的储存物资的行动,其目的是保证社会再生产连续不断地、有效地进行。所以,物资储备是一种能动的储存形式,或者说是有目的的、能动的让物资在生产领域和流通领域中暂时停滞,尤其是指在生产与再生产、生产与消费之间的暂时停滞。

库存与储备的本质区别如下。

① 库存明确了停滞的位置,即在仓库中;而储备这种停滞所处的地理位置远比库存广泛。储备的位置可能在生产及流通中的任何环节,可能是仓库中的储备,也可能是其他形式的储备。

② 储备是有目的的、能动的、主动的行动;而库存有可能不是有目的的,有可能完全是盲目的。

资料来源:王之泰. 新编现代物流学:第三版. 北京:首都经济贸易大学出版社,2012.

二、储存的功能

储存在物流活动中起着缓冲、调节和平衡的作用,是除运输以外的另一个核心环节。它的内容包括储存、管理、保养、维护等活动。在生产过程中原材料、燃料、备品备件和半成品等需要在相应的生产环节之间有一定的储备,作为生产环节之间的缓冲,以保证生产的连续进行。具体来说储存具有以下功能。

(一)储存可以创造时间效用

同一种物品,在不同的时间段具有不同的价值和效用,这就是时间效用。同种"物"由于时间状态不同,其使用价值的实现程度可能也有所不同,其效益的实现也就不同。因改变时间状态而最大程度地发挥"物"的使用价值,最大程度地通过价值和使用价值的提高而提高产出投入比,就创造了时间效用。通过储存,使"物"在效用最高的时间段发挥作用,就能充分发挥"物"的潜力,实现资源在时间上的优化配置。从这个意义上讲,也相当于通过储存提高了物的使用价值。

(二)可以集零为整,便于集散

商品的运输具有显著的规模经济性。为了降低运输成本,实现规模效应,可以将运往同一地点的小批量商品通过储存聚集成比较大的批量,然后再进行运输,到达目的地后,再根据需要分散发送到消费地。通过一集一散,衔接产需,均衡运输,提高物流效率。

(三)便于配送

根据用户的需要,对商品进行分拣、组配、包装和配发等作业,并将配好的商品送货上门。储存配送功能是储存保管功能的外延，提高了储存在社会服务方面的效能。要确保储存商品的安全，最大程度地保持商品在储存中的使用价值，减少保管损失。

（四）方便检验

在物流过程中，为了保证商品的数量和质量准确无误，分清责任，维护各方面的经济利益，要求必须对商品及有关事项进行合格检验，以满足生产、运输、销售及用户的要求，储存为组织检验提供了场地和条件。

三、储存合理化

（一）不合理储存

在物流系统中，储存作为一种必要活动，由其自身特点决定，如果在质量、数量、储存时间、储存结构、地区分布、费用支出等方面管理不当，经常会出现降低物流系统效益和恶化物流系统运行的情况，所以有着对社会物流活动的"逆"作用。这种逆作用主要是由于不合理存储和被存储期间所发生的质量变化和价值损失造成的。其具体表现形式如下。

1. 储存组织和管理不合理

（1）储存时间过长

储存时间从两个方面影响储存功能要素的效果，两者此消彼长的结果形成了储存的一个最佳时间区域。一方面是经过一定的时间，被储存物资可以获得时间效用；另一方面是随着储存时间的增加，有形及无形损耗加大，其是时间效用的一个逆因素。从时间效用的角度来考察，储存一定时间，效用可能增大，也可能出现效用增加减缓或降低。因而储存的总效果是确定储存最优时间的依据，一旦储存时间超过储存最优时间区域，被储存物资损耗加大，就会对物流系统的效益造成负面影响。

（2）储存数量过大

储存数量主要从两方面影响储存的效果，这两方面利弊的消长，使储存数量有一个最佳的区域，超过这个区域的储存数量，就是不合理的储存。储存数量对储存效果的影响如下。

① 储存以一定数量形成保证供应、生产、消费的能力。一般而言，单从保证的技术来看，数量大可以有效提高这一能力。但是保证能力的提高，并不与数量成正比，而是遵从边际递减规律，即每增加一单位储存数量，总能力虽会随之增加，但所增加的保证供应能力却逐渐降低，以致最终再增加储存数量对保证能力基本不产生影响。

② 储存的损失（存货的失效、损坏和丢失等）随着储存数量增加而基本上成比例地增加，储存数量越大，损失量也越大。如果管理力量不能也按比例增加的话，甚至还可能出现储存数量增加到一定程度，损失陡增的现象。因而可以肯定地说，超出一定限度的储存数量是有害而无益的。

（3）储存数量过低

储存数量过低会严重降低储存对供应、生产和消费的保证能力。但同时，储存数量越低，储存的各种损失也会越低。两者彼此消长的结果是，储存数量降到一定程度，由于保证能力的大幅度削弱会引起巨大损失，其损失远远超过由于减少储存数量、防止库损、减少利息支出等带来的收益。所以，储存数量过低，也是会大大损害总效果的不合理现象。当然，如果能够做到降低储存数量而不降低保证能力的话，数量的降低则是绝对好的现象。在仓储管理中所追求的零库存，就是出于这个道理。所以这里的不合理储存所指的"数量过低"是有前提条件的,即保证能力由数量决定而不是由其他因素决定。

(4) 储存条件不足或过剩

储存条件从两方面影响储存的效果,这两方面利弊消长的结果决定了储存条件只能在恰当范围内。储存条件不足或过剩都会使储存的总效益下降,因而是不合理的。

储存条件不足,是指不能为储存物提供良好的储存环境及必要的储存管理措施,因而往往造成被储存物的损失或整个储存工作的混乱。储存条件不足主要表现在储存场所简陋、储存设施不足以及维护保养手段与措施不力,不足以保护被储存物。储存条件过剩,是指储存条件大大超过需要,从而使被储存物负担过高的储存成本,使被储存物的实际劳动投入大大高于社会平均必要劳动量,从而出现亏损。

(5) 储存结构失衡

储存结构是被储存物在品种、规格、储存位置等方面的比例关系。在宏观和微观上被储存物的比例关系都会出现失调,这种失调表现在以下几个方面。

① 储存物不同品种、规格的储存数量失调。存在总量正常,但不同品种、规格此有彼无或此多彼少的现象。

② 储存物不同品种、规格的储存期失调。存在此长彼短的失调现象。

③ 储存物储存位置的失调。在大范围地理位置上或局部存在储存物该有却无、该少却多、该多却少的失调。

2. 货物在储存期间可能发生质量变化

在储存期间,物资的质量变化主要是由以下几个因素引起的。

① 储存时间。物资在储存过程中,内部物质运动不断进行,这种变化是由量变到质变的过程,储存期越长,这种变化的聚集就越大,最终可能引起量变。

② 储存环境。物资储存环境可能促进或减弱上述变化的趋势。不良的储存环境,可能大大加速质量从量变到质变的过程。

③ 储存操作。储存过程中,要经常作业于被储存物,这可能造成突发性碰撞、磨损、冲击、混合等,从而使质量迅速发生变化。

物资有可能在物理和机械方面发生一些质量方面的变化。例如,在温度、湿度、压力的影响下,由于挥发、融化、熔融,其物理存在状态发生变化,从而改变或失去了物资原来的价值;由于仓库密封不善或包装破损,造成物资的渗漏变化;一些物资吸附了有味气体或液体,从而失去或降低使用价值;物资在储存过程中受外力作用造成形体的破坏,如破裂、掉边、折角等。

物资还有可能在化学方面发生一些质量方面的变化,如分解与水解、水化、锈蚀、老化、化合、聚合等。粮食等物资可能受到外界生物的影响,发生霉变、发酵、腐败等生化变化,严重影响使用价值。

此外,由于鼠类、害虫、蚁类等生物侵入,也会造成被储存物的损失。

3. 货物在储存期间可能发生价值损失

① 呆滞损失。储存的时间过长,虽然原物资的使用价值并未变化,但随着时间的推移,社会的需要可能会发生变化,从而使该物资的效用降低,无法按原价值继续在社会上流通,形成长期聚集在储存领域的呆滞物资。这些物资最终要进行降价处理或报废处理,所形成的损失为呆滞损失。有许多呆滞物资同时也存在物理、化学和生化的变化,使损失叠加,问题更为严重。

② 时间价值损失。物资储存实际也是货币储存的一种形式。资金的时间价值决定,每存放一定时间,资金就按一定规律减值。所有被储存物都必然占用资金,而资金的使用要付出一定的

利息,储存时间越长,资金数额越大,利息支付就越多;或者储存时间越长,资金数额越大,其机会投资损失就越大。这是储存时不可忽视的损失。

③ 过高的储存成本。一是库存会引起仓库建设、仓库管理、仓库工作人员工资福利等项费用开支。二是储存物资占用资金的利息,或者这部分资金如果投资其他项目的机会损失。三是陈旧损坏与跌价损失。物资在作为库存期间可能发生各种物理、化学、生化等变化,严重者会失去全部价值及使用价值。随着储存时间的增加,存货无时无刻不在发生折旧,一旦错过最佳销售期,就会不可避免地出现跌价损失。四是保险费支出。近年来为分担风险,我国已开始对储存物采取投保缴纳保险费方法。保险费支出在有些国家、地区已达到很高比例。五是进货、验收、保管、发货、搬运等工作费用。上述各项费用支出都是降低企业效益的因素,再加上在企业全部运营中,储存占用资金高达40%~70%,在非常时期,有的企业库存竟然占用了全部流动资金,使企业无法正常运转。

(二) 合理储存

储存合理化是指用最经济的办法实现储存的功能。储存的功能是对需要的满足,实现被储物的"时间价值",这就"必须有一定储量"。马克思讲:"商品储备必须有一定的量,才能在一定时期内满足需要量。"这是储存合理化的前提或本质,如果不能保证储存功能的实现,其他问题便无从谈起。但是,储存的不合理又往往表现在对储存功能实现的过分强调,因而是过分投入储存力量和其他储存劳动所造成的。所以,合理储存的实质是,在保证储存功能实现的前提下尽量少的投入,这是一个投入产出的关系问题。

1. 储存合理化的标志

① 质量标志。保证被储存物的质量是完成储存功能的根本要求,只有这样,商品的使用价值才能通过物流得以最终实现。在储存中增加了多少时间价值或是得到了多少利润,都是以保证质量为前提。所以,储存合理化的主要标志中,为首的应当是反映使用价值的质量。

现代物流系统已经拥有很有效的维护物资质量、保证物资价值的技术手段和管理手段,也正在探索物流系统的全面质量管理问题,即通过物流过程的控制,通过工作质量来保证储存物的质量。

② 数量标志。在保证功能实现的前提下有一个合理的数量范围。目前管理科学的方法已能在各种约束条件的情况下,对合理数量范围做出决策。但是较为实用的还是在消耗稳定、资源及运输可控的约束条件下,所形成的储存数量控制方法,此点将在后面叙述。

③ 时间标志。在保证功能实现前提下,寻求一个合理的储存时间,这是和数量有关的问题,储存量越大而消耗速率越慢,则储存的时间必然长,相反则必然短。在具体衡量时往往用周转速度指标来反映时间标志,如周转天数、周转次数等。

在总时间一定的前提下,个别被储存物的储存时间也能反映合理程度。如果少量被储存物长期储存,成了呆滞物或储存期过长,虽反映不到宏观周转指标中去,也标志储存存在不合理。

④ 结构标志。这是从被储存物不同品种、不同规格的储存数量的比例关系对储存合理性的判断。尤其是相关性很强的各种物资之间的比例关系更能反映储存合理与否。由于这些物资之间相关性很强,只要其中有一种物资耗尽,即使其他物资仍有一定数量,也会无法投入使用。所以,不合理的结构影响面并不仅局限在某一种物资上,而是具有扩展性。结构标志的重要性也可由此确定。

⑤ 分布标志。这是指不同地区储存的数量比例关系,可以此判断当地对需求的保障程度,也可以此判断对整个物流的影响。

⑥ 费用标志。仓租费、维护费、保管费、损失费、占用资金利息等，都能从这些实际费用上判断储存的合理与否。

2. 储存合理化的实施要点

① 进行储存物的 ABC 分析。ABC 分析是实施储存合理化的基础分析，在此基础上可以进一步解决各类的结构关系、储存量、重点管理、技术措施等合理化问题。在 ABC 分析基础上实施重点管理，决定各种物资的合理储备数量及经济地保有合理储备的办法，乃至实施零库存。

② 在形成了一定的社会总规模的前提下，追求经济规模，适度集中储存。适度集中储存是合理化的重要内容。所谓适度集中储存，是利用储存规模优势，以适度集中储存代替分散的小规模储存来实现合理化。

集中储存是面对两个制约因素，在一定范围内取得优势的办法。这两个制约因素：一是储存费，二是运输费。若过分分散储存，每一处的储存保证的对象有限，互相难以调度调剂，则需分别按其保证对象要求确定库存量。而集中储存易于调度调剂，集中储存总量可大大低于分散储存总量。若过分集中储存，储存点与用户之间距离拉长，储存总量虽降低，但运输距离拉长，运费支出加大，在途时间长，又迫使周转储备增加。所以，适度集中的含义主要是在这两方面取得最优集中程度。适度集中储存除在总储存费及运输费之间取得最优之外，还有一系列其他好处：对单个用户的保证能力提高；有利于采用机械化、自动化方式；有利于形成一定批量的干线运输；有利于成为支线运输的始发站。适度集中储存也是零库存这种合理化形式的前提条件之一。

③ 加速总周转，提高单位产出。储存现代化的重要课题是将静态储存变为动态储存，周转速度一快会带来一系列的合理化好处，如资金周转快、资本效益高、货损小、仓库吞吐能力增加、成本下降等。具体做法诸如采用单元集装储存、建立快速分拣系统都有利于实现快进快出、大进大出。

④ 采用有效的先进先出方式，保证每个被储存物的储存期不至过长。先进先出是一种有效的储存合理化方式，也是储存管理的准则之一，可以采用贯通式货架系统、双仓法、计算机存取系统等方法来实现。

⑤ 提高储存密度，提高仓容利用率。其主要目的是减少储存设施的投资，提高单位存储面积的利用率，以降低成本、减少土地占用。它有以下三类方法。

- 采取高垛的方法，增加储存的高度。具体方法有采用高层货架仓库或集装箱等增加储存高度。
- 缩小库内通道宽度以增加储存有效面积。具体方法有采用窄巷道式通道，配以轨道式装卸车辆，以减少车辆运行宽度要求；采用侧叉车、推拉式叉车，以减少叉车转弯所需的宽度。
- 减少库内通道数量以增加储存有效面积。具体方法有采用密集型货架、可进车的可卸式货架、各种贯通式货架、不依靠通道的桥式吊车装卸技术等。

⑥ 采用有效的储存定位系统。储存定位的含义是被储存物位置的确定。如果定位系统有效，能大大节约寻找、存放、取出的时间，节约不少物化劳动及活劳动，而且能防止差错，便于清点等。储存定位系统可采取先进的计算机定位系统管理，也可采取一般人工管理如四号定位法等。

小知识

四号定位法

四号定位法是用一组四位数字来确定存取位置的固定货位方法，是我国手工管理中采用的科学方法。这四个号码分别是序号、架号、层号、位号。它使得每一个货位都有一个组号。在物资入库时，按规划要求对物资编号，记录在账卡上，提货时按四位数字的指示，很容易就将货物拣选出来。这种定位法可对仓库存货区事先做出规划，并能很快地存取货物，有利于提高速度，减少差错。

⑦ 采用有效的监测清点方式，如"五五化"堆码、光电识别系统、电子计算机监控系统等。对储存物资数量和质量的监测不但是掌握其基本情况之必须，也是科学库存控制之必须。在实际工作中稍有差错，就会使账物不符，所以，必须及时且准确地掌握实际储存情况，经常与账卡核对，这无论对人工管理还是计算机管理都是必不可少的。此外，经常的监测也是掌握被储存物质量状况的重要工作。

⑧ 采用现代储存保养技术，如气幕隔潮、气调储存、塑料薄膜封闭等。

⑨ 采用集装箱、集装袋、托盘等运储装备一体化的方式。集装箱等集装设施的出现，也给储存带来了新观念。采用集装箱后，本身便是一栋仓库，不需要再有传统意义的库房，在物流过程中，也就省去了入库、验收、清点、堆垛、保管、出库等一系列储存作业，因而对改变传统储存作业有很重要意义，是储存合理化的一种有效方式。

第五节　流通加工

一、流通加工的定义和作用

（一）流通加工的定义

《物流术语》中规定，流通加工是物品在生产地到使用地的过程中，根据需要施加包装、分割、计量、分拣、刷标志、拴标签、组装等简单作业的总称。

流通加工是为了提高物流速度和物品的利用率，在物品进入流通领域后，按客户的要求进行的加工活动，即在物品从生产者向消费者流动的过程中，为了促进销售、维护商品质量和提高物流效率，对物品进行一定程度的加工。流通加工通过改变或完善流通对象的形态来实现桥梁和纽带的作用，因此流通加工是流通中的一种特殊形式。随着经济增长、国民收入增多，消费者的需求出现多样化，促使在流通领域开展流通加工。目前，在世界许多国家和地区的物流中心或仓库经营中都大量存在流通加工业务，在日本、美国等物流发达国家则更为普遍。

（二）流通加工的作用

1. 克服生产和消费之间的分离，更有效地满足消费需求

这是流通加工功能最基本的内容。现代经济中，生产和消费在质量上的分离日益扩大和复杂。流通企业利用靠近消费者、信息灵活的优势，从事加工活动，能够更好地满足消费需求，使少规格、大批量生产与小批量、多样性需求结合起来。

2. 提高加工效率和原材料利用率

集中进行流通加工，可以采用技术先进、加工量大、效率高的设备，不但提高了加工质量，而且提高了使用率和加工效率。集中进行加工还可以将生产企业生产的简单规格产品，按照客户的不同要求进行集中下料，做到量材使用，合理套裁，减少剩余料。同时，可以对剩余料进行综合

利用,提高原材料的利用率,使资源得到充分合理的利用。

3. 提高物流效率

有的产品的形态、尺寸、重量等比较特殊,如过大、过重产品不进行适当分解就无法装卸运输,生鲜食品不经过冷冻、保鲜处理,在物流过程中就容易变质腐烂等。对这些产品进行适当加工,可以方便装卸搬运、储存、运输和配送,从而提高物流效率。

4. 促进销售

流通加工对于促进销售也有积极的作用,特别是在市场竞争日益激烈的条件下,流通加工成为重要的促销手段。例如,将运输包装改换成销售包装,进行包装转换加工,改变商品形象以吸引消费者;将蔬菜、肉类洗净切块分包以满足消费者的要求;对初级产品和原材料进行加工以满足客户的需要,赢得客户信赖,增强营销竞争力。

> **小·知识**
>
> **流通加工与一般生产加工的区别**
>
> 流通加工和一般生产加工在加工方法、加工组织、生产管理方面并无明显区别,但在加工对象、加工程度、加工目的等方面却差别较大,其差别主要有以下几个。
>
> ① 从加工对象的不同来说,流通加工的对象是进入流通领域的商品;生产加工的对象不是最终商品而是原材料、零配件、半成品。
>
> ② 从加工程度的深浅来说,流通加工大都为简单加工,是生产加工的一种辅助和补充;而生产加工则较为复杂。
>
> ③ 从加工目的的不同来说,生产加工的目的是创造价值和使用价值;流通加工的目的是完善商品的使用价值并在对原商品不做大的改动情况下提高其价值。
>
> ④ 从组织加工者的不同来说,流通加工的组织者是从事流通工作的商业企业或物流企业;而生产加工的组织者则是生产企业。

二、流通加工的类型

根据不同的目的,流通加工具有不同的类型。

(一) 增值性流通加工

1. 为弥补生产领域加工不足的流通加工

由于受到各种因素的限制,许多产品在生产领域的加工只能到一定程度,而不能完全实现终极的加工。例如,木材如果在产地完成成材加工或制成木制品的话,就会给运输带来极大的困难,所以,在生产领域只能加工到圆木、板、方材这个程度,进一步的下料、裁切、处理等加工则由流通加工完成;钢铁厂大规模的生产只能按规格生产,以使产品有较强的通用性,从而使生产能有较高的效率,取得较好的效益。

2. 为适应多样化需要的流通加工

生产部门为了实现高效率、大批量的生产,其产品往往不能完全满足用户的要求。这样为了满足用户对产品多样化的需要,同时又要保证高效率的大生产,可将生产出来的单一化、标准化的产品进行多样化的改制加工。例如,对钢材卷板的舒展、剪切加工;平板玻璃按需要规格的开片加工;木材改制成枕木、板材、方材等加工。

3. 为方便消费、省力的流通加工

根据下游生产的需要将商品加工成生产直接可用的状态。例如,根据需要将钢材定尺、定型、按要求下料;将木材制成可直接投入使用的各种型材;将水泥制成混凝土拌合料,使用时只需稍加搅拌即可使用等。

4. 为促进销售的流通加工

流通加工也可以起到促进销售的作用。例如,将大包装或散装物分装成适合零售的小包装的分装加工;将以保护商品为主的运输包装改换成以促进销售为主的销售包装;将蔬菜、肉类洗净切块以满足消费者要求等。

(二) 增效性流通加工

1. 为保护产品所进行的流通加工

在物流过程中,为了保护商品的使用价值,延长商品在生产和使用期间的寿命,防止商品在运输、储存、装卸搬运、包装等过程中遭受损失,可以采取稳固、改装、保鲜、冷冻、涂油等方式。例如,水产品、肉类、蛋类的保鲜、保质的冷冻加工、防腐加工等;丝、麻、棉织品的防虫、防霉加工等。又如,为防止金属材料的锈蚀而进行的喷漆、涂防锈油等措施,运用手工、机械或化学方法除锈;木材的防腐朽、防干裂加工;煤炭的防高温自燃加工;水泥的防潮、防湿加工等。

2. 为提高物流效率,降低物流损失的流通加工

有些商品本身的形态使之难以进行物流操作,而且商品在运输、装卸搬运过程中极易受损,因此需要进行适当的流通加工加以弥补,从而使物流各环节易于操作,提高物流效率,降低物流损失。例如,造纸用的木材磨成木屑的流通加工,可以极大提高运输工具的装载效率;自行车在消费地区的装配加工可以提高运输效率,降低损失;石油气的液化加工,使很难输送的气态物转变为容易输送的液态物,也可以提高物流效率。

3. 为提高加工效率的流通加工

许多生产企业的初级加工由于数量有限,加工效率不高,而流通加工以集中加工的形式,解决了单个企业效率不高的弊病。它以一家流通加工企业的集中加工代替了若干家生产企业的初级加工,促使生产水平有一定的提高。

4. 为衔接不同运输方式,使物流更加合理的流通加工

在干线运输和支线运输的节点设置流通加工环节,可以有效解决大批量、低成本、长距离的干线运输与多品种、少批量、多批次的末端运输和集货运输之间的衔接问题。在流通加工点与大生产企业间形成大批量、定点运输的渠道,以流通加工中心为核心,组织对多个用户的配送,也可以在流通加工点将运输包装转换为销售包装,从而有效衔接不同目的的运输方式。例如,散装水泥中转仓库把散装水泥装袋、将大规模散装水泥转化为小规模散装水泥的流通加工,就衔接了水泥厂大批量运输和工地小批量装运的需要。

5. 生产—流通一体化的流通加工

依靠生产企业和流通企业的联合,或者生产企业涉足流通,或者流通企业涉足生产,形成的对生产与流通加工进行合理分工、合理规划、合理组织,统筹进行生产与流通加工的安排,这就是生产—流通一体化的流通加工形式。这种形式可以促成产品结构及产业结构的调整,充分发挥企业集团的经济技术优势,是目前流通加工领域的新形式。

6. 为实施配送进行的流通加工

这种流通加工形式是配送中心为了实现配送活动,满足客户的需要,而对物资进行的加工。

例如，混凝土搅拌车可以根据客户的要求，把沙子、水泥、石子、水等各种不同材料按比例要求装入可旋转的罐中。在配送路途中，汽车边行驶边搅拌，到达施工现场后，混凝土已经均匀搅拌好，可以直接投入使用。

三、流通加工合理化

流通加工合理化的含义是实现流通加工的最优配置，也就是对是否设置流通加工环节、在什么地方设置、选择什么类型的加工、采用什么样的技术装备等问题做出正确抉择。这样做不仅要避免各种不合理的流通加工形式，而且要做到最优。

（一）不合理流通加工形式

1. 流通加工地点设置的不合理

流通加工地点设置布局状况是决定整个流通加工是否有效的重要因素。一般来说，为衔接单品种、大批量生产与多样化需求的流通加工，加工地点设置在需求地区，才能实现大批量的干线运输与多品种末端配送的物流优势。如果将流通加工地点设置在生产地区，一方面，为了满足用户多样化的需求，会出现多品种、小批量的产品由产地向需求地的长距离的运输；另一方面，在生产地增加了一个加工环节，同时也会增加近距离运输、保管、装卸等一系列物流活动。所以，在这种情况下，不如由原生产单位完成这种加工而无须设置专门的流通加工环节。

另外，一般来说，为方便物流的流通，加工环节应该设置在产出地，设置在进入社会物流之前。如果将其设置在物流之后，即设置在消费地，则不但不能解决物流问题，又在流通中增加了中转环节，因而也是不合理的。

即使是产地或需求地设置流通加工的选择是正确的，还有流通加工在小地域范围内的正确选址问题，如交通不便、流通加工与生产企业或用户之间距离较远、加工点周围的社会环境条件不好等。如果处理不善，仍然会出现不合理。

2. 流通加工方式选择不当

流通加工方式包括流通加工对象、流通加工工艺、流通加工技术、流通加工程度等。流通加工方式的确定实际上是与生产加工的合理分工密不可分的。分工不合理，把本来应由生产加工完成的作业错误地交给流通加工来完成，或者把本来应由流通加工完成的作业错误地交给生产过程去完成，都会造成不合理。

流通加工不是对生产加工的代替，而是一种补充和完善。所以，一般来说，如果工艺复杂，技术装备要求较高，加工可以由生产过程延续或轻易解决的，都不宜再设置流通加工。如果流通加工方式选择不当，就可能会出现生产争利的恶果。

3. 流通加工作用不大，形成多余环节

有的流通加工过于简单，或者对生产和消费的作用都不大，甚至有时由于流通加工的盲目性，同样未能解决品种、规格、包装等问题，相反却增加了作业环节，这也是流通加工不合理的重要表现形式。

4. 流通加工成本过高，效益不好

流通加工的一个重要优势就是它有较大的投入产出比，因而能有效地起到补充、完善的作用。如果流通加工成本过高，则不能实现以较低投入实现更高使用价值的目的，势必会影响它的经济效益。

（二）实现流通加工合理化的途径

要实现流通加工的合理化，主要应从以下几个方面加以考虑。

1. 加工和配送结合

这是指将流通加工设置在配送点中。一方面按配送的需要进行加工，另一方面加工又是配送作业流程中分货、拣货、配货的重要一环。加工后的产品直接投入到配货作业，这就无须单独设置一个加工的中间环节，而使流通加工与中转流通巧妙地结合在一起。同时，由于配送之前有必要的加工，可以使配送服务水平大大提高，这是当前对流通加工做合理选择的重要形式，在煤炭、水泥等产品的流通中已经表现出较大的优势。

2. 加工和配套结合

配套是指对使用上有联系的用品集合成套地供应给用户使用。例如，方便食品的配套。当然，配套的主体来自各个生产企业，如方便食品中的方便面，就是由其生产企业配套生产的。但是，有的配套不能由某个生产企业全部完成，如方便食品中的配菜、汤料等。这样，在物流企业进行适当的流通加工，可以有效地促成配套，大大提高流通作为供需桥梁与纽带的能力。

3. 加工和合理运输结合

流通加工能有效衔接干线运输和支线运输，促进两种运输形式的合理化。利用流通加工，在支线运输转干线运输或干线运输转支线运输等这些必须停顿的环节，不进行一般的支转干或干转支，而是按干线或支线运输合理的要求进行适当加工，从而大大提高运输及运输转载水平。

4. 加工和合理商流结合

流通加工也能起到促进销售的作用，从而使商流合理化，这也是流通加工合理化的方向之一。加工和配送相结合，通过流通加工提高了配送水平，促进了销售，使加工与商流合理结合。此外，通过简单地改变包装加工形成方便的购买量，通过组装加工解除用户使用前进行组装、调试的难处，都是有效促进商流的很好例证。

5. 加工和节约结合

节约能源、节约设备、节约人力、减少耗费是流通加工合理化重要的考虑因素，也是目前我国设置流通加工并考虑其合理化的较普遍形式。

对于流通加工合理化的最终判断，是看其是否能实现社会和企业本身的两个效益，而且是否取得了最优效益。流通企业更应该树立社会效益第一的观念，以实现产品生产的最终利益为原则，只有在生产流通过程中不断补充、完善为己任的前提下才有生存的价值。如果只是追求企业的局部效益，不适当地进行加工，甚至与生产企业争利，这就有违于流通加工的初衷，或者其本身已不属于流通加工的范畴。

案例 2-4

时装 RSD 服务

RSD 服务是时装的接收、分类和配送服务。RSD 是 TNT 澳大利亚公司下属的一家分公司开展的物流服务业务。它可以为顾客提供从任何地方来、到任何地方去的时装流通加工、运输、分送的需要。

RSD 运输服务是建立在时装仓库的基础上的。时装仓库最大的特点是，具有悬挂时装的多层仓库导轨系统。一般有 2~3 层导轨悬挂的时装，可以直接传输到运送时装的集装箱中，形成时装取货、分类、库存、分送的仓储、流通加工、配送等集成系统。在这个基础上,无论是平装还是悬挂的时装,都可以以最优越的时装运输的条件,进行门到门的运输服务。

在先进的时装运输服务基础上,公司开展的 RSD 服务项目,其实质是一种流通加工业务。RSD 服务满足了时装制造厂家、进口商、代理商或零售商的需要,依据顾客及市场的情况对时装的取货、分类、分送(供销)全部负责。RSD 服务可以完成制衣过程的质量检验等工作,并在时装仓库中完成进入市场前的一切准备工作,具体内容如下。

① 取货。直接到制衣厂上门取时装。
② 分类。根据时装颜色、式样进行分类。
③ 检查。检查时装颜色、脱线等质量问题。
④ 装袋。贴标签后装袋、装箱。
⑤ 配送。按销售计划,直接送达经销商或用户。
⑥ 信息服务与管理。提供相应的时装信息服务和计算机化管理。

许多属于生产过程的工作程序和作业,可以在仓储过程中完成,这是运输业务的前向延伸,是社会化分工与协作的又一具体体现。这样,服装生产厂家,可以用最小的空间(生产场地)、最少的时间、最低的成本来实现自己的销售计划,物流企业也有了相对稳定的业务量。

资料来源:董千里. 高级物流学:第三版. 北京:人民交通出版社,2015.

本章小结

物流是根据实际的需要将运输、储存、装卸搬运、包装、流通加工、配送、物流信息处理等基本功能实施有机结合。运输是物流的主要职能之一,是社会再生产的必要条件,是影响物流成本的主要因素之一。运输有公路、铁路、水路、航空及管道多种运输方式。不合理的运输会造成物流成本提高,降低物流服务质量,因此,要实现运输的合理化以降低运输成本,提高服务质量。储存是社会物质生产的必要条件之一,是物流的主要功能之一,可以创造时间效用,是第三利润源泉,因此要充分发挥储存的积极作用,以降低成本,增加利润。包装是生产过程的最后一道工序,既是生产的终点,同时又是物流的起点。包装的主要功能包括保护物资、方便储运、促进销售等,合理有效的包装管理是企业物流管理必不可少的环节。装卸搬运虽然其本身不能创造新的效用和价值,但却是物流各项活动中出现频率最高的一项作业活动,其效率的高低、质量的优劣,会直接影响物流的整体质量和效率。流通加工是物流企业的重要利润源,在物流中属于增值服务范围,要实现流通加工的合理化,就应考虑加工和配送、配套、合理运输、合理商流及节约的结合。物流中的配送和物流信息处理将在第三章和第十章中进行介绍。

本章习题

思考题

1. 说明运输的概念及功能。
2. 什么是运输合理化?运输合理化的主要形式是什么?
3. 说明集合包装的定义和特点。
4. 装卸搬运的特点是什么?
5. 说明不合理储存的表现。
6. 流通加工与生产加工的区别是什么?

案例分析 1

阿迪达斯的流通加工

阿迪达斯公司在美国有一家超级市场,设立了组合式鞋店,摆放着的不是做好了的鞋,而是做鞋用的半成品,款式花色多样,有 6 种鞋跟、8 种鞋底,均为塑料制造的,鞋面的颜色以黑、白为主,鞋带的颜色有 80 种,款式的颜色有百余种,顾客进来可以任意挑选自己所喜欢的任意部分,交给职员当场进行组合。

只要 10 分钟,就能得到一双崭新的鞋。这家鞋店昼夜营业,职员技术熟练,鞋子的售价与成批制造的价格差不多,有的还稍便宜些,所以,顾客络绎不绝,销售利润比周围的鞋店多 10 倍。

请思考,从该案例中,对流通加工的作用有什么启示?

案例分析 2

沃尔玛公司的运输策略

沃尔玛公司是世界上最大的商业零售企业,在物流运营过程中,尽可能地降低成本是其经营的哲学。

沃尔玛有时采用空运,有时采用船运,还有一些货物采用卡车公路运输。在中国,沃尔玛百分之百地采用公路运输,所以如何降低卡车运输成本,是沃尔玛物流管理面临的一个重要问题,为此它们主要采取了以下措施。

① 沃尔玛使用一种尽可能大的卡车,大约有 16 米加长的货柜,比集装箱运输卡车更长或更高。沃尔玛把卡车装得非常满,产品从车厢的底部一直装到最高,这样非常有助于节约成本。

② 沃尔玛的车辆都是自有的,司机也是其员工。沃尔玛的车队大约有 5 000 名非司机员工,有 3 700 多名司机,车队每周一次运输可以达 7 000~8 000 公里。沃尔玛知道,卡车运输是比较危险的,有可能会出交通事故。因此,对于运输车队来说,保证安全是节约成本最重要的环节。沃尔玛的口号是"安全第一、礼貌第一",而不是"速度第一"。在运输过程中,卡车司机们都非常遵守交通规则。沃尔玛定期在公路上对运输车队进行调查,卡车上面都带有公司的号码,如果看到司机违章驾驶,调查人员就可以根据车上的号码报告,以便于进行惩处。沃尔玛认为,卡车不出事故,就是节省公司的费用,就是最大程度地降低物流成本,由于狠抓了安全驾驶,运输车队已经创造了 300 万公里无事故的纪录。

③ 沃尔玛采用全球定位系统对车辆进行定位,因此在任何时候,调度中心都可以知道这些车辆在什么地方,离商店有多远,还需要多长时间才能运到商店,这种估算可以精确到小时。沃尔玛知道卡车在哪里,产品在哪里,就可以提高整个物流系统的效率,有助于降低成本。

④ 沃尔玛的连锁商场的物流部门 24 小时进行工作,无论白天或晚上,都能为卡车及时卸货。另外,沃尔玛的运输车队还利用夜间进行运输,从而做到了当日下午进行集货,夜间进行异地运输,翌日上午即可送货上门,保证在 15~18 个小时内完成整个运输过程,这是沃尔玛在速度上取得优势的重要措施。

⑤ 沃尔玛的卡车把产品运到商场后,商场可以把它整个地卸下来,而不用对每个产品逐个检查,这样就可以节省很多时间和精力,加快了沃尔玛物流的循环过程,从而降低了成本。这里有一个非常重要的先决条件,就是沃尔玛的物流系统能够确保商场所得到的产品是与发货单完全一致的产品。

⑥沃尔玛的运输成本比供货厂商自己运输产品要低。所以厂商也使用沃尔玛的卡车来运输货物,从而做到了把产品从工厂直接运送到商场,大大节省了产品流通过程中的仓储成本和转运成本。

沃尔玛的集中配送中心把上述措施有机地组合在一起,做出了一个最经济合理的安排,从而使沃尔玛的运输车队能以最低的成本高效率地运行。

资料来源:https://zhidao.baidu.com/question/1957519288173414340.html.

请思考沃尔玛改变运输策略的原因是什么?采取了哪些措施?取得了什么效果?

案例分析 3

DS 运输公司的物流服务

DS 运输公司已经从传统的航运公司发展成为一个综合物流公司,提供门到门的服务,向欧洲的主要国际客户提供第三方物流解决方案。该公司正在集中精力于北欧的计算机市场。

DS 运输公司为北欧的计算机行业销售商开发了一种物流解决方案:在每个北欧国家都有一个全国性仓库,服务于全国的顾客,备用零件的服务和维修也同样地分权给各国的销售机构。

位于本部哥本哈根的配送中心为在丹麦、芬兰、挪威和瑞典的顾客直接配送。这种方式使有相同服务要求的销售商能分享配送中心设施、信息系统和运输能力。与每个销售商自营物流方式相比,DS 运输公司有较高的服务水平和较低的总成本。

DS 运输公司也为计算机行业提供了一种增值服务,如按顾客的配置要求组装计算机、配备计算机附件(外接电源和当地母语的说明书)、上门为顾客安装计算机产品、检测和升级计算机硬件系统等。

资料来源:http://china.findlaw.cn/ask/question_29206848.html.

请分析下列问题。

① 请说明物流基本服务包括哪些内容?DS 公司提供哪些基本服务?
② 请说明物流增值服务包括哪些内容?DS 公司提供哪些增值服务?
③ 如果你是 DS 运输公司物流部门经理,如何进一步改进物流服务?

技能训练题

要求:实际走访一家物流企业,了解该企业开展的物流业务、所实现的物流功能等。在调研中根据所学的知识找出该物流企业实现物流功能时是否存在不合理的现象,如果存在,应如何改进?

请分组完成该项训练,每组 5 人,合理分工,以小组为单位撰写调研报告和改进意见。

第三章

配送与配送中心

学习目标

- ◆ 理解配送的概念、特点、功能要素及配送的类型等基本知识。
- ◆ 理解配送中心的概念、作用、类型及配送中心的作业流程。
- ◆ 掌握配送的合理化。

学习重点

- ◆ 掌握配送的功能要素和配送的类型。
- ◆ 掌握配送中心的作业流程。
- ◆ 理解配送的合理化。

案例导入　城市配送进入分钟级配送时代

物流对城市经济发展具有巨大的拉动作用,其完善程度也关系着城市经济的健康发展。在此背景下,城市配送受到广泛关注,发展空间不断拓宽。目前全国城市配送物流市场规模已破万亿元,且以每年10%的速度增长,城市配送物流市场前景十分广阔。据统计,2016年全国城市配送市场规模有10 000亿元,是快递行业的2到3倍。同城货运司机1 300万人,是出租车司机的7倍。

城市配送属于专业的物流配送服务。不同于全国联网专业物流公司的物流服务,城市配送仅提供一个城市从A点到B点之间的短距离物流配送,通常满足"多种产品,单方收货",或者"单一产品,多方收货"两种不同的需求,配送物品主要以数量大、体积大的货物为主。

与此同时,在现实经济生活中,城市配送货源并不是集中在某一个区域,而是不规则地在城市中分布。对于物流企业而言,要解决这些散布在全城的配送需求,传统的通过大量布局运力来满足市场需求的物流运营模式已经无法支撑物流企业在物流效率及运营成本方面的诉求。

业内专家分析称,城市配送物流行业广阔的市场发展前景、需求的高度碎片化,给物流企业带来了巨大的发展机遇,同时也带来了很大的挑战。面对城市配送物流行业的新形势,城市配送物流企业亟需通过技术驱动,深度洞察货主需求,高效协调、组织社会运力,最终做到一方面满足货主需求,另一方面能够有效配置物流资源,不断优化服务,以期满足不断升级的消费者需求,赢得市场。

资料来源:凤凰资讯. http://news.ifeng.com/a/20180427/57933127_0.shtml.

第一节 配送概述

一、配送的概念及特点

(一) 配送的概念

《物流术语》中对配送的定义如下:"在经济合理区域范围内,根据客户要求,对物品进行拣选、加工、包装、分割、组配等作业,并按时送达指定地点的物流活动。"可见,配送是物流活动中一种非单一的业务形式,而是一种特殊的、综合的活动形式,是商流与物流的紧密结合,可以说它是包括了物流活动中大多数必要因素的一种业务形式。配送几乎包括了所有的物流功能要素,是物流的一个缩影。一般的配送集装卸、包装、保管、运输于一身。

具体来说,可以从以下两个角度对配送的概念进行深入的理解。

1. 从经济学资源配置的角度

从经济学资源配置的角度,对配送在社会再生产过程中的位置和配送的本质行为予以表述。配送是以现代送货形式实现资源最终配置的经济活动。这个概念的内涵有以下四点。

① 配送是资源配置的一部分。

② 配送的资源配置作用,是最终配置,因而是接近客户的配置。接近客户是经营战略至关重要的内容,体现了按需分配。

③ 配送的主要经济活动是送货,这里面强调"现代送货",表述了和我国旧式送货的区别,其区别以"现代"两字概括,即现代生产力、劳动手段支撑的,依靠科技进步的,实现"配"和"送"有机结合的一种方式。

④ 配送在社会再生产过程中的位置,是处于接近客户的那一段流通领域,因而有其局限性。配送是一种重要的方式,有其战略价值,但是它并不能解决流通领域的所有问题。

2. 从配送的实施形态角度

从这个角度表述为,按客户订货要求,在配送中心或其他物流节点进行货物配备,并以最合理方式送交客户。这个概念的内涵有以下七点。

① 整个概念描述了接近客户资源配置的全过程。

② 配送是末端运输。配送是相对于干线运输而言的概念,从狭义上讲,货物运输分为干线运输和支线配送。与长距离的运输相比,配送承担的是支线的、末端的运输,是面对客户的一种短距离的送达服务。从工厂仓库到配送中心的批量货物的空间位移称为运输,从配送中心到最终客户的多品种、小批量货物的空间位移称为配送。配送与运输的主要区别如表 3-1 所示。

表 3-1 配送与运输的主要区别

内容	运输	配送
运输性质	干线运输	支线运输、区域内运输、末端运输
货物性质	少品种、大批量	多品种、小批量
运输工具	大型货车或铁路运输、水路运输	小型货车

(续表)

内容	运输	配送
管理重点	效率优先	服务优先
附属功能	装卸、捆包	装卸、保管、包装、分拣、流通加工、订单处理等

③ 配送实质是送货。配送是一种送货,但和一般送货有区别。一般送货可以是一种偶然的行为,而配送却是一种固定的形态,甚至是一种有确定组织、确定渠道,有一套装备和管理力量、技术力量,有一套制度的体制形式。所以,配送是高水平的送货形式。

④ 配送是一种中转形式。配送是从物流节点至客户的一种特殊送货形式。从送货功能看,其特殊性表现为:从事送货的是专职流通企业,而不是生产企业;配送是"中转"型送货,而一般送货尤其从工厂至客户的送货往往是直达型;一般送货是生产什么送什么,配送则是客户需要什么送什么。所以,要做到需要什么送什么,就必须在一定中转环节筹集这种需要,从而使配送必然以中转形式出现。当然,广义上许多人也将非中转型送货纳入配送范围,将配送外延从中转扩大到非中转,仅以"送"为标志来划分配送外延,也是有一定道理的。

⑤ 配送是"配"和"送"有机结合的形式。配送与一般送货的重要区别在于,配送利用有效的分拣、配货等理货工作,使送货达到一定的规模,以利用规模优势取得较低的送货成本。如果不进行分拣、配货,有一件运一件,需要一点送一点,这就会大大增加运力的消耗,使送货并不优于取货。所以,追求整个配送的优势,分拣、配货等项工作是必不可少的。

⑥ 配送以客户要求为出发点。在定义中强调"按客户的订货要求",明确了客户的主导地位。配送是从客户利益出发、按客户要求进行的一种活动,因此,在观念上必须明确"客户第一""质量第一"。配送企业的地位是服务地位而不是主导地位,因此不能从本企业利益出发而应从客户利益出发,在满足客户利益基础上取得本企业的利益。更重要的是,不能利用配送损伤或控制客户,不能利用配送作为部门分割、行业分割、割据市场的手段。

⑦ 概念中"以最合理方式"的提法是基于这样一种考虑:过分强调"按客户要求"是不妥的,客户要求受客户本身的局限,有时会损失自我或双方的利益。对于配送者来讲,必须以"要求"为据,但是不能盲目,应该追求合理性,进而指导客户,实现共同受益的商业原则。

(二) 配送的特点

配送需要依靠信息网络技术来实现,它主要有以下几个特点。

1. 具有多重任务

在配送业务中,除了送货,在活动内容中还有拣选、分货、包装、分割、组配等项工作,这些工作难度很大,必须具有发达的商品经济和现代的经营水平才能做到最好。在商品经济不发达的国家及历史阶段,很难按客户的要求实现配货,要实现广泛高效率的配货就更加困难。因此,一般意义上的送货和配货存在着时代的差别。

2. 各种业务的有机结合体

配送是送货、分货、配货等许多业务活动有机结合的整体,同时还与订货系统紧密联系。要实现这一点,就必须依赖现代情报信息,建立和完善整个大系统,使其成为一种现代化的作业系统。这也是以往的送货形式无法比拟的。

3. 具有现代化技术手段

配送的全过程要有现代化技术手段做基础。现代化技术和装备的采用,使配送在规模、水平、效率、速度、质量等方面远远超过以往的送货形式。

由于大量采用各种传输设备及识别码、拣选等机电装备,使得整个配送作业像工业生产中广泛应用的流水线,实现了流通工作的一部分工厂化。因此可以说,配送也是科学技术进步的一个产物。

4. 专业化分工

配送是一种专业化的分工方式。配送为客户提供定制化服务,根据客户的订货要求准确及时地为其提供物资供应,在提高服务质量的同时可以通过专业化的规模经营获得单独送货无法得到的低成本。

5. 拉近了物流企业与客户的关系

通过签订配送协议或合同,在较长时期内稳定双方的供需关系,形成利益共同体。有了这种稳固的关系,客户所需的商品才有可靠的保证,物流企业的经营也才能够正常开展。

二、配送的类型

(一) 按配送货物的种类和数量分类

1. 多品种、少批量配送

多品种、少批量配送是按照客户的需要,将所需的各种货物配齐后,由配送地送达目的地的一种配送方式。该配送方式符合现代消费多样化需求的发展趋势,是许多国家推崇的一种配送方式。

在实际配送过程中,这种方式对配送的作业水平和管理水平有较高的要求,它不仅要求配送方的配送设备及作业程度要达到相当的规模和水平,而且要求配送方的管理水平也要达到一个较高的程度,保证各作业环节的协调性。而且,这种方式的配送成本一般较高。

多品种、少批量的配送方式一般适合于综合配送中心所进行的配送。从社会总产品的角度来说,一般适合于消费资料及生产资料的二、三类产品。从库存角度来看,一般适用于 ABC 分类方法下的 B 类产品和 C 类产品。

2. 少品种、大批量的配送

当生产企业所需的物资品种较少,或只需某个品种的物资,且需要量较大、较稳定时,可采用此种配送形式。这种配送形式不必与其他物资配装,可使用整车运输。这种形式多由生产企业直接送到客户手中,但为了降低客户的库存量,也可由配送中心进行配送。由于配送数量大、品种单一或较少,涉及配送中心内部的组织工作也较为简单,故而这种配送形式成本一般较低。

3. 设备成套、配套配送

按生产企业需要,尤其是配装型企业的生产需要,将生产每一台设备所需全部零部件配齐,按生产节奏定时送到生产企业,生产企业随即可将此成套零部件送入生产线装配产品。采取这种配送方式,配送企业承担了生产企业大部分供应工作,使生产企业专注于生产,与多品种、少批量配送效果相同。

(二) 按实施配送的节点不同分类

1. 配送中心配送

配送中心配送的组织者是专职配送中心,规模比较大。其中有的配送中心由于需要储存各种商品,储存量比较大;也有的配送中心专职组织配送,因此储存量较小,主要靠附近的仓库来补充货源。

由于配送中心专业性比较强,与客户之间存在固定的配送关系,因此,一般情况下都实行计划配送,需要配送的商品有一定的库存量,但是一般情况很少超越自己的经营范围。其设施和工艺流程是根据配送活动的特点和要求专门设计和设置的,故专业化、现代化程度高,设施和设备比较齐全,货物配送能力强,不仅可以远距离配送,还可以进行多品种货物配送,不仅可以配送工业企业的原材料,还可以承担向批发商进行补充性货物配送。

配送中心配送是配送的重要形式。从较为普遍实施配送的地区来看,作为配送主体形式的配送中心配送不但在数量上占主要部分,而且也作为某些小配送单位的总据点,因而发展较快。作为大规模配送形式的配送中心配送,其覆盖面较广。因此,必须有一套配套的大规模实施配送的设施,如配送中心建筑、车辆、路线,以及其他配送活动中需要的设备等,因此,其一旦建成便很难改变,灵活机动性较差,投资较高。这就导致了在实施配送初期很难大量建立配送中心。因此,这种配送形式有一定局限性。

2. 仓库配送

仓库配送是以原有仓库为基础发展起来的一种配送形式。它有两种实现形式:一是将原有仓库彻底改造成配送中心,从事配送活动;另一种是在仓储功能基础上,增加配送职能。这种配送方式的优势在于,可以利用旧有的仓储场地和设施,现成的运输路线开展业务,这样,可以投入相对较少的资金,而且建设时间短。但不足之处在于,这种配送方式规模不大,配送能力有限。

3. 商业门店配送

商业门店配送形式的组织者是商业或物资的门市网点,这些网点主要承担商品的零售,一般来讲规模不大,但经营品种却比较齐全。除日常经营的零售业务外,这种配送方式还可根据客户的要求,将商店经营的品种配齐,或代客户外订外购一部分本商店平时不经营的商品,与商店经营的品种配齐再一起配送给客户。

这种配送组织者实力有限,往往只是零星商品的小量配送,所配送的商品种类繁多,但是客户需要量不大,甚至有些商品只是偶尔需要,很难与大配送中心建立计划配送关系,所以常常利用小零售网点从事此项工作。

由于商业及物资零售网点数量较多、配送半径较小,所以比较灵活机动,可承担生产企业非主要生产物资的配送以及对消费者个人的配送。可以说,这种配送是配送中心配送的辅助及补充的形式。

4. 制造企业配送

制造企业配送的实施主体是制造企业,即将企业生产的产品无须任何中间环节,直接送至客户手中的配送形式。例如,可以就地消费的食品、百货等产品,比较适合这种配送类型。但是相对于配送中心来说,制造企业需要配送的产品品种相对单一,面对客户数量有限,所以有时难以产生规模效应,无法实现配送作业的经济性和合理性。

(三) 按配送供需主体不同分类

1. 企业到企业之间的配送

企业到企业之间的配送是指两个完全独立的企业之间的配送活动,这种类型的配送更多地见于供应链系统中企业之间的供求关系,即每一级上游企业对其下游企业的配送。

2. 企业到其下属企业或部门之间的配送

这种配送类型主要发生在大型企业内部,由于内在的隶属关系,企业可以集中其下属分公司或分支机构的采购需求,集中进货,统一分配,既保证了产品规格、质量方面的一致性,更重要的是,大批量购进,统一配给,降低了企业的经营成本。例如,沃尔玛公司对其各门店的配送就属于此种类型。

3. 企业到消费者的配送

在电子商务蓬勃发展的今天,这种类型的配送形式越来越显现出重要的地位。在现实生活中,服务质量参差不齐的快递公司数量猛增,也可以让人感受到面向个体消费者的配送业务的快速发展。当然,由于个体消费者的需求不断变化,需求的随机性非常强,服务水平的要求又很高,给企业的配送活动带来了一定难度。最典型的例子有与 B2C 电子商务相配套的配送服务。

(四) 按配送时间和配送数量不同分类

1. 定时配送

定时配送即按照与客户约定的时间或时间间隔进行配送的方式。配送的品种和数量可以提前商定,也可临时确定。定时配送的服务方式,由于时间确定,对于客户而言,易于根据自己的经营情况,按照最理想的时间来进货,也易于安排接货的力量;对于配送供给企业而言,易于安排工作计划,有利于对多个客户实行共同配送以减少成本的投入,也易于计划使用车辆和规划路线。这种配送类型由于时间固定,便于配送中心安排计划,组织车辆和货物,也便于安排相关工作人员。目前来看,其主要有两种形式:当日配送和准时看板配送。

2. 定量配送

定量配送,顾名思义,就是每次配送的数量是固定的。由于数量固定,所以备货工作相对较为简单,可以有效利用集装箱、托盘等集装方式,也可利用整车配送来提高效率。这种类型的配送便于配送中心安排配送计划,配备相关设备和人员,节省运力,对于客户接货来说,也便于其安排人力、物力。

3. 定时定量配送

定时定量配送是指按照规定的时间间隔和配送数量进行的配送。这种方式同时具备了定时配送和定量配送的优势,但是,由于要求比较高,计划难度大,适合的客户不多,不是一种普遍采用的方式。

4. 定时定路线配送

定时定路线配送即规划出配送路线,并制定到达不同站点的时间表,客户可以根据时间表提出配送需求或进行及时接货。这种方式适合于客户比较集中的地区,便于配送组织者安排货物、车辆和人员。从客户角度来看,运行路线、配送时间一目了然,增加了选择的自由度,也容易安排设备和人员。

5. 即时配送

这种配送方式不是按计划进行的,是在客户突然提出配送要求时的配送方式。所以,这种方式对配送主体提出了很高的要求,企业必须拥有相当的实力,具备处理应急任务的机制。而对于客户来说,则可以降低库存水平,甚至实现零库存。

(五) 按配送加工内容不同分类

1. 初级加工配送

配送加工是配送活动中的重要作业内容。在配送中心设置加工环节,可以根据客户要求,对货品进行某种形式的初级加工,既减少了生产企业的负担,又满足了客户的使用需求,同时还提高了配送质量,增加了配送效益。但是,配送加工并不是每一次配送作业所必须的,需视客户需要而定。

2. 集疏加工配送

这种配送方式的目的并不在于改变货物的物理性态和化学性态,只是在数量上进行集中或分散。为了与干线运输相衔接,需要将零星货物集中后,批量发送;或者为了满足客户需求,方便客户使用,需要将大批量货物化整为零,多品种、小批量地送达客户。

三、配送的作用

配送是物流活动中的重要环节,快捷、高效的配送有利于满足客户多方面的需求,有利于完善整个物流系统,有利于促进社会效益的实现。

(一) 有利于优化资源配置

有学者从经济学的角度,对配送在社会再生产中的位置和配送的本质进行了描述,认为配送是以现代送货形式实现资源最终配置的经济活动。由于配送活动的集散效应,可以发挥规模经济的有利条件,降低单个企业的库存,实现资源优化配置,从而降低整个社会物资的库存水平,实现流通社会化。

(二) 完善整个物流系统

配送的发展,体现了干线运输和支线运输的结合,实现了门到门服务,使整个物流网络更合理、更协调。同时,批量进货,集中发货,可以有效安排运力,实现经济合理的运输,降低了物流成本。

(三) 简化交易过程

配送方式的出现改变了原有的交易模式,物流节点可以根据客户的要求,批量购进各种货物,再将客户所需的各种商品集中起来一次发货。客户一次购买活动就可以买到多种商品,用一次接货代替过去的频繁接货,简化了交易次数及相应的手续。而且,由于客户无须考虑配送模式、配送路线等问题,因此提高了物流服务质量。

(四) 使企业降低库存水平或实现零库存

企业为了保证生产的持续性,需要保有一定量的库存。配送的出现,尤其是采取准时配送方式之后,社会供应系统能够承担企业的供应业务,保证内部物资的及时需求。生产企业就可以削减自身的库存水平,甚至无须保持自己的库存,实现零库存。理想的配送恰恰具有这种功能,由配送企业进行集中库存,取代原来分散在各个企业的库存,就是配送的最高境界。这点在物流发达国家和我国一些地区已得到实践证明。

(五) 满足客户个性化需求

如前所述,配送不同于以往的送货,送货仅是其功能的一小部分,"配"的功能占据主导地位。配送的货物恰是按照客户的要求拣选出来的,如果现有货源不能满足客户的需要,配送企业还可进行加工改制;配送的目的地是客户指定的地点;配送的时间要求也是客户提出的。所以,配送活动很好地体现了客户价值,满足了客户个性化的需求。

(六) 电子商务发展的必要支撑

电子商务是指整个贸易过程所涉及的交易各方在网络平台上以电子交易的方式进行的商业

活动。在这种环境中,供应商与客户之间的交流更加便捷、迅速。但是值得关注的是,商流、资金流、信息流可以通过互联网解决,但实现商品实物转移的物流却是不能通过电子方式实现的。配送则恰好能够将商品准时送到客户手中,最终完成商品的空间转移,也即某一电子商务过程的结束。所以,配送的发展,有力地推动了电子商务的繁荣。

小·知识

配送与商流的关系

配送是物流的重要手段,同时也是重要的商流形式。配送将销售与供应结合起来,使其一体化,这种特殊的购销形式成为商品流通的新形式,有利于市场向更深层次发展。

配送与市场营销存在十分密切的关系。顾客是营销渠道的最终目的地,物流配送是实现顾客要求,处理和递送顾客的订货。由此可以这样理解:配送是通过订货启动了的物流活动。实物配送是处理和递送顾客的订货,使顾客在时间和空间的需求成为营销的一个整体组成部分。

配送系统具有把物流各个环节联系起来的能力。配送是从制造商流向下游顾客所进行的作业,虽然市场营销与制造之间的接触面会有冲突,但从物流角度观察,配送可以把厂商和顾客联系起来,把营销的理念和生产制造的开拓理念融合起来,转化成一种综合竞争实力。

物流配送成为市场营销战略的重要功能。配送被看成是企业的竞争手段,市场营销发展战略离不开配送的支持。配送体系的建设和设计要求对市场做出快速响应,销售企业的配送响应能力是整个市场营销战略中重要的功能之一。

四、配送的功能要素和流程

(一)配送的功能要素

配送实际是一个货品集散过程,这一过程包括集中、分散、散发三个步骤。这三个步骤是由一系列配送作业环节组成的,通过这些环节的运作,使配送的功能得以实现。常将这些作业环节称为配送的功能要素。配送的基本功能要素主要包括集货、储存、分拣、理货、配货、配装和配送运输等。

1. 集货

集货是配送的首要环节,是将分散的或小批量的物品集中起来,以便进行运输作业。作为配送的重要环节,集货为了满足特定客户的配送要求,有时需要把从几家甚至数十家供应商处预订的物品集中,并将要求的物品分配到指定容器和场所。集货是配送的准备工作或基础工作,它通常包括制订进货计划、组织货源、储存保管等基本业务。配送的优势之一,就是可以集中客户的需求进行一定规模的集货。

2. 储存

配送中的储存有储备和暂存两种形态。

配送储备是按一定时期的配送经营要求,形成的对配送的储备保证。这种类型的储备数量较大,储备结构也较完善,视货源及到货情况可以有计划地确定周转储备及保险储备结构和数量。配送的储备保证有时在配送中心附近单独设库解决。暂存是指在进行配送过程中为方便作业在理货场所进行的货物储存。

一般来说,储备的结构相对稳定,而暂存的结构易于变化;储备的时间相对较长,而暂存的时间较短。

3. 分拣、理货

分拣是将货品按品种、出入库先后顺序进行分门别类堆放的作业。理货是货物装卸中,对照货物运输票据进行的理(点)数、计量、检查残缺、指导装仓积载、核对标记、检查包装、分票、分标志和现场签证等工作。

分拣和理货是配送不同于其他物流形式的功能要素,也是配送成败的一项重要支持性工作。它是完善和支持送货的准备性工作,是不同配送企业在送货时进行竞争和提高自身经济效益的必然延伸。所以也可以说,分拣和理货是送货向高级形式发展的必然要求。有了分拣和理货,就会大大提高送货服务水平。

小知识

摘果式分拣和播种式分拣

物流配送通常有多种分拣作业方法,总体上可归纳为两种,分别是订单别拣选,俗称摘果式;商品别汇总拣选,俗称播种式。

摘果式分拣是针对每一份订单(即每个客户)进行拣选,拣货人员或设备巡回于各个货物储位,将所需的货物取出,形似摘果。摘果式分拣的特点为:每人每次只处理一份订单或一个客户;简单易操作。其适用于分拣品种少、订单量大的货物。

播种式分拣是把多份订单(多个客户的要货需求)集合成一批,先把其中每种商品的数量分别汇总,再逐个品种对所有客户进行分货,形似播种,因此称其为商品别汇总分播更为恰当。播种式分拣的特点为:每次处理多份订单或多个客户;操作复杂,难度系数大。其适用于分拣订单品种和数量都比较多的货物。

4. 配货

配货是使用各种拣选设备和传输装置,将存放的物品按客户要求分拣出来,配备齐全,送入指定发货地点。

5. 配装

在单个客户配送数量不能达到车辆的有效运载负荷时,就存在如何集中不同客户的配送货物,进行搭配装载以充分利用运能、运力的问题,这就需要配装。跟一般送货不同之处在于,通过配装送货可以大大提高送货水平及降低送货成本,所以配装也是配送系统中有现代特点的功能要素,也是现代配送不同于以往送货的重要区别之一。

6. 配送运输

配送运输属于运输中的末端运输、支线运输,和一般运输形态的主要区别在于,配送运输是较短距离、较小规模、频率较高的运输形式,一般使用汽车作为运输工具。与干线运输的另一个区别是,配送运输的路线选择问题是一般干线运输所没有的。干线运输的干线是唯一的运输线,而配送运输由于配送客户多,一般城市交通路线又较复杂,如何组合成最佳路线,如何使配装和路线有效搭配等,是配送运输所需解决的问题。

7. 送达服务

将配好的货物运输到客户还不算配送工作的结束,这是因为送达客户接货时往往还会出现不协调,使配送前功尽弃。因此,要圆满地完成配送,有效、方便地处理相关手续并完成结算,还应讲究卸货地点、卸货方式等。送达服务也是配送独具的特殊服务。

8. 配送加工

配送加工是按照配送客户的要求所进行的流通加工。在配送中,配送加工这一功能要素不具有普遍性,但往往是有重要作用的功能要素,这是因为通过配送加工,可以大大提高客户的满意程度。配送加工是流通加工的一种,但配送加工有它不同于流通加工的特点,即配送加工一般只取决于客户要求,其加工的目的较为单一。

(二)配送的基本作业流程

尽管配送活动的类型复杂多样,配送的模式各有不同,但是在基本的作业工序上,还是有一些共性的。

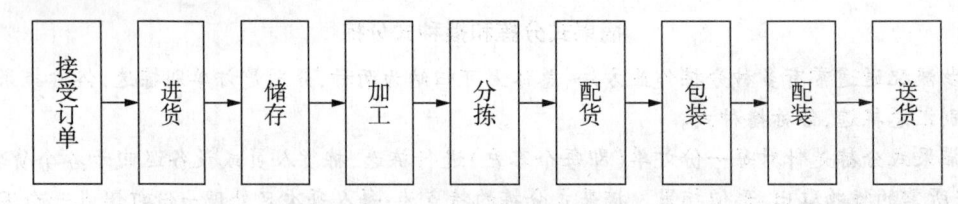

1. 传统的配送作业流程

传统的配送作业流程如图 3-1 所示。从接受客户订单开始,至最后的送货环节,传统的配送作业流程大致包括九道工序。

接受订单 → 进货 → 储存 → 加工 → 分拣 → 配货 → 包装 → 配装 → 送货

图 3-1 传统的配送作业流程

2. 基于电子商务的配送作业流程

伴随着 21 世纪信息化、电子化和网络化的迅速蔓延,电子商务得到了快速的发展。其中,物流是电子商务的支点和基础,更是实现电子商务的一个关键所在。电子商务下的物流配送是集信息流、商流、资金流、物流于一身,是一个完整的交易过程,其作业流程如图 3-2 所示。企业首先通过网络将销售产品展示给广大客户,客户通过网络信息,选择需要购买的产品和服务,并填写订单;之后,企业对客户提交的订单予以确认,并告知货款支付方式;企业通知相关部门组织货源;当客户通过电子支付方式支付货款后,相关金融部门会通过电子信息等方式告知买卖双方资金转移的结果;最后就是供应商制定货物配送方案,将产品送达客户手中。

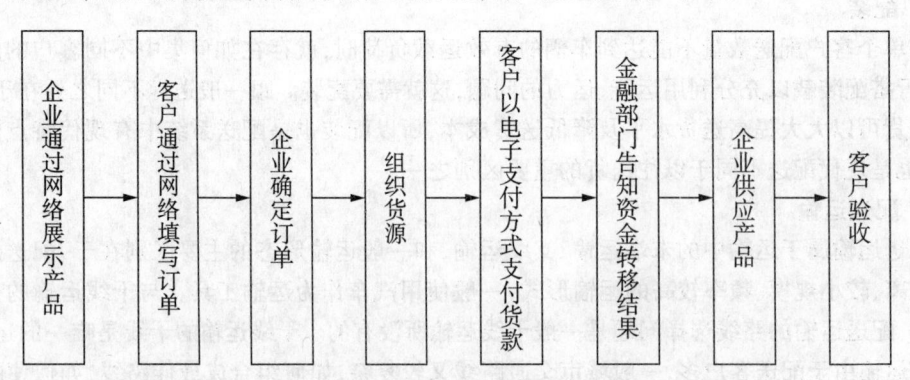

企业通过网络展示产品 → 客户通过网络填写订单 → 企业确定订单 → 组织货源 → 客户以电子支付方式支付货款 → 金融部门告知资金转移结果 → 企业供应产品 → 客户验收

图 3-2 基于电子商务的配送作业流程

3. 生产资料和生活资料的配送作业流程

上述是配送的一般作业流程,但在实际生活中,配送主体的类型和企业目标有所不同,而且不同的商品也有各自的特点,难以整齐划一,不能机械地套用一个模式。

(1) 生产资料配送作业流程

① 木材的配送作业流程。木材属于容重轻的货物,在配送时,装车、捆扎都比较困难,而且不能充分利用车辆的荷载。对于这类物资,有必要在配送企业进行流通加工,即将原木锯成各种规格的材料,碎屑还可以加工成各种规格板。所以,在木材的配送过程中,流通加工是必不可少的环节(见图3-3)。

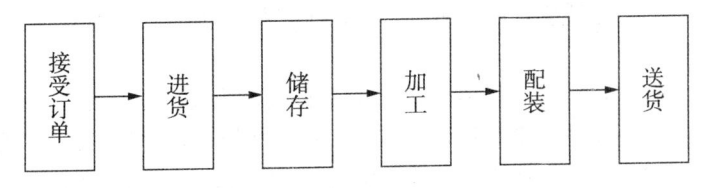

接受订单 → 进货 → 储存 → 加工 → 配装 → 送货

图3-3 木材配送作业流程

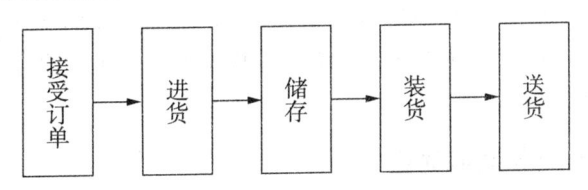

② 成品油配送作业流程。成品油是由原油的加工而成的,如汽油、煤油和柴油都属于成品油。成品油属于危险品,易燃易爆,需要专门的运输工具进行运输。从配送流程角度来看,由于其品种单一,又属于裸装的货物,一般无须分拣、配货、包装等作业环节(见图3-4)。但要注意做好安全防护措施,以免发生危险。

接受订单 → 进货 → 储存 → 装货 → 送货

图3-4 成品油配送作业流程

(2) 生活资料配送作业流程

① 服装配送作业流程。服装属于日用品的配送范围。服装的特点是质量轻、可折叠,所以可以采用集装、混载等形式配送。但是,服装品种、大小却是多种多样的,客户的需求更是趋于个性化和多样化,这就给配送工作增加了一定难度,加大了拣选、配货的劳动量(见图3-5)。当然,有的配送企业也承担了流通加工的职能。

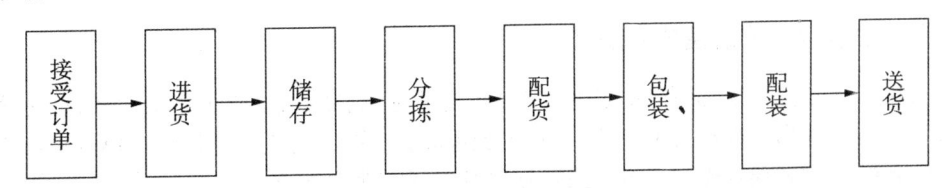

接受订单 → 进货 → 储存 → 分拣 → 配货 → 包装、 → 配装 → 送货

图3-5 服装配送作业流程

② 家具的配送作业流程。家具一般个性化较强,重量轻重不一,多为裸装,也有的家具被拆分后装入规则的包装物中,便于运输和储存。这种类型的物品,无须分拣和配货环节,便可以直接送达客户(见图3-6)。

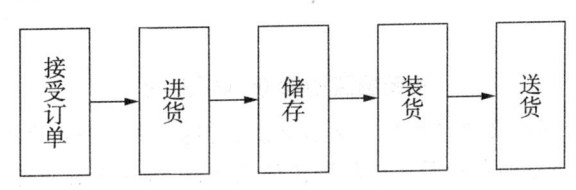

接受订单 → 进货 → 储存 → 装货 → 送货

图3-6 家具配送作业流程

第二节 配送模式

配送模式是企业对配送所采用的基本战略和方法。它是指构成配送活动的诸要素的组合形态及其活动的标准形式,是适应经济发展需要并根据配送对象的性质、特点及工艺流程而形成的相对固定的配送规律。

随着客户需求越来越个性化,多频次、小批量的配送需求越来越普遍。伴随着电子商务的迅速发展,网上购物成为越来越多消费群体的首选。商家如何快速响应,在合适的时间内,把合适的产品配送给客户,已经成为企业能否在竞争中占有一席之地的关键因素。

一、自营配送模式

自营配送模式是指企业物流配送的各个环节由企业自身筹建并组织管理,实现对企业内部及外部货物配送的模式。在这种配送模式下,配送的主体通常是规模较大的销售企业或生产企业,配送活动被看成是商流活动的一种营销手段和策略,向客户提供高水平的送货业务,目的在于增强产品的市场竞争力,增大市场份额。例如,苏宁电器在全国有物流配送中心 2 个,二级中转库 50 多个,其物流配送 80% 是自营的。

(一)企业自营配送模式的优点

首先,企业自营配送便于控制和管理。在自营配送的情况下,配送中心或配送部门是企业的一部分,配货与路线、集合与分散等规划问题更容易协调,企业可以通过内部行政权力控制和管理配送运作的各个环节,使企业的供应链更好地保持协调、稳定,提高了物流运作效率。

其次,自营配送可以更好地服务于企业目标。由于企业的配送中心或配送部门与其经营部门关系密切,以服务于本企业的生产经营为主要目标,所以,能够快速、灵活地满足企业在配送业务上的时间、空间要求,实现产供销一体化。

(二)企业自营配送模式的缺点

企业自营配送业务虽然可以提供高水平的配送服务,满足企业的生产经营目标,但是这种配送模式需要企业投资兴建相关配送设施,购买配送设备,成本较高。而且运营过程中,由于配送品种、数量有限,很难保证设施设备得到充分利用,造成资源的浪费。

另外,配送业务并非企业的主营业务,配送业务的开展必然分散企业内部的各种资源,不利于核心业务的发展。同时,企业内的配送工作人员专业性相对较弱,管理物流活动的水平有限。

案例 3-1

冷链物流引领新"鲜"时代

冷链物流的滞后抬高食品流通成本。冷链物流,泛指冷藏冷冻类食品在生产、储藏运输、销售,到消费前的各个环节中始终处于规定的低温环境下,以保证食品质量,减少食品损耗的一项系统工程。它是随着科学技术的进步、制冷技术的发展而建立起来的,是以冷冻工艺学为基础、以制冷技术为手段的低温物流过程;是需要特别装置,需要注意运送过程、时间掌控、运输形态,物流成本所占比例非常高的特殊物流形式。

由于生鲜加工配送不同于常温干货配送,要求有相应的保鲜条件并有不菲的投入,配送半径有限,相对经营风险较大,加之制成品加工管理复杂,使得多数连锁超市没有贸然介入。

据了解,目前中国仅有10%的肉类、20%的水产品和少量的牛奶、豆制品通过规范化的冷链系统流通,远远低于发达国家水平。而随着商品流通市场买方地位的日益增强,消费者的选择也越来越多,流通链也越来越长。冷链物流系统提供了一种全新的货物流通支持,充分实现了从禽畜生产、加工到销售过程中多个不同环节之间的高效无缝对接。这种全新的货物流通系统已越来越受到重视,并不断完善。这种物流系统中各个环节间的无缝对接实现了禽畜食品的卫生和新鲜,大大提高了禽畜产品的质量,必然引领新"鲜"时代的到来。

资料来源:中国物流与采购网. http://www.chinawuliu.com.cn/xsyj/201101/04/143792.shtml.

二、第三方物流配送模式

第三方物流是相对于发货人和收货人而言的,是指由第三方专业企业来承担物流服务的运作方式。在这种配送模式下,配送的实施主体不直接参与商品交易活动,而是提供专业化的服务,从事货物的入库、保管、加工、分拣、运送等作业,通过为企业提供物流配送服务而获取利润和自我发展。例如,百思买是全球最大的家电零售企业,2003年在中国上海开设了门店,到目前,其在中国共开设了8个门店,其中上海地区7家,北京赛特商场内1家,其所有物流配送全部外包给第三方物流公司。

(一) 第三方物流配送模式的优点

采用这种模式的企业将非核心的物流业务全部交由第三方物流代理公司来打理,不仅可以为客户提供高质量的配送服务,更好地满足客户的需求。而且,能够使企业自身集中精力于主营业务,培养企业的核心竞争力。同时,减少了固定资本投资,降低了物流成本。

(二) 第三方物流配送模式的缺点

借助第三方物流能够为企业提供专业化、多功能、全方位的物流配送服务。但是与自营物流相比较,第三方物流在为企业提供便利的同时,也会给企业带来诸多的不利。首先,企业不能直接控制物流职能,无法对物流配送进行有效的监督和控制,存在一定的风险性和不确定性。其次,我国的第三方物流企业发展水平参差不齐,有的企业专业化、现代化水平低,难以满足客户的专业性需求。最后,配送业务外包使企业失去了对客户的直接控制,存在着与最终客户失去联系,并被市场淘汰的危险。

三、共同配送模式

按照日本工业标准(JIS)的解释,共同配送(common delivery)是指"为提高物流效率,对许多企业一起进行配送"。我国《物流术语》将其表述为:"由多个企业联合组织实施的配送活动",具体是在配送中心的统一计划、统一调度下展开的,由多个企业联合组织实施的配送活动。这种配送模式实际上是配送企业之间为了实现整体的配送合理化,以互惠互利为原则,互相提供便利的配送服务的协作型配送模式,其本质是通过作业活动的规模化降低作业成本,提高物流资源的利用效率。

目前,开展共同配送已经形成了一个潮流,而且它的广度与深度已经超越了整合运输这种简单的形式。随着经济的发展,很多公司都想扩展自己的业务、开拓新的市场,或进入其他的产品市场。但是,在进行投资之前这些公司都非常谨慎并希望投资风险尽量减小,基于此方面的原因,很多公司采取了共同配送的运作模式。

共同配送可以帮助厂商对市场需求做出快速反应。例如,药品与保健品公司是共享配送网络的最大客户之一,这是因为为了快速履行订单,它们必需要在主要的销售点附近保存少量的存货,因为这些销售点相对来说空间很小,为保证在有限的空间内陈列更多的商品,就不能有太多的库存,因此采用共同配送进行及时补货是非常适合的。其他的行业如电子产品和汽车生产商,当产品短暂的生命周期和狭小的库存空间使得公司必须强调物流网络的完善和节省资金占用时,共同配送同样也是降低风险的好选择。由于共同配送避免了厂商在仓库等建筑物、物料搬运设备、人工及支持性的信息系统这些方面的投资,又能及时满足客户的需求,因而受到许多厂商的欢迎。因为对于厂商来说采用共同配送所需的成本只是实际货运量带来的变动成本,节省了固定成本,因此它们可以用节省下来的资金投资于自己的核心业务,如产品开发、市场营销及其他创收活动。总而言之,共同配送可以最大程度地提高人员、物资、金钱、时间等物流资源的使用效率(降低成本),取得最大效益(提高服务),还可以去除多余的交错运输,并取得缓解交通、保护环境等社会效益。

虽然共同配送是物流配送发展的总体趋势,但是共同配送涉及很多具体的细节问题,在实施过程中难免会出现一些困难点。首先,各业种经营的商品不同,有日用百货、食品、饮料、药品、服装乃至厨房用品、卫生洁具等,林林总总,不一而足,不同的商品其特点不同,对配送的要求也不一样,共同配送存在一定的难度。其次,各企业的规模、商圈、客户、经营意识等方面也存在差距,往往很难协调一致。其他还有费用的分摊、泄露商业机密的担忧,等等。

案例3-2

共同配送模式的建立

美国得克萨斯州的沃斯堡孟买家具及配件公司,近来想要成立一家服务于成千上万家零售店和网上商店的批发分公司。原计划利用其原有的物流网络来组织新的商业物流,但是孟买公司的物流副总裁很快就意识到:孟买批发分公司要想成功,就必须采用全新的物流方式。因为孟买公司的配送中心是为专门符合家具的存储和分拣配送而设计的,而新成立的批发分公司所销售产品的性质和零售渠道和家具是完全不同的,它们必须要有能力履行位于不同地方的成千上万个客户的订单。由于服务的集约化及运量的不同,它们几乎需要使用所有的运输方式,很多客户同时还要求采用特殊的条形码和标签。

由于孟买公司的配送中心初期并不具有灵活处理订单的能力,因此,它们打算寻求物流业务外包。但是新的批发分公司刚刚起步,未来发展如何还不能确定,因此与第三方物流公司签订长期的个体租用合同对其来说是一种冒险,因此孟买公司的总裁说:"在我们不知道业务会做到多大时,我们需要更多的柔性。"于是综合各方面的因素,共同配送成为孟买批发分公司的首选。当年10月,孟买批发分公司选择了USCO物流公司作为其物流服务商,共享其物流设施。它们之间的协议是一月一签,并且是采用按件计费的收费方式。这样使得孟买批发分公司避免了支付人工、设备和设施等高额的管理费用,这同样给孟买公司以更大的发展空间,并为它们的服务能力带来了更大的柔性。

随着客户订单的快速增长,对于不同客户订单的自动处理能力对于孟买公司的成功至关重要。而该能力恰恰是孟买公司的物流系统所不具备的,因此孟买批发分公司依靠 USCO 物流公司来帮助其实现订单履行程序的自动化,并提供帮助该公司建立为客户定制的条形码和标签的技术支持。孟买批发分公司同样也把其所有的外向运输交给了 USCO 物流公司,这在一定程度上要比孟买公司自己与运输公司谈判签约所付的运费要低。

孟买公司的物流经理相信:共同配送与高的交付率和订单履行能力一起将帮助孟买公司为客户提供优于其竞争对手的服务,更重要的是,这种更具竞争力的优势将帮助孟买批发分公司树立良好的服务品牌。

资料来源:百度百科. https://baike.baidu.com/item/共同配送/2501101 fr = aladdin.

四、互用配送模式

互用配送是指几个企业为了各自利益,以契约的方式达成某种协议,互用对方配送系统而进行的配送模式。它不同于共同配送,互用配送旨在提高自己的配送功能,以企业自身服务为核心;其合作对象既可以是经营配送业务的企业,也可以是非经营配送业务的企业。互用配送模式的优点是无须投入就可以扩大配送的规模和范围;其缺点是由于企业各自独立,所以管理协调具有一定困难,而且稳定性较差。

五、基于电子商务的配送模式

在我国电子商务的实践中,从事电子商务的公司为解决物流配送的问题,主要采取了以下几种方式。

(一)依靠自己的能力搞配送

这是具有雄厚实力的电子商务公司常采取的物流策略。例如,海尔成立的电子商务有限公司,投资一亿多元,依靠雄厚的财力和以前形成的营销网络,建立了一套相对完善的配送体系,在完成对海尔服务的同时还能为其他企业提供配送服务。刚刚起步的电子商务企业、资金不充足的电子商务企业、销售数量达不到一定规模的电子商务企业以及 C2C 形式的网上商店都不适合采用这种配送模式。

(二)委托专业配送机构完成商品配送

这种方式比较适合我国国情,可进一步向独立第三方物流发展,但应解决好目前矛盾比较集中的商品配送价格等问题。

(三)联合配送

这种模式是指与百货商店、连锁店、邮政快递等原有配送网络搞联合、协作,共同完成物流配送。这种方式将电子商务配送与传统物流配送一体化,有利于集中使用物流资源,优化物流配送网络。

(四)自营与外包相结合的配送模式

一些电子商务公司拥有一部分物流资源,但是不能满足商务扩展的需要。由于建立自己的配送体系投资太大,资金不足;对市场估计不足而害怕承担太大的风险;配送体系建设周期太长,不能满足自己的赢利期望等,是导致采取此配送模式的主要原因。

(五)综合物流代理模式

综合物流代理即由一家在物流综合管理经验、人才、技术、理念上均有一定优势的企业,对电子商务交易中供求双方的所有物流活动进行全权代理的业务活动。通过利用计算机和网络通信技术,该代理系统在互联网上建立了一个多对多的虚拟市场,根据物流一体化的原则,有效地对供应链上下游企业进行管理。

从以上的分析可以看出,并不存在统一的适用于所有企业的物流配送标准。一般来说,可以从配送对企业的重要性、企业自身的配送能力、市场规模和地理范围、服务目标和配送成本等方面来选择适合自己的配送模式。例如,百思买电器将自身定位在提供高品质的服务及中高端的家电产品,完全依托于第三方物流,这样既可以保证企业的现金流,也可以达到企业的战略目标。

第三节 配送合理化

一、配送合理化的判断标志

对于配送合理与否的判断,是配送决策系统的重要内容,目前国内外尚无一定的技术经济指标体系和判断方法,按一般认识,以下若干标志是应当纳入的。

(一)库存标志

库存是判断配送合理与否的重要标志。具体指标有以下两个方面。

1. 库存总量

在一个配送系统中,库存是从各个分散的客户转移给配送中心施行一定程度的集中库存。在实行配送后,配送中心库存数量加上各客户在实行配送后库存数量之和应低于实行配送前各客户库存量之和。

2. 库存周转

由于配送企业的调剂作用,以低库存保持高的供应能力,库存周转一般总是快于原来各企业库存周转。此外,从各个客户角度进行判断,各客户在实行配送前后的库存周转比较,也是判断配送合理与否的标志。

(二)资金标志

总的来讲,实行配送应有利于降低资金占用量及资金运用的科学化。具体判断标志如下。

1. 资金总量

用于资源筹措所占用流动资金总量,随储备总量的下降及供应方式的改变必然有一个较大的降低。

2. 资金周转

从资金运用来讲,由于整个节奏加快、资金充分发挥作用,同样数量的资金,过去需要较长时期才能满足一定供应要求,配送之后,在较短时期内就能达到此目的。所以资金周转是否加快,是衡量配送合理与否的标志。

3. 资金投向的改变

资金分散投入还是集中投入，是资金调控能力的重要反映。实行配送后，资金必然应当从分散投入改为集中投入，以能增加调控作用。

（三）成本和效益标志

总效益、宏观效益、微观效益、资源筹措成本都是判断配送合理化的重要标志。对于不同的配送方式，可以有不同的判断侧重点。例如，配送企业、客户企业都是各自独立的以利润为中心的企业，则不但要看配送的总效益，而且还要看对社会的宏观效益及两个企业的微观效益，不顾及任何一方，都必然出现不合理。又如，如果配送是由自己组织的，配送主要强调保证能力和服务性，那么，效益主要从总效益、宏观效益和企业的微观效益来判断，不必过多顾及配送企业的微观效益。

由于总效益及宏观效益难以计量，在实际判断时，常以完成国家税收及配送企业、客户企业的微观效益来判断。

对于配送企业而言（在满足客户企业要求，即投入确定了的情况下），则配送企业利润反映配送合理化程度。

对于客户企业而言，在保证供应水平或提高供应水平（产出一定）前提下，供应成本的降低，反映了配送的合理化程度。

（四）供应保证标志

实行配送，令各客户企业最担忧的是供应保证程度降低，这并不简单是个心态问题，更是可能要承担风险的实际问题。配送的重点是必须提高而不是降低对客户的供应保证能力。供应保证能力可以从以下几个方面判断。

1. 缺货次数

实行配送后，缺货次数必须下降才算合理。

2. 配送企业集中库存量

对每一个客户企业来讲，其数量所形成的保证供应能力高于配送前单个企业的保证程度。

3. 即时配送的能力及速度

即时配送的能力及速度是客户企业出现特殊情况时的特殊供应保障方式，这一能力必须高于未实行配送前客户企业紧急进货能力及速度才算合理。特别需要强调一点，配送企业的供应保障能力是一个科学的、合理的概念，而不是无限的概念。具体来讲，如果供应保障能力过高，超过了实际的需要，则属于不合理。所以追求供应保障能力的合理化也是有限度的。

（五）社会运力节约标志

末端运输是目前运能、运力使用不合理，浪费较大的领域，因而人们寄希望于配送来解决这个问题。这也成了配送合理化的重要标志。

运力使用的合理化是依靠送货运力的规划和整个配送系统的合理流程及与社会运输系统合理衔接实现的。送货运力的规划是任何配送中心都需要花力气解决的问题，可以简化判断如下：社会车辆总数减少，而承运量增加；社会车辆空驶减少；一家一户自营运输减少，社会化运输增加。

（六）客户企业仓库、人力、物力节约标志

配送的重要作用是以配送代劳客户。因此，实行配送后，各客户企业的库存量、仓库面积、仓库管理人员减少为合理；用于订货、接货、供应的人减少才为合理。真正解除了客户企业的后顾之忧，配送的合理化程度则可以说是一个高水平了。

（七）物流合理化标志

配送必须有利于物流合理。这可以从以下几个方面判断：是否降低了物流费用；是否减少了物流损失；是否加快了物流速度；是否发挥了各种物流方式的最优效果；是否有效衔接了干线运输和末端运输；是否不增加实际的物流中转次数；是否采用了先进的管理方法及技术手段。

二、不合理配送的表现形式

对于配送合理与否，不能简单判断，也很难有一个绝对的标准。例如，企业效益是配送的重要衡量标志，但是，在决策时常常考虑各个因素，有时要做赔本买卖。所以，配送的决策是全面、综合决策，在决策时要避免出现由于不合理配送所造成的损失，但有时某些不合理现象是伴生的，要追求大的合理，就可能派生小的不合理。所以，虽然这里只单独论述不合理配送的表现形式，但要防止绝对化。

（一）资源筹措的不合理

配送是利用较大批量筹措资源，通过筹措资源达到规模效益来降低资源筹措成本，使配送资源筹措成本低于客户自己筹措资源成本，从而取得优势。如果不是集中多个客户需要进行批量筹措资源，而仅仅是为某一两户代购代筹，对客户来讲，就不仅不能降低资源筹措费用，相反却要多支付一笔配送企业的代筹代办费，因而是不合理的。资源筹措不合理还有其他表现形式，如配送量计划不准、资源筹措过多或过少、在资源筹措时不考虑建立与资源供应者之间长期稳定的供需关系等。

（二）库存决策不合理

配送应充分利用集中库存总量低于各客户分散库存总量，从而大大节约社会财富。因此，配送企业必须依靠科学管理来实现一个低总量的库存，否则就会出现单个库存转移，而未取得库存总量降低的效果。配送企业库存决策不合理还表现在储存量不足，不能保证随机需求，失去了应有的市场。

（三）价格不合理

总的来讲，配送的价格应低于不实行配送时，客户自己进货时的产品购买价格加上自己提货、运输、进货之成本总和，这样才会使客户有利可图。有时候，由于配送的服务水平较高，虽然价格稍高，客户也是可以接受的，但这不是普遍的原则。如果配送价格普遍高于客户自己进货价格，则损害了客户利益，就是一种不合理现象。价格过低，使配送企业处于无利或亏损状态，会损害配送企业的利益，也是不合理的。

（四）配送与直达的决策不合理

一般的配送总是增加了环节，但是这个环节的增加，可降低客户平均库存水平，以此不但抵

消了增加环节的支出,而且还能取得盈余。但是如果客户使用批量大,可以直接通过社会物流系统均衡批量进货,较之通过配送中转送货则可能更节约费用,所以,在这种情况下,不直接进货而通过配送,就属于不合理范畴。

(五) 送货中不合理运输

配送与客户自提比较,尤其对于多个小客户来讲,可以集中配装一车送几家,这比一家一户自提,可大大节省运力和运费。如果不能利用这一优势,仍然是一户一送,而车辆达不到满载(即时配送过多、过频时会出现这种情况),就属于不合理。此外,不合理运输的若干表现形式,在配送中都可能出现,会使配送变得不合理。

(六) 经营观念的不合理

在配送实施中,有许多是经营观念不合理,使配送优势无从发挥,相反却损害了配送的形象。这是开展配送时尤其需要注意克服的不合理现象。例如,配送企业利用配送手段,向客户转嫁风险,在库存过大时,强迫客户接货,以缓解自己的库存压力;在资金紧张时,长期占用客户资金;在资源紧张时,将客户委托资源挪作他用获利等。

三、配送合理化的措施

(一) 推行一定综合程度的专业化配送

通过采用专业设备、设施及操作程序,取得较好的配送效果并降低配送过分综合化的复杂程度及难度,从而追求配送合理化。

(二) 推行加工配送

通过加工和配送结合,充分利用本来应有的这次中转,而不增加新的中转求得配送合理化。同时,加工和配送相结合,使加工目的更明确、和客户联系更紧密,避免了盲目性。这两者的有机结合,使投入不增加太多却可取得两个优势、两个效益,是配送合理化的重要措施。

(三) 推行共同配送

通过共同配送可以以最近的路程、最低的配送成本完成配送,从而追求配送合理化。

(四) 实行送取结合

配送企业与客户建立稳定、密切的协作关系,配送企业不仅成为客户的供应代理人,而且承担客户储存仓库的作用,甚至成为产品代销人。在配送时,将客户所需的物资送到,再将该客户生产的产品用同一车运回,这种产品也成了配送中心的配送产品之一,或者作为代存代储,免去了生产企业的库存包袱。这种送取结合,使运力充分利用,也使配送企业功能有更大的发挥,从而追求配送合理化。

(五) 推行准时配送系统

准时配送是配送合理化的重要内容。配送做到了准时,客户才有资源把握,可以放心地实施低库存或零库存,可以有效地安排接货的人力、物力,以追求最高效率的工作。另外,保证供应能力,也取决于准时供应。从国外的经验看,准时供应配送系统是现在许多配送企业追求配送合理化的重要手段。

(六) 推行即时配送

作为计划配送的应急手段,即时配送是最终解决客户担心断供之忧、大幅度提高供应保证能力的重要手段。即时配送是配送企业快速反应能力的具体化,是配送企业能力的体现。即时配送成本较高,但它是整个配送合理化的重要保证手段。此外,客户实行零库存,即时配送也是重要保证手段。

第四节 配送中心

一、配送中心的概念、作用和分类

(一) 配送中心的概念

在《物流术语》中对配送中心的定义是"从事配送业务且具有完善信息网络的场所或组织,应符合下列要求:①主要为特定客户服务;②配送功能健全;③辐射范围小;④多品种、小批量、多批次、短周期;⑤主要为末端客户提供配送服务。"

简单来说,就是从事货物配备(集货、加工、分货、拣选、配货)和组织对客户的送货,以高水平实现销售和供应服务的现代流通设施。配送中心是基于物流合理化和发展市场两个需要而发展的,是以组织配送式销售和供应,执行实物配送为主要功能的流通型物流节点。配送中心很好地解决了客户多样化需求和厂商大批量专业化生产的矛盾,因此,逐渐成为现代化物流的标志。

为了能更好地做好送货的编组准备,必然需要进行零星集货、批量进货等种种资源收集工作和对货物的分类、整理、配备等工作,因此配送中心也负有集货中心、分货中心的职能。为了更有效、更高水平的完成配送,配送中心还应具有较强的流通加工能力。

(二) 配送中心的作用

在现代物流活动中,配送中心的作用主要表现在以下几个方面。

1. 使供货适应市场需求变化

各种商品的市场需求在时间、季节、需求量上都存在大量的随机性,而现代化生产、加工无法完全在工厂、车间中满足和适应这种情况,必须依靠配送中心来调节、适应生产与消费之间的矛盾与变化。

2. 经济高效的组织储运

从企业到销售市场之间需要复杂的储运环节,要依靠多种交通、运输、库存手段才能满足。传统的以产品或部门为单位的储运体系明显存在不经济和低效率的问题。故建立区域、城市的配送中心,能批量进发货物,能组织成批直达运输和集中储运,有利于降低物流系统成本,提高物流系统效率。

3. 提供优质的保管、包装、加工、配送、信息服务

现代物流活动中由于物资物理、化学性质的复杂多样性,交通运输的多方式、长距离、长时

间、多起终点,地理与气候的多样性,对保管、包装、加工、配送、信息服务提出了很高的要求,只有集中建立配送中心,才有可能提供更加专业化、更加优质的服务。

4. 促进地区经济的快速增长

配送中心同交通运输设施一样,是经济发展的保障,是吸引投资的硬件条件之一,也是拉动经济增长的内部因素。配送中心的建设可以从多方面带动经济的健康发展。

(三) 配送中心的分类

配送中心是一种新兴的经营管理形态,具有满足少样多量的市场需求及降低流通成本的作用。但是,由于建造企业的背景不同,其配送中心的功能、构成和运营方式就有很大区别,因此,在规划配送中心时应充分注意配送中心的类别及其特点。配送中心的具体分类方式如下。

1. 按配送中心的运营主体分类

(1) 制造商型配送中心——M.D.C

制造商型配送中心是以制造商为主体的配送中心。这种配送中心里的物品100%是由自己生产制造,用以降低流通费用、提高售后服务质量和及时地将预先配齐的成组配件运送到规定的加工和装配工位。从产品制造到后期的条码设置和包装等多方面都较易控制,所以按照现代化、自动化的配送中心设计比较容易,但不具备社会化的要求。

(2) 批发商型配送中心——W.D.C

批发商型配送中心是由批发商或代理商成立,以批发商为主体的配送中心。批发是物品从制造者到消费者之间的传统流通环节之一。一般是按部门或物品类别的不同,把每个制造商的产品集中起来,然后以单一品种或搭配向消费地的零售商进行配送。这种配送中心的物品来自各个制造商,它所进行的一项重要的活动是对物品进行汇总和再销售,而它的全部进货和出货都是社会配送的,因此社会化程度高。

(3) 零售商型配送中心——Re.D.C

零售商型配送中心是由零售商向上整合所成立的,以零售业为主体的配送中心。零售商发展到一定规模后,就可以考虑建立自己的配送中心,为专业物品零售店、超级市场、百货商店、建材商场、粮油食品商店、宾馆饭店等服务,其社会化程度介于前两者之间。

(4) 专业物流配送中心——T.D.C

专业物流配送中心是以第三方物流企业为主体的配送中心。这种配送中心有很强的运输配送能力,地理位置优越,可迅速将到达的货物配送给客户。它为制造商或供应商提供物流服务,而配送中心的货物仍属于制造商或供应商所有,配送中心只是提供仓储管理和运输配送服务。这种配送中心的现代化程度往往较高。

2. 按服务范围分类

(1) 城市配送中心

城市配送中心是以城市范围为配送范围的配送中心。由于城市范围一般处于汽车运输的经济里程,这种配送中心可采用汽车运输将货物直接配送到最终客户。所以,这种配送中心往往和零售经营相结合,由于运距短,反应能力强,因而从事多品种、少批量、多客户的配送较有优势。

(2) 区域配送中心——R.D.C

区域配送中心以较强的辐射能力和库存准备,向省际、全国乃至国际范围的客户配送的配送中心。这种配送中心配送规模较大,一般而言,客户也较大,配送批量也较大,而且,往往是配送给下一级的城市配送中心,也配送给营业所、商店、批发商和企业客户,虽然也从事零星的配送,但不是主体形式。

3. 按配送中心的功能分类

（1）储存型配送中心

储存型配送中心有很强的储存功能。例如,美国赫马克配送中心的储存区可储存16.3万个托盘；瑞士 GIBA-GEIGY 公司的配送中心拥有世界上规模居于前列的储存库,可储存4万个托盘。我国在20世纪90年代初期所建设的配送中心多为储存型配送中心,库存量较大。

（2）流通型配送中心

流通型配送中心包括通过型和转运型配送中心,基本上没有长期储存的功能,仅以暂存或随进随出的方式进行配货和送货。典型方式为,大量货物整批进入,按一定批量零出。一般采用大型分货机,其进货直接进入分货机传送带,分送到各客户货位或直接分送到配送汽车上。

（3）加工型配送中心

该配送中心具有加工职能,根据客户的需要或市场竞争的需要,对配送货物进行加工之后,再进行配送的配送中心。在该配送中心内,有配装、包装、初级加工、集中下料、组装产品等加工活动。例如,肯德基、麦当劳的配送中心,就属于加工型配送中心。

4. 按配送货物的属性分类

根据配送货物的属性可以分为食品配送中心、日用品配送中心、医药品配送中心、化妆品配送中心、家电配送中心、电子产品配送中心、书籍产品配送中心、服饰产品配送中心、汽车零件配送中心及生鲜处理中心等。

由于所配送的产品不同,配送中心的规划方向就完全不同。例如,生鲜品配送中心主要处理的物品为蔬菜、水果与鱼肉等生鲜产品,属于低温型的配送中心,是由冷冻库、冷藏库、鱼虾包装处理场、肉品包装处理场、蔬菜包装处理场及进出货暂存区等组成的。冷冻库为零下-25℃,而冷藏库为0℃~5℃左右,又称湿货配送中心。书籍产品的配送中心,由于书籍有新出版、再版及补书等的特性,尤其是新出版的书籍或杂志,其中80%不上架,而是直接配送到各书店去,剩下的20%库存在配送中心等待客户的再订货。另外,书籍或杂志的退货率非常高,约有3~4成。因此,在规划书籍产品的配送中心时,就不能与食品与日用品的配送中心一样。服饰产品的配送中心有淡旺季及流行性等特性,而且,较高级的服饰必须使用衣架悬挂,其配送中心的规划也有其特殊性。

二、配送中心的功能

配送中心是专门从事货物配送活动的经济组织。换个角度说,它又是集加工、理货、送货等多种职能于一体的物流据点,实际上是集货中心、分货中心、加工中心功能的综合。配送中心的功能是否健全,直接影响配送中心的任务能否完成。配送中心一般具有多种功能,但不同配送中心的侧重点不同,其中对某些功能重视程度的差异决定了配送中心的性质和具体规划。

根据配送中心物流作业的性质,可将配送中心的功能分为基础功能、核心功能及其他功能。

（一）基础功能

1. 采购功能

配送中心必须首先采购所要供应配送的商品,才能及时准确地为其客户包括生产企业、商业企业和消费者供应物资和物品。配送中心应根据市场的供求变化情况,制订统一、周全的采购计划并及时调整,由专门的部门和人员组织实施采购。

2. 集货功能

配送中心从众多供应商那里按客户需要的品种较大批量的进货,以备齐所需商品,此项工作称为集货。集货功能是配送中心的基础职能,是配送中心取得规模优势的基础所在。一般来说,集货批量应大于配送批量。配送中心的集货功能与其采购功能有着密切的关联。

3. 储存功能

配送中心的服务对象是为数众多的企业和商业网点(如超级市场和连锁店)。配送中心的职能和作用是,按照客户的要求及时将各种配装好的货物送交到客户手中,依靠集中库存来实现对多个客户的服务,满足生产需要和消费需要。储存是配送的物资保证,是配送中心必不可少的支撑功能。

为了有序地完成向客户配送商品(货物)的任务及更好地发挥保障生产和消费需要的作用,通常配送中心都要兴建现代化的仓库并配备一定数量的仓储设备,储存一定数量的商品。某些区域性大型配送中心和开展代理交货配送业务的配送中心,不但要在配送货物的过程中储存货物,而且它所储存的货物数量更大、品种更多。

利用配送中心的储存功能可有效地组织货源,调节商品的生产与消费、进货与销售之间的时间差。虽然配送中心不是以储存商品为目的,但是为了保证市场需求,以及配货、流通加工等环节的正常运转,必须保持一定的库存。这种集中储存,较之商场"前店后库"的分散储存,可大大降低库存总量,增强促销调控能力。

4. 装卸搬运功能

配送中心的集货、理货、装货、加工都需要辅之装卸搬运,有效的装卸能大大地提高配送中心的水平。这是配送中心的基础性职能。

(二) 核心功能

1. 分拣理货功能

所谓分拣,是指将一批相同或不同的货物,按照不同的要求(如配送给不同的网点),分别拣开、集中到一起,准备进行配送。在品种繁多的库存中,根据网店的订单,将所需品种、规格的商品按要货量挑选出来,并集中在一起,这种作业称为分拣。例如,邮政部门把信件、邮包按送达目的地分开,是典型的分拣作业。在连锁经营中,按照网店(或客户)的订单,把库存商品拣选后分别集中,这就是连锁超市配送中心的分拣作业。在商品批次很多、批量零星、客户要货时间很紧,而且物流量又很大的情况下,分拣任务是十分繁重的,这时,分拣理货就成为配送中心不可缺少的一个部分。

作为物流节点的配送中心,其服务对象(即客户)是为数众多的企业(在国外,配送中心的服务对象少则几十家,多则数百家)。在这些众多的客户中,彼此之间存在着很多差别,不仅各自的性质不尽相同,而且经营规模也不一样。据此,在订货或进货的时候,为了有效地进行配送(即为了能同时向不同的客户配送很多种货物),配送中心必须采取适当的方式对组织进来(或接收到)的货物进行分拣,并且在此基础上,按照配送计划分装和配装货物。这样,在商品流通实践中,配送中心除了具有储存功能外,还具分拣功能,能发挥分拣中心的作用。

近二三十年来,随着市场经济的发展,已由卖方市场向买方市场转移,商品趋于"短小轻薄",流通趋于小批量、多品种和及时制,配送中心的商品分拣任务因此十分艰巨,分拣系统的自动化已成为一项重要的物流技术。为了将多种货物向多个客户按不同要求、种类、规格、数量进行配送,提高分拣效率,应配备相应的分拣装置,如货物识别装置、传送装置等。

2. 组配功能

由于每个客户对商品的品种、规格、数量、质量、送达时间和地点等的要求不同，配送中心就必须按客户的要求对商品进行分拣和组配。配送中心的这一功能是其与传统仓储企业的明显区别之一，这也是配送中心重要的特征之一。

3. 分装配货功能

从配送中心的角度来看，往往采用大批量的进货来降低进货价格和进货费用。但是客户为了降低库存，加快资金周转、减少资金占用，则往往采用小批量进货的方法。为了满足客户的要求，即客户的小批量、多批次进货的要求，配送中心就必须进行分装。分装配货功能主要是将各客户所需的多种货物在配送中心有效地组合起来，以方便载运，这也是配送中心的核心功能。

事实上，分拣功能和分装配货功能作为配送中心不同于其他物流组织的独特职能，成为决定整个配送系统水平高低的关键功能。分装配货功能不单纯是完善送货、支持送货的准备，它也是配送中心提高服务质量和自身效益的必然延伸，是送货向高级形式发展的必然要求。

不同规模的载货在配送中心应能高效的分解组合，形成新的载运组合和载运形态，从而符合客户的特定要求，达到有效的载运负荷。

提高运力，降低负荷成本是配送中心分装配货功能的重要表现。

4. 配送功能

送货属于配送中心的末端职能，强调的是现代送货方式。配送过程中的难点是，如何组合形成最佳路线，如何使配装和路线有效搭配。

与运输相比，配送通常是在商品集结地——物流据点，完全按照客户对商品的种类、规格、品种搭配、数量、时间、送货地点等各项要求，进行分拣、配货、集装、路线安排的优化等一系列工作，再运送给客户的一种特殊送货形式。配送具有不同于送货的现代特征。它不单是送货，在活动内容中，还有分货、配货、配车等工作，必须有发达的交通运输工具和经营管理水平。配送是分货、配货、送货等活动的有机结合体，同时还与订货系统紧密联系，这就必须依赖现代信息的作用，使配送系统得以建立和完善，形成一种现代化的营销方式。配送完善了整个物流系统，大大提高了物流的作用和经济效益。通过配送中心的库存使连锁经营实现了低库存或零库存，并有利于降低供货的缺货率。

（三）其他功能

1. 衔接功能

通过开展货物配送活动，配送中心能把各种工业品和农产品直接运送到客户手中，客观上可以起到媒介生产和消费的作用。这是配送中心衔接功能的一种重要表现。此外，通过集货和储存货物，配送中心又有平衡供求的作用，由此能有效地解决季节性货物的产需衔接问题。这是配送中心衔接功能的另一种作用。

在人类社会中，生产和消费并非总是同步的。有很多工业品（如煤炭、水泥产品）都是按照计划批量、均衡生产的，而其消费则带有很强的季节性（即有淡季、旺季之分）；另有一些产品（主要是农产品）恰恰相反，其消费是连续进行的，而其生产却是季节性的。这种现象说明，就某些产品而言，生产和消费存在着一定的时间差。由于配送中心有吞吐货物的能力和具备储存物资的功能，因此，它能调节产品供求关系，进而能解决产消（消费）之间的时间差和矛盾。从这个意义上说，配送中心是衔接生产和消费的中介组织。

2. 集散功能

在物流实践中，配送中心凭借其特殊的地位和拥有的各种先进的设施、设备，能够将分散在各个生产企业的产品(即货物)集中到一起,而后经过分拣、配装,向多个客户发送。与此同时,配送中心也可以做到把各个客户所需要的多种货物有效地组合(或配装)在一起,形成经济、合理的货载批量。配送中心在流通实践中所表现出的这种功能即集散功能,也有人把它称为配货、分放功能。

集散功能是配送中心所具备的一项基本功能。实践证明,利用配送中心来集散货物,可以提高卡车的满载率,由此可以降低物流成本。

3. 流通加工功能

为了扩大经营范围和提高配送水平,目前国内外许多配送中心都配备了各种加工设备,由此形成了一定的加工(系初加工)能力。这些配送中心能够按照客户提出的要求和根据合理配送商品的原则,将组织进来的货物加工成一定的规格、尺寸和形状,由此而形成了加工功能。

加工货物是某些配送中心的重要活动。配送中心积极开展加工业务,不但大大方便了客户,而且也有利于提高资源的利用效率和配送效率。此外,对于配送活动本身来说,客观上则起着强化其整体功能的作用。

4. 信息交换和处理功能

配送中心在干线物流与末端物流之间起衔接作用,这种衔接不仅表现为实物的配送,也表现为信息的衔接。配送中心的信息交换和处理是全物流系统中的重要一环。

配送中心的上游是生产企业,下游是消费群体。在商品经济日益发达、消费需求多样化的今天,哪种产品更加适合消费者的需求,哪些产品市场需要而又无人开发,这些信息对于生产企业来说是非常重要的。如果能及时地把这些信息传递给生产企业,就可以及时调整生产结构,改变生产策略,满足市场需求。对于处于配送中心下游的客户而言,近期有哪些新产品,其特点、性能是什么,所订产品什么时候到货,现在到达什么位置,都是其制定销售策略、实施经营管理时最想了解的信息。与此同时,配送中心本身的作业情况进展如何,也需要及时了解,以便做出适当的调整。鉴于此,配送中心就必须起到上下游之间、各作业环节之间各种信息沟通的作用。

配送中心应具有相当完备的信息处理系统,能有效地为整个流通过程的控制、决策和运转提供信息依据。无论在集货、储运、流通加工、分拣、配货等一系列物流环节的控制方面,还是在物流管理和费用、成本结算方面,配送中心均应实现信息共享。对于连锁经营而言,配送中心与销售商之间直接交流信息,可及时得到商品的销售信息,有利于合理组织货源,控制最佳库存。同时,配送中心还可将销售和库存信息迅速、及时地反馈给制造商,以指导商品生产计划的制订。因此可以这样认为,配送中心是整个流通过程的信息中枢。

案例 3-3

RFID 技术为 FANCL 公司打造了最先进的配送中心

1. 项目背景

FANCL 公司(总部位于日本神奈川县横滨市)成立了无添加剂化妆品邮购公司。如今,FANCL 公司还在日本各地的零售商店和便利店销售保健品、食品和饮料。2008 年 8 月,FANCL 公司开设了新的关东物流中心,集中了 8 个地点的运营。除了在新工厂安装自动化物料处理系统外,FANCL 公司还增加了 14 000 个 RFID 标签,以提高订单履行的准确性。配送中心的当天交货率达到了 90% 以上,运输精度接近零误差。

2. 项目需求

FANCL 配送中心曾经设置在千叶和横滨两个城市的生产基地附近。然而,该公司发现越来越难以扩大业务并响应不同的产品需求。

为了解决难题,FANCL 公司成立了关东配送中心。占地 13 200 平方米的配送中心容纳了 2 500 多种商品,其中包括 600 种化妆品和 300 种补充品。它可以处理多达 3 万个邮件订单,并管理国内和国际零售店的 2 200 种货物。

3. 解决方法

关东配送中心实施了一套仓库管理系统(WMS)和一个小型自动仓储和检索系统(AS/RS)来处理国内和国际零售店的邮件订单和发货。该设施还拥有各种自动化采摘系统,这些系统由 AS/RS 提供。

订单被合并到由 RFID 标签指导的 14 000 个集装箱之一中。该设备的传送带上安装了 154 个标签阅读器,可实现快速准确的运送。

随着新的物料处理系统的到位,公司实现了更高的吞吐量和运输精度。通过将订单期限从下午 4 点延长至下午 6 点,当天交货率从 78% 上升到 91%。此外,运输误差率从 0.04% 下降到不到 0.005%。

4. 项目解析

① 小型负载 AS/RS 存储补充产品能够灵活处理多样化的塑料容器和纸板箱。
② 需要把收到的产品存放在托盘上。
③ 邮购检查区配有 66 个电台。
④ 运营商可以提前将订购的物品放在临时表上,以提高吞吐量。
⑤ 自动补货系统在拣货架侧面的走道上需要配备 2 台起重机。
⑥ 按产品类别划分的护肤产品有 4 类,每个目的地商店需要有专门的采摘线。
⑦ 冲浪分拣机针对每个公司进行运送。
⑧ 每个订单都通过其上放置的一个标签来与一个容器相关联。

5. 项目效益

该项目的实施帮助 FANCL 公司减少材料处理成本,同时减少对环境的影响;快速向客户交付产品,满足了需求;整合网站,实现了产品的统一管理和一站式订单发放;通过改革公司的业务方式,降低了物流成本,每年销售额增加 10%。

以前需要现场工作人员的人数是 280 人。但通过该项目的实施,现如今只需要 200 人(减少 30%)。此外,需要运输卡车数量和运输时间显著降低,减排 130 万吨 CO_2。新的无纸化订单系统每年将节省 740 万日元不同形式的成本。

资料来源:RFID 世界网. http://success.rfidworld.com.cn/2018_01/b8be419d0da86282.html.

三、配送中心的作业流程

配送中心的作用在于化整为零和化零为整,使产品能够快速流转。配送中心的作业流程是配送中心为完成配送任务所必须制定的配送组织程序。配送中心的基本作业流程可以分为以下几种。

(一) 配送中心的一般作业流程

不同功能的配送中心和不同商品的配送,其作业流程和作业环节会有所区别,但都是在配送中心的一般作业流程上对某些作业环节上进行扩展和做出调整。所以,它也是配送中心典型的作业流程,其主要特点是:有较大的储存、分拣、配货场所;理货、分拣、配货等功能较强;流通加工功能相对较弱。

采用这种作业流程的配送中心主要以中小件杂货配送为主,包括保质期较长的食品配送中心。由于货物种类繁多,为保证客户生产的连续性,配送中心需要一定的储存量,属于有储存功能的配送中心。配送中心的一般作业流程如图 3-7 所示。

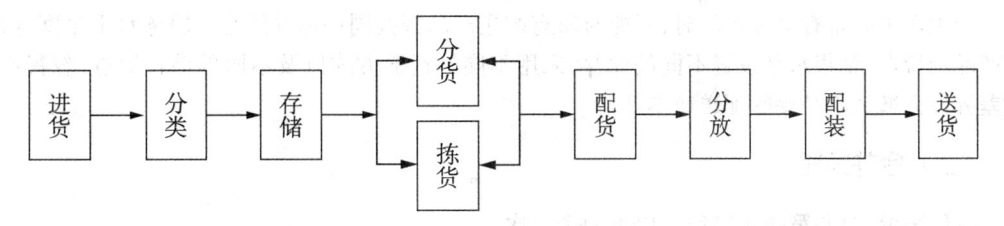

进货 → 分类 → 存储 → 分货/拣货 → 配货 → 分放 → 配装 → 送货

图3-7 配送中心的一般作业流程

（二）加工型配送中心的作业流程

加工型配送中心的作业流程以流通加工为主,因此存储作业和流通作业居于主要地位。在这种流程中,一般按少品种或单一品种大批量进货,产品种类很少或无须分类存放,通常也不单独设立拣货、配货等环节,而是按照客户的要求进行加工,加工后直接按客户的要求配装,分放到为某个客户划定的存储区域。典型的加工型配送中心的作业流程如图3-8所示。

进货 → 存储 → 加工 → 分放 → 配货 → 配装 → 送货

图3-8 加工型配送中心的作业流程

（三）转运型配送中心的作业流程

转运型配送中心不带仓库,其作业流程最大的特点就是配送没有大量库存,只有为配送准备的暂时性库存。暂存地点设在配货场地中,在配送中心不单独设存储区。实际上,在配送中心内部,货物暂存和配货作业是同时进行的。使用这种配送流程的配送中心的主要场地都用于理货和配货。转运型配送中心的作业流程如图3-9所示。

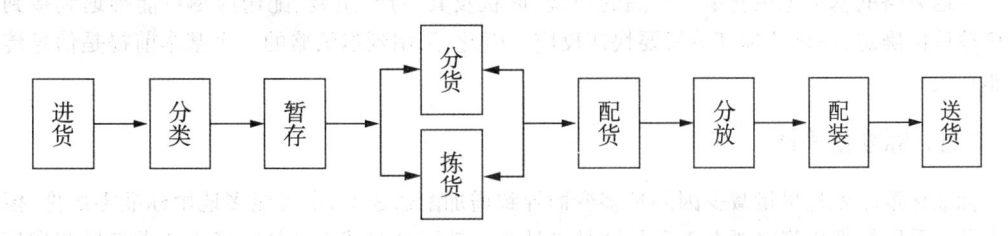

进货 → 分类 → 暂存 → 分货/拣货 → 配货 → 分放 → 配装 → 送货

图3-9 转运型配送中心的作业流程

四、配送中心的经营策略

配送中心的经营活动增加了产品的价值,有助于提高企业的竞争力,但完成配送活动是需要付出代价的,即需要配送成本。配送中心对配送管理的目标是在满足一定的客户服务需求与配送成本之间寻求平衡,即在一定的配送水平下尽量提高客户服务水平,或在一定的配送水平下使配送成本最小。

（一）差异化策略

差异化策略的指导思想是产品特征不同,客户服务水平也不同。

当配送中心备有多种产品时,不能对所有配送产品都按同一标准的客户服务水平来配送,可按产品的特点、销售水平设置不同的库存,采用不同的运输方式以及不同的储存地点,忽视产品的差异性会增加不必要的配送成本。

(二)合并策略

一般来说,合并策略主要包含以下两个层次。

1. 配送方法上的合并

配送方法上的合并主要表现在安排车辆完成配送任务时,充分利用车辆的容积和载重量,做到满载满装,是降低成本的重要途径。由于产品品种繁多,不仅包装形态、储运性能不一,在容量方面也往往相差甚远。

2. 共同配送

共同配送是一种产权层次上的共享,也称协作配送。其标准运作形式是:在中心机构的统一指挥和调度下,各配送主体以经营活动(或以资产为纽带)联合行动,在较大的地域内协调运作,共同对某一个或某几个客户提供系列化的配送服务。

(三)混合策略

混合策略是指配送业务部分由企业自身完成。这种策略的基本思想是,尽量采用纯策略(即配送活动要么全部由企业自身完成,要么全部外包给第三方物流完成),易形成一定的经济规模,并使管理简化。但由于产品品种多变、规格不一、销量不等等情况,采用纯策略的配送方式超出一定程度不仅不能取得规模效益,反而会适得其反。而采用混合策略,合理安排企业自身完成的配送和外包给第三方物流完成的配送,能使配送成本最低。

(四)延迟策略

延迟策略的基本思想就是对产品的外观、形状及其生产、组装、配送应尽可能推迟到接到客户订单后再确定,一旦接到订单就要快速反应。因此,采用延迟策略的一个基本前提是信息传递要非常快。

(五)标准化策略

标准化策略就是尽量减少因品种多变而导致增加配送成本,尽可能多地用标准零部件、模块化产品。采用标准化策略要求工厂从产品设计开始就要站在消费者的立场去考虑怎样节省配送成本,而不要等到产品生产出来了才考虑采用什么技巧降低配送成本。

本章小结

配送是指在经济合理区域范围内,根据客户要求,对物品进行拣选、加工、包装、分割、组配等作业,并按时送达指定地点的物流活动。配送的基本功能要素主要包括集货、分拣、配货、配装、送货等。配送可以从不同的角度进行分类,如按配送货物的品种和数量、按实施配送的节点等分类。配送具有集货、储存、分拣、配货、配装、配送运输、送达服务等主要功能,商品不同其配送流程也不尽相同。在配送过程中,企业要根据自身的实际情况采用适当的配送模式,实现配送合理化,以达到降低成本,提高服务质量的目的。

配送中心是指从事配送业务具有完善信息网络的场所或组织。其必须满足以下基本要求:

主要为特定客户服务;配送功能健全;辐射范围小;多品种、小批量、多批次、短周期;主要为末端客户提供服务。配送中心在现代物流中具有显著的作用,由于其建造企业的背景不同,其配送中心的功能、构成和运营方式就有很大区别,因此,配送中心有不同的类型。配送中心的作业流程是配送中心为完成配送任务所必须制定的配送组织程序,主要有一般作业流程、加工型配送中心作业流程和转运型配送中心作业流程。

配送中心对配送管理的目标是在满足一定的客户服务需求与配送成本之间寻求平衡,即在一定的配送水平下尽量提高顾客服务水平,或在一定的配送水平下使配送成本最小。因此要依据实际情况采取相应的管理策略,如差异化策略、合并策略、混合策略等。

本章习题

思考题

1. 配送的特点和作用分别是什么?
2. 配送的基本功能要素有哪些?
3. 配送中心的主要功能是什么?
4. 转运型配送中心的作业流程是怎样的?

案例分析

日本经典生鲜配送中心的构成

一、生鲜食品配送中心的组织结构

生鲜食品配送中心与其他商品配送中心类似,一般由信息中心与仓库构成。信息中心起着汇集信息并对配送中心进行管理的作用。仓库根据各部门不同的功能又可分为不同的作业区。

1. 信息中心

信息中心指挥和管理着整个配送中心,是配送中心的中枢神经。它的功能是:对外负责收集和汇总各种信息,包括门店的销售、订货信息,以及与部分供应商连网的信息,并根据这些信息做出相应的决策;对内负责协调、组织各种活动,指挥调度各部门的人员,共同完成配送任务。

2. 仓库

因超市类型不同,配送中心的类型也有所不同,其仓库各作业区面积大小也不尽相同。

① 收货区。在这个作业区内,工作人员需完成接收货物的任务和货物入库之前的准备工作,如卸货、检验等工作。因货物在收货区停留的时间不太长,并处于流动状态,因此收货区的面积相对来说都不算太大。它的主要设施有验货用的电脑和卸货工具。

② 储存区。在这个作业区里分类储存着验收后的货物。在储存区一般都建有专用的冷藏库、冷冻库,并配置各种设备,其中包括各种货架、叉车、起重机等。由于货物需要在这个区域内停留一段时间,并要占据一定位置,因此相对而言,储存区所占的面积比较大,它是生鲜食品配送中心的主体部分。有的储存区与收货区连在一起,有的与收货区分开。

③ 理货区。理货区是工作人员进行拣货和配货作业的场所。其面积大小因超市的类型不同而异。一般来说,拣货和配货工作量大的配送中心,如便利店等不但要求对货物进行拆零,还要完成向多家门店以少批量、多批次的方式进行配送,所以这样的配送中心的拣货和配货区域的面积较大。

与其他作业区一样,在理货区内也配置着许多专用设备和设施,一般有手推货车、货架等;如果采用自动拣选装置,其设施包括重力式钢架、皮带机、传送装置、自动分拣装置、升降机等。

④ 配装区。由于种种原因,有些分拣出来并配备好的货物不能立即发送,而是需要集中在某一场所等待统一发货,这种放置和处理待发货物的场所就是配装区。在配装区内,工作人员要根据每个门店的位置、货物数量进行分放、配车,并确定单独装运还是混载同运。

因货物在配装区内停留时间不长,货位所占的面积不大,所以,配装区的面积比存储区小得多。需要注意的是,有一些配送中心的配装区与发货区合在一起,因此,配装作业常融合于其他相关的工序中。此外,因配装作业主要是分放货物、组配货物和安排车辆等,因此在这个作业区除了配装计算工具和小型装卸机械、运输工具以外,没有什么特殊的大型专用设备。

⑤ 发货区。发货区是工作人员将组配好的货物装车外运的作业区域。在许多企业的配送中心中,配货区和发货区往往是可以共用的。

⑥ 加工区。在这个区域内对收进的生鲜食品进行整理加工,如对蔬菜去除老叶、清洗等,对鱼类食品剖腹、去鱼鳞等。加工区的大小与超市生鲜食品的加工量有关,生鲜食品加工量直接取决于其加工的深度、加工的品种及超市的销售量。一般来说,生鲜食品经营规模越大,加工区所占的面积也越大。

二、生鲜食品配送中心的营运流程

1. 生鲜食品配送流程分类

第一类:保质期较短或对保鲜要求较高的食品,如点心类食品、肉制品、水产品,要求能够快速送货,因此这类食品的配送过程中不存在储存程序,在收货工序之后紧接着是分拣工序和配货等工序。

第二类:保质期较长的食品,一般在备货后安插储存工序,有时是放在冷库中储存。这类食品的流程与干货的流程差不多。其流程如下。

订货—收货—储货—配货—配装—送货

第三类:对需要加工的食品其操作程序为,大量货物集中到仓库后,先进行初加工,包括将大块的货物分成小块,对货物进行等级划分,给蔬菜去根、去老叶,鱼类去头去内脏,配制成半成品等,然后再进行储存到配送的各道工序。其流程如下。

订货—收货—加工—储存—配货—配装—送货

第四类:有些产品为了提高商品周转速度,提高商品鲜度,虽由配货中心向供应商订货,但是供应商不是将商品发给配送中心,而是将商品直接发给各个门店,这是流程最短的一种商品配送方式。

2. 生鲜食品的配送流程

以上述第三类的配送方式为例进行说明。

① 订货。这是配送中心运作周期的开始。配送中心收到和汇总门店的订单后,首先要确定配送货物的种类和数量,然后查询配送中心现有库存中是否有所需的现货。如果有现货,则转入拣选流程;如果没有或虽然有但数量不足,则要及时发出订单或向总部采购部门申请发出订单,进行订货。

② 收货。收货包括收货和验收入库。通常,在商品货源充足的条件下,采购部门向供应商发出订单以后,供应商会根据订单的要求很快组织供货,配送中心接到通知后,就会组织有关人员接货,先要在送货单上签收,继而还要对货物进行检验。验收入库主要包括数量的检验和质量的检验。若与订货合同要求相符,则可以转入下一道工序;若不符合订货合同要求,配送中心将详细记录差错情况,并拒绝接收货物。按照规定,质量不合格的商品将由供应商自行处理。经过验收之后,配送中心的工作人员随即要按照类别、品种将其分开,分门别类地存放到指定的仓位和场地,或直接进行下一步操作。

③加工。加工包括两方面的内容。一是制成品加工。这是生鲜经营的利润区,包括西式糕点和面包,中式面点、面条,以及半成品配菜、套餐、熟食。二是初级产品加工。这是对生鲜食品的初加工,包括清洁、分拆、分选、包装等工序,目的在于保鲜转配。生鲜食品的加工有助于对企业特色产品、核心产品和主力商品的品质、成本及货源的把握。

④储存。储存主要是为了保证销售需要,但要求是合理库存,同时还要注意在储存业务中做到确保商品不发生数量和质量变化。生鲜食品的储存有其特殊的要求,而且保管难度大,稍不注意,极易造成腐败变质。为了防止这些损失发生,在储存方面应用多种保鲜、养护手段和科学方法,目前在配送中心中使用较多的是冷藏储存、臭氧杀菌等方法;在存放地点上,要注意便于分拣、配货和出库;在存放时间上,要贯彻先进先出的原则;在储存管理上,要安全、正确、经济、简捷、经济地保存生鲜食品。

⑤配货。这是配送中心的工作人员根据信息中心打印出的要货单上所要的商品、要货的时间、储存区域,以及装车配货要求、门店位置等信息,将货物挑选出来的一种活动。拣选的方法一般是以摘取的方式拣选商品。工作人员推着集货车在排列整齐的仓库货架间巡回走动,按照配货单上指出的品种、数量、规格挑选出门店所需要的商品并放入集货车内,最后存放暂存区以备装车。

⑥配装。为了充分利用载货车厢的容积和提高运输效率,配送中心常常把同一条送货路线上不同门店的货物组合、配装在同一辆载货车上。在配送中心的作业流程中安排组配作业,把多家门店的货物混载于同一辆车上进行配载,能降低送货成本;对一家门店配送的商品集中装载在一辆车上,能减少配送中心对门店的配送事项。

⑦送货。送货包括装车和送货两项活动。在一般情况下,配送中心都使用自备的车辆进行送货作业。有时,它也借助社会上专业运输组织的力量,联合进行送货作业。此外,为适应不同超市的需要,配送中心在进行送货作业时,常常做出多种安排:有时是按照固定时间、固定路线为固定客户送货;有时也不受时间、路线的限制,机动灵活地进行送货作业。另外,为保障配送中心整体的正常运作,在业务上还需要进行信息处理、业务结算,以及退货、废弃货物处理等作业。

案例来源:生鲜传奇. http://www.Letus.com.cn.

请思考日本不同生鲜食品的配送流程是怎样的?

技能训练题

7-11连锁便利店的配送系统

7-11连锁便利店是全球最大的连锁便利店。截至目前,在全球20多个国家拥有2.1万家连锁店。光在中国台湾地区就有2 690家,美国有5 756家,泰国有1 521家,日本有8 478家。它也是获利最丰厚的零售商。一家成功的便利店背后一定有一个高效的物流配送系统。7-11物流配送系统每年大概能为7-11节约相当于商品原价10%的费用。因此,便利店在很大程度上取决于配送系统的好坏。

7-11物流配送系统的演进大体经历了三个阶段。起初由多家批发商分别向各个便利店送货;中间阶段改由一家批发商在一定区域内统一管理该区域内的同类供应商,然后向7-11统一配货,称为集约化配送;最后阶段,连锁店在总结批发商配送的经验后,自己建立配送体系。

要求:请结合我国国情,针对你所了解的当地某个或某类连锁店或超市的物流配送做法进行简要评价,或提出你设想的物流配送方案并说明理由。

请分组完成上述训练,每组3人左右,以组为单位提交学习总结。

第四章

仓储与库存

学习目标

- ◆ 了解仓储的发展过程,理解仓库的分类以及作业组织。
- ◆ 掌握现代仓储的内涵,掌握仓储管理的内涵,理解现代仓储与现代物流的关系。
- ◆ 能够利用现代仓储的思想正确分析和解决仓储作业中存在的简单问题。

学习重点

- ◆ 掌握仓储的功能与作业流程。
- ◆ 掌握库存控制技术。

案例导入　甘肃陇西巧借干旱发展中药材仓储业

被誉为"千年药都"的甘肃陇西气候干旱,降雨稀少,工农业生产受到严重制约。可是当地却利用干旱的气候优势发展起中药材仓储业,促进当地群众增收致富。

据一家仓储企业负责人介绍,中药材经销行业有条不成文的规矩:市场价格低时购进,价格上涨时再伺机售出。因此,选择一个干燥通风的储藏环境成了整个经营的重要环节。而陇西县气候属于干旱半干旱地区,全年降雨量仅400多毫米,加之光照比较充足,很利于药材的储藏。经销商在当地仓库每存放一件中药材,只需每月花费8毛钱,而南方潮湿多雨需要动用空调,每存放一件中药材每天的花费就得2元钱。因此陇西成了各大药商的首选之地,因此也被称为"天然药仓"。

据陇西县县长鲁泽介绍,在陇西,上千吨的大型仓储企业达到了23家,中药材仓储容积80多万立方米,静态仓储能力超过5万吨,目前已经成为西北最大的中药材仓储基地。中药材仓储业的繁荣不仅让仓储企业赚了钱,还促进了中药材生产。陇西中药材种植历史悠久,各类中药材的产量更是占到了全国的1/5。但前些年中药材市场大起大落,时常出现难卖的现象。随着仓储业迅速发展壮大,吸引大批中药材经销商前来收购储藏,农民只要将药材种出来就能够卖出去,而且亩均纯收入稳定在千元以上。除此之外,许多制药厂家还把厂房搬到了这里,就近取材生产,直接促进了当地社会经济的发展。

目前,全县中药材产业总产值达到5.8亿元,为农民提供人均纯收入680元,占到了农民人均收入的30%以上。

那么,什么是仓储?仓储的功能有哪些?如何进行仓储管理呢?

资料来源:新浪新闻.http://news.sina.com.cn/c/2008-07-29/154314235620s.shtml.

第一节 仓储

一、仓储管理

(一) 仓储的含义

仓储随着物料储存的产生而产生,又随着生产力的发展而发展。仓储是商品流通的重要环节之一,也是物流活动的重要支柱,在社会分工和专业化生产的条件下,为保持社会再生产过程的顺利进行,必须储存一定数量的物料,以满足一定时间内社会生产和消费的需要。

人类社会自从有剩余产品以来,就产生了储存。原始社会末期,当某个人或某个部落获得食物自给有余时,就把多余的产品储藏起来。同时,也就产生了专门储存产品的场所和条件,于是"窑穴"就出现了。在西安半坡村的仰韶遗址,已经发现了许多储存食物和用具的窑穴,它们多密集在居住区内,和房屋交错在一起,这可以说是我国最早的仓库的雏形。在古籍中常常看到有"仓廪""窦窖"这样的词语。所谓仓廪,其中"仓"是指专门藏谷的场所,"廪"是指专门藏米的场所。所谓窦窖,是指储藏物品的地下室,椭圆形的叫作"窦",方形的叫作"窖"。古代也把存放用品的地方叫作"库",后人接着把"仓"和"库"两个概念合用,逐渐合成一个概念,即把储存和保管物料的建筑物叫作"仓库",所以仓库一词也就出现了。

仓储的概念有广义和狭义之分。狭义是指通过仓库对物料进行储存和保管;广义是指商品在从生产地向消费地的转移过程中,在一定地点、一定场所、一定时间的停滞。储存是物流的一种运动状态,是物料流转中的一种作业方式,在这一阶段对物料进行检验、保管、加工、集散、转换运输方式等多种作业。储存是物流的主要职能,又是商品流通不可缺少的环节。

随着经济、社会和技术的发展,商品、货物的数量和种类越来越多,但是存储的时间却要求越来越短,而且由于现代生产方式变为多品种、小批量的柔性生产,物流的特征也随之改变。由少品种、大批量变为多品种、小批量或多批次、小批量,仓库的功能也从重视对物料的保管逐渐转变为重视流通功能的实现。

从物流系统的观点来看,现代物流理念认为物料的停滞是一种浪费,强调以时间换空间,以加速物料的不间断流动,取代以往人们通过储存物料来弥补可能发生的物料供应的中断。现在最典型的形式,就是人们经常说到的零库存。

因此,仓库这个概念的内涵和外延已经发生了巨大的变化。仓库已经不仅仅是一个储存场所,它逐渐发展为配送中心、物流中心,不但建筑场所的外貌焕然一新,而且内部的空间、设施和货物都发生了根本的变化,更有功能和管理的进化。现代仓储和物流中心已经形成了围绕货物的以储存空间、储存设施设备、人员和作业及管理系统组成的仓储系统,功能也延伸到包括运输、仓储、包装、配送、流通加工和信息服务等一整套的物流环节。

总之,为了满足现代社会市场的需要,仓库完成了从"静态"储存到"动态"流通枢纽的质的飞跃。观念和功能的改变,引起了仓库形态和内容的显著变化。

但现代物流对零库存的理念的发展,并不意味着仓储活动可以取消或不重要。因为在目前的技术条件下,要想做到整个物流流程真正的无缝连接是不可能的,即使勉强做到代价也过于昂贵而不经济。因此,物料的仓储管理不仅是目前,就是在未来仍然很有意义。

(二) 仓储管理

1. 仓储管理的含义

仓储管理指运用现代管理的方法与手段,来研究仓库与货场的布局、规模及如何进行物料的验收、分区分类、堆码、装卸搬运方式,物料的养护、安全,以及降低物料的生产成本、税收成本、保管成本等内容的一种管理方式与手段,通过对高新技术(如信息技术、新设备、新工艺等)与信息的使用,来达到提高服务水平、降低成本、增加效益的过程。仓储管理是服务于一切库存物料的经济技术方法与活动。其定义指明了其所管理的物料是"一切库存物品"。管理的手段既有经济方面的又有技术方面的,主要涉及仓库的选址与建筑问题,仓库机械作业的选择与配置问题,仓库的进库、保管、分拣、发料、呆废料处理等业务管理问题,仓库的库存管理问题,仓库业务考核问题,新技术、新方法在仓库管理中的运用、配送管理问题等;同时还包括货源的组织、仓储计划、仓储业务、货物包装、货物养护、仓储成本核算、仓储经济效益分析、仓储货物的保税类型、仓储管理中计算机的应用及对仓储管理发展的研究等。仓储管理主要是从整个商品流通过程中的购、销、储、运各个环节的关系中,研究物料储存的收、管、发和与之相关的各种经营活动,以及围绕物料储存业务所开展的对人、账、物的运用与管理,仓储信息的收集处理和传递。

仓储管理的内涵随着其在社会经济领域中的作用不断扩大而变化。仓储管理从单纯意义上对物料存储的管理,已转变成为物流过程中的重要环节。它的功能已不再是单纯的物料存储,而是兼有包装、分拣、整理、简单装配的多种辅助性功能。

仓储管理研究的是商品流通过程中物料储存环节的经营管理,即研究商品流通过程中物料储存环节的经营活动,以及为提高经营效益而进行的计划、组织、指挥、监督和调节活动。

2. 仓储管理的意义

仓库是集中反映企业物流活动状况的综合场所,仓储管理是物料管理的重要环节,是衔接生产、供应、销售的中转站。做好仓储管理其意义在于以下几点。

① 有利于准确及时地为生产和销售提供物料供给,确保生产和销售的正常进行。
② 有利于保证物料质量,减少损耗,降低产品成本。
③ 有利于合理储备,加速资金周转,提高企业经济效益。
④ 有利于确保物料储存安全,确保企业生产经营成果。
⑤ 清晰、准确的报表等信息为企业物流的综合管理提供便利可靠的信息。

应特别注意的是,物料管理比资金管理更重要。因为现在企业的高层管理人员对资金的管理是高度重视的,但当这些资金转变成物料后,形态变了,管理人员的重视程度就大幅度下降了,变得可有可无。实际上,资金转变成物料后形态发生了转变,其重要性并没有降低而是变大了,管理难度也加大了。因为仓库内的物料种类繁多,规格复杂,有很大的差异,而且随时都在发生物料自身价值的变化。尤其受到市价的波动,遭受跌价损失;由于长期闲置成为呆废料,而折价出售;由于损坏成为废料,以报废处理;因管理不善而造成发霉、变质等的损失,这些损失对企业的影响,远远超过资金的影响。而资金管理的影响因素就没有这么复杂。

(三) 仓储功能

仓储主要是对流通中的商品进行检验、保管、加工、集散和转换运输方式,并解决供需之间和不同运输方式之间的矛盾,提供场所价值和时间效益,使商品的所有权和使用价值得到保护,加速商品流转,提高物流效率和质量,促进社会效益的提高。概括起来,储存的功能有以下几个。

1. 调节功能

储存在物流中起着"蓄水池"的作用,一方面储存可以调节生产与消费的关系。仓库具有一定的空间,用于储存物品,仓库内配有相应的设备,以保持储存物品的完好性。对社会再生产过程来讲,商品的生产与消费之间存在着矛盾,主要表现在生产与消费地理分离、生产与消费之间有一定的时间间隔、生产与消费方式上存在着差别,这些矛盾既不能在生产领域里解决,也不可能在消费领域里得到解决,而只能在流通领域里通过商品的仓储活动加以解决。例如,适当的原材料和半成品的储存,可以防止因缺货造成的生产停顿;季节生产但全年都有市场需求的大米、小麦等产品的供应只能通过仓储来解决。适当的储存为市场中商品的需求提供了存货缓冲,使生产和销售活动在受到物料来源和客户需求的限制条件下提高效率。另一方面,还可以实现对运输的调节,因为产品从生产地向销售地流转,主要依靠运输完成,但不同的运输方式在运向、运程、运量及运输路线和运输时间上存在着差距。一种运输方式一般不能直达目的地,尤其在国际贸易发展迅速的今天,更加需要联合运输,所以需要在中途改变运输方式、运输路线、运输规模、运输方法和运输工具,以及为协调运输时间和完成产品倒装、转运、分装、集装等物流作业,还需要在产品运输的中途停留。仓库的调节功能示意如图4-1所示。

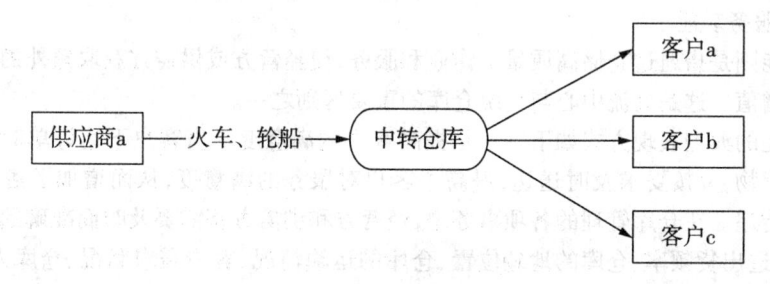

图4-1 仓储的调节功能示意

2. 整合功能

整合是仓储的一个经济利益点,通过这种安排,仓库接收来自各个供应商指定送往某一特定地点的产品或原材料,然后把它们整合成一票装运。例如,超市需要从不同的供应商那里得到不同的商品,各供应商分别送货就会产生较高的运输成本,但改由仓储企业整合装运后,各供应商将超市所需的商品送到仓库,由仓库把它们合并,进行一票装运。

其好处是,有可能实现最低的运输费率,减少由多个供应商向同一客户进行供货所产生的客户收货站台发生拥挤和堵塞的现象。仓库可以把从供应商到仓库的内向转移和从仓库到客户的外向转移都整合成更大的装运。

为了提供有效的整合装运,每一个供应商都必须把该仓库作为货运储备地点,或作为产品分类和组装设施。例如,一个电脑生产商可能在中心仓库里集中巴西生产的键盘、美国生产的软件、英国生产的监视器及日本生产的主机箱等,然后电脑生产商在仓库里把所有的零件组装成最终成品配送给客户。整合的主要优势在于,把几票小批量装运的物流流程结合起来并送到一个特定的市场区域。整合仓库可以由单独一家厂商使用,也可以由几家厂商共同使用。通过这种整合,每一个单独的制造商或托运人都能够享受到物流总成本低于其各自分别直接装运的成本。图4-2说明了仓储过程中的整合功能。

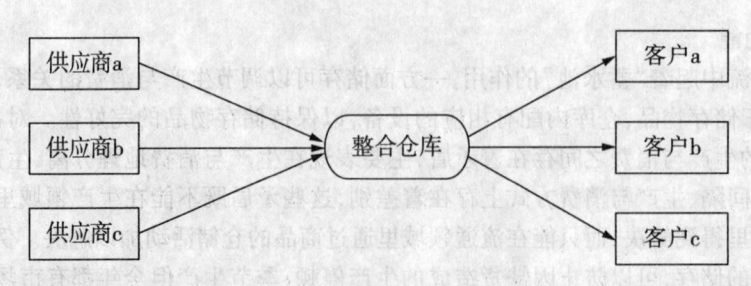

图4-2 仓储的整合功能示意

3. 树立企业形象功能

尽管树立企业形象的功能所带来的利益不像前两个功能利益那么明显,但对于一个企业的营销主管来说,仓储活动仍然能被其重视起来。因为从满足客户需求的角度看,从一个距离较近的仓库供货远比从生产厂商处供货方便得多。它对客户需求的反应更为敏捷,同时也能提供更为快捷的配送服务。这样会在供货的方便性和快捷性以及对市场需求的反应速度方面,为企业树立一个良好的市场形象。

4. 增值服务功能

增值功能则是指通过仓储高质量的作业和服务,使经营方或供需方获取额外的利益,这个过程称为附加增值。这是物流中心与传统仓库的重要区别之一。

增值功能的典型表现方式如下。一是提高客户的满意度。当客户下达订单时,物流中心能够迅速组织货物,并按要求及时送达,提高了客户对服务的满意度,从而增加了潜在的销售量。二是信息的传递。在仓库管理的各项事务中,经营方和供需方都需要及时而准确的仓库信息,如仓库利用率、进出货频率、仓库的地理位置、仓库的运输情况、客户需求状况、仓库人员的配置等信息。这些信息为用户或经营方进行正确的商业决策提供了可靠的依据,提高了用户对市场的响应速度,提高了经营效率,降低了经营成本,从而带来了额外的经济利益。

5. 流通加工功能

所谓流通加工,是指物品在从生产地到使用地的过程中,根据需要施加包装、分割、计量、分拣、刷标志、贴标签、组装、商品检验等简单作业的总称。其内容如下。

① 对流通对象(如钢材、木材)进行剪切、套裁、打孔、打弯等。
② 分装或掺合散装性的货物。
③ 组装元器件。
④ 给待流转的货物粘贴标签、拴牌子等。

延伸到物流领域的流通加工,实际上只是一种辅助性的生产作业。流通活动是流通主体为了完善流通服务功能,为了促进销售和提高物流效益而开展的一项活动。尽管流通加工的深度和范围有限,但是它在流通以及再生产运动中所起的作用同样是很大的。归纳起来,流通加工的作用主要表现在以下几个方面。

① 加工或延期生产。仓库通过承担加工或参与少量的制造活动来延期或延迟生产。由于市场需求的剧烈波动,距离客户接受最终产品和服务的时间越早,需求量预测就越不准确。按照后置理论,各种活动都应该尽可能地后置以增加其满足实际需求的可能性。客户化的仓储正是后置理论在需求链上满足客户需求的应用,如推延生产的最后环节,以使产品能按客户的需求生产。把原来在生产过程中的许多业务环节后置到仓储环节来进行,扩大了仓储的业务范围,也增强了仓储业的竞争能力。

例如,罐头生产厂可以将罐头生产的最后一道工序——贴标签延迟或推迟到产品在仓库出库之前进行,仓库中没有贴标签的罐头是没被订货的货物,一旦接到客户订单,仓库就给产品加上标签,完成最后一道工序的生产,表明该批产品已经被订货,然后再根据订货要求确定包装形式和送货。

加工/延期提供了两个基本经济利益。一是风险最小化。因为最后的包装、贴标签等生产过程要等到收到具体的客户订单时才完成,降低了盲目生产带来的风险,同时又满足了客户的特定需求。二是降低了存货水平。企业通过识别产品最后一道工序是否完成来检查库存货物的库存水平,达到控制库存、降低库存成本的目的。降低风险与降低库存水平相结合,往往能够降低物流系统的总成本,即使在仓库包装成本可能要比在制造商的工厂处包装更贵。

② 形成流通利润。关于流通领域中的利润或利润的来源,学术界比较流行的看法是:流通利润的一部分是生产部门让渡的(实践中是以买卖商品之间的差价形式反映的);另一部分是由流通自身创造的,流通加工(特别是集中化的流通加工)是一种低投入、高产出的加工作业。

通过简单的加工能够充分实现流通对象的价值和剩余价值。有些商品,如服装、玩具、纺织品,只改变其外包装(流通加工的一种作业)就可使该商品的档次升级,使售价大幅提高。有些流通中的商品,经过加工以后,由于利润率明显提高,也相对提高了其价值和使用价值,进而给流通企业带来了可观的利润。这表明流通加工是流通利润得以形成的重要源泉。

③ 提高原材料的利润率。利用流通环节进行集中下料,可以大大提高原材料的利润率。据有关资料介绍,在美国、日本等发达国家,由于流通加工十分普遍,因此其材料利润率的水平很高。

以钢材为例,钢材是使用范围广泛、消耗量大的原材料。在批量生产条件下,由于某些钢材的加工深度有限,不能切割或剪裁成多种规格、多种尺寸,因此在使用这些钢材前,一般要根据具体情况进行延伸加工。钢材加工大体上有线材的冷拉加工,圆钢、型钢的切割等。日本的钢材利润率一般都达到了39%。总之,流通加工弥补了生产的不足,满足了客户的不同需求,为客户提供了更便捷的服务,也为仓储企业增加了收益,是仓储过程中实现增值的一个主要活动。

二、仓储作业

仓储作业是指从商品入库到商品发送出库的整个仓储作业过程,主要包括入库流程、在库管理和出库流程等内容。仓储作业过程可归纳为订单处理作业、采购作业、入库作业、盘点作业、拣货作业、出货作业和配送作业七个环节。

(一) 订单处理作业

仓库的业务归根结底来源于客户的订单。它始于客户的询价、业务部门的报价,然后接收客户订单,业务部门了解库存状况、装卸能力、流通加工能力、包装能力和配送能力等,以满足客户需求。对于具有销售功能的仓库,核对客户的信用状况也是重要的内容之一。对于服务于连锁企业的物流中心,其业务部门也叫客户服务部,每日处理订单和与客户沟通是客户服务部的主要工作。

(二) 采购作业

采购作业一是将仓库的存货控制在一个可接受的水平,二是寻求订货批量、时间和价格的合理关系。采购信息来源于客户订单、历史销售数据和仓库存货量,所以仓库的采购活动不是独立的商品买卖活动。采购作业包括统计商品需求数量、查询供货厂商交易条件,然后根据所需数量及供货商提供的经济订购批量提出采购单。服务于连锁企业的物流中心,此项工作由存货控制部来完成。

(三) 入库作业

仓库发出采购订单后,库房管理员即可根据采购订单上的预订入库日期进行作业安排,在商品入库当日,进行入库商品资料查核、商品检验,当质量或数量与订单不符时,应进行准确的记录,及时向采购部门反馈信息。库房管理员按库房规定的方式安排卸货、托盘码放和货品入位。对于同一张订单分次到货,或不能同时到达的商品要进行认真的记录,并将部分收货记录资料保存到规定的期限。

(四) 盘点作业

仓储盘点是仓库定期对仓库在库货品实际数量与账面数量进行核查,通过盘点,掌握仓库真实的货品数量,为财务核算、存货控制提供依据。

(五) 拣货作业

根据客户订单的品种及数量进行商品的拣选,拣选可以按路线拣选也可以按单一订单拣选。拣选工作包括拣取作业、补充作业的货品移动安排和人员调度。

(六) 出货作业

出货作业是完成商品拣选及流通加工作业之后、送货之前的准备工作。出货作业包括准备送货文件、为客户打印出货单据、准备发票、制订出货调度计划、决定货品在车上的摆放方式、打印装车单等工作。

(七) 配送作业

配送作业包括送货路线规划、车辆调度、司机安排、与客户及时联系、商品在途信息跟踪、意外情况处理及文件处理等工作。

第二节 库存

一、库存的定义、功能

(一) 库存的定义

库存是指企业用于生产、服务或用于销售的储备物资。从一般意义上说,库存是将闲置的资源满足未来的需要,企业运营过程中的人、财、物、信息等资源都有库存的存在,如人才储备就是人力资源的库存,储存在计算机中的大量信息属于信息的库存。不同行业公司持有的不同库存如表4-1所示。

表4-1 不同行业公司持有的不同库存

公司	持有的库存
制造企业	零部件、半成品、产成品、辅助材料
宾馆	食品、饮料、清洁用品
医院	药品、一次性医疗用品、血液、消毒用品
百货公司	商品、包装材料

任何企业在生产运营的过程中都会存在库存。对于制造业企业来说,生产过程中存放在生产环节中暂时不用的零部件、半成品、成品等都属于制造业企业的库存。对于服务业企业也会有库存产生,如宾馆为了生产运营而存储的食品、饮料、清洁用品等都属于宾馆的库存。

(二)库存的功能

所有企业(包括 JIT 企业)都会保有一部分库存,因为库存有如下的功能。

1. 防止短缺,适应市场变化

存货储备能增强企业在生产和销售方面的机动性以及适应市场变化的能力。销售过程中维持一定量的库存可以防止短缺的发生。企业有了足够的库存产成品,能有效地供应市场,满足顾客的需要。相反,若某种畅销产品库存不足,将会坐失目前或未来的销售机会,并有可能因此而流失客户。在通货膨胀时,适当地储存原材料,能使企业获得因市场物价上涨而带来的好处。

2. 防止中断,保持生产均衡

所谓不确定因素,是指使组织改变原定计划的不测事件。它包括需求量的估计误差、产量的变化、设备故障、罢工、天灾、发运延误等。如果组织有适量存货,就可以对不可预计的或计划外的事件有所防范。例如,当某道工序的加工设备发生故障时,如果工序间有在制品库存,其后续工序就不会中断。同样,在运输途中维持一定量的库存,可以保证供应,使生产正常进行。例如,某工厂每天需要 100 吨原料,供方到需方的运输时间为 2 天,则在途库存为 200 吨,才能保证生产不中断。

通过零部件的库存,可以有效防止外部原材料市场供应的不确定性,保持企业生产的连续性。并且当外部需求不稳定时,可以通过维持一部分库存来实现内部生产的平衡。

对于那些从事季节性生产的企业,生产所需材料的供应具有季节性,为实行均衡生产,降低生产成本,就必须适当储备一定的半成品存货或保持一定的原材料存货。否则,这些企业若按照季节变动组织生产活动,难免会产生忙时超负荷运转,闲时生产能力得不到充分利用的情形,这也会导致生产成本的提高。

案例 4-1

美国西海岸码头装卸工人罢工引起的供应链中断

美国西海岸曾经因劳资纠纷引起的罢工和封港事件使得港口内集装箱堆积如山。附近海面上,等待入港的货轮,密密麻麻望不到边。美国两大铁路公司——太平洋铁路与 BNSF 铁路的火车车厢满载待出口的货物,也动弹不得。海运咽喉被卡,来自亚洲组装的电脑、汽车零配件、电器、家具、成衣、鞋子、玩具等日用品进不来,已造成市面缺货。

每年第四季度为美国商家一年中的黄金销售旺季,万圣节、感恩节和圣诞节等一连串节日采购热潮即将来临,存货不足势必引发不良的经济连锁反应。许多连锁店货架上的存货越来越少,眼看圣诞节将至,零售商们担心,再持续下去,将使他们圣诞节旺季促销计划泡汤。虽然大部分美国生产商和商家都有应急计划,但如果中断供货一两个月,他们都会陷入困境;工厂将停工待料,货架上的商品价格将节节攀升。为此,全美零售联盟已致函美国总统布什,敦促他立即采取行动重新开放这些商港,并警告港口装卸连续停摆,将导致零售据点裁员、歇业,年底圣诞假期商品短缺更不可免。

美国通用和日本丰田合资的新联合汽车制造公司发言人说,由于零配件缺货,该公司将不得不把其在加州的个别制造厂关闭。丰田汽车考虑,在港口继续关闭的情况下,将汽车部件空运至公司在美国的工厂。戴尔电脑首席执行长迈克尔·戴尔表示,该公司已开始空运"一些数量有限的材料"。

资料来源:新浪财经. http://finance.sina.com.cn/roll/20021008/1623263277.html.

3. 缩短订货提前期

如果制造企业维持一定的成品库存,当接到客户订单时,就可以很快满足客户的需要,这样就大大缩短了订货提前期,并且也有利于企业的销售。

4. 降低采购成本和生产成本

很多企业为扩大销售规模,对购货方提供较优厚的商业折扣待遇,即购货达到一定数量时,便在价格上给予相应的折扣优惠。在采购过程中,通过大批量的采购可以获得价格折扣。通过增加每次购货数量、减少购货次数,可以降低采购费用支出。即便在推崇以零库存为管理目标的今天,仍有不少企业采取大批量购货方式,原因就在于这种方式有助于降低购货成本,只要购货成本的降低额大于因存货增加而导致的储存等各项费用的增加额,便是可行的。此外,在生产的过程中,如果企业长期维持均衡的生产,则机器的利用率会得到提高,从而降低了单位生产成本。

虽然库存对于企业的生产经营是非常重要的,但并不是库存越多越好,应该保持适当的库存,并尽量降低库存,原因是大量库存造成成本升高,同时掩盖了许多生产过程中的缺陷,使问题不能及时解决。一个企业如果存在过多的库存,就会产生以下弊端:占用企业资金,增加企业的资金成本压力;除了库存占用资金会增加企业的财务成本外,为了维持库存,企业也需要成本的支出,这就增加了企业的持有成本;物品在储存过程中总会存在有形或无形的损耗,这些损耗都会增加企业的成本支出,给企业造成财务负担。

(三) 库存的分类

根据库存产品的需求是否重复可将库存分为单周期库存和多周期库存;根据库存产品需求是否相关可以将库存分为独立需求库存和相关需求库存;根据生产过程中产品的状态可以将库存分为原材料库存、在制品库存和成品库存。

1. 单周期库存与多周期库存

单周期库存的产品,只是在一段特定的时间内有需求,当特定时间过去之后,产品就没有原来的价值了。单周期需求出现在下面两种情况:偶尔发生的某种产品的需求;经常发生的某种生命周期短的产品的不定量的需求。第一种情况如发行的纪念邮票或新年贺卡等;第二种情况如那些易腐物品(如鲜鱼)或其他生命周期短的易过时的产品(如日报和期刊)等。多周期库存的产品的需求是重复的、连续的需求,其库存需要不断地补充,如工厂所需的原材料,就是属于多周期库存的产品。对单周期需求产品的库存控制问题称为单周期库存问题,对多周期需求产品的库存控制问题称为多周期库存。

2. 独立需求库存与相关需求库存

在独立需求情况下,对不同产品的需求与其他产品无关。在非独立需求情况下,对某一产品的需求是对其他产品需求的直接结果,通常该产品是其他产品的一个部件。

3. 原材料库存、在制品库存与成品库存

在生产过程中,原材料库存可以存放在企业的原材料仓库里面,也可以存放在供应商处。当原材料进入生产过程,随着生产的进行,它的价值不断增加。在产品完工之前,则会在生产的不同环节形成在制品的库存。成品库存则经常存放在企业的成品仓库或分销商、零售商等的仓库中。

二、库存系统

库存系统包括入库作业、保管与储存、出库作业系统。

(一) 入库作业

商品入库必须经过接货、搬运装卸、分唛(分标记)、验收入库(场)、堆码、办理交接手续、登账等一系列操作过程,这些统称为入库作业。其基本操作流程如图4-3所示。

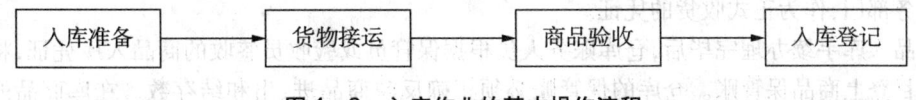

入库准备 → 货物接运 → 商品验收 → 入库登记

图4-3 入库作业的基本操作流程

商品入库是以商品的接运和验收为中心开展的业务活动,一般是指仓库根据入库凭证接收商品入库储存而进行卸货、搬运、清点数量、检查质量、办理入库手续等一系列作业环节的工作过程。合理组织商品入库工作,对商品在库保管及出库业务的改善等都有密切的关系。商品入库作业的主要任务如下。

第一,根据商品入库凭证,清点商品数量,检查商品包装质量,包括商品的品名、规格、等级、产地、型号等是否与入库凭证上所列的相符,并监督与检查运输部门对其应尽义务的履行情况。

第二,通过对入库商品的接收检查,如发现商品残损、短少及质量不符合要求,包括水湿、发霉、生锈等问题,如实做好记录,以作为查询的依据,并在规定的时间内向主管领导和存货单位报告。

第三,按照规定程序办理各种进仓手续和凭证,保证不因进仓手续和凭证办理不善而影响仓库业务的正常运行。进仓业务应做到手续简便,操作敏捷,快而不乱,点数准确,认真把关,保证质量。

入库作业要在一定时间内迅速、准确地完成。商品入库通常有以下几个步骤。

1. 大数验收

这是商品入库的第一道工序。由仓库收货人员与运输人员或运输部门进行商品交接。商品由车站、码头、生产厂或其他仓库转移,运到仓库时,收货人员要到现场监卸。对于品种数量大、规格复杂的入库商品,卸货时要分品种、分规格、分货号堆放,以便清点验收。点收商品要依据正式入库凭证,先将大件(整件)数量点收清楚。大数点收一般可采用逐件点数计总和集中堆码点数两种方法。逐件点数若靠人工点记,费力易错,可采用简易的计算器计算累计以得到总数。对于花色品种单一、包装大小一致、数量大或体积大的商品,适宜用集中堆码点数法,即入库的商品堆成固定的垛形(或置于固定容量的货垛),排列整齐,每层件数一致,一批商品进库完毕,货

位每层(横列)的件数与堆高(纵列)的件数相乘,即得总数。但需注意,码成的货垛,其顶层的件数往往是零头,与以下各层件数不一样,如全都简单相乘统计,就容易产生差错。

2. 检查商品包装和标志

在商品大数点收的同时,对每件商品的包装和标志要进行仔细检查。收货人员应注意识别商品包装是否完整、牢固,有无破损、受潮、水湿、油污等异状。对液体商品要检查包装有无渗漏痕迹。认真核对所有商品包装上的标志是否与入库通知所列的相符。

3. 办理交接手续

入库商品经上述两个工序之后,即可与送货人员办理交接手续,由仓库收货人员在送货单上签收。从而分清仓库与运输之间的责任。铁路专用线或水运专用码头的仓库,由铁路或航运部门运输的商品入库时,仓库管理人员从专用线或专用码头上接货,直接与交通运输部门办理交接货手续。

4. 商品验收

商品入库后,要根据有关业务部门的要求及仓库必须抽验入库的规定,进行开箱、拆包点验。

5. 办理商品入库手续

商品验收后,由保管员或验收人员根据验收结果写在商品入库凭证上,以便记账、查货和发货。经过复核,仓库留下保管员存查及仓库商品账目登录所需的入库联单外,其余入库凭证各联退送业务部门,作为正式收货的凭证。

商品入库手续办理完毕后,仓库账务人员根据保管员或验收员签收的商品入库凭证,将仓储有关项目登上商品保管账。仓库的保管账必须正确反映商品进、出和结存数。在库商品的货位编号应在账上注明,以便核对账货和发货时查考。

对于具体的商品来说,作业流程包含的作业环节、各环节的作业内容和它们之间的联系可能都不尽相同。在组织作业时,应当对具体的作业流程进行具体分析。分析的目的是为了尽可能地减少作业环节,以提高作业效率,降低作业费用。

(二) 商品保管与储存

商品在入库之后、出库之前,处于保管与储存阶段。商品的保管与储存是仓储管理工作的主要职能和中心环节。商品保管与储存业务的主要内容包括:库房分类、货位分区;正确运用堆码和苫垫技术,合理存放商品;科学养护好库存商品;对库存商品进行日常检查等。

商品保管与储存的基本要求可归纳为16字方针:合理储存;科学养护;账物相符;安全保管。

1. 合理储存

合理储存是指按照商品的性能及其对保管条件的要求,科学地安排商品的储存地点和货位,最有效、最大化地利用仓库的空间。要做到合理储存,需要根据商品的性能、体积、重量、包装等,对商品进行储位管理,并正确使用堆码技术和苫垫技术等。

2. 科学养护

商品养护的目的是维持商品的价值,保护商品的使用价值,避免和减少商品在库损失。为了做好商品养护工作,要贯彻"以防为主,防治结合"的方针,建立健全相应的商品养护制度。根据商品的性能要求,通过密封、通风、吸潮等方法,合理控制和调节好仓库的温湿度,做好商品的防锈、除锈、防霉、防治害虫等工作,创造适宜的储存条件。

3. 账物相符

做好商品的保管与储存工作,要设置齐全的商品实物账、货卡,及时、正确地记录商品的进出库状态,确保商品的数量准确,做到"物卡相符,账卡相符";同时还要对库存的商品进行检查和盘点,掌握库存商品的质量和数量状况。已实施商品条码管理和仓储管理信息化的仓库,必须确保商品的电子数据账册与实物相符。

4. 安全保管

做好商品的保管与储存工作,要严格遵守仓库安全管理制度,正确、安全地进行商品的装卸、搬运、堆垛和苫垫作业;对各类危险品要妥善地专门保管;认真做好防火、防盗、防差错事故、防雨漏和雷击等自然灾害的工作,确保人员、商品、库房、设备的安全。

(三) 盘点管理

储存商品在仓储过程中,因不断地进出库,或者因存放不恰当、存放过久,导致库存成品,物料数量、质量与实际状况不符。在实际工作中商品账实不符的原因主以下几个方面。

① 在商品收发过程中,由于手续不齐或计算、登记上发生错误或漏记,或者收发凭证遗失造成的账实不符。

② 由于计量、检验方面的问题造成的数量或质量上的差错,如整进零发所发生的磅差。

③ 由于供方装箱装桶时,每箱每桶数量有多有少,而在验收时无法进行每箱每桶核对造成的短缺或盈余。

④ 由于用做新产品开发或样品而又未正常履行商品出入库手续,造成数量短缺。

⑤ 由于贪污、盗窃、徇私舞弊等造成的商品损失。

⑥ 因气候影响发生腐蚀、硬化、结块、变色、锈烂、生霉、变形及受虫鼠的啃食等,致使商品发生数量减少或无法再使用。

⑦ 由于自然灾害造成的非常损失和非常事故发生的毁损。

⑧ 由于保管不善或工作人员失职造成商品的损坏、霉烂、变质或短缺等。

⑨ 物料在储运过程中发生自然变化或损耗。

由于上述问题的普遍存在,致使储存的商品账实不符,品质、机能受到影响,难以满足生产、流通和客户的要求。

更严重的是,20 世纪末至 21 世纪初以来我国大量企业开始采用 MRP 或 ERP 系统,它们的一个基本要求是库存准确率要在 95% 以上,否则系统的实施就是一场灾难。而且现代企业 JIT 生产方式、供应链管理、电子商务等的应用,由于所供应物料的品质、数量与生产需求或客户订单不符,造成物料供应中断或销售机会的丧失,对企业的影响就更大了。库存准确性的确定离不开盘点,从现代管理和控制论的角度来看,就是一个控制问题。

(四) 出库作业

商品的出库管理是指仓库根据业务部门或客户单位(货主单位)开出的提货单、调拨单等商品出库凭证,按照商品出库凭证所列的商品名称、编号、型号、规格、数量、承运单位等各个具体的项目,组织商品出库的一系列工作的总称。商品出库意味着商品在储存阶段的终止,因此商品出库管理是仓库作业的最后一个环节。商品出库也使得仓库的工作与运输、配送单位及商品的使用单位直接发生了业务联系。

为了做好商品出库工作,必须事先做好相应的准备,按照一定的作业流程和管理规章组织商品出库。商品出库要求仓库准确、及时、安全、保质保量地发放商品。出库商品的包装也要完整牢固、标志正确、符合运输管理部门和客户单位的要求。做好商品出库管理的各项工作,对完善和改进仓库的经营管理,降低仓库作业成本,实现仓库管理的价值,提高客户服务质量等具有重要的作用。

根据商品在库内的流向或出库凭证的流转,构成商品出库的各个业务环节的衔接,也即商品出库流程。通常,商品出库有七个业务环节的衔接,其流程如图4-4所示。根据仓库管理的实际情况,该流程的工作侧重点会有所差异。

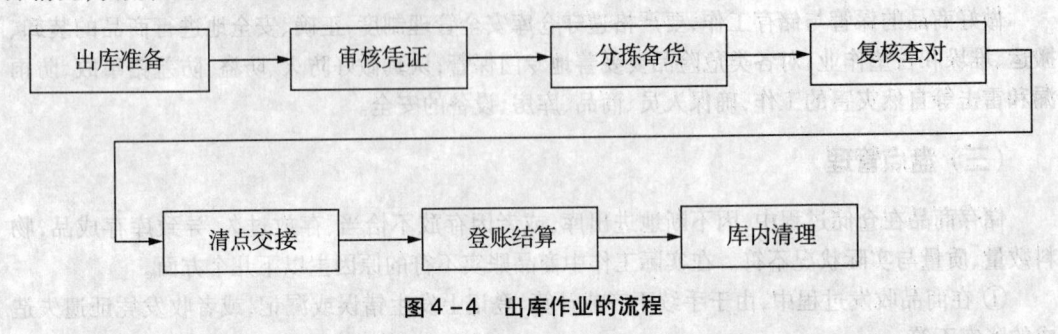

出库准备 → 审核凭证 → 分拣备货 → 复核查对 → 清点交接 → 登账结算 → 库内清理

图4-4 出库作业的流程

第三节 库存控制技术

一、基础分析与重点管理

库存是指为了使生产正常而不间断地进行或为了及时满足客户的订货需求,必须在各个生产阶段或流通环节之间设置的必要的物品储备。对于生产企业而言,为了保证生产活动的顺利进行,必须在各个生产阶段之间储备一定量的原材料、燃料、备件、工具、在制品、半成品等。对于销售商等流通企业而言,为了能及时满足客户的订货需求,就必须经常保持一定数量的商品库存。然而,商品库存需要一定的维持费用,同时会存在由于商品积压和损坏而产生的库存风险。因此,在库存管理中既要保持合理的库存数量,防止缺货,又要避免库存过量,发生不必要的库存费用。换言之,就是通过适量的库存,用最低的库存成本,实现最经济合理的供应,这就是现代库存管理的任务。

(一) 库存的种类

按照企业库存管理的目的不同,库存可以分为以下几种类型。

1. 周转库存

周转库存是指为了满足日常需求而建立的库存。这种库存是不断变化的,当物品入库时到达最高库存量,随着生产消耗或销售,库存量逐渐减少,直到下一批物品入库前降到最小。周转库存通常有三个来源:购买、生产和运输。这三个方面通常都存在规模经济,因而会导致暂不使用或未售出的存货的累积。

2. 安全库存

安全库存是指为了防止由于不确定因素(如突发性大量订货或供应商延期交货)影响订货需求而准备的缓冲库存。所有的业务都面临着不确定性,这种不确定性带来的结果通常是一样的,即企业要备有安全存货。安全库存的数量一般受需求和供应的不确定性影响,以及企业希望达到的客户服务水平有关。

3. 运输过程的库存

运输过程的库存是指处于运输状态(在途)而暂时处于储存状态的商品。

4. 预期库存

预期库存一般包括季节性库存和促销库存。季节性库存是指为了满足特定季节中出现的特定需求而建立的库存,或指对季节性生产的商品在出产的季节大量收储所建立的库存。促销库存是指为了应付企业促销活动产生的预期销售增加而建立的库存。

(二) 库存的问题

诚然库存在企业生产运作过程中是不可缺少的,但过高的库存量也给企业管理带来了很多问题。

① 库存造成了仓库的占用和企业流动资金的积压,增加了保管费用,提高了产品生产成本。
② 物资长期存放,可能会变质损坏,造成浪费,同样提高了生产成本。
③ 库存可能掩盖了供应商或外协厂家的原材料质量问题和交货不及时问题等。
④ 库存同样掩盖了产品的制造质量问题。当废品率和返修率很高时,一种很自然的做法就是加大生产批量和增加在制品或产成品库存。

由此不难理解,虽然库存是企业财富之一,但也要控制合适的库存量。

(三) 库存控制的目标

1. 零库存的境界

零库存的观念在20世纪80年代成为一个流行的术语。如果供应部门能够紧随需求的变化,在数量上和品种上可以及时供应所需物资,即实现供需同步,那么,库存就可以取消,即达到零库存。

有一项统计反映,美国拥有的存货价值超过6 500亿美元,这些存货由于这种或那种原因存放在仓库里,如果能将其中的一半解放出来用于投资,按比较保守的5%的收益率计算,将有325亿美元的年收入。因此,企业经营者将减少库存作为一种潜在的资本来源,将零库存作为一种追求,就不足为怪了。

但由于需求的变化往往随机发生,难以预测,完全实现供需同步是不易做到的,而且由于供应部门、运输部门的工作也会不时出现某些故障,使完全的零库存只能是一种理想的境界。

2. 库存控制的目标

现代管理要求在充分发挥库存功能的同时,尽可能地降低库存成本,这是库存控制的基本目标。库存控制的目标有以下几个。

(1) 保障生产供应

库存的基本功能是保证生产活动的正常进行,保证企业经常维持适度的库存,避免因供应不足而出现非计划性的生产间断。这是传统库存控制的主要目标之一。现代的库存控制理论虽然对此提出了一些不同的看法,但保障生产供应仍然是库存控制的主要任务。

(2) 控制生产系统的工作状态

一个精心设计的生产系统均存在一个正常的工作状态,此时,生产按部就班地有序进行。生产系统中的库存情况,特别是在制品的数量,与该系统所设定的在制品定额相近。反之,如果一个生产系统的库存失控,该生产系统也很难处于正常的工作状态。因此,现代库存管理理论将库存控制与生产控制结合为一体,通过对库存情况的监控,达到生产系统整体控制的目的。

(3) 降低生产成本

控制生产成本是生产管理的重要工作之一。无论是生产过程中的物资消耗,还是生产过程中的流动资金占用,均与生产系统的库存控制有关。在工业生产中,库存资金常占企业流动资金的 60%~80%,物资的消耗常占产品总成本的 50%~70%。因此,必须通过有效的库存控制方法,使企业在保障生产的同时,减少库存量,提高库存物资的周转率。

(四) ABC 分析法

ABC 分析法是以某类库存货物种数占物资种数的百分数和该类物资金额占库存货物总金额的百分数大小为标准,将库存货物分为 A、B、C 三类,进行分级管理。

1. ABC 分析法的原理

ABC 分析法作为库存管理的方法,从 1951 年由 GE(通用电器)公司的迪基开发出来以后,在各企业迅速普及,运用于各类事务上,取得了卓越的绩效。ABC 分析法是依据"对应价值大小的投入努力"来获得非常有效的管理的分析法。ABC 分析法的基础可追溯到 1906 年的巴雷托分析。巴雷托在研究意大利米兰的财富分配时发现,少数人拥有着社会大多数财富,这一现象被概括为"重要的少数,次要的多数"。他把这种现象描绘成一条曲线,这就是著名的巴雷托曲线。1951 年,GE 公司的迪基发现这一理论同样适用于库存管理,将库存货物按所占资金分类,分别采取不同的管理办法,尤其对重点货物实行重点管理原则,取得了很高成效。

仓库所保管的货物品种繁多,有些货物的价值较高,对地区经济发展影响较大,或者对保管的要求较高。而多数被保管物的价值较低,要求不是很高。如果对每一种货物采用相同的保管管理方法,则可能投入的人力、资金很多,而效果则事倍功半。如何在管理中突出重点,做到事半功倍,是应用 ABC 分析法的目的。

20/80 原则是 ABC 分析法的指导思想。所谓 20/80 原则,简单来说,就是 20% 的因素带来了 80% 的结果。例如,20% 的产品赢得了 80% 的利润,20% 的客户提供了 80% 的订单,20% 的员工创造了 80% 的财富,20% 的供应商造成了 80% 的延迟交货等。当然,这里所说的 20% 和 80% 并不是绝对的,还可能是 25% 对 75% 或 24% 对 76%等。总之,20/80 原则作为一个统计规律,是指少量的因素带来了大量的结果。它提示人们,不同的因素在同一活动中起着不同的作用,在资源有限的情况下,注意力显然应该放在起着关键性作用的因素上。ABC 分析法正是在这个原则指导下,企图对库存货物进行分类,以找出占用大量资金的少数库存货物,并加强对它们的控制与管理;对那些占用少量资金的大多数货物,则实行较简单的控制和管理。

一般地,人们将价值比率为 65%~80%、数量比率为 15%~20% 的货物划分为 A 类,实行重点管理;将价值比率为 15%~20%、数量比率为 30%~40% 的货物划分为 B 类,可重点管理,也可一般管理;将价值比率为 5%~15%、数量比率为 40%~55% 的货物划分为 C 类,只做一般管理,如表 4-2 所示。

表 4-2 ABC 分类标准

类别	货物特点	数量比率	价值比率	管理类别
A	价值高,数量少	15%~20%	65%~80%	重点管理
B	价值中,数量中	30%~40%	15%~20%	可重点,也可一般管理
C	价值低,数量多	40%~55%	5%~15%	一般管理

2. ABC 分析法的步骤

ABC 分析法可以按以下步骤进行。

① 分析本仓库所存货物的特征(见表 4-2)。这包括货物的价值、重要性及保管要求上的差异。

② 收集有关货物存储资料。这包括各种货物的库存量、出库量和结存量。前两项应收集半

年到一年的资料,后一项应收集盘点或分析时的最新资料。

③ 资料的整理和排序。将所收集的货物资料按价值(或重要性、保管难度等)进行排序。当货物种类较少时,以每一种库存货物为单元统计货物的价值;当种类较多时,可将库存货物种类采用按价值大小逐步递增的方法分类,分别计算出各范围内所包含的库存数量和价值。

④ 将上面计算出的资料整理成表格形式,求出累计百分数。例如,经资料整理和统计后,制成表格(见表4-3)。

表4-3 库存货物数量与价值统计

序号	货物单价/元	数量	数量比率/%	数量累计比率/%	价值/万元	价值比率/%	价值累计比率/%
1	10 000 以上	10	5.0	5.0	12	23.1	23.1
2	5 001 ~ 10 000	17	8.5	13.5	13	25.0	48.1
3	4 001 ~ 5 000	15	7.5	21.0	6.5	12.5	60.6
4	3 001 ~ 4 000	22	11	32.0	7	13.5	74.0
5	2 001 ~ 3 000	27	13.5	45.5	6.5	12.5	86.5
6	1 001 ~ 2 000	45	22.5	68.0	5	9.6	96.2
7	0 ~ 1 000	64	32.0	100	2	3.8	100
合计		200	100		52	100	

⑤ 根据表4-3中的统计数据得出货物分类表(见表4-4)。按上面的数据可近似得到如图4-5所示的ABC分析图。

表4-4 货物分类

序号	分类
1、2	A类
3、4、5	B类
6、7	C类

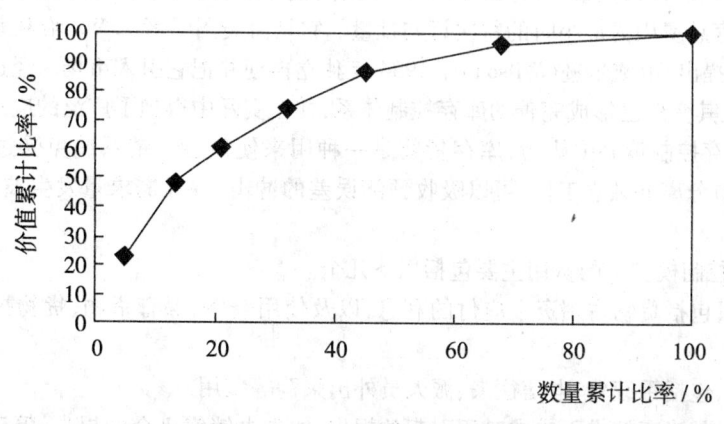

图4-5 ABC分析图

3. ABC 分析法的应用

根据 ABC 分析图,需要对不同等级的货物运用不同的管理方法。

(1) A 类货物的管理方法

① 采取定期订货方式,定期调整库存。
② 增加盘点次数,以提高对库存量的精确掌握。
③ 尽量减少货物出库量的波动,使仓库的安全储备量降低。
④ A 类货物必须保证不推延交货期。
⑤ A 类货物是价值分析的对象。
⑥ 货物放置于便于进出的地方。
⑦ 货物包装尽可能标准化,以提高库场利用率。

(2) B 类货物的管理方法

① 正常的控制,采用比 A 类货物相对简单的管理方法。
② B 类货物中销售额比较高的品种要采用定期订货方式或定期定量混合方式。

(3) C 类货物的管理方法

① 将一些货物不列入日常管理的范围,如对于螺丝、螺母之类的数量大、价值低的货物不作为日常盘点的货物,并可规定最少出库的批量,以减少处理次数等。
② 为防止库存缺货,安全库存要多些,或减少订货次数以降低费用。
③ 减少这类货物的盘点次数。
④ 通过现代化的工具可以很快订货的货物,不设置库存。
⑤ 给予最低的优先作业次序。

二、库存控制模型

(一) EOQ 库存控制模型

1. EOQ 库存控制策略

经济订货批量(Economic Order Quantity,简称 EOQ),是库存控制领域重要的分析方法之一,研究在什么时间、以什么数量、从什么来源补充库存,使得库存和补充采购的总费用最少,通过费用分析求得库存总费用为最小时的每次订购批量。它是由美国学者 F. W. 哈利斯(F. W. Harris)于 1915 年首次提出,由威尔逊(Wilson)于 1934 年独立再创并把它引入市场。经过数十年的发展和完善,EOQ 及其变形已形成完善的库存控制体系,并在实际中得到了广泛的应用。

在 EOQ 库存控制策略中认为,库存货物是一种用来使供、产、销系统免受过度摩擦的润滑剂。它使各环节分离并独立工作,可以吸收预测误差的冲击,并在需求量发生波动时,使资源得到有效的利用。

EOQ 库存控制模型中的费用主要包括以下几个。

① 存储费,包括货物占用资金应付的利息,以及使用仓库、保管货物、货物损坏变质等支出的费用。
② 订货费,包括手续费、电信往来、派人员外出采购等费用。
③ 缺货费,是当存储供不应求时所引起的损失,如失去销售机会的损失、停工待料的损失及不能履行合同而缴纳罚款等。在不允许缺货的条件下,在费用上处理的方式是缺货费为无穷大。

EOQ 库存控制的原理在于控制订购批量,使总库存费用最小。

2. 常见的 EOQ 库存控制模型

① 不允许缺货的经济批量。它是研究物料订购费用和保管费用与可购次数和订购数量之间关系的。企业在一定时间内对所需物料订购次数少,用于订购的费用就少,而每次订购批量就大,支出的保管费用就多;相反,订购次数多,订购费用也多,而每次订购批量小,从而保管费用也少。这里主要是研究在保证企业生产需要的条件下,使订购费用和保管费用之和最小的订购批量,即为经济批量。其计算公式如下。

$$经济批量 = \sqrt{\frac{2 \times 每次订购费用 \times 年需用量}{物料单价 \times 年保管费用率}}$$

② 不允许缺货,一次订购分批进货的经济批量。企业在经营过程中,往往有不少物料是一次订货分批进货的。这样就形成了一边进货入库,一边耗用出库的状态。当入库速度大于出库速度,一批订货全部进库后,库存只出不进,经常储备降到零时,下一批订货又陆续分批入库。其计算公式如下。

$$经济批量 = \sqrt{\frac{2 \times 每次订货费用 \times 年需用量}{物料清单 \times 年保管费用率 \times \left(1 - \frac{每日耗用量}{每日进货量}\right)}}$$

③ 允许缺货的经济批量。如果生产不均衡,供货又没有绝对保证,发生缺货不可避免,加大保险储备的代价又大于因缺货造成的损失,因此这是确定允许缺货的经济订购批量。这种批量是指订货费用、保管费用、缺货损失费用三者之和总费用最小的批量,如图 4-6 所示。

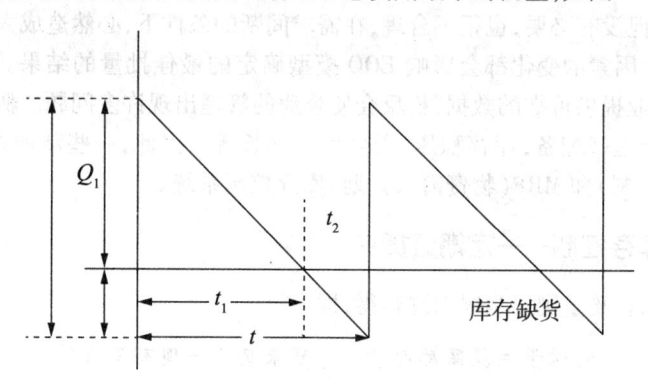

图 4-6 允许缺货的经济批量

由图 4-6 可知,Q 为经济批量,按期入库量为 Q_1,Q_1 只能保证 t_1 时间内的消耗,t_2 时间缺货,平均库存为 $1/2 \times Q_1$。允许缺货的经济批量和按期入库的计算公式如下。

$$经济批量(Q) = \sqrt{\frac{2 \times 每次订货费用 \times 年需用量}{物料单价 \times 年保管费用率}} \times \sqrt{\frac{单位物料单位时间保管费用 + 单位物料单位时间缺货损失费用}{单位物料单位时间缺货损失费用}}$$

$$按期入库量(Q) = \sqrt{\frac{2 \times 每次订货费用 \times 年需用量}{物料单价 \times 年保管费用率}} \times \sqrt{\frac{单位物料单位时间缺货损失费用}{单位物料单位时间保管费用 + 单位物料单位时间缺货损失费用}}$$

3. EOQ 库存控制模型与现代存货管理的需求

与许多模型一样,在确定 EOQ 时做了一些基本假设。

① 假设每次订货的订货费用相同,且与订货批量的大小无关。
② 假设单位物料在单位时间内的保管费用与物料的购入单价成正比。
③ 假设单位时间内的需求量不变。
④ 前置时间固定。

模型假设的合理性和它们对真实情况的敏感性决定了模型的效用。EOQ 模型曾经广泛地应用于国外企业的存货管理,且收到良好的经济效果。目前,我国广大的管理者也早已熟悉了 EOQ 理论,并且也尽可能地采用 EOQ 模型以帮助其提高制定存货管理有关决策的质量。

EOQ 模型的运用虽可帮助企业控制其存货成本,加强资金的规划,从而进一步增强企业在市场上的竞争地位,但是,随着企业所面临的经济环境发生了巨大的变化,EOQ 模型的一些假设与市场环境已不符合。例如,模型中假设物料需求是稳定连续的,因此,每次物料的需求量都小于订货总数。在传统的生产方式下,企业按计划生产,生产数量一般不会有大的波动,因而,对物料的需求量是均匀的。而在现代制造业中,企业面向市场、面向客户,生产数量是变化多端的,因而对物料的需求也不是均匀的,而是不稳定的,对库存的需求是间断性发生的。实际上,采用传统订货法的系统下达订货的时间常常偏早,从而造成物料积压,既导致大量资金无效占用,又引起库存费用的增加。

另一方面,又由于生产需求的不均衡,会造成库存短缺,从而给企业生产造成严重损失。其次,在 EOQ 库存管理中,库存一旦低于订货点,就立即发出订货,以保证一定的存货。这种不依需求而定的做法非但没有必要,也很不合理,在需求间断的条件下,必然造成大量的库存积压。

总之,任何一个因素的变化都会影响 EOQ 模型确定的最佳批量的结果。仍然采用 EOQ 模型不仅不能帮助企业提供可靠的数据,相反会使企业的管理出现许多问题。例如,原材料不能及时供应,零部件不能正确配备,库存积压,资金周转期长等。因此,一些新库存控制系统应运而生,如 JIT(准时生产制)和 MRP(物资需求计划)库存控制系统。

(二) EOQ 库存控制——定期订货法

订货时间一定,订购量则以当时情况算得,即

$$订购量 = 最高库存量 - 订货未交量 - 现有库存量$$
$$最高库存量 = (采购期间 + 订货周期) \times 每天平均耗用量 + 安全库存量$$

现用图 4-7 来说明定期订货控制过程。设时间为零时,库存量为 Q_0,随着生产的进行,库存量成线性递减。到达第一个订货期 t_1 时,库存量降到 a,这时就得按订购量公式算出订购量去订购。经过采购期间,库存量降到 b,这时新货已到,库存量增到 c 点。到达第二个订货期 t_2 时,又需要进行库存量检查,查得实有库存量为 d,于是再按订购量公式算出订购量去订购,用这种订货方式控制库存量,即为定期订货控制法。此法的优点是订货周期固定,可同时进行多种物料采购,减少了订购和运输费用,且容易获得数量折扣;不足之处是不能采用经济批量去订购。

图4-7 定期订货控制过程

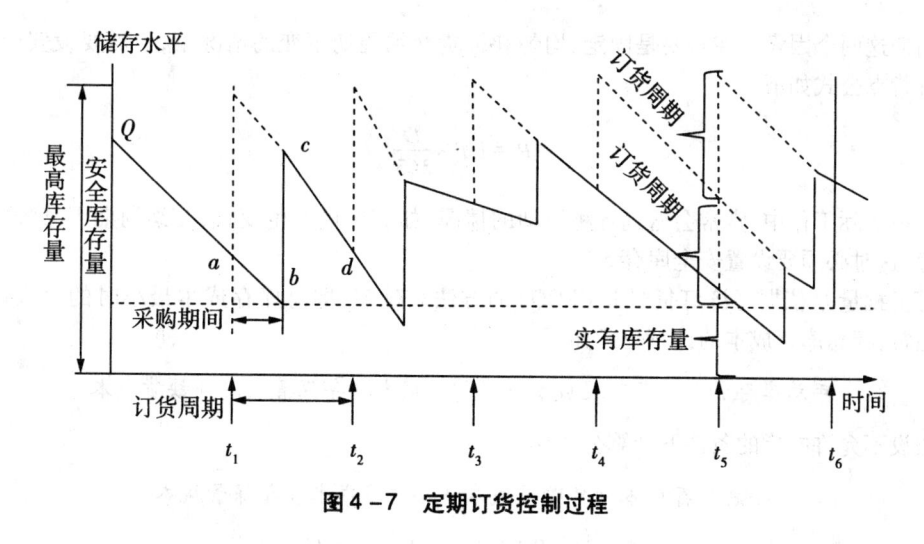

(三) EOQ 库存控制——定量订货法

1. 定义

定量订货法是指当库存量下降到预定的最低库存量(订货点)时,按规定数量(一般以经济批量 EOQ 为标准)进行订货补充的一种库存控制方法。其过程如图4-8所示。

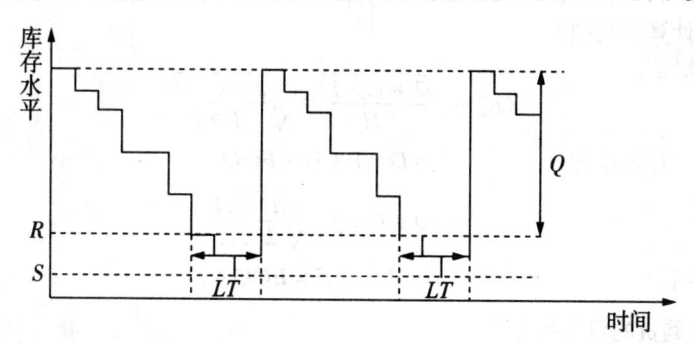

图4-8 定量订货控制过程

2. 定量订货法的基本原理

当库存量下降到订购点 R 时,即按预先确定的订购量 Q 发出订货单,经过交纳周期(订货至到货间隔时间)LT,库存量继续下降,到达安全库存量 S 时,收到订货 Q,库存水平上升。

该方法主要靠控制订购点 R 和订货批量 Q 两个参数来控制订货,达到既最好地满足库存需求,又能使总费用最低的目的。在需要为固定、均匀和订货交纳周期不变的情况下,订购点 R 由下式确定。

$$R = LT \times \frac{D}{365} + S$$

式中,R 是订购点的库存量;LT 是交纳周期,即从发出订单至该批货物入库间隔的时间;D 是该商品的年需要量;S 是安全库存量。

订货量的确定依据条件不同,可以有多种确定的方法。

3. 基本经济订货批量

基本经济订货批量是简单、理想状态的一种。通常订购点的确定主要取决于需要量和订货交纳周期这两个因素。在需要是固定、均匀和订货交纳周期不变的情况下,不需要设安全库存,这时订货点公式如下。

$$R = LT \times \frac{D}{365}$$

但在实际工作中,常常会遇到各种波动的情况,如需要量发生变化,交纳周期因某种原因而延长等,这时必须要设置安全库存 S。

订货批量 Q 依据经济订货批量(EOQ)的方法来确定,即总库存成本最小时的每次订货数量。通常,年总库存成本的计算公式如下。

$$年总库存成本 = 年购置成本 + 年订货成本 + 年保管成本 + 缺货成本$$

假设不允许缺货的条件下计算公式如下。

$$年总库存成本 = 年购置成本 + 年订货成本 + 年保管成本$$

即

$$TC = D \times P + D \times C \div Q + Q \times H \div 2$$

式中,TC 是年总库存成本;D 是年需要量;P 是单位商品的购置成本;C 是每次订货成本,单位为元/次;Q 是批量或订货量;H 是单位商品年保管成本,单位为元/年($H = P \times F$,F 为年仓储保管费用率)。

经济订货批量就是使库存总成本达到最低的订货数量,它是通过平衡订货成本和保管成本两方面而得。其计算公式如下。

$$EOQ = \sqrt{\frac{2 \times C \times D}{H}} = \sqrt{\frac{2 \times C \times D}{P \times F}}$$

此时的最低年总库存成本为

$$TC = D \times P + H \times EOQ$$

年订货次数为

$$N = D \div EOQ = \sqrt{\frac{D \times H}{2 \times C}}$$

平均订货间隔周期为

$$T = 365 \div N = 365 \times EOQ \div D$$

4. 批量折扣购货的订货批量

供应商为了吸引客户一次购买更多的商品,往往会采用批量折扣购货的方法,即对于一次购买数量达到或超过某一数量标准时给予价格上的优惠。这个事先规定的数量标准称为折扣点。在批量折扣的条件下,由于折扣之前购买的价格与折扣之后购买的价格不同,因此,需要对原经济批量模型做必要的修正。

在多重折扣点的情况下,先依据确定条件下的经济批量模型,计算最佳订货批量(Q^*),而后分析并找出多重折扣点条件下的经济批量,如表4-5所示。

表4-5 多重折扣价格

折扣区间	0	1	…	t	…	n
折扣点	Q_0	Q_1	…	Q_t	…	Q_n
折扣价格	P_0	P_1	…	P_t	…	P_n

其计算步骤如下。

① 用确定型经济批量的方法,计算出最后折扣区间(第 n 个折扣点)的经济批量 Q_n^* 与第 n 个折扣点的 Q_n 比较,如果 $Q_n^* \geq Q_n$,则取最佳订购量 Q_n^*;如果 $Q_n^* < Q_n$,就转入下一步骤。

② 计算第 t 个折扣区间的经济批量 Q_t^*。

若 $Q_t \leq Q_t^* < Q_t + 1$，则计算经济批量 Q_t^* 和折扣点 $Q_t + 1$ 对应的总库存成本 TC_t^* 和 $TC_t + 1$，并比较它们的大小，若 $TC_t^* \geq TC_t + 1$，则令 $Q_t^* = Q_t + 1$，否则就令 $Q_t^* = Q_t$。

若 $Q_t^* < Q_t$，则令 $t = t + 1$ 再重复步骤②，直到 $t = 0$，其中 $Q_0 = 0$。

5. 分批连续进货的进货批量

在连续补充库存的过程中，有时不可能在瞬间就完成大量进货，而是分批、连续进货，甚至是边补充库存边供货，直到库存量最高。这时不再继续进货，而只是向需求者供货，直到库存量降至安全库存量，又开始新一轮的库存周期循环。分批连续进货的经济批量仍然是使存货总成本最低的经济订购批量，如图4-9所示。

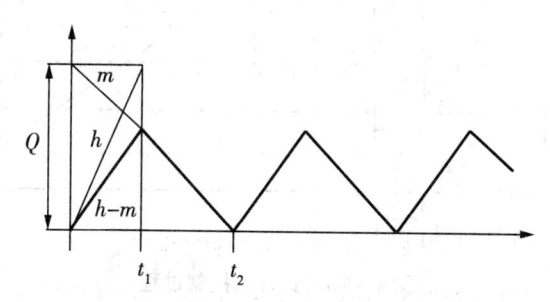

图4-9 分批连续进货的进货批量

设一次订货量为 Q，商品分批进货率为 h（单位为 kg/天），库存商品耗用率为 m（单位为 kg/天），并且 $h > m$。一次连续补充库存直至最高库存量需要的时间为 t_1；该次停止进货并不断耗用量直至最低库存量的时间为 t_2。

由此可以计算出以下指标。

$$t_1 = Q \div h$$

在 t_1 时间内的最高库存量为 $(h - m) \times t_1$

在一个库存周期 $(t_1 + t_2)$ 内的平均库存量为 $\dfrac{(h - m) \times t_1}{2}$

仓库的平均保管费用为 $\dfrac{(h - m)}{2} \times \dfrac{Q}{H} \times (P \times F)$

经济批量为 $Q^* = \sqrt{\dfrac{2 \times C \times D}{P \times F \times \left(1 - \dfrac{m}{h}\right)}}$

在按经济批量 Q^* 进行订货的情况下，每年最小总库存成本 TC^* 为

$$TC^* = D \times P + \sqrt{2 \times C \times D \times P \times F \times \left(1 - \dfrac{m}{h}\right)}$$

每年订购次数为 $N = D \div Q^*$

订货间隔周期为 $T = 365 \div N = 365 \times Q^* \div D$

6. 订购点控制法

订货数量一定（按已算得的经济批量订购），订购时间则不定，即当库存量降到一定水准（订购点 R）时，便以已经算得的固定数量去订购。

下面用图4-10来说明订购点控制过程。设时间为零时，库存量为 Q_0，随着生产的进行，库存量成线性递减。到时间 t_1 时，库存量降到订购点 R 水平，便以已经算得的经济批量去采购。经

过采购周期 TL 后,新货运到,库存量升到 a 点,以后继续提取材料,直到库存量又降到 R 时,便又以经济批量去订购。这种以订购点控制库存量进行订货的方式,称为订购点控制法。此法的优点是控制库存较严格,安全库存量可较小,订购能按经济批量进行,经济效益高;缺点是订货期不定,很多物料不能同时去订货。

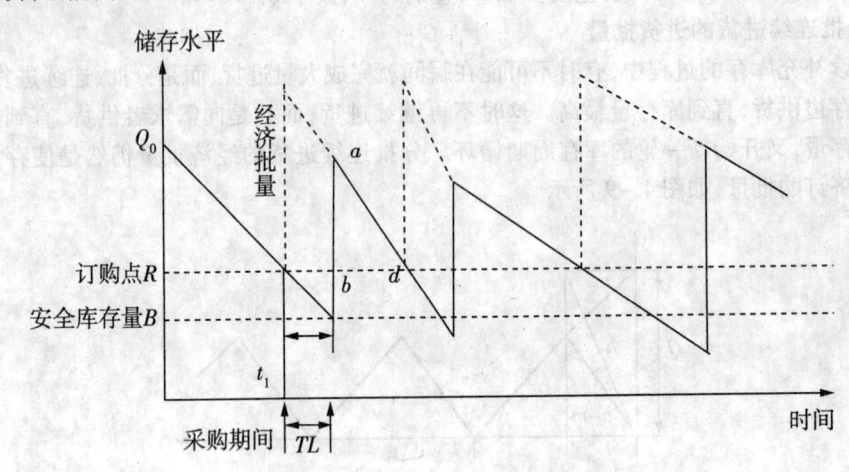

图 4-10 订购点控制过程

在运用此法时,要求账物时时相符,以便在库存账中很容易看出库存量是否已到达订购点或安全库存量。在实际工作中如难以做到这点,或为了避免忘记,则可运用下面的分仓控制法。

7. 分仓控制法

分仓控制法是定量订货控制法的一个分支。由于定量订货控制法要求账物时时相符,以便在账中及时看出库存量是否到达订购点或安全库存量,这就需建立严密而持续的库存记录,致使管理麻烦,业务费用高。分仓控制法就避免了这些缺点。此法又有双仓法和三仓法两种。双仓法是将某种物料分成两部分堆放。第一部分是订购点存量,第二部分是其余存量。使用时先用第二部分,这部分用完,即表示物料已用到订购点,应去订购了。三仓法是将双仓法中第一部分再分出安全库存量为另一仓。此法的优点是不需要持续的库存记录,明显减少了事务工作,适用于价格低、采购周期短、耗用量稳定而又不需经常盘点的物料,如办公用品、螺钉、垫圈等。

8. 联合订货控制法

采用定量订货控制法的企业,各种物料由于到达各自订购点的时间不一,要为每种物料分别履行烦琐的订购程序,严重浪费人力、物力和财力。为了简化作业,可将同一类且向同一供应商订购的物料,并入同一张订购单内进行联合订购,以求节约。但并入同组的物料一般并不同时到达订购点。解决这一问题,可将经济批量分为两类:一是该种物料已到达订购点而需采购的经济批量,称为自发经济批量;二是这种物料尚未到达订购点,但同组中已有一种物料到达订购点,因而使它也随同一起去订购的经济批量,称为附带经济批量。由于这种物料的库存量尚有多余,所以它的批量应较自发经济批量为小,其值可由经验而定(一般为自发经济批量的 80% 左右)。现将此法举例说明如下。

某企业将性质相近,由同一供应商供应的 5 种物料编入同一订购单(见表 4-6),现拟向该供应商进行联合订货。目前 5 种物料的库存量如表 4-7 所示。由表 4-7 可知,第 1 物料的库存量已到达订购点,故应按自发经济批量 300 箱订购。这时尚需考虑其他 4 种物料如何订购。关于这个问题,并没有一定的准则,一般是以获得最高经济效益为准。例如,设该供应商是用集装箱运输的,每个集装箱可装 800 箱物料,为了节约运费,每一运货单就应以 800 箱为准。现在第一种物料已订购300箱,剩下的500箱空间可根据各种物料的库存量水平和订购点的比率来考虑,如表4-8所示。由表4-8可知,第5种物料目前存量超过订购点最多,可暂不考虑。第3种物料的现有存量与订购点最接近,所以应首先考虑补充该物料,按其附带经济批量240箱全数并入同一订货单内,接着考虑如何利用所余空间260箱。再看表4-8中第4种物料的库存量较接近订购点,所以应订购该物料。但它的附带经济批量为280箱,而集装箱只余260箱空间,所以就订购此数。现将分析结果列出,如表4-9所示。

表4-6　5种物料的订购单

物料编号	订购点	自发经济批量	附带经济批量
1	200	300	240
2	150	250	200
3	300	300	240
4	250	350	280
5	50	400	320

表4-7　5种物料的库存量

物料编号	1	2	3	4	5
库存量	200	200	350	300	200

表4-8　4种物料库存量与订购点情况

物料编号	库存量超过订购点的百分数
2	$\frac{200-150}{150} \approx 0.33$
3	$\frac{350-300}{300} \approx 0.17$
4	$\frac{300-250}{250} = 0.20$
5	$\frac{200-50}{50} = 3.00$

表4-9　订购分析结果

物品项目	订购量Q
1	300(自发订购批量)
3	240(附带订购批量)
4	260(集装箱余量)
合计	800

本章小结

本章是本书的核心部分,主要对仓储与库存进行介绍,分别从仓储的相关概念、功能特点、作业流程、库存管理和控制方法等几个方面对仓储进行详细的讲解;从库存的概念、功能、分类和库存管理和控制技术等角度介绍库存知识。其中比较重要的是仓储的功能、作业流程和库存控制技术,ABC 分析法和定量、定期订货法。仓储管理指运用现代管理的方法与手段,来研究仓库与货场的布局、规模及如何进行物料的验收、分区分类、堆码、装卸搬运及养护,如何降低物料的生产成本、税收成本、保管成本等的一种管理方式与手段,通过对高新技术(如信息技术、新设备、新工艺等)与信息的使用,来达到提高服务水平、降低成本、增加效益的过程。库存管理主要是与库存物料的计划与控制有关的业务,目的是支持生产运作,要注意仓储管理与库存管理的区别。

本章习题

思考题

1. 说明仓储的概念及特征。
2. 简述库存管理的流程。
3. 库存控制的技术有哪些?

案例分析

安科公司的库存 ABC 分类管理

安科公司是一家专门经营进口医疗用品的公司。2001 年该公司经营的产品有 26 个品种,共有 69 个客户购买其产品,年营业额为 5 800 万元人民币。对于安科公司这样的贸易公司而言,因其进口产品交货期较长、库存占用资金大,库存管理显得尤为重要。

安科公司按销售额的大小,将其经营的 26 种产品排序,划分为 A、B、C 三类。排序在前 3 位的产品占到总销售额的 97%,因此,把它们归为 A 类产品;第 4、5、6、7 种产品每种产品的销售额在 0.1%~0.5% 之间,把它们归为 B 类;其余的产品共占销售额的 1%,将其归为 C 类。

对于 A 类的 3 种产品,安科公司实行了连续性检查策略,即每天检查库存情况,随时掌握准确的库存信息,并对其进行严格的控制,在满足客户需要的前提下维持尽可能低的安全库存量。通过与国外供应商的协商,并且对运输时间进行了认真的分析,算出了该类产品的订货提前期为两个月,即如果预测在 6 月份销售的产品,应该在 4 月 1 日下订单给供应商,才能保证产品在 6 月 1 日出库。

由于该公司的产品每个月的销售量都不稳定,因此,每次订货的数量都不同,要按照实际的预测数量进行订货。为了预防预测的不准确及工厂交货时间的不准确,还要保持一定的安全库存,安全库存是下一个月预测销售数量的 1/3。该公司对该类产品实行连续检查的库存管理,一旦手中实际的存货数量加上在途的产品数量等于下两个月的销售预测数量加上安全库存量时,就下订单订货,订货数量为第 3 个月的预测数量。因其实际的销售量可能大于或小于预测值,所以,每次订货的间隔时间也不相同。这样进行管理后,这 3 种 A 类产品库存的状况基本达到了预期的效果。由此可见,对于货值高的 A 类产品应采用连续检查的库存管理方法。

对于 B 类产品的库存管理,该公司采用周期性检查策略。每个月检查库存并订货一次,目标是每月检查时应有以后两个月的销售数量在库里(其中一个月的用量视为安全库存),另外在途还有一个月的预测量。每月订货时,再根据当时剩余的实际库存数量,决定需订货的数量,这样就会使 B 类产品的库存周转率低于 A 类。

对于 C 类产品,该公司则采用了定量订货的方法。根据历史销售数据,得到产品的半年销售量,为该种产品的最高库存量,并将其两个月的销售量作为最低库存。一旦库存达到最低库存时就订货,将其补充到最低库存量。这种方法比前两种更省时间,但是库存周转率更低。

该公司实行了产品库存的 ABC 分类管理以后,虽然 A 类产品占用了最多的时间和精力进行管理,但得到满意的库存周转率。而 B 类和 C 类产品,虽然库存的周转率较低,但相对于其很低的资金占用和很少的人力支出来说,这种管理也是个好方法。

在对产品进行 ABC 分类以后,该公司又对其客户按照购买量进行了分类。发现在 69 个客户中,前 5 位的客户购买量占全部购买量的 75%,将这 5 个客户定为 A 类客户;到第 25 位客户时,其购买量已达到 95%,因此,把第 6~25 位的客户归为 B 类;其他的第 26~69 位客户归为 C 类。对于 A 类客户,实行供应商管理库存,一直保持与他们密切的联系,随时掌握他们的库存状况;对于 B 类客户,基本上可以用历史购买记录,以需求预测作为订货的依据;而对于 C 类客户,有的是新客户,有的一年只购买一次,因此,只在每次订货数量上多加一些,或者用安全库存进行调节。这样做,一方面可以提高库存周转率,另一方面也提高了对客户的服务水平,尤其是 A 类客户对此非常满意。

通过安科公司的案例,可以看到将产品及客户分为 A、B、C 三类以后,再结合其他库存管理方法,如连续检查法、定期检查法等,就会收到很好的效果。

资料来源:百度文库. https://wenku.baidu.com/view/ad41cbf5f705cc175527099f.html.

请分析下列问题。
① ABC 分类的依据是什么?
② ABC 分类以后,安科公司库存管理的效果如何?

技能训练题 1

ABC 分类管理的问题

某企业保持有 10 种商品的库存,有关资料如表 4-10 所示,为了对这些库存商品进行有效的控制和管理,该企业打算根据商品的投资大小进行分类。

表 4-10　某企业 10 种商品的库存情况

商品编号	单价/元	库存量/件
a	4.00	300
b	8.00	1 200
c	1.00	290
d	2.00	140
e	1.00	270
f	2.00	150
g	6.00	40
h	2.00	700
i	5.00	50
j	3.00	2 000

要求：
① 请用 ABC 分析法将这些商品分为 A、B、C 三类。
② 给出 A 类库存物资的管理方法。

技能训练题2

某企业生产产品,每年需采购零件 20 000 只,每次订购成本为 100 元,购买单价为 30 元/只。为促销,一次购买 520 只及以上,可享受价格折扣 10%;若一次购买 800 只及以上,享受折扣 20%。其中单位储存成本为价格的 50%。

要求:计算企业的最佳订购批量。

# 第五章

物流系统化

学习目标
- 了解系统的概念,理解物流系统的概念、模式和目标。
- 掌握物流节点的分类和物流节点的规划,掌握物流路线的规划。
- 能够利用相关的理论进行系统的评价和优化。

学习重点
- 掌握物流节点和物流线路的规划。
- 掌握物流系统的评价和优化。

案例导入 "家乐福"物流选址

1. 基本情况

家乐福1995年正式进入中国市场,在很短的时间内家乐福便在相距甚远的北京、上海和深圳三地开辟了大卖场。家乐福之所以会如此地进行扩张,就是因为它们各自独立地发展了自己的供应商网络。根据家乐福自己的统计,从中国本地购买的商品占了商场所有商品的95%以上,仅2000年采购金额就达15亿美元。除了已有的上海、广东、浙江、福建及胶东半岛等各地的采购网络,家乐福在2001年年底还分别在北京、天津、大连、青岛、武汉、宁波、厦门、广州及深圳开设区域化采购网络。

2. 家乐福独特的开拓市场方法

家乐福在开拓市场的时候具有一套独特的方法,下面从它的实际例子中来领略其独特性。

① 一人开辟一个市场。家乐福独特的开拓一个新的市场的方法是:每次家乐福进入一个新的地方,都只派1个人来开拓市场。进中国台湾家乐福只派1个人,到中国内地也只派了1个人。这样的一种开拓市场的方法相信每一个第一次听到的人都会感到震惊,但家乐福确实是这样做的,而且也做得很好。

② 深入市场调查。家乐福派来的第一个人就是这个地区的总经理,他所做的第一件事就是招一位本地人做他的助理。然后,这位空投到市场上的光杆总经理,和他唯一的员工做的第一件事,就是开始市场调查。他们会仔细地去调查当时其他商店里有哪些本地的商品出售,哪些产品的流通量很大,然后再去与各类供应商谈判,决定哪些商品会在将来的家乐福店里出现。一个庞大无比的采购链就这样完完全全地从零开始搭建。尽管家乐福的这种进入市场的方式粗看起来难以理解,但却是家乐福在世界各地开店的标准操作手法。这样做背后的逻辑是,一个国家或地区的生活形态与另一个国家或地区的生活形态经常是大大不同的。在法国超市到处可见的奶酪,在中国很难找到供应商;在中国台湾十分热销的槟榔,可能在上海一个都卖不掉。所以,国外家乐福成熟有效的供应链,对

于以食品为主的本地家乐福来说其实意义不大。最简单有效的方法,就是了解当地,从当地组织采购本地人熟悉的产品。

3．家乐福选址所要考虑的因素

(1) 商圈内的人口消费能力

第一,测定商圈所覆盖的范围。中国目前并没有现成的资料可利用,所以店家不得不借助市场调研公司的力量来收集这方面的数据。有一种做法是以某个原点出发,测算5分钟步行范围、10分钟步行范围、15分钟步行范围。根据中国的本地特色,还需要测算以自行车出发的,小片、中片和大片半径范围,最后是以行车速度来测算小片、中片和大片各覆盖了什么区域。如果有自然的分隔线,如一条铁路线,或是另一个街区有一个竞争对手,商圈的覆盖就需要依据这种边界进行调整。

第二,分析商圈内人口的规模及其特征。在分析完商圈所覆盖的范围后,接着需要对这些区域进行进一步的细化,计算这片区域内各个居住小区的详尽的人口规模并进行特征调查,计算不同区域内人口的数量、密度、年龄分布、文化水平、职业分布、人均可支配收入等许多指标。家乐福的做法还会更细致一些,根据这些小区的远近程度和居民可支配收入,再划出重要销售区域和普通销售区域。

(2) 所选区域内的城市交通和周边商圈的竞争情况

第一,考虑商圈内的交通状况。交通状况对于一个大型卖场来说很重要,如果一个未来的店址周围有许多的公共交通,或是道路宽敞,交通方便,那么销售辐射的半径就可以大为放大。上海的大卖场都非常聪明,如家乐福古北店周围的公交路线不多,家乐福就干脆自己租用公交车定点在一些固定的小区间穿行,方便这些离得较远的小区居民上门一次性购齐一周的生活用品。

第二,对商圈内竞争对手的分析。因为未来潜在销售区域也会受到很多竞争对手的挤压,所以家乐福也会将未来所有的竞争对手计算进去。传统的商圈分析中,需要计算所有竞争对手的销售情况、产品线组成和单位面积销售额等数据,然后将这些估计的数字从总的区域潜力中减去,未来的销售潜力就产生了。但是这样做并没有考虑到不同对手的竞争实力,所以家乐福在开业前,索性把其他商店的情况摸个透彻,以打分的方法发现它们的不足之处,如环境是否清洁、哪类产品的价格比较高、生鲜产品的新鲜程度如何等,然后依据这种精确调研结果进行具有杀伤力的打击。

(3) 顾客群体的构成

第一,对顾客群体的构成进行统计分析。任何一个商圈的调查不会随着一个门店的开始营业而结束,而是随着门店的开业继续对顾客群体进行统计分析。家乐福在这方面特别重视,家乐福自己的一份资料指出,顾客中有60%在34岁以下,70%是女性,然后有28%的人步行,45%的人乘坐公共汽车而来。

第二,大卖场依据目标顾客的信息来调整自己的商品线。家乐福在上海的每家店都有小小的不同,这一点最能体现家乐福的用心。例如,在虹桥门店,因为周围的高收入群体和外国侨民比较多,其中外国侨民占到了家乐福消费群体的40%,所以虹桥店里的外国商品特别多,如各类葡萄酒、肉肠、奶酪和橄榄油等,而这都是家乐福为了这些特殊的消费群体特意从国外进口的;又如,南方商场的家乐福因为周围的居住小区比较分散,干脆开了一个迷你shopping mall,在商场里开了一家电影院和麦当劳,增加自己吸引较远处的人群力度;而青岛的家乐福做得更到位,因为有15%的顾客是韩国人,干脆就做了许多韩文招牌。

4. 家乐福的运作管理

(1) 以商品的高流转率进行商品的选择

第一，家乐福在进行商品的选择时，重点考虑了商品的高流转率与大批量采购的关系。高流转率与大采购超市零售业的一个误区是，总以为大批量采购压低成本是大卖场修理其他小超市的法宝，但是这其实只是"果"而非"因"。商品的高流通性才是大卖场真正的法宝。相对而言，大卖场的净利率非常低，一般来说只有2%~4%，但是大卖场获利不是靠毛利高而是靠周转快。大批量采购只是所有商场商品高速流转的集中体现而已。而体现高流转率的具体支撑手段就是实行品类管理，优化商品结构。根据沃尔玛与宝洁的一次合作，品类管理的效果使销售额上升32.5%，库存下降46%，周转速度提高11%。

第二，高流转性是家乐福对商品的首选要求。家乐福选择商品的第一项要求就是要有高流转性。例如，如果一个商品上了货架走得不好，家乐福就会把它30厘米的货架展示缩小到20厘米。如果销售数字还是上不去，陈列空间再缩小10厘米。如果没有任何起色，那么宝贵的货架就会让出来给其他的商品。家乐福这些方面的管理工作全部由电脑来完成，对由POS机实时收集上来的数据进行统一的汇总和分析，对每一个产品的实际销售情况、单位销售量和毛利率进行严密监控。这样做，使得家乐福的商品结构得到充分的优化，完全面向顾客的需求，减少了很多资金的搁置和占用。

(2) 具体动作管理

涉及家乐福的具体动作管理，可以用"retail is detail"（零售即细节）这句简洁无比的英文来解释。下面以实例来介绍：举生鲜食品为例，流动的每一个过程都要加一个控制点，从农田里采摘下来，放在车上，放在冷库里，放到商场货架上，全都要加以整理、剔除和品质控制；然后生鲜食品放在货架上被第一批顾客采购了以后，还要进一步的整理。所有的这一切，都需要对一些细节进行特别的关注。家乐福在这方面有一套非常复杂的程序和规则。例如，食品进油锅的时候油温是多少度，切开后肉类保鲜的温度是多少度，多长时间必须要进行一次货架清理，商品的贴标签和商品新鲜度的管理，全都有详细的规定。用制度确保自己"新鲜和质量"的卖点不会走样变形。为了使制度能够被不折不扣地执行，员工的培训也完全是从顾客的角度出发的，让他们把自己当成消费者来进行采购，当作为消费者的他们看到乱成一团的蔬菜，自己也不愿意买时，便对管理制度有了深刻的理解。

5. 家乐福的成功

虽然家乐福的事业是从"一个空降兵"开始而发展起来的，但现在已经变成了15个城市里的27个商场，转眼间将家乐福的旗帜插上了中国各个消费中心城市的制高点。沃尔玛"以速度抢占市场"的经典哲学被家乐福占了先机。

资料来源：文库下载网．https://www.wenkuxiazai.com/doc/76f93e274b35eefdc8d3332f-4.html.

第一节　物流系统概述

一、系统及物流系统的概念

(一) 系统概述

系统(system)思想古已有之，但是将系统作为一个重要的科学概念予以研究，则是由奥地利理论生物学家冯·贝塔朗菲(Ludwing Von Bertalanffy)于1937年第一次提出来的。他认为系统是"互相作用的诸要素的综合体。"到目前为止,系统的确切定义依照学科不同、使用方法不同和解决的问题不同而有所区别,国外关于系统的定义不下40个。我国系统科学界对系统的通用定义是:系统是由相互作用和相互依赖的若干组成部分结合而成的,具有特定功能的有机整体,而且这个整体又是它从属的更大的系统的组成部分。换句话说,系统是同类或相关事物按一定的内在联系组成的整体。相对于环境而言,系统具有一定目的和一定功能,并相对独立。

在日常生活中,人们对系统这个词并不陌生,自然界和人类社会中的很多事物都可以看成系统,如消化系统、铁路系统、神经系统等。例如,一个工厂可以看成是由各个车间、科室、后勤等构成的系统;一部交响乐也可以看作是由多个乐章构成的系统。系统是有层次的,大系统中包含着小系统,如在自然界中,宇宙是一个系统,银河系又是一个从属于宇宙的系统,是宇宙的子系统,而太阳系又是从属银河系的一个子系统,再往下,地球又是太阳系的一个子系统等。大系统有大系统的特定规律,小系统不仅要从属于大系统,服从大系统的规律,而且本身又有自己的特定规律性,这是自然科学、社会科学普遍存在的带有规律性的现象。

(二) 物流系统概述

1. 物流系统的定义

物流系统是指在一定的时间和空间里,由所需位移的物资、包装设备、装卸搬运机械、运输工具、仓储设施、人员和通信联系等若干相互制约的动态要素所构成的具有特定功能的有机整体。

从物流的概念可以看出,物流既包括生产过程的物流活动,又包括流通过程中的物流活动。所以,物流系统的范围是很广阔的,它始于生产企业的原材料购进,经过生产过程形成可供销售的半成品、成品,并运送至成品库,经过包装后分送到各流通中心,再转销给消费者,或从成品库直接运送给消费者,止于生活消费或生产消费。可见,物流系统的范围横跨生产、流通和消费三个领域。

案例 5-1

一汽大众应用物流系统纪实

一汽大众汽车有限公司生产的捷达车每辆车就有2 000多种零部件需要外购。从1997年到2000年年末,捷达车年销售量从43 947辆一路跃升至94 150辆,市场兑现率已高达95%至97%。与这些令人心跳的数字形成鲜明对比的是车辆零部件居然基本处于零库存状态,而制造这一巨大反差的就是一整套较为完善的物流控制系统。

一个占地9万多平方米,可同时生产三种不同品牌的、亚洲最大的整车车间,它的仓库也一定壮观吧?可这里的人却告诉记者:我们这儿没有仓库,只有入口。

走进一个标有"整车捷达入口处"牌子的房子,只见在上千平方米的房间内零零星星地摆着几箱汽车玻璃和小零件,四五个工作人员在有条不紊地用电动叉车往整车车间送零件。在入口处旁边的一个小亭子里,一位姓孙的小伙子正坐在电脑前用扫描枪扫描着一张张纸单上的条形码——他正在把订货单发往供货厂。这时,一辆满载着保险杆的货车开了进来,两个工作人员见状立即开着叉车跟了上去。几分钟后,这批保险杆就被陆续送进了车间。据姓孙的保管员讲,一汽大众的零部件的送货形式有三种:第一种是电子看板,即公司每月把生产信息用扫描的方式通过电脑网络传送到各供货厂,对方根据这一信息安排自己的生产,然后公司按照生产情况发出供货信息,对方则马上用自备车辆将零部件送到公司各车间的入口处,再由入口处分配到车间的工位上。刚才看到的保险杠采取的就是这种形式。第二种叫作准时生产制,即公司按装配顺序把配货单传送到供货厂,对方也按顺序装货直接把零部件送到工位上,从而取消了中间仓库这一环节。第三种是批量进货,供货厂每月对那些不影响大局又没有变化的小零部件分批量地送一到两次。他说,过去这是整车车间的仓库,当时库里堆放着大量的零部件,货架之间只有供叉车勉强往来的过道,大货车根本开不进来。不仅每天上架、下架、维护、倒运需要消耗大量的人力、物力和财力,而且储存、运送过程中总要造成一定的货损货差。现在每天平均两个小时要一次货,零部件放在这里的时间一般不超过一天。订货、生产零件、运送、组装等全过程都处于小批量、多批次的有序流动当中。公司原先有一个车队专门在各车间送货,现在车队已经解散了。为什么短短几年的时间一汽大众就会有如此大的变化?陪同记者采访的公司生产服务部的规划员丁先生自豪地说:"我们用不到300万元人民币打造了'傻子工程'"。

在该公司流行着这样一句话"在制品是万恶之源",用以形容大量库存带来的种种弊端。在生产初期,公司的生产全靠大量的库存来保证。随着市场需求的日益多样化,传统的生产组织方式面临着严峻的挑战。1997年,"物流"的概念进入了公司决策层。考虑到应用德方的系统不仅要一次性投入1 500万美元,每年的咨询和维护费用也需数百万美元,中方决定自己组织技术人员和外国专家进行物流管理系统的研究开发。1998年年初,公司开发的物流控制系统获得成功并正式投入使用。如今,这个仅用了不足300万元人民币的系统已经受住了十几万辆车的考验。在整车车间,记者看到生产线上每辆车的身上贴着一张生产指令表,零部件的种类及装配顺序一目了然。计划部门按装车顺序通过电脑网络向各供货厂下计划,供货厂按照顺序生产、装货,生产线上的工人按顺序组装,一伸手拿到的零部件保证就是他正在操作的车上的。物流管理就这样使原本复杂的生产变成了简单而高效的"傻子工程"。令人称奇的是,整车车间的一条生产线过去只生产一种车型,其生产现场尚且拥挤不堪,而如今在一条生产线同时组装两到三种车型的混流生产方式下,不仅做到了及时、准确,而且生产现场比原先节约人员近10%。此外,零部件的存储减少了,公司每年因此节约的成本达六七亿元人民币。同时,供货厂也减少了30%至50%的在制品及成品储备。先进的管理带来了实实在在的效益,也引发了一场深刻的管理革命。难怪公司总经理陆先生感慨地说:"一个单位谁是头儿?电脑!"

随着物流控制系统的逐步完善,电脑网络由控制实物流、信息流延伸到公司的决策、生产、销售、财务核算等各个领域中,使公司的管理步入了科学化、透明化。现在公司主要部门的管理人员人手一台电脑,每个人及供货厂方随时可以清楚地了解每一辆车的生产和销售情况。公司早已实现了"无纸化办公",各部门之间通过E-mail联系。德国大众公司每年的改进项目达1 000多个,一汽大众依靠电脑网络实现了与德方同步改进,从而彻底改变了过去那种对方图纸没送来就干不了活的被动局面。工作方式的改善,不仅使领导层得以集中精力研究企业发展的战略性问题,也营造了一个充满竞争的环境,促使每个员工不断提高自身的业务素质。一汽大众通过建立和完善物流系统,提高了物流效率,降低了物流成本,进而提高了产品的市场竞争力。

资料来源:考试资料网. https://www.ppkao.com/shiti/5119445.

2. 物流系统的特点

物流系统具有一般系统所共有的特点,即整体性、相关性、目的性、环境适应性,具有规模庞大、结构复杂、目标众多等大系统所具有的特征。

① 物流系统是一个"人—机系统"。研究问题时,必须把人和物有机地结合起来,作为一个不可分割的整体加以考察和分析,并始终把如何发挥人的主观能动性放在首位。

② 物流系统是一个大跨度系统。一是地域跨度大,二是时间跨度大。大跨度系统决定物流

系统管理难度较大,对信息的依赖程度也较高。

③ 物流系统是一个可分系统。物流系统可分解为若干个相互联系的子系统,子系统的多少和层次的阶数随着人们对物流的认识和研究的深入而不断扩大。系统与子系统之间,子系统与子系统之间,存在着时间和空间上及资源利用方面的联系,并在总体目标、费用及运行结果等方面相互联系。

④ 物流系统是一个动态系统。物流系统是一个具有满足社会需要、适应环境能力的动态系统,受社会生产和社会需求的广泛制约。为适应经常变化的社会环境,必须对物流系统的各组成部分经常不断地进行修改、完善,要求物流系统具有足够的灵活性和可改变性。

⑤ 物流系统是一个复杂系统。物流系统的运行对象——物,品种繁多,数量庞大;物流经营网点极广,从事物流活动的人员队伍很庞大,整个物流活动占用着大量的流动资金。这些人力、物力、财力资源的组织和合理利用是一个非常复杂的问题。物流活动始终贯穿着大量的物流信息,如何把信息收集全面,处理好,并使之指导物流活动,也是非常复杂的事情。物流系统边界广阔,范围横跨生产、流通、消费三大领域,亦给物流系统的组织带来很大的困难。

⑥ 物流系统是一个多目标函数系统。物流系统的总目标是实现宏观和微观的经济效益,但是,系统要素间往往相互矛盾,存在非常强的交替损益或效益背反现象,处理不慎会出现系统总体恶化的结果,要使物流系统的诸方面满足人们的要求,需建立多目标函数,并在多目标中求得物流的最佳效果。

(三) 物流系统资源要素

物流系统和一般的管理系统一样,都是由人、财、物、设备、信息和任务目标等要素组成的有机整体。具体可以分成以下几个方面的要素。

从物流系统的资源构成来分析,物流系统的资源要素主要包括人、财、物等要素。

1. 人是物流系统的主体

人是保证物流得以顺利进行和提高管理水平的最关键的因素。提高人的素质,是建立一个合理化的物流系统并使它有效运转的根本。

2. 财是物流活动中不可缺少的资金

交换是以货币为媒介,实现交换的物流过程,实际也是资金运动过程,同时物流服务本身也是需要以货币为媒介。物流系统建设是资本投入的一大领域,离开资金这一要素,物流不可能实现。

3. 物是物流中的物质条件

① 物流系统的劳动对象,即各种实物。
② 物流的基础设施。它是组织物流系统运行的基础物质条件,包括货场、配送中心、物流中心、仓库、物流路线、建筑、公路、铁路、港口等。
③ 物流手段。它包括货架、搬运机械、加工设备、运输设备、装卸机械等。
④ 其他,包括包装工具、维护保养工具、办公设备等。

4. 信息技术及网络

它是掌握和传递物流信息的手段。根据所需信息水平不同,包括通信设备及路线、传真设备、计算机及网络设备等。

5. 组织及管理

它是物流网络的"软件",起着连接、调运、运筹、协调、指挥各要素的作用,以保障物流系统目的的实现。

小知识

物流系统的支撑要素

物流系统的建立需要有许多支撑手段,尤其是它处于复杂的社会经济系统中,要确定物流系统的地位,要协调与其他系统的关系,这些要素必不可少,主要包括以下几个。

① 体制、制度。物流系统的体制、制度决定物流系统的结构、组织、领导、管理方式,国家对其控制、指挥,管理方式,以及系统的地位、范畴,是物流系统的重要保障。有了这个支撑条件,物流系统才能确立在国民经济中的地位。

② 法律、规章。物流系统的运行,不可避免会涉及企业或人的权益问题。法律、规章一方面限制和规范物流系统的活动,使之与更大系统协调;另一方面是给予保障,合同的执行、权益的划分、责任的确定都需要法律、规章维系。

③ 行政、命令。物流系统和一般系统的不同之处在于,物流系统关系到国家军事、经济命脉,所以,行政、命令等手段也常常是支持物流系统正常运转的重要支持要素。

④ 标准化系统。它保证物流各环节协调运行,是物流系统与其他系统在技术上实现联结的重要支撑条件。

(四) 物流系统的功能要素

物流系统的功能要素是指物流系统所具有的基本能力,这些基本能力有效地组合、连接在一起,便成了物流的总功能,便能合理、有效地实现物流系统的目标。物流系统的功能要素有运输、储存保管、包装、装卸搬运、流通加工、配送、物流信息。换句话说,物流能实现以上七项功能。

1. 要素之间的目标冲突

物流系统的基本功能要素包括运输、储存、装卸、搬运、包装、流通加工、配送和物流信息处理。这些功能要素独立存在时,会使各自的目标存在互相冲突的地方。

例如,运输功能要素的目标一般是追求及时、准确、安全、经济。从运输的角度来看,为了降低运费,以下一些方法在企业运输组织过程中可能是比较流行的:一是在制定运输方案时,尽量采用整车发运来节约运费,因为整车发运的运费比零担要低很多;二是强调采用铁路发运来降低运费;三是按照铁路运价中"递远递减"的原则,在长途运输中,对于时效性要求不高的商品,一般采用铁路运输,以便节约运费。但以上三种措施在达到降低运输费用的同时,也会导致收货人一次收货的数量增加,并且收货的时间间隔期延长,在途运输时间的延长,进而导致收货企业库存水平提高、货主的在途库存增加,其结果就是收货企业的库存成本增加。

从储存角度来看,为了达到降低库存水平的目的,企业可能采取以下一些方法。第一,降低每次收货的数量,增加收货次数,缩短收货周期。这样,一是可以保证企业销售需要的商品不缺货,二是可以将企业的库存水平降低,直至降到零库存。第二,宁可紧急订货,也不提前大批量订货。以上两种降低库存水平的措施要求供货部门必须实行"小批量、多批次、短周期"的及时送货,但这样运输就无法达到规模效益,导致运输成本增加。

从以上的分析可以清楚地看出,企业的运输目标(从降低运输成本角度考虑)与企业的储存目标(从降低储存成本角度考虑)是冲突的。但运输和储存是企业物流系统整体的两个重要组成部分,运输和储存的冲突是运输要素与储存要素的一种联系。在物流系统还没有形成的时候,它们都在追求着各自的目标,它们的目标一直在发生冲突。显然,它们的目标是无法简单地达到的,必须在建立物流系统时通过系统集成来调和。

在包装和运输这两个物流系统要素之间也存在目标矛盾。物流包装的目标是保护商品在物流过程中免于损坏,同时要降低包装成本。因此,在包装材料的强度、内装容量的大小等方面就会考虑以能够确保商品安全为第一目标,但这常常会导致过度包装,结果不仅增加了商品物流包装的成本,同时由于物流包装过大、过重,增加了无效运输的比重。并且,在包装回收系统不健全的情况下,当商品抵达收货人手中时,收货人往往还要花费资源专门处理这些沉重、庞大的物流包装。如果能够将物流包装要素的目标与运输要素的目标进行协调,就可以既实现包装的目标又实现运输的目标,从而实现这两个要素目标的协同。

2. 要素内部的目标冲突

物流系统的要素也可以作为系统来分析,以物流系统的功能要素为例,物流系统的运输、储存、包装等功能要素都是物流系统中的子系统。如果将物流系统内部功能要素之间的目标冲突应用于任何一个功能要素的话,这种分析也是成立的。物流系统功能要素内部也存在着类似的目标冲突,如运输功能的运输方式选择等。

3. 要素外部的目标冲突

当物流系统本身也是一个更大系统的低一层次的子系统时,物流系统就要与外部系统发生联系,这就是物流系统与环境的联系,而构成物流系统环境的就是这些与物流系统处在同一层次的子系统。任何一个系统都有自己的目标,物流系统有物流系统的目标,环境中其他系统都与物流系统一样有着特定的目标,这些目标之间的冲突也是普遍存在的,物流系统以这种方式同环境中的其他系统发生联系。

就一个制造企业来说,物流系统是与生产系统、销售系统等系统并列的,它们都是公司在经营系统中的要素或子系统。生产系统、销售系统和物流系统都有其各自的目标,这些目标也充满了冲突,生产系统的目标和销售系统的目标还可能会形成对物流系统目标的夹击。日本通运综合研究所对此进行了研究,他们认为,"以往的企业组织中,只是分别担负物流的某一方面的责任。任何一个部门的负责人也没有对全部物流活动承担管理责任。物流的各种因素包含在市场销售、财务及制造等各种活动之中。而且各部门管理人员的各自目的往往发生矛盾。"当认识到这些矛盾后,该研究所建议制造企业将分散在生产、销售和财务部门的物流管理职能集中起来,成立一个物流管理部门与生产、销售和财务并列,这样将各部门之间的矛盾进行统一解决,由物流管理部门去与生产、销售和财务部门进行目标的协调和权衡。

实际上,日本的制造企业从20世纪70年代初就开始普遍实施这项建议,引入物流管理部门后,将物流与生产、销售和财务的目标冲突集中起来,放在整个公司利益的高度去进行协调和权衡,可以找到对整个公司有利而不仅仅是对物流或生产、销售、财务有利的解决方案。到20世纪末,世界上的跨国制造公司基本上都有物流部门,负责解决物流和其他部门的目标冲突。需要注意的是,物流与其他子系统的目标冲突不能在物流或生产、销售、财务这一层次解决,必须在整个公司的层次才能解决。

这样就得出一个结论,物流系统要素之间的目标冲突不能在要素这个层次得到协调,必须在比要素高一个层次的系统才能解决。

二、物流系统模式

物流系统和一般系统一样,具有输入、转换及输出三大功能,通过输入和输出使系统与社会环境进行交换,使系统和环境相依存。

（一）输入

输入也就是通过提供资源、能源、设备、劳力、资金、信息等对物流系统发生作用,统称为外部环境对物流系统的输入。

（二）转换

转换是指物流本身的转换过程。输入到输出之间通过物流业务、信息处理、技术措施、设施设备管理等进行的物流活动,称为物流系统的转换。其具体内容有:物流设施设备的建设;物流业务活动,如运输、储存、装卸搬运、包装、流通加工、配送、信息处理、管理工作、增值服务等。

（三）输出

物流系统对环境的输入进行各种转换后,对社会提供的各类物流服务、信息,产生的污染等称为物流系统的输出。其具体内容有产品的位移与停滞、各类物流服务、信息等。

（四）制约

外部环境对物流系统施加的限制称为外部环境对物流系统的制约。其具体内容有资源条件、能源条件、资金条件、价格水平、需求变化、经济大环境、政策变化等。

（五）反馈

物流系统在把输入通过转换,形成输出的过程中,由于受系统内外各种因素的制约,需要不断把输出后的结果返回到输入进行修正,这称为系统信息反馈。其具体内容有:各种物流活动的分析报告、各种统计数据报告、典型调查;国内外物流市场信息动态等。

如图5-1所示是物流系统的基本模式。在物流系统中,输入、输出及转换活动往往是在不同的领域或不同的子系统中进行的。即使是在物流大系统中,系统的目的往往也不同,所以,具体的输入、输出及转换有不同的内容,不会是一成不变的。

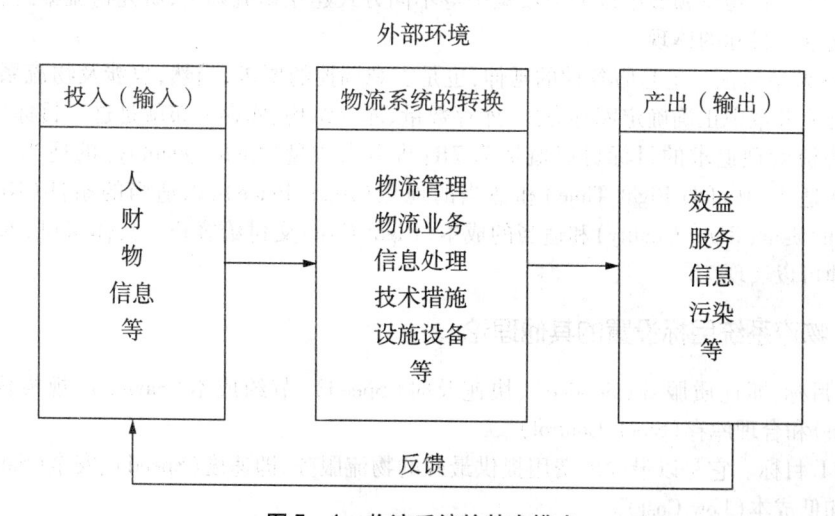

图5-1 物流系统的基本模式

三、物流系统目标

(一)物流系统目标的特点

1. 物流系统目标的层次性
① 营运目标。
② 战略目标。
③ 基本目标。
2. 物流系统目标的多样性
物流系统的目标一般不止一个,即使同一层次的目标也往往有多个。

(二)物流系统的目标

① 服务目标。物流系统是起桥梁、纽带作用的流通系统的一部分,它具体地联结着生产与再生产、生产与消费,因此要求有很强的服务性。物流系统采取送货、配送等形式,就是其服务性的体现。在技术方面,近年来出现的准时供货方式、柔性供货方式等,也是其服务性的表现。

② 快速、及时目标。及时性不但是服务性的延伸,也是流通对物流提出的要求。快速、及时既是一个传统目标,更是一个现代目标。其原因是随着社会大生产发展,这一要求更加强烈了。在物流领域采取的诸如直达物流、联合一贯运输、时间表系统等管理方法和技术,就是这一目标的体现。

③ 节约目标。节约是经济领域的重要规律。在物流领域中除流通时间的节约外,由于流通过程消耗大而又基本上不增加或提高商品使用价值,所以厉行节约来降低投入,是提高相对产出的重要手段。

④ 规模化目标。这是以物流规模作为物流系统的目标,是以此来追求规模效益。生产领域的规模生产是早已为社会所承认的。由于物流系统比生产系统的稳定性差,因而难以形成标准的规模化格式。在物流领域中以分散或集中等不同方式建立物流系统,研究物流集约化的程度,就是规模化这一目标的体现。

⑤ 库存调节目标。这是服务性的延伸,也是宏观调控的要求,当然,也涉及物流系统本身的效益。在物流领域中正确确定库存方式、库存数量、库存结构、库存分布就是这一目标的体现。

现代物流管理追求的目标可以概括为 7R:将适当数量(Right Quantity)的适当产品(Right Product),在适当的时间(Right Time)和适当的地点(Right Place),以适当的条件(Right Condition)、适当的质量(Right Quality)和适当的成本(Right Cost)交付给客户。具体来讲,通过加强物流系统管理可以实现 7R。

(三)物流系统目标设置的其他理论

① 5S 目标,即优质服务(Service)、快速及时(Speed)、节约成本(Saving)、规模优化(Scale Optimization)和合理库存(Stock Control)。
② 3S1L 目标。它是以最少的费用提供最好的物流服务,即速度(Speed)、安全(Safety)、服务(Service)和低成本(Low Cost)。

(四)物流系统目标冲突

这是在不同层次的系统同类物流目标之间的冲突,如为降低运输成本进行大批量运输导致储存成本增加。在同层次系统物流成本与物流服务目标之间也存在冲突。

上述冲突都属于目标间的技术冲突。消除这类冲突的方法有：建立一个没有矛盾的目标集，把引起矛盾的分目标剔除掉；采用所有分目标，寻求一个能达到冲突目标得以并存的方案。

还有一类目标冲突属于利益冲突。消除这类冲突的方法有：目标方之一放弃自己的利益，也可以保持其中一个目标，用其他方式补偿或部分补偿受损方的利益；通过协商调整目标系统，使之达到目标相容。

第二节 物流系统的结构与要素

一、物流节点

（一）物流节点的定义

物流系统网络节点是指物流系统网络中连接物流路线的交换处，是进行仓储、装卸、包装、流通加工和信息处理等物流活动的场所，包括物流园区、物流中心、配送中心和传统的集散点（如仓库、车站、码头、港口、货运站等）。节点以一定的形态存在，在物流系统中发挥着不同的作用。

（二）物流节点的分类

1. 按功能分类

按照节点的功能划分可以将物流节点分为转运型、储存型、流通型和综合型。

① 转运型。转运型节点是以连接不同路线和不同运输方式为主要职能的节点。

② 储存型。由于货物储备的需要或生产、消费的季节性等原因，一些货物需要储存一段时间。储存型节点就是带有储备性质的、以存放货物为主要职能的节点。

③ 流通型。流通型节点是连接干线物流与末端物流，以货物配备和组织送货为主要职能的节点，在社会系统中则是以组织物资流通为主要职能的节点。

④ 综合型。综合型节点是在物流系统网络中把两种以上主要功能集中于一个节点，并且在节点中并非独立完成各自功能，而是将若干功能有机结合在一起，有完善的设施、有效的衔接和协调各个工艺流程的集约型节点。

上述物流节点的分类并不是绝对的，现实中各类节点的功能往往是交叉并存的。在各种以主要功能分类的节点中，都可以承担其他职能。例如，转运型节点中，往往设置有储存货物的货场或站库，从而具有一定的储存功能，但是，由于其所处的位置，其主要职能是转运，所以按照主要功能归入转运型节点之中。

2. 按规模分类

按节点的规模划分可以将物流节点分为物流园区、物流中心、配送中心。物流园区、物流中心、配送中心是三种不同类型的物流节点，其区别如表 5–1 所示。

表5-1　物流园区、物流中心、配送中心的区别

物流节点类型	物流园区	物流中心	配送中心
功能	全面	单一或全面	较单一
规模	大	一般较大	可大可小
在供应链中的位置	在供应链中下游,物流中心、配送中心上游	一般在物流园区下游、配送中心下游	下游,最接近客户
物流的特点	多品种、大批量、多供应商	少品种、大批量、少批次、少供应商	多品种、小批量、多批次、多供应商
服务对象	比较广泛	通常提供第三方物流服务	一般比较单一
辐射的范围	广	中等	较小

(三) 物流节点的功能

综观物流节点在物流系统中的作用,物流节点不仅执行一般的物流职能,而且还越来越多地执行协调管理、调度和信息等职能。

1. 物流处理功能

物流节点是物流系统的重要组成部分,是仓储保管、物流集疏、流通加工、配送、包装等物流活动的载体,是完成各种物流功能、提供物流服务的重要场所。因此,物流处理功能是物流节点所具备的基本功能。

2. 衔接功能

物流节点把各个物流路线连接起来,使各个路线通过节点成为相互贯通的网络结构。这就是物流节点的衔接功能。如果没有节点,不同路线之间的连接就会相当困难。

3. 信息功能

物流系统中的每一个节点同时又是一个信息点。节点是连接路线的枢纽,各方面的信息都在节点流进流出,因此物流节点是整个物流系统信息传递、收集、处理、发送的集中地,这就是物流节点的信息功能。

4. 管理功能

物流系统的管理设施和指挥机构往往集中设置于物流节点。实际上,物流节点大都是集管理、指挥、调度、信息、衔接及货物处理为一体的物流综合设施。管理功能也是物流系统的神经枢纽。整个物流系统运转的有序化和正常化,整个物流系统的效率和水平取决于物流节点管理职能实现的情况。

5. 配套功能

物流节点的配套功能包括:车辆停靠及辅助服务;金融生活配套服务;提供餐饮、住宿、购物、提款、保险等服务;工商、税务、海关的服务等。

6. 延伸功能

除了具备以上基本功能外,现代物流节点还出现了一些附加功能。例如,库存处理中心,有效处理库存物资;咨询培训服务,利用丰富的管理经验为企业或客户提供咨询,提供高附加值服务等。

(四) 物流节点的选址规划

1. 物流节点选址原则

① 位于城市中心区的边缘地区,一般在城市道路网的外环线附近。

② 位于交通枢纽中心地带,至少有两种以上的运输方式连接,特别是铁路和公路。
③ 位于土地开发资源较好的地区,用地充足,成本较低。
④ 位于城市物流的节点附近,现有物流资源基础较好,一般有较大物流量产生,如工业中心、大型卖场等,可利用和整合现有的物流资源。
⑤ 有利于整个地区物流网络的优化和信息资源利用。

2. 物流节点选址步骤(见图5-2)

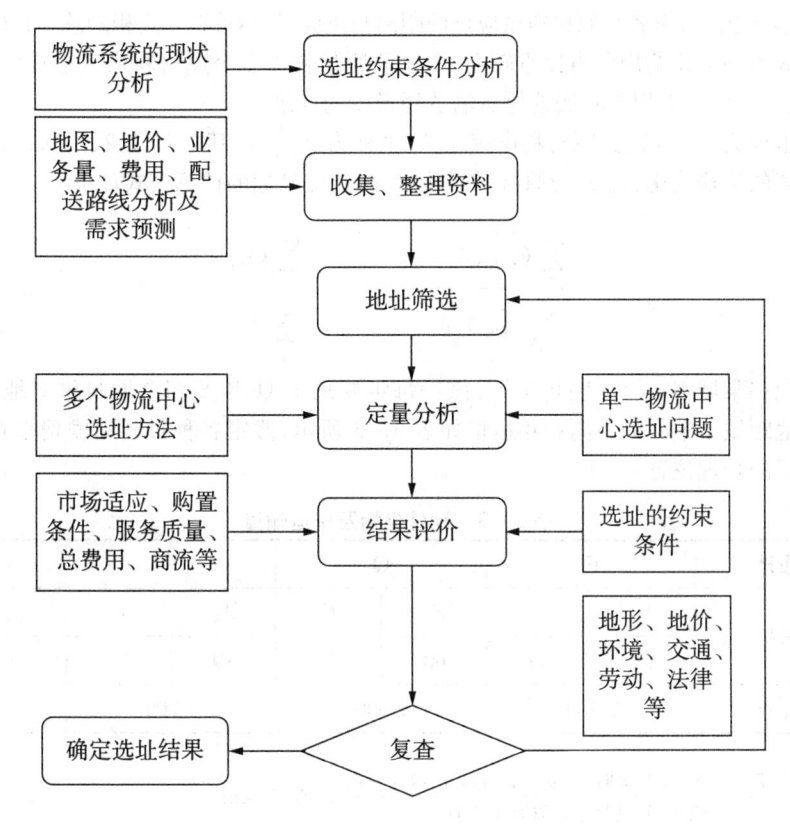

图5-2 物流节点选址步骤

3. 物流节点选址约束因素(见表5-2)

表5-2 物流节点选址约束因素

分类	因素
费用结构	土地费用、建筑费用、税收、保险及其他
法律规定	分区规划、租借条款、地方商业规章
人口统计	人口基数、收入情况、劳动力供给
交通运输	运输类型及流量、运输方式、到达车站或港口的方便程度
竞争结构	竞争对手、类型
备选地点	停车的方便性、建筑物的状况、从其他主要街道到此地的方便度

4. 物流节点选址的评价方法

目前常用的评价方法可分为成本因素评价法和综合因素评价法两大类。
在影响选址的各项因素中,绝大多数因素或大部分主要因素都属于成本因素,都可以用比较成本的方法来决定各候选方案的取舍,从而决定最终选址,这称为成本因素评价法。常用的快捷模型有盈亏点平衡法、重心法、线性规划法、启发式方法等。

选址除了要考虑成本因素,还有许多非成本因素需要考虑,经济因素可以用货币量来权衡,而非经济因素要通过一定的方法进行量化,并按一定规则和经济因素进行整合,这称为综合因素评价法。

(1) 重心法

重心法是选出位置离各个原材料供应点的距离与供应量、运输费率之积的总和为最小的地址。

当产品成本中运输费用所占比重较大,企业的原材料由多个原材料供应地提供或其产品运往多个销售点,可以考虑用重心法选择运输费用最少的地址。

拟选址坐标为 $p(x,y)$,其原材料供应地 W_i 坐标为 (x_i,y_i),其中 $i=1,2,\cdots,n$,设 r_i 为单位原材料单位距离的运输费用,设 q_i 为原材料运输量,则选址坐标的计算公式如下。

$$x = \frac{\sum_{i=1}^{n}(r_i q_i x_i)}{\sum_{i=1}^{n}(r_i q_i)} \qquad y = \frac{\sum_{i=1}^{n}(r_i q_i y_i)}{\sum_{i=1}^{n}(r_i q_i)}$$

某公司拟在某城市建设一座化工厂,该厂每年要从 P、Q、R、S 四个原料供应地运来不同原料。已知各地距城市中心的距离和年运量如表 5-3 所示,假定各种材料运输费率相同,试用重心法确定该厂的合理位置。

表 5-3 地址坐标及年运输量

原料供应地	P		Q		R		S	
供应地坐标	X_1	Y_1	X_2	Y_2	X_3	Y_3	X_4	Y_4
	50	60	60	70	19	25	59	45
年运输量/t	2 200		1 900		1 700		900	

$$x = \frac{50 \times 2\,200 + 60 \times 1\,900 + 19 \times 1\,700 + 59 \times 900}{2\,200 + 1\,900 + 1\,700 + 900} = 46.2(\text{km})$$

$$y = \frac{60 \times 2\,200 + 70 \times 1\,900 + 25 \times 1\,700 + 45 \times 900}{2\,200 + 1\,900 + 1\,700 + 900} = 51.9(\text{km})$$

地址的选择涉及多方面的因素,不可能通过简单的计算就确定。用重心法计算出的地址不一定是合理的地点。例如,计算出的位置已有建筑物或有河流经过等。另一方面,重心法确定的距离是采用直线距离,这在大多数情况下是不合理的。所以用重心法求出的解比较粗糙,它的实际意义在于能为选址人员提供一定的参考。

(2) 加权因素法

对非经济因素进行量化,一般采用加权因素法。

① 对选址涉及的非经济因素赋以不同的权重,权重大小为 1~10。

② 对各因素就每个备选址进行评级,共分为五组,用五个元音字母 A、E、I、O、U 表示。各个级别分别对应不同的分数,A=4 分、E=3 分、I=2 分、O=1 分、U=0 分。

③ 将某因素的权重乘以其对应级别的分数,得到该因素所得分数,将各因素所得分数相加,分数最高者为最佳选址方案。举例如表 5-4 所示。

表5-4 权重分配

考虑因素	权重	各方面等级和分数			
		A	B	C	D
场址位置	9	A/36	E/27	I/18	I/18
面积和外形	6	A/24	A/24	E/18	U/0
地势和坡度	2	O/2	E/6	I/6	I/6
风向、日照	5	E/15	E/15	I/10	I/10
铁路接轨条件	7	I/14	E/21	I/14	A/28
施工条件	3	I/6	O/3	E/9	A/12
同城市规划关系	10	A/40	E/30	E/30	I/20
合计	—	137	126	105	94

从表5-4中可以看出，A方案分数最高，选A址为佳。

该方法的关键是确定合理的权重和等级评定，可以采用专家或决策者打分，求平均值的办法。例如，地区和地点合并选择，如表5-5所示。

表5-5 地区和地点合并选择

备选址方案	地区得分	地点得分	合计
A	149	163	312
B	130	171	301
C	107	99	206
D	93	119	212
E	120	123	243

虽然B方案的地点得分最高，但A方案的地区得分比B方案高，B方案的总分低于A方案。最适宜的方案是A。

（五）物流节点的布局规划

1. 物流节点布局规划的内容

物流节点布局规划是指在一定层次和地区范围内，确定合理物流系统节点的空间布局方案。

物流节点内部布局规划主要是根据物流节点的功能、作业流程和服务质量要求，确定物流节点内部各功能区域的平面布局方案，如物流中心的仓储区、分拣区、加工区、内部通道等的布局。规划内容包括：仓库货架系统的选型和平面布局设计；装卸搬运设备的选型和布局设计；包装及流通加工装备及器具的选型和布局设计；运输工具的选型；分拣设备的选型和布局设计等。

2. 物流节点布局规划的原则

① 科学选址原则。
② 统一规划原则。
③ 市场化运作原则。
④ 高起点现代化原则。
⑤ 柔性化原则。
⑥ 人才优先原则。

计算机辅助节点设计技术是确定节点布局规划的一种改进方法。它是一个以各部门间物料搬运费用逐步减少为优化原则的程序，算法如下：

第一步：给定初始布局，计算距离矩阵（使用各部门的重心）。根据流量、距离和费用，计算总搬运费用。

第二步：考虑某两个部门（有相同面积或共同的边界）两两交换位置，如果不能通过互换产生一个更好的布局，停止；否则继续第三步。

第三步：选择得到最大费用节省的交换，转至第二步。

二、物流路线

（一）物流系统路线概述

作为物流的基本功能环节，运输的地位是非常重要的。特别是运输网络直接影响物流网络的构成，物流节点往往与交通运输节点相一致，因此研究物流系统必然把运输系统放在首要位置。

原材料、零部件在工厂进行加工，制成成品以后，就会发生商品从工厂仓库到全国主要物流中心的大规模运输，这种形态常称为干线运输或核心运输。它涉及利用货台、装卸机械等工具，并按一定的标准把商品单位化，进而在工厂和物流节点之间进行长距离的运输。

商品进入厂商的物流中心后，接下来的运输业务主要是对应客户的订货而进行的发货，包括将商品向批发商或大型零售商的配送中心运输，甚至直接向零售店铺进行输送，即配送。

（二）物流系统路线的功能

1. 产品和货物的转移功能

无论产品处于哪种形式，是原材料、零部件、装配件、在制品，还是制成品，也无论是在制造过程中将被转移到下一阶段，还是转移到最终客户，运输都是必不可少的。运输的主要功能就是帮助产品在价值链中来回移动。既然运输利用的是时间资源、财务资源和环境资源，那么，只有当它确实提高产品价值时，该产品的移动才是有效的。

2. 产品和货物的储存功能

对产品进行临时储存是一个不太寻常的运输功能，也就是将运输车辆临时作为储存节点。然而，如果转移中的产品需要储存，但在短时间内（如几天后）又将重新转移的话，该产品在仓库卸下来和再装上去的成本也许会超过在运输工具上每天支付的费用。

3. 物流节点的衔接功能

在物流系统中，如果没有一个很好的衔接，不同物流节点就像一座"孤岛"，只有当把各个"孤岛"通过运输系统衔接起来，才能成为一个物流系统。在传统物流系统中，运输不仅承担实物转移功能，而且承担信息沟通与传递功能，或者说此时运输在物流系统衔接中发挥着核心作用。在现代物流系统中，运输与信息网络并行实现物流系统的衔接，前者侧重于实物衔接，后者侧重于信息衔接。

（三）物流系统路线的作用

1. 运输是物流的动脉系统

它是生产过程在流通领域内的继续，生产与生产，市场与市场，生产与消费都需要运输来维系。它使得社会生产得以延续，是加速社会再生产和促进社会再生产连续不断进行的前提条件。

2. 运输服务是有效组织物品输入和输出的关键

企业的工厂、仓库与其供货厂商和各客户之间的地理分布直接影响物流的运输费用。因此，运输条件是企业选择工厂、仓库、配送中心等物流节点地址需要考虑的主要因素之一。

3. 运输影响着物流的其他构成因素

选择的运输方式决定着装运货物的包装要求；使用不同类型的运输工具决定着其配套使用的装卸搬运设备以及接收和发运站台的设计；企业库存储存量的大小，直接受运输状况的影响；发达的运输系统能较适量、快速和可靠地补充库存，以降低必要的储存水平。

4. 运输费用在物流总费用中占有较大比重

组织合理运输，以最小的费用，较快的时间，及时、准确、安全地将货物从其产地运到销地，是降低物流费用和提高经济效益的重要途径之一。合理运输能降低物流费用，提高物流速度，是发挥物流系统整体功能的中心环节。合理运输能加快资金周转速度，降低资金占用时间，是提高物流经济效益和社会效益的重点所在。

（四）物流系统路线规划

1. 物流路线规划与设计的内容
① 运输方式的规划。
② 运输路线的规划。
③ 运输工具的配置。
④ 运输工具的配载与调度。
⑤ 运输批量与时间的确定。

2. 物流系统路线的选择
运输路线选择的依据如下。
① 商品性能。
② 运输速度和路程。
③ 运输能力和密度。
④ 运输费用。
⑤ 运输期限。
⑥ 运输批量。
⑦ 市场需求的缓急。

3. 物流路线选择的原则
① 费用最小原则。
② 动态性原则。
③ 简化流程原则。
④ 适度原则。

4. 物流路线优化——表上作业法

多起点、多终点问题的物流运输路线，在物流运输实践中经常存在。例如，多个供应商供应给多个工厂的情况，或者把不同工厂生产的同一产品分配到不同客户的问题。在这些问题中，起点和终点都不是单一的。在这类问题中，各供应点的供应量往往也有限制。

多起点、多终点问题的物流运输路线当遇到限制条件，调度人员在掌握起点至终点的运费率时，可以采用一种特殊的线性规划方法——表上作业法。

下面以两个案例来展示表上作业法的工作过程。

案例1：某药业有四个配送中心 B1、B2、B3、B4，所需的某种物品可由三个生产厂 A1、A2、A3 供应，各生产厂的可供给量和各配送中心的需求量以及各生产厂运送单位物品到各配送中心的运价(单位:百元/吨)如表 5-6 所示。求使总运费最小的调运方案。

表 5-6

运价\配送中心\生产厂	B1	B2	B3	B4	供给量/t
A1	3	6	2	4	70
A2	5	3	3	4	80
A3	1	7	5	2	50
需求量/t	40	30	70	60	

第一步:用最小元素法确定调运初始方案。其基本思想是按照运价的大小决定供应的先后,优先满足单位运价最小者的供需要求。调运方案如表 5-7 所示。

表 5-7

配送中心\生产厂	B1	B2	B3	B4	供给量/t
A1	3	6	70 2	4	70
A2	5	30 3	3	50 4	80
A3	40 1	7	5	10 2	50
需求量/t	40	30	70	60	

从表 5-7 可知,初始调运方案对应的总运费如下。
$70 \times 2 + 30 \times 3 + 50 \times 4 + 40 \times 1 + 10 \times 2 = 490(百元) = 49\,000(元)$
第二步:用位势法(霍撒克法)检验初始调运方案是否为最优,其公式如下。

$$d_{ij} = V_i + U_j \tag{1}$$

$$A_{ij} = V_i + U_j - C_{ij} \tag{2}$$

上述公式的含义如下。

公式(1)表示有运量的运价 d_{ij} 等于相应的行位势 V_i 与列位势 U_j 之和。

公式(2)表示空格里检验数 A_{ij} 等于相应格行位势 V_i 与列位势 U_j 之和减去原表相应单元格的运价 C_{ij}。

在本例中,按霍撒克法的公式进行检验的计算步骤如下。

①与原方案中分配有运量的单元格相对应,取出单位运价表中的数列成位势表。

注意,若供应地有 m 个,需求地有 n 个,则取出的带圈数字单元格应有 $m+n-1$ 个,否则在划去的行和列中选一位置补上一个零。补零的位置尽量选在单个带圈数字单元格的行或列,并使某一行或列的带圈数字单元格多于其他行或列的带圈数字单元格。

先令带圈数字的个数较多的行或列位势为 0,依据公式(1),依次求出各行、列的位势,如表 5-8 所示。

表 5-8

配送中心 生产厂	B1	B2	B3	B4	行位势(V_i)
A1			②		2
A2		③		④	2
A3	①		⓪	②	0
列位势(U_j)	1	1	0	2	

③ 根据公式(2),用所在行、列位势之和减去空格运价得到不带圈数字单元格的检验数,如表 5-9 所示。

表 5-9

配送中心 生产厂	B1	B2	B3	B4	行位势(V_i)
A1	0	-3	0	0	2
A2	-2	0	-1	0	2
A3	0	-6	-5	0	0
列位势(U_j)	1	1	0	2	

得到检验数后,即可判断该方案是否最优。判断的法则是:若所有检验数均为非正,则该方案为最优;否则,则需进一步改进。

此例中,检验数均为非正,说明不需要进行调整,此方案为最优。

案例 2:有四个客户 B1、B2、B3、B4 所需的某种物品可由三个配送中心 A1、A2、A3 供应,各配送中心的可供给量和各客户的需求量以及各配送中心运送单位物品到各客户的运价(单位:百元/吨)如表 5-10 所示。求使总运费最小的调运方案。

表 5-10

运价　客户 配送中心	B1	B2	B3	B4	供给量/t
A1	3	11	3	10	7
A2	1	9	2	8	4
A3	7	4	10	5	9
需求量/t	3	6	5	6	

第一步:用最小元素法确定初始方案。其基本思想是按照运价的大小决定供应的先后,优先满足单位运价最小者的供需要求。调动方案如表 5-11 所示。

表 5-11

配送中心 \ 客户	B1	B2	B3	B4	供给量/t
A1	3	11	4	3 3 10	7
A2	3 1	9	1 2	8	4
A3	7	6 4	10	3 5	9
需求量/t	3	6	5	6	

从表 5-11 可知,初始调运方案的总运费如下。
$4 \times 3 + 3 \times 10 + 3 \times 1 + 1 \times 2 + 6 \times 4 + 3 \times 5 = 86$(百元) $= 8\ 600$(元)
第二步:用位势法检验初始调运方案是否为最优,如表 5-12、表 5-13 所示。

表 5-12

配送中心 \ 客户	B1	B2	B3	B4	行位势(V_i)
A1			③	⓪	0
A2	①		②		-1
A3		④		⑤	-5
列位势(U_j)	2	9	3	10	

表 5-13

配送中心 \ 客户	B1	B2	B3	B4	行位势(V_i)
A1	-1	-2	0	0	0
A2	0	-1	0	1	-1
A3	-10	0	-12	0	-5
列位势(U_j)	2	9	3	10	

此例中,检验数有一个为正,说明需要进行调整。用闭回路法进行调整。
闭回路法的做法是从出现正值的单元格出发,沿水平或垂直方向,遇有运量单元格转 90°,形成一个封闭的回路,依次标上(+)、(-)号,并将所有标有负号的转角单元格中的最小运量作为调整基数。各正号加上基数,各负号减去基数。过程如表 5-14 所示。

表 5-14

配送中心 \ 客户	B1	B2	B3	B4	供给量/t
A1			4(+1)	3(-1)	7
A2	3		1(-1)	0(+1)	4
A3		6		3	9
需求量/t	3	6	5	6	20

调整后的方案如表 5-15 所示。

表 5-15

配送中心＼客户	B1	B2	B3	B4	供给量/t
A1			5	2	7
A2	3			1	4
A3		6		3	9
需求量/t	3	6	5	6	20

第三节　物流系统的评价与优化

一、物流系统的网络布点

(一) 物流系统网络概述

1. 物流系统网络的构成要素(见图 5-3)

图 5-3　物流网络的构成要素

2. 物流系统网络的结构类型
① 单核心。核心节点同时承担物流中心与配送中心和信息中心的职能。
② 双核心单向。物流网络体系中存在两个核心节点,即物流中心和配送中心。
③ 双核心交互。该物流网络中的每一个节点同时承担双重功能,即物流中心和配送中心。
④ 多核心。物流网络中是多个核心节点同时存在,绝大多数的物流活动都是通过这些核心节点完成的。

3. 物流系统网络的总体规划设计
(1) 物流系统网络规划设计的原则
① 按经济区域建立网络。

② 以城市为中心布局网络。
③ 以厂商集聚形成网络。
④ 建设信息化的物流网络。
（2）物流系统网络规划设计的内容

物流节点和路线的统一与协调，要依据路线和节点的不同功能，进行有效的分工和协调，形成统一的、一体化的运作系统，以保障物流系统输出的最大化。

物流系统网络规划设计就是确定产品从供货点到需求点流动的结构，包括决定使用什么样的节点、节点的数量、节点的位置，如何给各节点分派产品和客户，节点之间应使用什么样的运输服务以及如何进行服务。

4. 物流系统网络规划设计的步骤
① 组建物流网络规划设计团队。
② 物流网络的数据收集。
③ 备选方案的提出。
④ 相关方案的比较。

5. 物流系统网络的管理组织设计
（1）物流系统网络组织设计的原则
① 统一指挥原则。
② 有效性原则。
③ 协调原则。
④ 职责与职权对等原则。
⑤ 合理管理幅度原则。
（2）物流系统网络的组织模式（见图5-4、图5-5）

图5-4 功能一体化物流系统网络组织

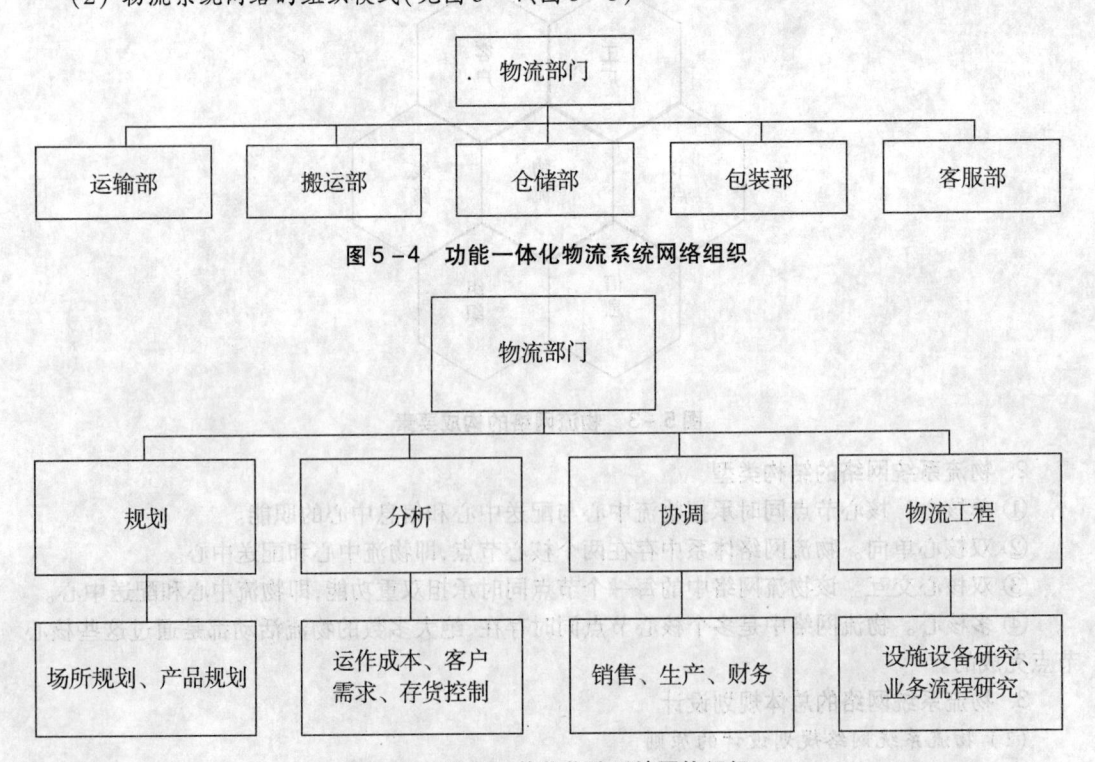

图5-5 流程一体化物流系统网络组织

虚拟化物流系统网络组织实际上是一种非正式的、松散的、暂时性的组织形式。它突破原有物流组织的界限，依靠发达的信息及网络技术，通过整合各成员的资源、技术、客户等，实行统一、协调的物流运作，以最小组织来实现最大的物流功能和最低的物流成本，如图5-6所示。

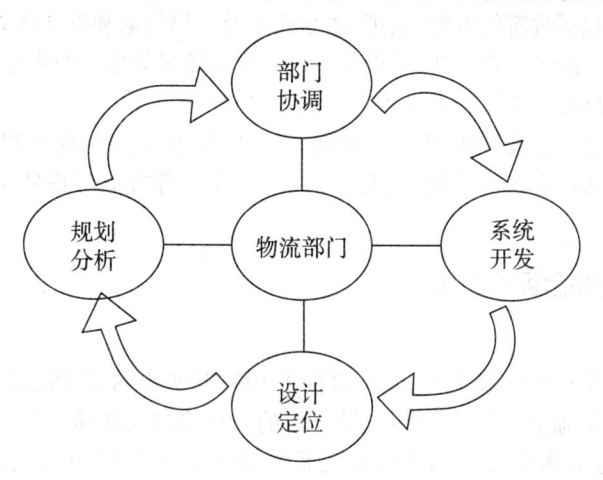

图5-6 虚拟化物流系统网络组织

二、物流系统的评价

物流系统评价通过对物流系统进行综合调查和整体描述，利用各种物流模型和数据，从总体上把握物流系统的现状，提出若干方案，并从中找出最优的方案。

（一）物流系统评价的目的

① 明确物流系统的目标，提出可行的方案。
② 从系统功能、目标、要求及费用等方面对系统进行分析和评价，考核其满意程度。
③ 发现问题，提出改进措施，建立系统的最优方案，为系统决策提供科学依据。

（二）物流系统评价的原则

① 整体性原则。
② 系统性原则。
③ 静态指标与动态指标相结合原则。
④ 定性评价和定量评价相结合原则。
⑤ 可操作性原则。

（三）物流系统评价的主要步骤

① 明确问题。
② 建立评价指标体系。
③ 确定指标权重。
④ 确定评价方法。
⑤ 单项评价。
⑥ 综合评价。

⑦ 提出评价结论与建议。

(四) 物流系统评价指标体系构建

① 政策性指标,包括政府的方针、政策、法令法规及法律约束和发展规划等方面的要求。
② 技术性指标,一般考虑物流技术、设备、效率、服务质量等方面的指标。
③ 经济性指标,反映物流服务水平和物流成本之间的关系。
④ 时间性指标,考虑建设周期、投资回收期、资金周转率、服务响应时间等。
⑤ 发展性指标,从社会经济状况、人员素质、环保安全等方面考虑物流系统的可持续发展能力。

(五) 物流系统综合评价方法

1. 层次分析法

层次分析法是美国运筹学家 T. L. Saaty 教授于 1973 年提出的,是将决策问题分解成目标、准则、方案等层次,在此基础上进行定性和定量分析的一种多层次决策方法。层次分析法的特点是,在对复杂决策问题的本质、影响及其内在关系等因素进行深入分析之后,构建一个多层次结构模型,然后利用较少的定量信息,把决策的思维过程数学化,从而为求解多目标、多准则或无结构特性的复杂决策问题,提供一种简便的决策方法。层次分析法的步骤如下。

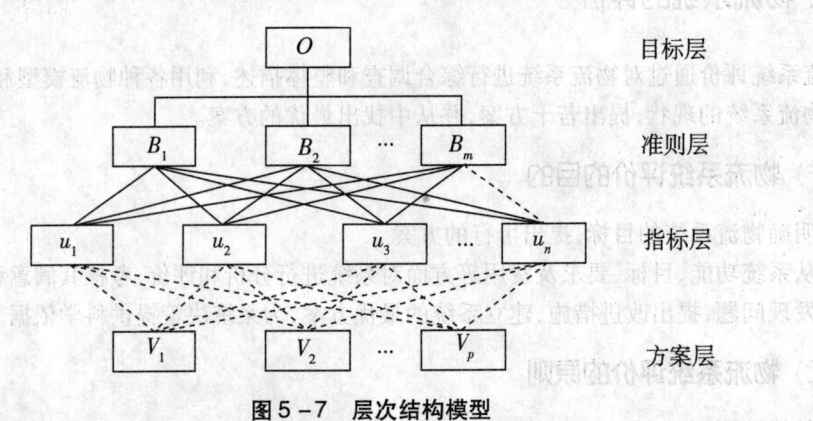

① 明确问题,使问题层次化,并构建层次结构模型(见图 5-7)。

图 5-7 层次结构模型

② 构造判断矩阵,如表 5-16、表 5-17 所示。

表 5-16 判断矩阵

B	U_1	U_2	...	U_j	...	U_n
U_1	a_{11}	a_{12}	...	a_{1j}	...	a_{1n}
U_2	a_{21}	a_{22}	...	A_{2j}	...	A_{2n}
...	...	...	...	...	...	...
U_i	a_{i1}	a_{i2}	...	a_{ij}	...	a_{in}
...	...	...	...	...	...	...
U_n	a_{n1}	a_{n2}	...	a_{nj}	...	a_{nn}

表5-17 判断矩阵重要性等级及赋值

重要性等级	a_{ij}赋值
i,j两元素同样重要	1
i元素比j元素稍微重要	3
i元素比j元素明显重要	5
i元素比j元素强烈重要	7
i元素比j元素极端重要	9
上述两相邻判断的中间值	2,4,6,8

说明：若反过来j元素与i元素比较，则得到$a_{ji}=\dfrac{1}{a_{ij}}$。

③ 层次单排序及一致性检验。根据上一步的判断矩阵，计算对于上一层元素而言，下层中与之有联系的元素的重要性次序的权重的过程叫作层次单排序。求权重的过程可以归结为计算判断矩阵的特征值和特征矢量的问题，即对于矩阵$A=(a_{ij})_{m\times n}$，要计算满足的特征根与特征矢量。

$$A \times W = \lambda_{max} \times W$$

式中，A为判断矩阵；W为权向量；λ_{max}为判断矩阵最大特征根。

为了检验判断矩阵的一致性，引入判断矩阵最大特征根以外其余特征根的负平均值作为检验判断矩阵偏离一致性程度的指标。

$$CI = \frac{\lambda_{max} - n}{n - 1}$$

④ 层次总排序及其一致性检验。层次单排序后，还要进一步综合出各方案对总目标的优劣顺序。计算某一层次所有因素对目标层相对重要性的权重称为层次总排序。计算层次总排序时，以该层所有层次单排序的结果，用上层元素的组合权重为权数，计算对应本层各元素的加权和，所得结果即为该层元素的组合权重。

层次总排序和单排序一样，要进行一致性检验。

$$CI = \sum_{i=1}^{m} a_i(CI)_i \qquad RI = \sum_{i=1}^{m} a_i(RI)_i$$

2. 模糊综合评价法

模糊综合评价法是一种运用模糊数学原理分析和评价那些具有模糊性的系统的分析方法。其特点是评价结果不是绝对的肯定或否定，而是表示为一个模糊集合。

模糊综合评价法的数学模型主要有三个要素。

① 因素集U，表示如下。

$$U = \{u_1, u_2, \cdots, u_m\}$$

② 评价集v，表示如下。

$$v = \{u_1, u_2, \cdots, u_n\}$$

③ 模糊评价矩阵R。

模糊综合评价法的基本步骤如下。

① 确定因素集和评价集。
② 建立 m 个评价因素的权重分配矢量 A。
③ 获得模糊综合评价矩阵。
④ 得到综合评价结果 $B = A \times R$。
⑤ 计算每个评价对象的综合分值 M。

三、物流系统的优化

(一) 物流系统优化的概念

物流系统优化是要在满足各方面限制条件的情况下,通过科学的方法建立与现实物流系统相对应的数学模型,并合理地确定模型的各种参数,以协调各子系统之间的冲突,达到最佳设计目标的过程。

(二) 物流系统的特点

① 全面性。
② 系统性。
③ 简单性。

(三) 建立物流系统模型的步骤

① 识别系统。
② 分析系统。
③ 构造模型。
④ 修改系统。

(四) 物流系统优化原则

① 目标原则。对于所设定的目标,一定要能够可以定量及测评的。在进行物流系统优化时,必须要有一个目标值,以此来确认自己是否达到了目标,只有这样才能通过测评来判断自己的目标是否正确。

② 数据原则。如今是一个数据化时代,通过数据就能分析整个物流系统优化的方案,一旦数据有误,将严重影响对物流系统优化方案的评判。

③ 模型原则。利用现有模型(车辆、业务)试运营,从而来确认物流系统优化是否适合自身。

④ 集成原则。整个物流系统必须紧密结合在一起,从而提高运作效率,减少因不必要的流程而造成的资源浪费。

⑤ 计算分析原则。物流企业应配备具有强大的计算能力和分析能力的人员或设备,保障能够在最短时间内评判出物流系统优化后的正确性及可行性,从而迅速给出解决方案。

⑥ 算法原则。不同类型的业务会有不同的操作方式、运营方式,因此对于不同的业务应采取不同的计算方式,通过详细的计算分析,总结最完善最适合的方案。

⑦ 过程原则。物流系统优化是一个长期工作,持续周期长,因此一定要稳扎稳打,一步一个脚印,循序渐进,对每一个步骤都要不断完善,否则一步之差,将会影响整个物流系统优化的结果。

⑧ 人员原则。负责物流系统优化的人员必须具有强大的数据收集、分析及方案制定的能力,只有这样的人才符合领航者的身份。

(五) 物流系统优化方法

1. 运筹学方法

(1) 规划论

规划论是运筹学的一个重要分支,研究在一系列约束条件下,如何把有限的资源在多项活动中进行最优分配的问题。通常称所必须满足的条件为约束条件,称衡量指标为目标函数。

$$\max(\text{或} \min)Z = c_1x_1 + c_2x_2 + c_3x_3 + \cdots + c_nx_n$$

某配送中心对甲、乙两种商品进行流通加工后再送到客户手中。两种商品的流通加工过程每日需要用到 M 和 N 两个小组的员工,每日所需人员数和获得的利润如表 5-18 所示。配送中心 M 组共有员工 36 人,N 组有员工 24 人。问每日分别加工多少甲、乙商品才能获得最大利润?

表 5-18

人员 商品	M 组/人	N 组/人	利润/元
甲/箱	4	2	600
乙/箱	3	3	700

$$\max Z = 600x_1 + 700x_2$$

$$\begin{cases} 4x_1 + 3x_2 \leq 36 \\ 2x_1 + 3x_2 \leq 24 \end{cases} \quad (x_1 \geq 0, x_2 \geq 0)$$

本例图示如图 5-8 所示。

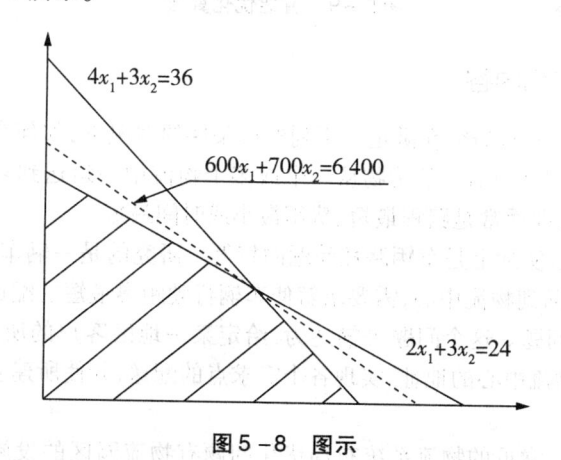

图 5-8 图示

(2) 图论

图论也称网络法,能把复杂的问题转化成图形直观地表现出来,能更有效的解决问题。常用来解决各类最优化问题,如如何使完成任务的时间最少、距离最短、费用最省等。

(3) 排队论

排队论又称随机服务系统理论,是专门研究因随机因素而产生拥挤的方法,可协调和解决请求服务和提供服务双方之间所存在的相互约束的关系。

(4) 存储论

存储论也称库存论，主要是研究物资库存策略的理论，即确定物资库存量、补货频率和补货量等问题。库存的目的是为生产经营活动的持续进行提供有力的保障。

2. 智能优化算法

智能优化算法是从与研究问题有关的基本模型和算法中获得启发，从而发现解决问题的思路和途径，是通过对过去经验的归纳推理及试验分析来解决问题的方法，如图5-9所示。

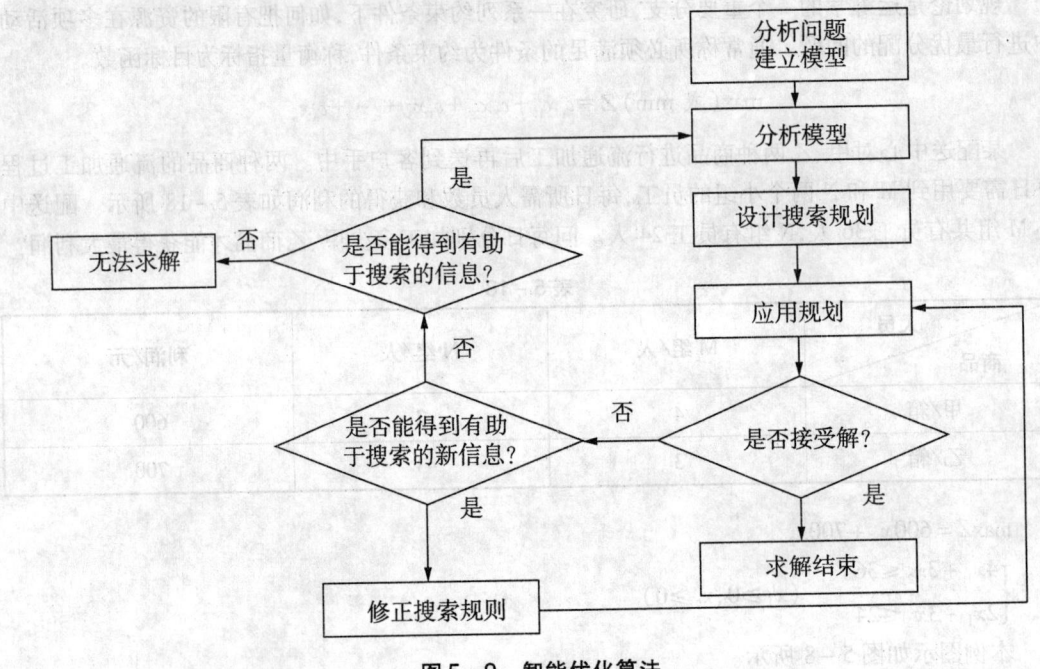

图 5-9 智能优化算法

（六）物流系统优化内容

① 车辆路径问题。它是研究在满足一系列约束条件的情况下，如何合理安排运输车辆的行车路径和时间，使车辆把客户需要的货物从一个或多个物流中心运送到多个地理上分散的客户点，并达到特定的目标，即通常是路程最短、费用最小或时间最短。

② 旅行商问题。这实际上是车辆路径问题的特例。研究的是一辆车从物流中心出发，为若干个销售点送货，最后回到物流中心，需要求解使车辆行驶距离最短的配送路线。

③ 物流中心选址问题。这个问题可描述为，给定某一地区客户的所有需求点地址，要求从中选出一定数目作为物流中心的地址，实现各个需求点的配送，并使所建立的配送系统总配送费用最小。

④ 布局优化问题。常见的物流系统布局优化问题有物流园区的设施布局、空间管道布局、物流中心内部布局等。

⑤ 库存优化问题。库存优化问题中最常见的是订货批量的确定，通常采用投影法、混合遗传算法等方法来进行求解。

本章小结

本章是本书的重点部分,主要对物流系统进行介绍,分别从物流系统的相关概念、物流系统的模式、物流系统的目标等几个方面进行讲解,并介绍了物流节点的分类和物流节点的规划方法,探讨了物流系统的评价和优化方法。其中比较重要的是物流节点的规划、物流路线的规划和物流系统的评价与优化。物流系统评价通过对物流系统进行综合调查和整体描述,利用各种物流模型和数据,从总体上把握物流系统的现状,提出若干方案,并从中找出最优的方案。物流系统评价需要遵守整体性、系统性和可操作性原则,并将静态指标与动态指标相结合,定性评价和定量评价相结合。物流系统评价一般包括明确问题、建立评价指标体系、确定指标权重、确定评价方法、单项评价、综合评价、提出评价结论与建议等步骤。

本章习题

思考题

1. 说明物流系统的功能。
2. 简要介绍物流节点的作用。
3. 物流系统优化的方法有哪些？

案例分析

海尔现代物流系统建设案例分析

海尔在连续16年保持80%的增长速度之后,近两年来又悄然进行着一场重大的管理革命。这就是在对企业进行全方位流程再造的基础之上,建立了具有国际水平的自动化、智能化的现代物流体系,使企业的运营效益发生了奇迹般的变化,资金周转达到一年15次,实现了零库存、零运营成本和与客户的零距离,突破了构筑现代企业核心竞争力的瓶颈。

一、海尔现代物流从根本上重塑了企业的业务流程,真正实现了市场化程度最高的订单经济

海尔现代物流的起点是订单。企业把订单作为企业运行的驱动力,作为业务流程的源头,完全按订单组织采购、生产、销售等全部经营活动。从接到订单时起,就开始了采购、配送和分拨物流的同步流程,现代物流过程也就同时开始。由于物流技术和计算机管理的支持,海尔物流通过3个JIT,即JIT采购、JIT配送、JIT分拨物流来实现同步流程。这样的运行速度为海尔赢得了源源不断的订单。目前,海尔集团平均每天接到销售订单200多个,每个月平均接到6 000多个销售订单,定制7 000多个规格品种的产品,需要采购的物料品种达15万种。

由于所有的采购基于订单,采购周期减到3天;所有的生产基于订单,生产过程降到一周之内;所有的配送基于订单,中心城市在8小时内、辐射区域在24小时内、全国在4天之内即能送达。总的来说,海尔完成客户订单的全过程仅为10天时间,资金回笼一年15次(1999年只为1.2次),呆滞物资降低73.8%。张瑞敏认为,订单是企业建立现代物流的基础。如果没有订单,现代物流就无物可流,现代企业就不可能运作。没有订单的采购,意味着采购回来就是库存;没有订单的生产,就等于制造库存;没有订单的销售,就不外乎是处理库存。抓住了订单,就抓住了满足即期消费需求、开发潜在消费需求、创造崭新消费需求这个牛鼻子。但如果没有现代物流保障流通的速度,有了订单也会失去。

二、海尔现代物流从根本上改变了物在企业的流通方式,基本实现了资本效率最大化的零库存

海尔改变了传统仓库的"蓄水池"功能,使之成为一条流动的"河"。海尔认为,提高物流效率的最大目的就是实现零库存。现在海尔的仓库已经不是传统意义上的仓库,它只是企业的一个配送中心,成了为下道工序配送而暂时存放物资的地方。

建立现代物流系统之前,海尔有占地50多万平方米的仓库,费用开支很大。目前,海尔建立了2座我国规模最大、自动化水平最高的现代化、智能化立体仓库,仓库使用面积仅有2.54万平方米。其中一座坐落在海尔开发区工业园中的仓库,面积1.92万平方米,设置了1.8万个货位,满足了企业全部原材料和制成品配送的需求,其仓储功能相当于一个30万平方米的仓库。

这个立体仓库与海尔的商流、信息流、资金流、工作流连网,进行同步数据传输,采用世界上最先进的激光导引无人运输车系统、机器人技术、巷道堆垛机、通信传感技术等,整个仓库空无一人。自动堆垛机把原材料和制成品举上7层楼高的货位,自动穿梭车则把货位上的货物搬下来,放在激光导引无人驾驶运输车上,运输车井然有序地按照指令再把货物送到机器人面前,机器人叉起托盘,把货物装上外运的载重运输车上,运输车开向出库大门,仓库中物的流动过程结束。整个仓库实现了对物料的统一编码,使用了条形码技术、自动扫描技术和标准化的包装,没有一道环节会使流动的过程梗塞。

海尔的流程再造使原来表现为固态的、静止的、僵硬的业务过程变成了动态的、活跃的和柔性的业务流程。未进行流程再造前的1999年,海尔实现销售收入268亿元,库存资金15亿元,销售资金占用率为5.6%。2000年实现销售收入406亿元,比1999年增加了138亿元,库存资金降为7亿元,销售资金占用率为1.72%。2002年海尔的目标是把库存资金降为3个亿,销售资金占用率将降到0.5%左右,届时海尔将基本实现零库存。在海尔,所谓库存物品,实际上成了在物流中流动着的、被不断配送到下一个环节的"物"。

三、海尔现代物流从根本上打破了企业自循环的封闭体系,建立了市场快速响应体系

面对日趋激烈的市场竞争,现代企业要占领市场份额,就必须以最快的速度满足终端消费者多样化的个性需求。因此,海尔建立了一整套对市场的快速响应系统。一是建立网上订单管理平台。全部采购订单均由网上发出,供货商在网上查询库存,根据订单和库存情况及时补货。二是建立网上支付系统。目前网上支付已达到总支付额的20%,支付准确率和及时率达100%,并节约近1 000万元的差旅费。三是建立网上招标竞价平台。供应商与海尔一道共同面对终端消费者,以最快的速度、最好的质量、最低的价格供应原材料,提高了产品的竞争力。四是建立信息交流平台。供应商、销售商共享网上信息,保证了商流、物流、资金流的顺畅。集成化的信息平台,形成了企业内部的信息"高速公路",架起了海尔与全球用户资源网、全球供应链资源网和计算机网络的桥梁,将用户信息同步转化为企业内部信息,以信息替代库存,强化了整个系统执行订单的能力。海尔物流成功地运用电子商务体系,大大缩短了海尔与终端消费者的距离,为海尔赢得了响应市场的速度,扩大了海尔产品的市场份额。

资料来源:百度文库.

请分析下列问题。

① 海尔集团在构建核心竞争力的过程中,紧紧抓住了哪些关键环节?

② 结合本例说明实现零库存的意义何在。

③ 结合本例分析企业物流对整个企业的经营具有哪些意义?

技能训练题

某物流园区,每年需要从P1地运来铸铁,从P2地运来钢材,从P3地运来煤炭,从P4地运

来日用百货，各地与某城市中心的距离和每年的材料运量如表 5-19 所示。

表 5-19

原材料供应地及其坐标	P1		P2		P3		P4	
距离市中心坐标距离/km	x_1	y_1	x_2	y_2	x_3	y_3	x_4	y_4
	30	50	25	35	40	45	60	40
年运输量/t	3 000		1 500		4 000		3 500	

要求：请用重心法确定分厂厂址。

第六章 物流成本

学习目标

- 理解物流成本的含义及构成。
- 明确物流成本的核算对象和基本要求。
- 了解作业成本法。
- 了解物流成本控制的方法及途径。

学习重点

- 掌握物流成本的构成。
- 掌握物流成本的核算对象。

案例导入

物流成本掣肘发展

人们往往把快递物流当成物流的主体,事实上,服务生产制造的货运物流才是社会物流的主体。2017 年,工业品物流总额 235 万亿元,占社会物流总额的 94%。对此,传化集团创始人徐冠巨表示,要更加重视货运物流这一主体,让制造业企业得到高效的物流服务。

主要发达国家制造业的强大很大程度上也是物流体系的强大。在我国,建设高效率的现代物流体系,是建设现代化经济体系、实现高质量发展的题中之义,也是当务之急。

目前,物流成本是掣肘企业发展的重要原因。例如,京东 2017 年第四季度财报显示,物流的履约成本从 5.5 亿美元增长到 8 亿美元,增幅达 45.7%。2017 年以来,京东物流履约成本的增幅持续扩大,第一季度增长 30%,第二季度增长 39%,第三季度增长 40%。我国物流费用占 GDP 比重是 14.8%,而欧美国家仅 7%~8%。我国降一个百分点就是万亿的价值,因此可以去投资技术研发,改善品质服务,提高品牌。

持续推进物流降本增效

2018 年的政府工作报告中明确提出,深化收费公路制度改革,降低过路过桥费用。此前,交通运输部副部长刘小明提出,2017 年我国物流成本降低 881.6 亿元。

据央视新闻报道称,日前,收费公路的改革问题已经在推进,正在以《收费公路管理条例》的修改作为切入点,以降低物流成本。

发改委新闻发言人孟玮近日表示,2018 年,国家发改委将持续推进降成本工作,更加注重中长期目标确立和长效机制建设,把降低成本与产业转型升级、提升持续发展能力结合起来,以提高实体经济供给体系质量为重点,持续增强我国经济质量优势。一是继续下大力气降低制度性交易成本,重点是深化"放管服"改革。二是继续下大力气清理规范涉企收费。三是继续下大力气推进物流降本增效。

2018年,发改委将重点开展三个方面工作。一是在物流领域简政减税降费方面陆续出台10余项政策措施,为实体经济发展营造更好环境。二是编制国家物流枢纽布局和建设规划,推动构建国家骨干物流基础设施网络,发挥物流基础设施网络对经济高质量发展的支持保障作用。三是开展物流降本增效综合改革试点,打破地方保护和行业垄断,破除制约物流降本增效和创新发展的体制机制障碍,促进物流业健康发展。

近年来,伴随着工业生产和消费水平的提高,国内的快递、快运行业经历着人力成本、装备升级、税收负担等多方面成本升级的压力。一方面,对于许多大型企业来说,这是企业规模扩大,规范建设带来的必然的投入。另一方面,对于企业来说,互联网及相关技术的发展,将是降成本过程中的一次机遇,包括运用大数据监控、在线平台管理、无人机和无人仓库的运营,尽可能地降低人力、管理等成本投入。

资料来源:每日经济新闻网.

第一节 现代物流成本概述

物流成本是伴随着物流活动而发生的各种费用。物流成本管理在物流管理中占有重要的位置。"黑暗大陆学说""第三利润源学说"及"物流成本冰山学说"等观点都说明了物流成本问题是物流管理初期人们关心的主要问题。正是由于在物流领域存在着广阔的降低成本的空间,物流问题才引起企业经营管理者的重视。同时,物流成本和物流成本管理的理论研究,又是企业面临的一个新课题。在过去,企业对物流成本没有单独核算,只有运输、仓储等对外支付的物流费用单列出来,而在整个生产过程中许多物流环节的费用大多划入生产成本核算。由于没有对物流成本进行认真的分析和研究,因此,很难从物流成本管理中发现问题、解决问题,不利于物流的合理化和企业经济效益的提高。因此,物流成本管理的意义在于,通过对物流成本的有效把握,加强对物流活动过程中费用支出的有效控制,降低物流总成本,从而达到提高企业经济效益和社会效益的目的。

一、物流成本的概念

物流成本也称物流费用,就是在物流过程中产品的空间移动或时间占用中所耗费的各种活劳动和物化劳动的货币表现。具体来说,它是产品在实物运动过程中,如包装、搬运装卸、运输、储存、流通加工等各个活动中所支出的人力、物力和财力的总和。

物流成本的内含包括企业从事物流工作的人员工资、奖金和各种补贴;物流过程中的物质消耗。例如,固定资产的磨损;包装材料、电力、燃料消耗;物品在运输、保管等过程中的合理损耗;用于保证物流顺畅的资金成本和支付银行贷款的利息;物流过程中的研究设计、重构和优化所需费用;组织物流活动的其他费用,如有关的差旅费、办公费等。

人们可以从不同的角度对物流成本进行观察和分析。观察和分析的角度不同,对物流成本的认识也就不同,物流成本的含义也就不同。本书中,按照人们进行物流成本管理和控制的不同角度,把物流成本分为社会物流成本、货主企业(包括制造企业和商品流通企业)物流成本及物流企业物流成本三个方面。其中,社会物流成本是宏观意义上的物流成本,而货主企业物流成本及物流企业物流成本是微观意义上的物流成本。不同角度的物流成本有着不同的含义。

(一)社会物流成本

社会物流成本又可以称为宏观物流成本。站在社会物流的角度,进行社会物流的优化,就要考虑物流成本的问题。人们往往用物流成本占国内生产总值(GDP)的比重来衡量一个国家的物流管理水平的高低,这种物流成本就是指社会物流成本。

宏观物流成本是核算一个国家在一定时期内发生的物流总成本,是不同性质企业微观物流成本的总和。目前,各国对宏观物流成本的测算方法也各不相同,我国宏观物流成本的测算方法上仍处于探索阶段,尚没有形成权威的统计方法。

(二)货主企业物流成本

货主企业主要是指制造企业和商品流通企业。制造企业物流是物流业发展的源动力,而商品流通企业是连接制造企业和最终客户的纽带,制造企业和商品流通企业是物流服务的需求主体。

商品流通企业物流成本的基本构成有:企业员工工资及福利费;支付给有关部门的服务费,如水电费等;经营过程中的合理消耗费,如储运费、物品合理损耗及固定资产折旧等;支付的贷款利息;经营过程中的各种管理成本,如差旅费、办公管理费等。

制造企业的生产目的是为了将生产出来的产品通过销售环节转换成货币。为了销售生产经营的需要,制造企业所组织的产品实体应包括产成品、半成品、原材料和零配件等。其物流过程具体包括了从企业内部原材料和协作件的采购、供应开始,经过生产制造过程中的半成品存放、装卸搬运、成品包装及运输到流通领域,进入仓库验收、分类、储存、保管、配送、运输,最后到消费者手中的全过程。这些过程发生的所有成本就是制造企业的物流成本。从现代物流活动的构成及其对企业经营的作用来看,制造企业应对物流进行全过程管理,对物流全过程的所有成本进行核定、分析、计划、控制与优化,达到以合理的物流成本保证经营有效运行的目的。

(三)物流企业物流成本

根据物流服务企业提供的服务类型,可以把物流企业分为两类。一类是提供功能性物流服务的物流企业。这类企业在整个物流服务过程中发挥着很大的作用,该类企业一般只提供一体化物流服务功能,如仓储服务企业、运输服务企业等。第二类是提供一体化物流服务的第三方物流企业。第三方物流企业一般是指综合性的物流服务公司,能为客户提供多种物流业务服务。

物流企业在营运过程中发生的各项费用,都可以看成是物流成本。实际上,从另一个角度看,当货主企业把物流业务外包给物流企业时,物流企业发生的各项支出构成了它的物流成本,而物流企业向货主企业的收费(包括了物流企业的成本费用、税金及一定的利润)就构成货主企业的物流成本。

在讨论物流成本的管理和控制时,应首先明确分析的角度,理解不同角度下物流企业成本的含义,在此基础上进行深入的分析。其中,人们常说的物流成本往往主要是指货主企业的物流成本。

物流成本管理是对所有物流成本进行计划、分析、核算、控制与优化,以达到降低成本的目的。物流成本管理的实质是通过成本去管理物流,或者说是以成本为手段的物流管理方法。

二、物流成本的构成

物流按其所处企业的领域不同,可分为流通企业物流和生产企业物流,相应的物流成本也可分为流通企业物流成本和生产企业物流成本。

（一）流通企业物流成本的构成

流通企业物流成本是指在组织物品的购进、运输、保管、销售等一系列活动中所耗费的人力、物力和财力的货币表现。其基本构成及分类如下。

① 人工费用，为物流从业人员支出的费用，如企业员工工资、奖金、津贴、福利费等。

② 作业消耗，是指物流作业过程的各种物质消耗，如包装材料、燃料、电力等的消耗，车辆、设备、场地设施等的磨损等。

③ 物品损耗，物料、制品、协作件、商品等在物流作业中的合理损耗。

④ 利息支出，属于再分配项目的支出，用于各种物流环节占用银行贷款的利息支付等。

⑤ 管理费用，是指组织物流过程中的各种费用，如上网费、入会费、路线租用费、行政办公费、差旅费等。

（二）生产企业物流成本的构成

生产企业物流成本是指企业在进行供应、生产、销售、回收等过程中所发生的运输、包装、保管、配送、废物处理方面的成本。与流通相比，生产企业的物流成本大都体现在所生产的产品成本之中，具有与产品成本的不可分割性。其基本构成及分类如下。

① 人工费用，是指企业从事物流工作的员工工资、奖金、津贴、福利费用。

② 采购费用，如运输费、保险费、合理损耗、采购人员的差旅费等。

③ 仓库保管费，如仓库的维护保养费、搬运费。

④ 营业费用，是在物流活动中的能源和材料消耗费、办公费、差旅费、保险费、劳动保护费等。

⑤ 物流设施、设备维护和折旧费，如仓库的折旧费。

⑥ 产品销售费用，是指在产品销售过程中所发生的物流费用，如销售活动中的运输费、保险费、搬运费、装卸费、仓储费、配送费等。

⑦ 物流信息费，如物流硬件费用、软件费用、维护费用等。

⑧ 财务费用，如物流活动中的贷款利息、手续费、资金占用费等。

三、物流成本的分类

现代物流管理的最终目标是降低物流成本，提高物流服务质量。物流被称为"第三利润源"，在物流领域降低成本有很大的潜力。为了进行物流成本的计算，首先应确定计算口径，即从哪个角度来计算物流成本，因此必须对物流成本进行分类。按不同的角度，物流成本有不同的分类。

（一）按照物流的范围分类

1. 供应物流费

这是指从商品（包括容器、包装材料）采购直到批发、零售业者进货为止的物流过程中所需要的费用。

2. 企业内物流费

这是指从购进的商品到货或由本企业提货时开始，直到最终确定销售对象的时刻为止的物流过程中所需要的费用,包括运输、包装、保管、配货等费用。

3. 销售物流费

这是指从确定销售对象时开始,直到商品送交到客户为止的物流过程中所需要的费用,包括包装、出库、配送等费用。

4. 回收物流费

这是指包括材料、容器、退货等由销售对象回收到本企业的物流过程中所需要的费用。

5. 废弃物物流费

这是指在处理废弃物物流的过程中而产生的物流费用。

(二) 按照支付形态的不同分类

1. 材料费

这是指因物料的消耗而发生的费用,由物资材料费、燃料费、消耗性工具、低值易耗品推销及其他物料消耗等费用组成。

2. 人工费

这是指因人力劳务的消耗而发生的费用,包括工资、奖金、福利费、医药费、劳动保护费、职工教育培训费和其他一切用于职工的费用。

3. 公益费

这是指为公益事业提供公益服务而支付的费用,包括水费、电费、煤气费、冬季取暖费、绿化费及其他费用。

4. 维护费

这是指土地、建筑物、机械设备、车辆、船舶、搬运工具、工具器具备件等固定资产的使用、运转和维护修理所产生的费用,包括维护修理费、折旧费、房产税、土地使用税、车船使用税、租赁费、保险费等。

5. 一般经费

这是指差旅费、交通费、会议费、书报资料费、文具费、邮电费、零星购进费、城市建设税、能源建设税及其他税费,还包括物资及商品损耗费、物流事故处理及其他杂费等一般支出。

6. 特别经费

这是指采用不同于财务会计的计算方法所计算出来的物流费用,包括按实际使用年限计算的折旧费和企业内利息等。

7. 委托物流费

这是指将物流业务委托给物流业者时向企业外支付的费用,包括企业外支付的包装费、运费、保管费、出入库手续费、装卸费等。

8. 其他企业支付物流费

在物流成本中,还包括其他企业支付的物流费。例如,商品购进采用送货制时包含在购买价格中的运费,商品销售采用提货制时因客户自己取货而扣除的运费。在这些情况下,虽然实际上本企业内并未发生物流活动,但却发生了物流费用,这笔费用也应该作为物流成本而计算在内。

(三) 按照物流的功能分类

1. 物品流通费

这是指为完成商品物资的物理性流通而发生的费用,可进一步细分为包装费、运输费、保管费、装卸搬运费、流通加工费和配送费。

① 包装费,是指为商品的运输、装卸、保管的需要而进行包装的费用,即运输包装费,不包括销售包装费。

② 运输费,是指把商品从某一场所转移到另一场所所需要的运输费用。除了委托运输费外,还包括用本物流中心自有运输工具进行运输的费用。

③ 保管费,是指一定时期内因保管商品而需要的费用。除了包租或委托储存的仓储费外,还包括在物流中心自有仓库储存时的保管费。

④ 装卸费,是指伴随商品包装、运输、保管、流通加工等业务而发生的商品在一定范围内进行水平或垂直移动所需要的费用。

⑤ 流通加工费,是指在商品流通过程中为了提高物流的效益而进行的商品加工所需要的费用。

⑥ 配送费,是指按客户要求的商品品种和数量,在物流中心进行分拣,配装后将商品送交客户的过程中所产生的费用,包括包装、分拣、配发、装卸、短途运输等费用。

2. 信息流通费

这是指因处理、传输有关的物流信息而产生的费用,包括与储存管理、订货处理、客户服务有关的费用。

3. 物流管理费

这是指进行物流的计划、调整、控制所需要的费用。它包括作业现场的管理费,也包括物流管理部门的管理费。

小知识

物流成本的特征

1. 物流成本的隐含性

物流成本冰山理论是指当人们读财务报表时,只注意到企业公布的财务统计数据中的物流费用,而这只能反映物流成本的一部分,因此有相当数量的物流费用是不可见的。

2. 物流成本削减的乘法效应

假定销售额为 100 亿元,物流成本为 10 亿元,如物流成本下降 1 亿元,就可得到 1 亿元的收益。这个道理是不言自明的。现在假定物流成本占销售额的 10%,如物流成本下降 1 亿元,销售额将增加 10 亿元,这样,物流成本的下降会产生极大的效益。这个理论类似于物理学中的杠杆原理,物流成本的下降通过一定的支点,可以使销售额获得成倍的增长。物流成本是以物流活动的整体为对象的,是唯一基础性的、可以共同使用的基本数据。因此,它是进行物流管理、使物流合理化的基础。

3. 物流成本的部分不可控性

物流成本中有不少是物流部门不能控制的。例如,保管费中包括了由于过多进货或过多生产而造成积压的库存费用,以及紧急运输等例外发货的费用。

4. 物流成本计算方法、范围的不一致性

物流成本的计算范围、计算方法,各企业也均不相同,因此无法与其他企业进行比较,也很难计算行业的平均物流成本。目前,还不存在行业的标准物流成本计算方法和范围。

资料来源:中国物流交易中心. http://www.56135.com/56135/info/infoview/31170.html.

案例 6-1

布鲁克林酿酒厂的物流成本管理

一、基本情况

布鲁克林酿酒厂在美国分销布鲁克林拉格和布郎淡色啤酒,并且已经经营了 3 年。虽然在美国还没有成为名牌,但在日本市场却已创建了一个每年 200 亿美元的市场。Taiyo 资源有限公司是 Taiyo 石油公司的一家国际附属企业。在这个公司负责人访问布鲁克林酿酒厂之前,该酿酒厂还没有立即将其啤酒出口到日本的计划。Taiyo 公司认为,日本消费者会喜欢这种啤酒,并希望布鲁克林酿酒厂与 Hiroyo 贸易公司全面讨论在日本的营销业务。Hiroyo 贸易公司建议布鲁克林酿酒厂将啤酒航运到日本,并通过广告宣传其进口啤酒具有独一无二的新鲜度。这是一个营销战略,也是一种物流作业,因为高成本使得目前还没有其他酿酒厂通过航空将啤酒出口到日本。

二、物流成本管理

1. 布鲁克林酿酒厂运输成本的控制

布鲁克林酿酒厂于 1987 年 11 月装运了它的第一箱布鲁克林拉格到达日本,并在最初的几个月里使用了各种航空承运人。最后,日本金刚砂航空公司被选为布鲁克林酿酒厂唯一的航空承运人。金刚砂公司之所以被选中,是因为它向布鲁克林酿酒厂提供了增值服务。金刚砂公司在其 J.F.K. 国际机场的终点站交付啤酒,并安排运输,金刚砂公司通过其日本报关行办理清关手续。这些服务有助于保证产品完全符合新鲜要求。

2. 布鲁克林酿酒厂物流时间与价格的控制

啤酒之所以能达到新鲜要求,是因为这样的物流作业可以在啤酒酿造后的 1 周内将啤酒从酿酒厂直接运达客户手中,而海外装运啤酒的平均订货周期为 40 天。新鲜的啤酒能够超过一般价值定价,高于海运装运的啤酒价格的 5 倍。虽然布鲁克林拉格在美国是一种平均价位的啤酒,但在日本,它是一种溢价产品,获得了极高的利润。

3. 布鲁克林酿酒厂包装成本控制

布鲁克林酿酒厂将改变包装,通过装运小桶装啤酒而不是瓶装啤酒来降低运输成本。虽然小桶重量与瓶装啤酒相等,但减少了玻璃破碎而使啤酒损毁的机会。此外,小桶啤酒对保护性包装的要求也比较低,这将进一步降低装运成本。

三、物流成本管理的成效

布鲁克林拉格的高价并没有阻碍该啤酒在日本的销售。1988 年,即其进入日本市场的第一年,布鲁克林酿酒厂取得了 50 万美元的销售额;1989 年销售额增加到 100 万美元;而 1990 年则为 130 万美元,其出口总量占布鲁克林酿酒厂总销售额的 10%。

资料来源:百度文库.

试分析本案例中布鲁克林酿酒厂物流成本管理的优势所在。

第二节 物流成本的计算

一、物流成本计算的意义

加强物流成本管理,降低物流费用,对企业、国家都有重大意义。

(一) 增加国家资金积累

积累是社会扩大再生产的重要来源。物流部门同样承担着缴纳国家税费的任务,这种税收是国家积累的一部分,物流费用的降低,相对的利润就会增加,就意味着相应提高和增加国家的资金积累。工厂企业物流费用的降低,对降低产品成本,提高企业的经济效益有特别重要的意义。

(二) 为社会节省大量的物质损耗

物流费用的降低,意味着在实物流动过程中劳动耗费的减少。在这种情况下,生产领域中的劳动就可以相应增加。在物流过程中必然伴随着一定量的物质损耗,加强物流管理就可以不断地降低这些损耗。

(三) 有利于调整物资价格

物流费用是商品价格的组成部分之一,物流费用的高低,对商品的价格具有重大影响。降低物流费用,意味着降低它在商品价格中的比重,从而使商品价格下降,减轻消费者的负担。

(四) 提高企业管理效率

首先,通过对物流成本的管理,可以了解物流成本的大小和它在生产成本中所占的比例,从而提高企业内部对物流重要性的认识,并且从物流成本的分布,可以发现物流活动中存在的问题。其次,根据物流成本计算结果制订物流计划,调整物流活动并评价物流活动效果,以便通过统一管理和系统优化降低物流费用。再次,根据物流成本计算结果可以明确物流活动中不合理环节的责任者。

总之,降低物流费用同企业的经济效益有着十分重要的关系。从宏观角度上看,降低物流费用对发展国民经济,提高人民生活水平亦具有重要意义。

二、物流成本的核算对象和基本要求

(一) 物流成本的核算对象

物流成本的核算对象应根据物流成本计算的目的及企业物流活动的特点决定。一般来说,物流成本核算的对象有以下几种。

① 以某种物流功能为对象,即根据需要以包装、运输、储存等物流功能为对象进行计算。这种核算方式对于加强每个物流功能环节的管理,提高每个环节的作业水平,具有重要的意义。

② 以某一物流部门为对象,如以仓库、运输队、装配车间等部门为对象进行计算。这种核算对加强责任中心管理,开展责任成本管理及对于部门的绩效考核是十分有利的。

③ 以某一服务客户作为核算对象。这种核算方式对于加强客户服务管理、制定有竞争力且有盈利性的收费价格是很有必要的。特别是对于物流服务企业来说,在为大客户提供物流服务时,应认真分别核算对各个大客户提供服务时所发生的实际成本。

④ 以某一产品为对象。这主要是指货主企业在进行物流成本核算时,以每种产品作为核算对象,计算为组织该产品的生产和销售所花费的物流成本。据此可进一步了解各产品的物流费用开支情况,以便进行重点管理。

⑤ 以企业生产的某一过程为对象,如以供应、生产、销售、退货等过程为对象进行计算。它的主要任务是从材料采购费及企业管理费等费用中抽出供应物流费用,如材料采购费中的外地运输费、企业管理费中的市内运杂费、原材料仓库的折旧修理费、保管人员的工资等;从基本生产车间和辅助生产车间的生产成本、制造费用及企业管理费等账户中抽出生产物流费用,如人工费部分按物流人员比例或物流工时比例确定计入,折旧费、大修费按物流固定资产占用资金比例确定计入等;从销售费用中抽出销售物流费用,如销售过程中发生的运输、包装、装卸、保管、流通加工等费用和委托物流费等。这样就可以得出物流费用的总额,可使企业经营者一目了然地看到各范围(领域)物流费用的全貌并据此进行比较分析。

⑥ 以某一物流成本项目为对象。这是指把一定时期的物流成本,从财务会计的计算项目中抽出,按照成本费用项目进行分类计算。它可以将企业的物流成本分为企业自家物流费、委托物流费和外企业代垫物流费等项目分别进行计算。其中,企业自家物流费包括按相应的分摊标准和方法计算的为组织物流活动而发生的材料费、人工费、燃料费、办公费、维护费、利息费、折旧费等;委托物流费包括企业为组织物流向外单位支付的包装费、保管费、装卸费等;外企业代垫物流费包括在组织原材料(商品)采购和商品销售过程中,由外单位(企业)代垫的物流费用。

⑦ 以某一地区为对象。计算在该地区组织供应和销售所花费的物流成本,据此可进一步了解各地区的物流费用开支情况,以便进行重点管理。

⑧ 以某一物流设备和工具为对象,如以某一运输车辆为对象进行计算。

⑨ 以企业全部物流活动为对象进行计算,确定企业为组织物流活动所花费的全部物流成本支出。

(二) 物流成本计算的基本要求

为了正确核算企业的物流成本,保证成本的真实可靠,还需要在不同时期、不同成本核算对象,以及完工物流服务成本和未完工物流服务成本之间正确地分摊费用,为此应分清有关物流成本费用的几个界限。

1. 正确划分应计入物流成本和不应计入物流成本的费用界限

物流企业的经济活动是多方面的,费用也是多种多样的,不同用途的费用,其列支的项目也不一样。哪些费用应该计入物流成本,哪些不能计入物流成本,国家都有具体规定,这种规定被称为成本开支范围,是物流企业必须严格执行的重要财经制度。任意扩大或缩小成本、费用开支范围,多计或少计成本、费用,不仅是破坏国家财经纪律的非常行为,而且会造成物流成本数字不实,从而不利于企业的经营管理。

2. 正确划分各个月份的费用界限

对于应计入物流成本的费用,还应划分为应由本月成本负担的费用和应由以后各月成本负担的费用,凡应由本期成本负担的费用,都应全部计入本期物流成本;不应由本期成本负担的费用,则不能计入本期物流成本。应按照权责发生制的原则,正确划分各个月份的费用界限。要注意防止利用待摊和预提的方法任意调剂各月费用的错误做法。

3. 正确划分不同物流成本对象的费用界限

在有多种生产经营成本对象的物流企业,为了分析和考核各种成本计算对象成本计划的完成情况,必须分别计算出各成本对象的物流成本。凡属于某种成本对象单独发生,能够直接计入该种成本对象的物流费用,均应直接计入该种成本对象的成本;凡属于几种成本对象共同发生,不能够直接计入该种成本对象的物流费用,则应采用适当的分配方法,分别计入这几种成本对象的成本。

通常情况下,物流企业里为了生产经营发生的直接材料、直接人工等直接生产费用,应当直接计入对应成本对象,为生产经营而发生的间接费用,应当选择合理的分配方法分别计入各成本对象。

4. 正确划分完工和未完工的物流服务成本

月末,如果该物流服务全部完工,那么,计入该物流服务中的成本就是完工物流服务成本;如果该物流服务未完工,那么,计入该物流服务中的成本就是未完工物流服务成本;如果既有完工的物流服务,又有未完工的物流服务,计入该物流服务的成本要采用适当的分配方法在完工的物流服务和未完工的物流服务之间进行分配,以便计算出完工物流服务成本和未完工物流服务成本。这种情况下,不得任意压低或提高未完工的物流服务成本,以保证物流成本计算的真实性。

三、物流成本的计算程序

成本核算的一般程序是指对企业在生产经营过程中发生的各项物流费用,按照成本核算的要求,逐步进行归集和分配,最后计算出各项期间费用、物流总成本和各种成本对象的物流成本的基本过程。物流成本计算的一般程序如下。

(一)明确物流范围

物流范围作为成本的计算领域,是指物流的起点和终点的长短,人们通常所讲的物流有:原材料物流,即原材料从供应商转移到工厂的物流;工厂内物流,即原材料、半成品、产成品在企业不同工序、不同环节的转移和存储;从工厂到仓库的物流;从仓库到客户的物流,这个范围相当广阔。

所以,从哪里开始到哪里为止,作为物流成本的计算对象,会引起物流成本发生很大变化。

(二)确定物流功能范围

物流功能范围是指在运输、仓储、配送、包装、装卸、信息管理等众多的物流功能中,把哪些物流功能作为成本计算对象。可见,把所有的物流功能作为计算对象的成本与只把运输、仓储这两种功能作为计算对象的成本相差甚远。

(三)审核原始记录

为了保证物流成本核算的真实、正确和合法,物流成本日常核算应以有关原始记录、账簿记录为依据进行。例如,据以计算材料费用的领料单或领料登记表,计算工资费用的考勤记录和业务量记录,折旧费用分配表等,只有经过审核无误后,才能作为物流成本计算的依据。同时,成本核算人员必须严格审核有关的原始记录,审核其内容是否填写齐全,数字计算是否正确,签章是否齐全,费用应不应该开支,所耗费用的种类和用途是否符合规定,用量有无超过定额或计划等。只有经过审核无误后的原始记录才能作为成本计算的依据。

审核原始记录要对企业发生的各项支出进行严格的审核和控制,并按照国家的有关规定,确定其是否计入物流成本,以及应计入生产成本还是期间费用。也就是说,要在对各项支出的合理性、合法性进行严格审核和控制的基础上,对不符合制度和规定的费用,以及各种浪费、损失等加以制止或追究经济责任。

(四) 确定成本计算对象

成本计算的过程就是按照一定的成本计算对象分配,归集物流费用的过程。成本计算对象是指成本计算过程中归集、分配物流费用的对象,即物流费用的承担者。成本计算对象不是由人们主观随意规定的,不同的生产经营类型从客观上决定了不同的成本计算对象。企业可以根据自己生产经营的特点和管理要求的不同,选择不同的成本计算对象来归集、分配物流费用。确定成本计算对象,是设置成本明细账、分配物流费用和计算物流成本的前提。不同的成本计算对象,也是区分不同成本计算方法的主要标志。

(五) 确定成本项目

物流成本项目是为了正确计算物流成本,对构成物流成本的各项物流费用进行的合理分类。选取物流成本计算项目时,要根据具体情况与需要设置,重点放在成本控制上,既要有利于加强成本管理,又要便于正确核算物流成本。一般来说,物流成本的计算并非越全越细越好,所以成本计算项目也并非越全越好。过细过全的成本计算是不必要的,同时也是不经济的。

在规定或调整成本项目时,应考虑以下几个问题。
① 各项费用在管理上有无单独反映、控制和考核的需要。
② 各项费用在物流成本中所占比重的大小。
③ 某种费用专设成本项目所增加的核算工作量的大小。

对于管理上需要单独反映、控制和考核的费用,以及在物流成本中所占比重比较大的费用,应专设成本项目;否则,为了简化成本核算工作,不必专设成本项目。

(六) 处理跨期费用的摊提工作

跨期费用是指按照权责发生制原则,虽在本期支付,但应由本期和以后各期共同负担的物流费用;以及本期尚未支付,但应由本期负担的物流费用。对于这类物流费用,在会计核算上采用待摊或预提的办法处理。将在本月开支的成本和费用中应该留待以后月份摊销的费用,计为待摊费用;将在以前月份开支的待摊费用中本月应摊销的成本和费用,摊入本月成本和费用;将本月尚未开支,但应由本月负担的成本和费用,预提计入本月的成本和费用。

(七) 进行成本归集和分配

将应计入本月物流成本的各项物流费用,在各种成本对象之间按照成本项目进行分配和归集,计算出按成本项目反映的各种成本对象的成本,这是本月物流费用在各种成本对象之间横向的分配和归集。

(八) 设置和登记成本明细账

为了正确计算各种对象的成本,必须正确编制各种费用分配表和归集的计算表,并且登记各类有关的明细账,这样才能将各种费用最后分配、归集到成本的明细账中,计算出各种对象的成本。

四、物流成本的计算方法——作业成本法

(一)作业成本法的含义

作业成本法(Activity Based Costing,简称 ABC)也称作业成本会计或作业成本核算制度。它是以成本动因理论为基础,通过对作业(activity)进行动态追踪,反映、计量作业和成本对象的成本,评价作业业绩和资源利用情况的方法。

作业成本法的实质是在计算产品成本时,将间接费用按"作业"进行归集和分配,再按受益原则依据成本动因追溯至产品或服务的一种成本计算方法。以作业为基础进行产品成本计算,从而使产品成本中间接费用的分配和产品成本的计算更为准确。这种方法最初起源于20世纪30年代末至40年代初美国会计学家科勒的思想,但在当时并未引起社会的重视。1971年,乔治·斯托布斯教授出版了《作业成本计算和投入产出会计》一书,书中正式提出了作业成本法,这种方法对传统的成本计算方法提出了挑战。到20世纪80年代中期,库珀和卡普兰两位教授对作业成本计算进行了系统、深入的理论和应用研究后,作业成本法才逐渐得到社会认可。

(二)作业成本法的相关概念

1. 资源

资源是指支持作业的成本、费用来源。它是企业在一定期间内,为了生产产品或提供服务所发生的各类成本、费用项目,或者是作业执行过程中所需要花费的代价。通常,在企业财务部门编制的预算中可以比较清楚地得到各种资源项目。例如,发生订货单是采购部门的一项作业,那么相应办公场地的折旧费、采购人员的工资和附加费、电话费、办公费等都是订货作业的资源费用。制造行业中典型的资源项目一般有原材料费、辅助材料费、燃料费、动力费用、工资及福利费、折旧费、办公费、修理费、运输费等。与某项作业直接相关的资源应该直接计入该作业,如果一项资源支持多种作业,那么应当使用资源动因将资源分配计入各项相应的作业中去。

2. 作业

(1)作业的概念

作业是指企业为提供一定量的产品或劳务所消耗的人力、技术、原材料、方法和环境等的集合体。或者说,作业是企业为提供一定的产品或劳务所发生的、以资源为重要特征的各项业务的统称。企业经营过程的每个环节,或是生产过程的每道工序都可以被视为一项作业,企业整个经营过程可以划分为许多不同的作业。

对于物流企业,一般的活动涉及的作业有原材料或劳务的接收、储存、分配,如原材料搬运、车辆调度等;生产物流活动涉及的作业有材料准备、设备测试等;产品集中储存和销售活动涉及的作业有库存管理、送货车辆管理、订单处理等;产品或服务营销活动涉及的作业有报价、定价等。此外,仓库、物流设备设施等投入活动,企业物流管理、物流会计等活动也会涉及很多相关的作业。物流作业必须在合理范围内确认,范围太大或太小,都不利于物流成本计算。

(2)作业的基本特征

① 作业是一种资源的投入和另一种效果产出的过程。作业既是一种狭义的、具体的交易活动,又是一种动态活动。在这种活动过程中它既需要投入资源、耗费资源,但同时,它又产生一定

的效果,实现活动的目的。例如,设计产品,投入的是智慧、技术、仪器等,产出的是产品设计方案。

② 作业活动贯穿于生产经营的全过程。产品从设计到最终销售出去是由各种作业的实施而完成的,没有作业的实施,经营活动就无法实现。

③ 作业是可以量化的,即作业可以采用一定的标准进行计量,这是作业最重要的特征。

(3) 作业的分类

从不同的角度,可以将作业划分为不同的类别。在作业成本计算的实践中,经常提到的是将作业按照受益对象划分为以下四类。

① 单位水平作业。单位水平作业是反映对每个单位产品产量或服务所进行的工作,能够使每一单位产品受益的作业,如直接材料、直接人工、机器运转消耗的电力等。单位水平作业所消耗的资源是同产品产量或服务量成比例的,有的是同直接人工小时、机器小时成正比例的。例如,对每一产品所进行的质量检查消耗的间接人工明显与产品产量有关,机器运转消耗的电力、润滑油与产品产量有关,同时与机器小时也成正比例。这类作业在生产过程中不断发生,并与产品产量成正比例变化。

② 批量水平作业。批量水平作业是每生产一批产品执行一次的作业,由生产批别次数直接引起,与产品产量无关,能使一批产品受益。例如,为新的生产批别准备机器,一旦机器被准备好,每批无论是生产 20 单位还是 2 000 单位,准备成本都不变。又如,如果只对每批产品的第一件进行质量检验,这时所消耗的间接人工与批次成正比例。生产计划也被认为是批量水平作业,因为每个生产周期都要制订一个生产计划,所以生产计划成本与生产周期的数量成正比例,与每个生产周期内的产品量无关。批量作业和单位作业的主要区别在于完成批量作业所需要的资源不依赖于每批所包含的单位数。

③ 产品水平作业。这是进行每一类特定产品的生产和销售所需要的工作,能使某种产品的每一单位都受益的作业。这种作业的成本与产品产量及批数无关,但与产品种类或产品线的数量成正比例变化。例如,制图、工艺设计、流程设计、产品改良、技术支持等,可以把产品水平作业扩展到工厂以外,如市场调研、客户支持等,这些也是只与产品品种有关而与产品批次和数量无关。

④ 能量水平作业。这是使企业生产经营正常运转的工作,使各项生产条件保持正常工作状态而发生的作业,能使整个企业或某个机构、部门受益的作业。这些作业与产品的种类、生产的批次、每种产品的生产数量无关。例如,机器设备的租金、折旧费、保险费、房屋厂房的维护修理费、绿化费、照明、保安等,还有企业管理、人力资源管理等费用。

每个企业都可以根据自己企业的特点设计企业的作业类型。设计作业时应考虑生产的类型、组成、多样性和复杂性,而不仅仅考虑生产的业务量。在作业成本法下,将制造费用看成是一系列作业的结果,这些作业消耗资源,并确定了制造费用的水平。所以要反映产品真实的资源消耗,它们的制造费用份额必须按这种作业基础来吸纳,同时,它要求管理者分清导致成本发生的原因,在正确的层次上加以控制。

(4) 作业中心和作业成本库

作业中心是一系列相互联系、能够实现某种特定功能的作业集合。例如,原材料采购作业中,材料采购、材料检验、材料入库、材料仓储等都是相互联系的,可以归类于材料处理作业中心。把相关的一系列作业消耗的资源费用归集到作业中心,构成这个作业中心的作业成本库。作业成本库是作业中心的货币表现形式。

确定了物流作业后对其进行合并、整合,就可以建立物流作业成本库。建立物流作业成本库时,需要从以下几个方面考虑。

① 核算目的。若为获得相对准确的物流成本信息,则应对质相似和量相关的物流作业进行高度合并;若为加强物流作业管理,则应以利于部门管理为目的,在作业质相似的前提下,将次要物流作业合并到主要物流作业中。

② 作业重要性。按照物流作业的重要程度来设置物流作业中心和作业成本库,即对现在和将来产生重要影响的物流作业应将其单独设为一个物流作业中心。

③ 作业相似性。根据实际情况,合理合并作业动因相同、相似的物流作业。

正确确定物流作业,并建立物流作业中心,是进行物流作业成本计算必不可少的环节,应当引起企业足够的重视。

3. 成本动因

（1）成本动因的概念

成本动因是指驱动或产生成本、费用的各种因素,它是作业成本法中非常重要的一个概念。成本动因是成本形成的起因,是确定成本的决定性因素。成本动因具有隐蔽性,不易识别,需要对成本行为进行仔细分析才能得到。每一项作业,都有与其相对应的作业成本动因。

物流成本动因的确认是成本计算过程中难度最大也是关键的步骤。物流企业里的成本动因大致分为以下几个。

① 作业批次数量。它导致了物流作业计划的制订、机械设备的调试成本的发生。

② 购货单数量。它引起了采购、收货部门物流成本的发生。

③ 发货单数量。它引发了发货部门物流成本的发生。

④ 销货单和客户的数量。它驱动了销售部门物流成本的发生。

⑤ 物流职工人数和工作通知单的数量。它是后勤服务和管理部门物流成本发生的原因。

（2）确定成本动因的因素

在作业成本计算中,确定成本动因的数量要考虑以下两个因素。

① 成本动因与实际制造费用的相关程度。在既定的精确度下,运用相关程度较高的成本动因时,则成本动因的数目就较少;反之,如果缺少与实际制造费用相关程度较高的成本动因,则为达到一定的精确度水平,必须增加成本动因的数量。

② 产品成本的精确度和产品组合的复杂程度。倘若对产品成本的精确度要求比较高,则成本动因的数目必须增加;反之,则会减少。产品复杂程度低,则多个作业成本可汇集在同一个作业成本库中;反之,则汇集比较困难,所要求的成本动因数目也应增加。

物流企业在确定成本动因数量时,也应考虑以下因素。

① 成本计算的精确度。物流成本计算的精确度要求越高,则需要的成本动因数量越多。

② 成本对象的多样性。物流成本计算对象越多,则需要越多的成本动因来描述物流成本的发生过程。

③ 各作业的相关性。物流活动中,关键物流作业的数目越多,非同质物流作业的数目越多,必然需要越多的成本动因。

④ 作业批量的复杂性。进行不同批量的生产、运输、包装等活动的边际成本和平均成本不同,需要有不同的成本动因来反映。因而批量越复杂,成本动因越多。

⑤ 作业的关联度。成本动因与实际物流作业的关联度越高,所需要成本动因越少;同一物流作业的不同成本动因关联度越高,所需的成本动因越少。

⑥ 物流组合复杂度。物流服务种类越少,作业成本项目的数量相应减少,作业成本更易于与具体作业相联系,因而所需的成本动因越少。

(3) 成本动因的分类

根据成本动因在资源流动中所处的位置将其分为资源动因和作业动因两种。

① 资源动因。资源动因是指作业耗用资源的种类及决定因素,它反映了耗用资源的起因,反映了作业量与资源耗用间的因果关系,是资源费用归集到作业的依据。例如,购货作业的资源动因是从事这一活动的职工人数;生产准备作业的资源动因是人工小时数。

② 作业动因。作业动因是指成本对象所需作业种类和数量的决定因素,它反映成本对象使用作业的频率和强度。例如,购货作业的作业动因是购货合同数;生产准备作业的作业动因是生产准备次数。物流企业一般的成本动因如表6-1所示。

表6-1 物流企业成本动因

部门	资源动因	作业动因
储存部	存货体积	储存数量
购货部	职工人数	购货合同
验货部	职工人数	验货报告
收货部	职工人数	收货单
会计部	职工人数	付款次数
生产准备部	人工小时	生产准备次数

物流企业在选择物流成本动因时,应考虑以下几个因素。

① 计量的难易度。根据成本系统中已存在的资料,尽可能选择那些能直接使用现有资料的成本动因。即选择容易获得、成本更低的成本动因。

② 与实际成本的相关度。如果物流成本动因计算出的作业消耗与实际消耗相差大,则成本计算不准确。因此,应重新选择相关度大的成本动因,这样物流成本的计算才更准确。

③ 对组织行为的影响。某些成本动因可能会影响人们的行为。这种动因若组织目标一致,则能提高员工工作效率,促进效益;反之,也可能导致员工工作效率低下。所以,应选择对人的行为作用有益的物流成本动因。

物流成本动因的确认,需深入工作现场观察、分析,并与物流实际作业人员交流,选择那些具有代表性和重要影响的成本动因,以便减少成本动因数量,降低计算复杂性。

(三) 作业成本法的基本原理

作业消耗资源,产品消耗作业,生产导致作业的发生,作业导致间接费用或间接成本的发生。即企业的成本和价值不是孤立存在的,它们以作业为中介联系在一起。成本的发生是消耗各种资源的作业引起的,而产品的成本取决于各自对作业的需求量。作业成本法与传统的成本计算最大的不同在于,它不是以成本论成本,而把着眼点放在成本发生的前因后果上,从而进行全方位的溯本求源,实现成本计算与控制的结合。

作业成本计算涉及两个阶段的费用分配过程,具体如图6-1所示。

第一阶段:把资源消耗所发生的费用归集到作业中心,形成作业成本。

第二阶段:通过作业动因把作业成本库中归集的成本分配到产品中去,最终计算出产品成本。

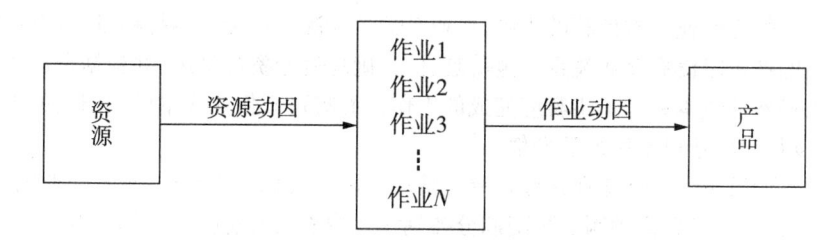

图6-1　作业成本法计算原理

（四）作业成本法的特点

1. 以作业作为成本计算的中心

在作业成本法下，首先要确认有哪些作业，根据作业对资源的耗费归集各种作业所发生的成本，然后根据产品对作业的需求量，计算出耗费作业的产品成本。作业成本法扩大了成本计算面，把成本计算的重点转移到耗费资源的作业成本上，有利于提高成本分析的清晰度，发现和消除对企业经济效益无贡献的耗费。

2. 设置成本库，归集成本费用

不同质的制造费用通过不同的成本库归集，有利于发现和分析成本升降的原因，有的放矢地进行成本控制。

3. 按多标准分配成本费用

将不同质的费用在不同的成本库归集，有利于按成本动因进行分配。按多标准分配不同的成本费用能够为成本控制提供更准确的信息。例如，产品检验费用与检验数量有关，可按检验数量进行分配；准备调整费用与产品准备次数有关，可按准备次数进行分配。

（五）作业成本法的计算程序

1. 确认和计量各种资源耗费，将资源耗费价值归集到各资源库

如果把企业看成是一个与外界进行物质交换的投入产出系统，则所有在该系统中被使用的人力、物力、财力等都属于资源范畴。在作业成本计算中，之所以将资源作为一个重要的切入点来进行分析，是因为企业在生产经营活动开展的过程中要消耗资源，成本核算系统要反映作业都消耗了哪些资源以及资源是如何被作业所消耗的。在企业资源被各项作业耗费以后，成本会计部门应采用一定的方法对其进行分类，将耗费的资源价值归集到设定的资源库，这也为各类资源的耗费价值向作业中心的成本库进行分配奠定了基础。

物流资源是物流作业得以进行的基础，是成本消耗的源泉。物流作业成本计算首先要分析各项物流活动都耗费了哪些资源。物流资源通常有工资、设备、动力等。

2. 分析和建立作业中心

在确认了作业及其成本动因之后，我们会发现，这时作业可能有几十种、上百种，甚至更多。这对于作业成本计算显得太复杂，因此，为了尽量简化成本核算，有必要再对作业进一步合并，建立作业中心。

物流活动是由一系列基本作业构成的，它们是一个个易于理解的操作环节。可以采用业务职能分析法、作业流程法、价值链分析法等确定各项作业构成。在此基础上对各项物流作业进行筛选和整合，将同项物流作业合并，形成物流作业中心。

3. 选择适当的资源动因，将成本追踪到作业中心，形成作业成本库

在作业中心确定之后，如何将各种资源耗费依据成本动因归集到作业成本库，就成为一项很

重要的内容了。按照作业成本计算的规则,作业量的多少决定着资源的耗用量,资源耗用量的高低与最终产品的产出量没有直接关系。也就是说,正确地确定资源动因,并根据资源动因将资源耗费分配计入各作业成本库是本步骤应完成的工作。而将每个作业成本库中归集的作业成本进行累加,就可以得出作业成本库的总价值。

物流资源动因反映了物流作业量与资源耗费间的因果关系,说明资源被各作业消耗的原因、方式和数量。因此,物流资源动因是把资源分摊到作业中去的衡量标准。作业成本计算要观察、分析物流资源,为每项物流资源确定动因。

4. 依据作业中心成本动因,计算作业成本分配率

在将资源耗费分配给作业成本库后,就应依据产品与作业的关系,确定作业动因,将作业中心所归集的成本总额,除以该中心的成本动因的量化总和,从而得出本中心的作业成本分配率。对于可直接追溯的成本,如直接材料和直接人工应直接计入产品成本;对于间接成本,则应依有关的作业动因分配计入。

物流资源分解到作业中心后,形成物流作业成本库中的成本,对这些成本需要根据物流作业动因,计算某项物流作业的成本。其公式如下。

$$\text{某物流作业中心成本分配率} = \frac{\text{某物流作业中心成本总额}}{\text{该中心成本动因量化总和}}$$

其中,成本动因量化根据物流作业动因确定,所依据作业动因可以是作业次数、机器时数和单据数量等,将其加总就可得到量化总和。

5. 根据作业成本分配率,将间接成本进行分配

当成本归集到各作业中心,并依据作业动因计算出作业中心成本分配率后,就可以按照不同产品所消耗的作业量的多少来分配作业成本,最终计算出产品应承担的作业成本,进而可以计算分摊至各物流成本对象的物流成本总额。其公式如下。

$$\text{某成本对象的应分配间接成本} = \text{该成本对象消耗的该项物流作业量总和} \times \text{该项物流作业中心成本分配率}$$

6. 汇总计算总成本

将直接成本和间接成本加以汇总,最终计算出物流成本计算对象的总成本和单位成本。

(六) 作业成本法与传统成本计算方法的比较

1. 作业成本法与传统成本计算方法的联系

① 性质相同。作业成本法与传统成本计算方法都是成本计算系统。它们的功能都是将企业一定期间所发生的与生产有关的资源耗用信息加工整理为企业成本信息,最终输出给管理者。从性质上来说,它们都是成本信息系统。

② 目的相同。它们都要计算最终产品成本。传统成本计算方法是将各项费用在各成本计算对象之间进行分配,计算出产品成本;而作业成本法是将各项费用先在各作业中心之间分配,再按照各种产品耗用作业的数量把各作业成本计入各种产品成本,计算出产品成本。

③ 对直接费用的确认和分配相同。二者都依据受益性原则,对发生的直接费用予以确认。

2. 作业成本法与传统成本计算方法的区别

① 成本计算对象不同。传统成本计算方法都是以企业最终产出的各种产品作为成本计算对象。作业成本法不仅关注产品成本,而且更多关注产品成本产生的原因及其形成的全过程。因此,它的成本计算对象是多层次的,不但把最终产出的各种产品作为成本计算对象,而且把资

源、作业也作为成本计算对象。

② 对费用经济内容的认识不同。在传统成本计算方法下,产品成本是指产品的制造成本,只包括与生产产品直接相关的费用(直接材料、直接人工、制造费用等)。作业成本法只强调费用的合理性、有效性,而不论费用是否与生产产品有直接关联,因此,与产品生产没有直接关系的一些合理、有效的费用(如采购人员工资、质量检验费、物料搬运费等)同样要计入产品成本。

③ 间接费用归集和分配的理论基础不同。传统成本计算方法的理论基础是,企业的产品按照其耗费的生产时间或按照其产量线性地消耗各项间接费用。因此,间接费用可以以一定标准平均地分摊到各种产品的成本中。作业成本法的理论基础是成本驱动因素论,因此,在作业成本会计中发生的成本,按作业的消耗量进行分配。作业成本法在成本核算上突破产品这个界限,使成本核算深入到资源、作业层次。作业成本法通过选择多样化的分配标准分配间接费用,从而使成本的可归属性大大提高,并将按人为标准分配间接费用、计算产品成本的比重缩减到最低限度,从而提高了成本信息的准确性。

④ 成本计算的侧重点不同。传统成本计算方法以产品为成本计算对象,成本计算过程中侧重点自然放在了能构成产品成本的直接材料和直接人工成本上,而对于制造费用只是笼统地加以计算。作业成本法以作业为成本计算对象,是以作业成本为侧重点。由于制造费用在作业成本法下,同样要以作业形式存在,加之制造费用的作业数量众多,因此制造费用就成为作业成本法成本计算的侧重点。

⑤ 成本信息资料的详细程度不同。传统成本计算方法只是按产品提供最终成本信息。而作业成本法的成本信息资料除包括产品成本外,还可报告作业的成本,包括各作业的资料投入与产出状况等。显然作业成本法的成本资料报告了产品生产各个环节的成本形成过程,其详细程度高于传统成本计算法。

⑥ 适用环境不同。传统成本计算法适用于与传统推进式生产管理系统相结合的手工制造系统和固定自动制造系统的经营环境。它适用于大批量生产和产品品种少、寿命周期长、工艺不复杂、制造费用比重较低的企业。作业成本法则适用于适时生产系统与高度自动化制造系统相结合的经营环境。它适用于小批量、多品种、技术复杂、高度自动化生产,制造费用比重相对较高的现代企业。

第三节 物流成本控制

一、物流成本控制概述

(一)物流成本控制的概念

物流成本控制就是在成本的形成过程中,对物流作业过程进行规划、指导、限制和监督,使之符合有关成本的各项法规、政策、目标、计划和定额,及时发现偏差,采取措施纠正偏差,使各项费用消耗控制在预定范围内的管理过程。

(二)物流成本控制的原则

在物流成本控制中,需要遵循以下几条原则。

1. 经济原则

这里所说的"经济"是指节约,即对人力、物力和财力等的节省,这是提高企业经济效益的核心。因此,经济原则是在物流活动过程中进行成本控制的基本原则,也是物流成本控制过程时时刻刻要注意的一条原则。

2. 全面原则

在物流成本控制中要遵循全面原则,具体包括全过程控制原则、全方位控制原则和全员控制原则。全过程控制原则是指物流成本不限于生产过程,而是从生产向前延伸到投资、设计,向后延伸到用户服务成本的全过程;全方位控制原则是指物流成本控制不仅对各项费用发生的数额进行控制,而且还对费用发生的时间和用途加以控制,讲究物流成本开支的经济性、合理性和合法性;全员控制原则是指物流成本控制不仅要有专职成本管理机构的人员参与,而且还要发挥广大职工群众在物流成本控制中的重要作用,使物流成本控制更加深入和有效。

3. 责、权、利相结合的原则

只有贯彻责、权、利相结合的原则,物流成本控制才能真正发挥其效益。显然,企业管理机构在要求企业内部各部门和单位完成物流成本控制职责的同时,必须赋予它们在规定范围内决定某项费用是否可以开支的权利。如果没有这项权利,就无法进行物流成本的控制。此外,还必须定期对物流成本控制的业绩进行评价,据此进行奖惩,以充分调动各单位和职工进行物流成本控制的积极性和主动性。

4. 目标控制原则

目标控制原则要求企业管理机构以既定的目标作为管理人力、物力、财力和各项重要经济指标的基础。物流成本控制是目标控制的一项重要内容,即以目标物流成本为依据,对企业物流活动进行约束和指导,力求以最小的物流成本获取最大的盈利。

5. 重点控制原则

重点控制原则要求对超出常规的关键性差异进行控制,旨在保证管理人员将精力集中于偏离标准的一些重要事项上。企业日常出现的物流成本差异往往成千上万,头绪繁多,管理人员对异常差异实行重点控制,有利于提高物流成本控制的工作效率。

(三)物流成本控制的意义

1. 社会宏观意义

① 物流成本的下降,对于全社会而言,意味着创造同等数量的财富,在物流领域所消耗的物化劳动和活劳动得到节约,资源得到节省。

② 如果全行业的物流效率普遍提高,物流费用平均水平降低到一个新的水平,那么该行业在国际上的竞争力将会得到增强。

③ 全行业物流成本的普遍下降,将会对产品的价格产生影响,导致物价相对下降,这有利于保持消费物价的稳定,提高国民的购买力水平。

2. 企业微观意义

① 降低物流成本后,企业具备了产品在价格方面的优势,可以利用相对低的价格销售自己的产品,从而提高产品在市场上的竞争力。

② 由于降低了企业的生产经营总成本,从而扩大了企业的利润空间,提高了利润水平。在销售收入和其他成本及费用不变的情况下,企业的利润因此会得到增加。

二、物流成本控制的方法及途径

（一）物流成本控制的方法

1. 绝对成本控制法

绝对成本控制是指把成本支出控制在一个绝对金额以内的控制方法。绝对控制从节约各种成本支出，杜绝浪费的角度进行物流成本控制，要求把劳动生产过程发生的一切成本支出划入成本控制范围内。标准成本控制和预算成本控制是绝对成本控制的主要方法。

2. 相对成本控制法

相对成本控制是通过成本与产值、利润、质量和服务等对比分析，寻求在一定制约因素下取得最优经济效益的一种控制方法。相对成本控制扩大了物流成本控制领域。要求在降低物流成本的同时，注意与成本关系密切的因素，诸如产品结构、项目结构、服务质量水平、质量管理等方面的工作，目的在于提高控制成本支出的效益，即减少单位产品成本投入，提高整体经济效益。

3. 目标成本法

（1）事前控制

事前控制是指经过成本预测和决策，确定目标成本，将目标成本分解，结合经济责任制，层层落实。物流成本事前控制主要涉及物流系统的设计，如物流配送中心的建设，物流设施、设备的配备，物流作业过程的改进控制等。物流成本事前控制是极为重要的环节，它直接影响以后各物流作业流程成本的高低。

（2）事中控制

事中控制就是对物流活动过程中发生的各项费用按预定的成本标准进行严格审核和监督，并计算差异，进行信息反馈，以及时纠正差异。

（3）事后控制

事后控制是对目标成本的实际发生情况进行分析评价，揭示问题，查明原因，为以后进行成本控制和制定新的目标成本提供依据。

（二）物流成本控制的途径

从流通全过程考虑控制物流成本不单是企业的事，更应该考虑从产品制成到最终客户整个供应链过程的物流成本效率化，亦即物流设施的投资或扩建与否要视整个流通渠道的发展和要求而定。在控制企业物流成本时，要注意针对每个客户成本削减的幅度有多大。特别是当今零售业的价格竞争异常激烈时，零售方纷纷要求发货方降低商品的价格，因此，作为发货方的厂商或批发商都在努力提高针对不同客户的物流活动绩效。

1. 提高供应链管理水平

在供应链物流管理体制下，仅本企业的物流效率化是不够的，它需要企业协调与其他企业，以及客户、运输业者之间的关系，实现整个供应链活动的效率化。也正因为如此，追求成本的效率化不仅仅是企业中物流部门或生产部门的事，同时也是经营部门及采购部门的事，亦即将降低物流成本的目标贯彻到企业所有职能部门之中。

2. 提高物流服务水平

提高对客户的物流服务水平是企业确保利益的最重要手段。从某种意义上来讲，提高客户服务是降低物流成本的有效方法之一。但是，超过必要量的物流服务不仅不能带来物流成本的下降,反而有碍于物流效益的实现。所以,在正常情况下,为了既保证提高对客户的物流服务,又防止出现过剩的物流服务,企业应当在考虑客户产业特性和商品特性的基础上,与客户充分协调、探讨,寻求降低物流成本的途径。

3. 借助现代信息系统

企业需与其他交易企业之间形成效率化的交易关系,即借助于现代信息系统,一方面使各种物流作业或业务处理能准确、迅速地进行;另一方面,建立起物流经营战略系统。也就是说,现代信息系统的构筑为彻底实现物流成本的降低,而不是向其他企业或部门转嫁成本奠定了基础。

4. 提高配送效率

对应于客户的订货要求建立短时期、正确的进货体制是企业物流发展的客观要求,但是,伴随配送产生的成本费用要尽可能降低,特别是最近多频度、小单位配送的发展,更要求企业采用效率化的配送方法。一般来讲,企业要实现效率化的配送,就必须重视配车计划管理、提高装载率及车辆运行管理。

5. 削减退货成本

退货成本也是企业物流成本中一个重要的组成部分。退货会产生一系列的物流费、退货商品损伤或滞销而产生的费用,以及处理退货商品所需的人员费等各种事务性费用。要削减退货成本,企业必须改变营业员绩效评价制度。即不是以营业员每月的销售额作为奖惩的依据,而是在考察客户在库状况的同时,以营业员年度月平均销售额作为激励的标准,这样才能在防止退货出现的情况下,提高经营效率。当然,在制度上还必须明确划分产生退货的责任。

6. 利用一贯制运输和物流外包

通过一贯制运输来实现,亦即将从制造商到最终消费者之间的商品搬运,利用各种运输工具的有机衔接来实现。运用运输工具的标准化及运输管理的统一化,来减少商品周转、转载过程中的费用和损失,并大大缩短商品在途时间。物流外包服务提供者可以使一个公司从规模经济、更多地"门到门"运输等方面实现运输费用的节约,体现出利用这些专业人员与技术的优势。另外,一些突发事件、额外费用如空运和租车等问题的减少,增加了工作的有序性和供应链的可预测性。

案例 6-2

上海通用降低物流成本的秘诀

前两年还很少有人关注汽车物流,可现在它俨然成了汽车业的香饽饽,很多公司都希望通过降低物流成本来提高竞争力。作为国内最大的中美合资汽车企业,上海通用是如何降低物流成本的?

秘诀一:精益生产,及时供货。

随着汽车市场竞争越来越激烈,很多汽车制造厂商采取了价格竞争的方式来应战。在这个背景下,大家都不得不降低成本。而要降低成本,很多厂家都从物流这个被视为"第三大利润"的源泉入手。有资料显示,我国汽车工业企业,一般的物流成本起码占整个生产成本的20%以上,差的公司基本在30%到40%,而国际上物流做得比较好的公司,物流的成本都控制在15%以内。上海通用在合资当初就决定,要用一种新的模式,建立一个在精益生产方式指导下的全新理念的工厂,而不想再重复建造一个中国式的汽车厂,也不想重复建造一个美国式的汽车厂。

精益生产的思想内涵很丰富,最重要的一条就是像丰田一样采用准时制生产(JIT),其外延就是缩短交货期。所以上海通用在成立初期,就在现代信息技术的平台支撑下,运用现代的物流观念做到交货期短、柔性化和敏捷化。

从这几年的生产实践来说,上海通用每年都有一个或以上新产品下线上市,这是敏捷化的一个反映。而物流最根本的思想就是怎样缩短供货周期来达到低成本、高效率。这个交货周期包括从原材料到零部件,再从零部件到整车,每一段都有一个交货期,这是敏捷化至关重要的一个方面。

秘诀二:循环取货驱除库存"魔鬼"。

上海通用目前有四种车型,不包括其中一种刚刚上市的车型在内,另外三种车型的零部件总量有 5 400 多种。上海通用在国内外还拥有 180 家供应商,拥有北美和巴西两大进口零部件基地。那么,上海通用是怎么提高供应链效率、减少新产品的导入和上市时间并降低库存成本的呢?

为了把库存这个"魔鬼"赶出自己的供应链,上海通用的部分零部件如有些是本地供应商所生产的,会根据生产的要求在指定的时间直接送到生产线上去生产。这样,因为不进入原材料库,所以保持了很低或接近于零的库存,省去大量的资金占用。有些用量很少的零部件,为了不浪费运输车辆的运能,充分节约运输成本,上海通用使用了叫作"牛奶圈"的小技巧:每天早晨,上海通用的汽车从厂家出发,到第一个供应商那里装上准备好的原材料,然后到第二家、第三家,依次类推,直到装上所有的材料,然后再返回。这样做的好处是,省去了所有供应商空车返回的浪费。传统的汽车厂以前的做法是或者成立自己的运输队,或者找运输公司把零部件送到公司,都不是根据需要来供给,因此存在许多缺陷。有的零部件根据体积或数量的不同,并不一定能装满一卡车,但为了节省物流成本经常装满一卡车配送,容易造成库存高、占地面积大。

而且不同供应商的送货缺乏统一的标准化管理,在信息交流、运输安全等方面,都会带来各种各样的问题。如果想要管好它,必须花费很多的时间和很大的人力资源。所以上海通用改变了这种做法。上海通用聘请一家第三方物流供应商,由它们来设计配送路线,然后到不同的供应商处取货,再直接送到上海通用,利用"牛奶圈"或叫"循环取货"的方式解决了这些难题。通过循环取货,上海通用的零部件运输成本下降了 30% 以上。这种做法体现了上海通用的一贯思想:把低附加价值的东西外包出去,集中精力做好制造、销售汽车的主营业务,即精干主业。

秘诀三:建立供应链预警机制追求共赢。

上海通用所有的车型国产化都达到了 40% 以上,有些车型已达到 60% 甚至更高。这样可以充分利用国际国内的资源优势,在短时间内形成自己的核心竞争力。上海通用也因此非常注意协调与供应商之间的关系。

上海通用采取的是柔性化生产,即一条生产流水线可以生产不同平台多个型号的产品,如同时生产别克标准型、较大的别克商务旅行型和较小的赛欧。这种生产方式对供应商的要求极高,即供应商必须处于时刻供货的状态,会产生很高的存货成本。而供应商一般不愿意独自承担这些成本,就会把部分成本加在给上海通用供货的价格中。如此一来,最多也就是把这部分成本转嫁到了上游供应商那里,并没有真正降低整条供应链的成本。

为克服这个问题,上海通用与供应商时刻保持着信息沟通。公司有一年的生产预测,也有半年的生产预测,生产计划是滚动式的,基本上每星期都有一次滚动,在此前提下不断调整产能。这个运行机制的核心是要让供应商也看到公司的计划,让它们能根据上海通用的生产计划安排自己的存货和生产计划,减少对存货资金的占用。

如果供应商在原材料、零部件方面出现问题,也要给上海通用提供预警,这是一种双向的信息沟通。万一某个零件预测出现了问题,在什么时候跟不上需求了,公司就会利用上海通用的资源甚至全球的资源来做出响应。新产品的推出涉及整个供应链,需要国内所涉及的零部件供应商能同时提供新的零部件,而不仅仅是整车厂家推出一个产品这么简单。作为整车生产的龙头企业,上海通用建立了供应商联合发展中心,在物流方面也制作了很多标准流程,使供应商随着上海通用产量的调整来调整它们的产品。

目前市场上的产品变化很大,某一产品现在很热销,但几个月后就可能需求量不大了。上海通用敏捷化的要求就是在柔性化生产的前提下能够及时进行调整。但这种调整不是整车厂自己调整,而是让零部件供应商一起来做调整。

市场千变万化,供应链也是千变万化的,对突发事件的应变也是如此。例如,某段时间上海通用在北美的进口零部件出现了问题,就启动了应急计划,不用海运而改用空运。再比如,考虑到世界某个地区存在战争爆发的可能性,将对供应链产生影响,上海通用就尽可能增加零部件的库存,而且也预警所有的供应商,让它们对有可能受影响的原材料进行库存。供应链归根结底就是要贯彻一个共赢的概念。

资料来源:中培网. http://www.chinacpx.com/zixun/94029.html.

1. 结合案例,思考上海通用是如何降低物流成本的。
2. 本案例中上海通用是如何控制库存成本的?

本章小结

本章主要介绍了物流成本的相关内容,涉及物流成本的概念、分类及物流成本的计算和控制等多个知识点。物流成本也称物流费用,就是在物流过程中产品的空间移动或时间占有中所耗费的各种活劳动和物化劳动的货币表现。具体来说,它是产品在实物运动过程中,如包装、装卸搬运、运输、储存、流通加工等各个活动中所支出的人力、物力和财力的总和。物流成本的计算方法需要掌握作业成本法的相关概念。作业成本法是以成本动因理论为基础,通过对作业进行动态追踪,反映、计量作业和成本对象的成本,评价作业业绩和资源利用情况的方法,在实际工作中应用比较多。物流成本控制的方法及途径有很多,本章主要介绍了三种基本方法,分别是绝对成本控制法、相对成本控制法和目标成本法。

本章习题

思考题

1. 生产企业物流成本的构成有哪些?
2. 分析并举例说明作业成本法的思路。
3. 简要介绍物流成本控制的途径。

案例分析

Valport公司作业成本法的核算

Valport公司是一家专业化很强的电子公司,现在该公司的Ⅰ号产品面临着来自其他公司的强烈竞争。Valport公司的竞争对手一直在压低Ⅰ号产品的价格,而该公司的Ⅰ号产品比其他所有竞争对手的产量都高,并且是公司生产效率最高的产品。Valport公司的总经理一直在思考:为什么其他公司的这种产品的价格远远比他们的价格低?不过,让他高兴的是,公司新开发的Ⅲ号产品虽然工艺复杂,产量远不及Ⅰ号和Ⅱ号产品,但由于专业化程度非常高,其他竞争对手不想涉足这种产品生产,所以公司几次提高Ⅲ号产品的售价,客户仍是源源不断。

Valport公司的定价策略将目标价格设定为产品制造成本的110%,产品制造成本所包含的间接费用即制造费用依据直接人工工时分配。由于Ⅰ号产品的竞争对手一直在压低价格,结果Ⅰ号产品的销售价格已降到了75美元以下。

在年终总结会上,Valport公司总经理问主计长:"为什么我们的产品竞争比不过其他公司的产品?它们的Ⅰ号产品仅售69美元,比我们的Ⅰ号产品的成本还要少1美元。这是怎么回事?"

"我认为是我们过去的产品成本计算方法造成的。"主计长说,"也许你还记得,我刚来公司时,采用一种作业成本法做了一项先期研究。结果发现,公司采用的传统制造成本计算法高估了产量高、工艺简单的Ⅰ号产品成本,并且大大地低估了Ⅲ号产品的成本。对此我曾提出过警告,但公司仍保持原有的方法。"

"好的,"总经理说,"你下午给我提供作业成本法的有关数据。"

主计长回到办公室后,整理了公司2016年年末会计系统提供的有关数据,并列出了公司2016年年末产品成本和年度销售数据,如表6-2所示。

表6-2 Valport公司产品成本和年度销售数据

	Ⅰ号产品	Ⅱ号产品	Ⅲ号产品
年销售量/件	100 000	50 000	10 000
单位产品成本/美元	70	61	160
其中:直接材料	10	25	40
直接人工	10	6	20
制造费用	50	30	100
直接人工工时/小时	50 000	15 000	10 000
制造费用明细/美元			
机器维修	1 500 000		
机器折旧	3 000 000		
产品检测	1 500 000		
机器准备	500 000		
材料处理	500 000		
产品包装	500 000		
合计	7 500 000		

$$\text{制造费用分配率} = \frac{7\,500\,000}{50\,000 + 15\,000 + 10\,000} = 100(\text{美元}/\text{小时})$$

主计长也列出了作业成本法下,间接费用分配的有关数据,如表6-3所示。

表6-3 Valport公司间接费用分配相关数据

作业成本库	成本动因	Ⅰ号产品/%	Ⅱ号产品/%	Ⅲ号产品/%
机器维修	机器小时	50	30	20
机器折旧	机器小时	40	20	40
产品检测	检测次数	50	20	30
机器准备	准备次数	45	30	25
材料处理	材料订单数量	45	35	20
产品包装	包装小时	50	30	20

表头第三列为"三种产品作业成本分摊比例"。

请分析下列问题。

① 采用作业成本法确定三种产品的成本。

② 计算作业成本法下三种产品的目标销售价格。

③ 给总经理写一份备忘录,解释传统的制造成本计算法与作业成本法的不同,并说明传统制造成本计算可能造成的后果。

④ 公司应做何种战略选择?为什么?

技能训练题 1

最优运输方案的选择

甲公司要从位于S市的工厂直接装运500台电视机送往位于T市的一个批发中心。这票货物价值为150万元。T市的批发中心确定这批货物的标准运输时间为2.5天,如果超出标准时间,每台电视机每天的机会成本是30元。甲公司的物流经理设计了以下三个物流方案,请从成本角度评价这些运输方案的优劣。

(1) A公司是一家长途货物运输企业,可以按照优惠费率每公里0.05元/台来运送这批电视机,装卸费为每台0.10元。已知S市到T市的公路运输里程为1 100公里,估计需要3天的时间才可以运到(因为货物装卸也需要时间)。

(2) B公司是一家水运企业,可以提供水陆联运服务,即先用汽车从甲公司的仓库将货物运至S市的码头(20公里),再用船运至T市的码头(1 200公里),最后再用汽车从码头运至批发中心(17公里)。由于中转的过程中需要多次装卸,因此整个运输时间大约为5天。询价后得知,陆运运费为每公里0.05元/台,装卸费为每台0.10元,水运运费为每百台0.6元。

(3) C公司是一家物流企业,可以提供全方位的物流服务,报价为22 800元。它承诺在标准时间内运到,但是准点的百分率为80%。

要求:请评价上述三种方案,并从中选择最优方案。

技能训练题 2

物流成本的构成

泰安物流有限公司是一家综合型物流公司,主要承揽仓储、运输业务。目前该公司正在进行成本核算体系的改革,具体情况如下。

本月折旧费用共 200 000 元。其中,仓库及储存设备折旧费用 90 000 元,运输车辆折旧费用 60 000 元,仓库各种装卸搬运设备折旧费用 40 000 元,行政办公设备折旧费用 10 000 元。

本月水电费 10 000 元。其中,仓库水电费 7 000 元,车队管理处水电费 2 000 元,行政部门水电费 1 000 元。

本月燃料动力费共 232 000 元。其中,运输车辆消耗燃料动力费 200 000 元,装卸搬运设备消耗燃料动力费 12 000 元,流通加工设备消耗燃料动力费 15 000 元,行政部门消耗燃料动力费 5 000 元。

本月共领用材料 47 000 元。其中,流通加工消耗材料 30 000 元,包装过程消耗材料 10 000 元,运输过程消耗材料 5 000 元,行政部门消耗材料 2 000 元。

各类人员工资及福利费共 600 000 元。其中,运输业务相关人员工资及福利 300 000 元,仓储业务相关人员工资及福利 200 000 元,行政部门人员工资及福利 100 000 元。

要求:请分析泰安公司的物流成本构成。

第七章

国际物流

学习目标

- ◆ 掌握国际物流的含义及特点。
- ◆ 理解国际物流与国际贸易之间的关系。
- ◆ 掌握国际物流系统的组成。
- ◆ 了解国际多式联运的运作流程。
- ◆ 掌握跨国公司的定义和经营特点。
- ◆ 了解跨国公司的经营模式。

学习重点

- ◆ 掌握国际物流的含义及特点。
- ◆ 掌握国际物流系统的组成。
- ◆ 掌握跨国公司的定义和经营特点。

案例导入　DHL 供应链的本土化策略

对于那些全球物流巨头而言，中国市场正变得越来越举足轻重。全球最大的合同物流服务供应商 DHL 供应链部门，近日宣布将再投入 1.13 亿欧元（约合 8.6 亿元人民币）用以开发中国市场。

DHL 供应链亚太区首席执行官 Oscar de Bok 在接受《中国经营报》记者专访时表示，中国是 DHL 供应链全球最为重要的市场之一，继 2013 年投资 1.05 亿欧元（约合 8 亿元人民币）后，DHL 供应链总计已投入 2.18 亿欧元（约合 17 亿元人民币）用于促进中国区业务网络扩张。截至 2020 年，DHL 供应链还将在广州、杭州、武汉、沈阳、深圳及上海外高桥自贸区等地新建 6 家顶级物流中心。和此前业务仅仅依靠外资企业在中国的业务有所不同，中国企业全球化的趋势，正在为这些布局全球的物流巨头带去生意。

随着中国市场经济快速发展，供应链的重要性将愈发凸显，因为人们或企业对于效率愈加注重。所以整个物流产业、物流市场也会加速发展。供应链逐步优化、效率的提高，以及电子商务的介入，将会成为未来物流市场增长的驱动力。在中国版图上，DHL 接下来会着重关注一些行业，如汽车、科技、保健、消费及零售，它们将是未来的战略重点。此外，DHL 供应链将继续投资仓储领域，希望将仓储服务做成一个全球化的标准；对于运输业务领域，则致力于投资端对端的可视化服务。在中国，DHL 和很多的本土客户有所合作，帮助它们走向世界，拓展它们的全球业务，如科技、电信行业都有战略合作伙伴。DHL 在中国已经运营了 30 年，积累了 30 年本地市场的经验，同时在全球的业务也发展得非常好，国际的经验加上对本地市场的了解，让 DHL 得以支持中国企业的业务发展。

资料来源：网易财经. http://money.163.com/14/1129/01/AC6CI2VU00253B0H.html.

第一节　国际物流概述

一、国际物流的概念及特点

(一) 国际物流的含义

国际物流(international logistics)就是组织货物在国际间的合理流动,也就是指在两个或两个以上国家(或地区)之间进行的物流。国际物流的实质是按照国际分工协作的原则,利用国际化的物流网络、物流设施和物流技术,实现货物在国际间的流动与交换,以促进区域经济的发展和世界资源优化配置。

从狭义来理解,国际物流具体是指当生产和消费分别在两个或两个以上国家(或地区)独立进行时,为了克服生产和消费之间的空间距离和时间距离,对物资(商品)进行的物理性移动的一项国际商品贸易或交流活动,从而完成国际商品交易的最终目的,即实现卖方交付单证、支付货款和收取货物的过程。广义的国际物流不仅包括上述国际贸易物流,还包括国际展览与展品物流、国际邮政物流和国际捐赠、援助物流等非贸易物流。

在我国,只要货物的启运地、目的地或约定的经停地不在我国境内,就构成国际物流。在我国境内处于海关监管的物流行为,如保税运输、转关运输等均属于国际物流的范围。此外,在我国,台湾、澳门、香港与大陆之间的物流也被视为国际物流,按照国际物流的规则处理。

国际物流的总目标是为国际贸易和跨国经营服务,即选择最佳的方式和路径,以最低的费用和最小的风险,保质、保量、适时地将货物从某国的供方运到另一国的需方。国际物流跨越不同地区和国家,跨越海洋和大陆,运输距离长,运输方式多样,这就需要合理选择运输路线和运输方式,尽量缩短运输距离,缩短货物在途时间,加速货物的周转并降低物流成本。

国际物流与国内物流相比在物流环境、物流系统、信息系统及标准化要求这四个方面存在着不同。国际物流的一个非常重要的特点是物流环境的差异,这里的物流环境主要指物流的软环境。不同的国家有不同的与物流相适应的法律,这使国际物流的复杂性增强;不同国家的不同科技发展水平,使国际物流处于不同的科技条件的支撑下,甚至会因为有些地区根本无法应用某些技术,导致国际物流全系统运作水平下降;不同国家的不同标准使国际物流系统难以建立一个统一的标准;不同国家的国情特征,必然使国际物流受到很大的局限。

由于物流环境的差异,迫使一个国际物流系统需要在多个不同法律、人文、习俗、语言、科技环境下运行,无疑会大大增加国际物流运作的难度和系统的复杂性。

(二) 国际物流的特点

1. 国际物流环境的差异性

国际物流所面临的环境相对于国内物流来说具有很大的差异性。这种差异来自于方方面面的因素,不同的国家或地区适用的法律法规不同,操作规程和技术标准不同,地理、气候等自然环境、风俗习惯等人文环境不同,经济和科技发展及各自消费水平不同,等等。这些具有显著差异的物流环境使得国际物流的建立必须同时适应多个不同的法律法规、人文、习俗、语言、科技发展程度及相关的设施,由此国际物流相对于国内物流来说,要形成完整、高效的物流系统难度较大。

2. 国际物流系统的广泛性

国际物流系统不仅具有物流本身的复杂的功能要素、系统与外界的沟通因素,而且还要面对不同国家或地区错综复杂的不断变化的各种因素。国际物流涉及广阔的地域空间和诸多内外因素,需要较长的时间,难度较大的操作过程,以及面临较大的风险,国际物流系统范围的广泛性使得相关的现代化技术的开发与使用显得尤为重要,现代化系统技术可以尽可能降低物流过程的复杂性,减少其风险性,从而使国际物流尽可能提高速度,增加效益,并推动其发展。

3. 国际物流信息化具有先进性

国际物流所面对的市场变化多、稳定性小,所以对信息的提供、收集与管理具有更高的要求。由此必须要有国际化信息系统的支持,而建立技术先进的国际化信息系统成为发展现代国际物流的关键所在。同时,它需要克服一系列困难,管理技术难度高,投资数额巨大,世界各国、各地区信息技术水平参差不齐,只有逐一地解决这些困难,才能建立起符合现代国际物流需求的物流信息支持系统。

建立国际物流信息系统一个较好的办法就是和各国海关的公共信息系统联网,以及时掌握有关港口、机场和联运路线、场站的实际状况,为供应或销售物流决策提供支持。国际物流是最早发展 EDI(Electronic Data Interchange,电子数据交换)的领域,以 EDI 为基础的国际物流将会对物流的国际化产生重大影响。

4. 国际物流标准化具有统一性

国际物流要使国际间物流互相接轨,并畅通起来,有一个必须的条件是标准统一。在国际流通体系中,应当推行国际基础标准、安全标准、卫生标准、环保标准及贸易标准的进一步统一,并在此基础上制定并推行运输、包装、配送、装卸、储存等技术标准,从而提高国际物流水平。

5. 国际物流的风险性

国际物流的复杂性将带来国际物流的风险性。国际物流的风险性主要包括政治风险、经济风险和自然风险。政治风险主要是指由于所经过国家的政局动荡,如罢工、战争等原因造成货物可能受到损害或灭失;经济风险又可分为汇率风险和利率风险,主要是指从事国际物流必然要发生的资金流动,因而产生汇率风险和利率风险;自然风险则是指在物流过程中,可能因自然因素,如海风、暴雨等而引起的风险。

(三) 国际物流与国际贸易的关系

国际物流是随着国际贸易的发展而产生和发展起来的,并成为影响和制约国际贸易进一步发展的重要因素。国际物流与国际贸易之间存在着非常紧密的关系。

1. 国际物流是实现国际贸易的必要条件

国际贸易是国际间的商品流通和商品交换,进出口商品在空间上的流通范围更为广泛,地域更大。其中,国际物流更是不可缺少的重要环节。在一笔具体的进出口交易中,买卖双方签订合同以后,只有通过物流过程,按照约定的时间、地点和条件把商品交给对方,贸易的全过程才最后完成,如果没有国际物流,国际贸易是无法开展和进行的。尤其是在当前的国际贸易中,由于国际市场竞争十分激烈,交易双方对于交货时间、运送速度和运输费用等更为重视。快速、及时、安全、优质的物流活动不仅能保证供应,按时交货,而且还有利于抢占市场,扩大商品销路。反之,如果装运不及时,运输延迟,到货速度慢,就会影响贸易的开展与进行,甚至还会减少销路,失去市场,造成经济上的损失和信誉上的不良影响。

2. 国际贸易促进物流国际化

第二次世界大战以后,出于恢复重建工作的需要,各国积极研究和应用新技术、新方法促进生产力迅速发展,世界经济呈现繁荣兴旺的景象,国际贸易的发展极为迅速。同时,由于一些国家和地区的资本积累达到了一定程度,本国或本地的市场已不能满足其进一步发展经济的需要,加之交通运输、信息技术及经营管理水平的提高,出现了为数众多的跨国公司。跨国经营与国际贸易的发展,促进了实物和信息在世界范围内的大量流动和广泛交换,物流国际化成为国际贸易和世界经济发展的必然趋势。

3. 国际贸易的发展对国际物流提出新的要求

随着世界经济的快速发展和全球生产力布局的改变,国际贸易表现出一些新的趋势和特点,从而对国际物流提出了更新、更高的要求。

(1) 质量要求

国际贸易的结构正在发生着巨大变化,传统的初级产品、原材料等贸易品种逐步让位于高附加值、精密加工的产品。由于高附加值、高精密度商品流的增加,对物流工作质量提出了更高的要求。同时,由于国际贸易需求的多样化,造成物流多品种、小批量化,要求国际物流向优质服务和多样化发展。

(2) 效率要求

国际贸易活动的集中表现就是合约的订立和履行。而国际贸易合约的履行是由国际物流活动来完成的,因而要求物流高效率地履行合约。从输入方面的国际物流看,提高物流效率最重要的是如何高效率地组织所需商品的进口、储备和供应。也就是说,从订货、交货直至运入国内保管、组织供应的整个过程,都应加强物流管理。根据国际贸易商品的不同,采用与之相适应的现代化运输工具和机械设备等,对于提高物流效率起着重要的作用。

(3) 安全要求

由于国际分工和社会生产专业化的发展,大多数商品在世界范围内分配和生产。国际物流所涉及的国家多、地域辽阔、在途时间长、受气候和地理条件等自然因素,以及政局动荡、罢工、战争等社会政治因素的影响,因此,在组织国际物流时,选择运输方式和运输路径,要密切注意所经地域的气候和地理条件,还应注意沿途所经国家和地区的政治局势、经济状况等,以防止这些人为因素和不可抗拒的自然因素造成货物灭失。

(4) 经济要求

国际贸易的特点决定了国际物流的环节多、备运期长。在国际物流领域,控制物流费用、降低成本具有很大潜力。对于国际物流企业来说,选择最佳物流方案,提高物流经济性,降低物流成本,保证服务水平,是提高竞争力的有效途径。

总之,国际物流必须适应国际贸易结构和商品流通形式的变革,向国际物流合理化的方向发展。

二、国际物流系统的组成和运作

(一) 国际物流系统的组成

国际物流系统是由商品的包装系统、仓储系统、运输系统、商品检验系统、流通加工系统和其前后的整理、再包装系统以及国际配送系统等组成。运输系统和储存系统是国际物流系统的主要组成部分。国际物流系统通过仓储系统和运输系统,实现其自身的时间和空间效益,满足国际贸易活动和跨国公司经营的要求。

1. 国际运输子系统

运输的作用是将商品使用价值进行空间移动。物流系统依靠运输作业克服商品生产地和需要地点的空间距离,创造了商品的空间效益。国际货物运输是国际物流系统的核心。商品通过国际货物运输作业由卖方转移给买方。国际货物运输具有路线长、环节多、涉及面广、手续繁杂、风险性大、时间性强等特点。运输费用在国际贸易商品价格中占有很大比重。国际运输主要包括运输方式的选择、运输单据的处理及投保等有关方面。所谓外贸运输的两段性,是指外贸运输的国内运输段(包括进出口国内)和国际运输段。

(1) 出口货物的国内运输段

出口货物的国内运输,是指出口商品由生产地或供货地运送到出运港(站、机场)的国内运输,是国际物流中不可缺少的重要环节。离开国内运输,出口货源就无法从产地或供货地集运到港口、车站或机场,也就不会有国际运输出口的货物。国内运输工作涉及面广、环节多,要求各方面协同努力组织好运输工作,从摸清货源、产品包装、加工短途集运、国际单证到船期安排和铁路运输配车等各个环节的情况,都要做到心中有数,力求搞好车、船、港、货的有机衔接,确保出口货物运输任务的顺利完成,减少货物压港、压站等物流不畅的局面。国内运输段的主要工作分为发运前的准备工作、清车发运、装车和装车后的善后工作。

(2) 国际货物运输段

国际(国外)货物运输段是整个国际货物运输的重要一环。它是国内运输的延伸和扩展,同时又是衔接出口国运输和进口国货物运输的桥梁和纽带,是国际物流畅通的重要环节。国际货物运输段主要是被集运到港(站、场)后的出口货物可以直接装船发运,有的则需要进港口仓库储存一段时间,等待有泊位、有船后再出仓装船外运。国际段运输可以采用由出口国装运港直接到进口国目的港卸货,也可以采用中转经过国际转运点,再运达目的港。运达目的港的货物,一部分可以就在到达港直接分投出去,送达最终用户,另一部分先送达相关的供应部门,再分运给用户。无论是国际转运还是国内拨交分运或在国内供应分店,均有相应的仓储设施,以备临时存放转运。

案例 7-1

中欧班列

中欧班列(英文名称 China Railway Express,缩写 CRexpress)是由中国铁路总公司组织,按照固定车次、路线、班期和全程运行时刻开行,运行于中国与欧洲以及"一带一路"沿线国家间的集装箱铁路国际联运列车,是深化我国与沿线国家经贸合作的重要载体和推进"一带一路"建设的重要抓手。

目前中欧班列铺划有西、中、东三条通道:西部通道由我国中西部经阿拉山口(霍尔果斯)出境;中部通道由我国华北地区经二连浩特出境;东部通道由我国东南部沿海地区经满洲里(绥芬河)出境。

为全面释放新丝绸之路经济带物流通道的潜能,中国铁路总公司本着贴近市场的原则,加强中欧班列的运行组织,打造"快捷准时、安全稳定、绿色环保"的铁路国际联运货物运输品牌。按照"六统一",即统一品牌标志、统一运输组织、统一全程价格、统一服务标准、统一经营团队、统一协调平台,强化机制和装备保障的原则,努力提升中欧班列运行品质,确保按图正点运行,优化完善中欧班列客户服务中心工作流程和制度办法,为客户提供良好的信息查询、信息定制及推送、投诉建议受理等服务;优化完善中欧班列单证中心工作流程和质量标准,努力为客户提供优质的国际联运单证预审、制单和打单等相关服务;全面敞开为各地政府和企业服务,逐步扩大中欧班列市场。

中欧班列主要路线班列开行情况如下。

① 中欧班列(重庆—杜伊斯堡)。从重庆团结村站始发,由阿拉山口出境,途经哈萨克斯坦、俄罗斯、白俄罗斯、波兰,至德国杜伊斯堡站,全程约11 000公里,运行时间约15天。

② 中欧班列(成都—罗兹)。从成都城厢站始发,由阿拉山口出境,途经哈萨克斯坦、俄罗斯、白俄罗斯,至波兰罗兹站,全程9 965公里,运行时间约14天。

③ 中欧班列(郑州—汉堡)。从郑州圃田站始发,由阿拉山口和二连口岸出境,途经哈萨克斯坦/蒙古、俄罗斯、白俄罗斯、波兰,至德国汉堡站,全程10 245公里,运行时间约15天。

④ 中欧班列(苏州—华沙)。从苏州始发,由满洲里出境,途经俄罗斯、白俄罗斯,至波兰华沙站,全程11 200公里,运行时间约15天。

⑤ 中欧班列(武汉—汉堡/帕尔杜比采)。从武汉吴家山站始发,由经阿拉山口出境,途经哈萨克斯坦、俄罗斯、白俄罗斯,到达波兰、捷克斯洛伐克等国家的相关城市,全程10 700公里左右,运行时间约15天。

⑥ 中欧班列(义乌—马德里)。作为铁路中欧班列重要组成部分,中欧班列(义乌—马德里)的首发路线,将贯穿新丝绸之路经济带,从义乌铁路西站到西班牙马德里,通过新疆阿拉山口口岸出境,途经哈萨克斯坦、俄罗斯、白俄罗斯、波兰、德国、法国、西班牙,全程13 052公里,运行时间约21天,是目前中国史上行程最长、途经城市和国家最多、境外铁路换轨次数最多的班列。

⑦ 中欧班列(长沙—汉堡)。从长沙霞凝站始发,由满洲里出境,途经俄罗斯、白俄罗斯、波兰,至德国汉堡站,全程12 521公里,运行时间约16天。

⑧ 中欧班列(广州—卡卢加)。从广州大朗站始发,由满洲里出境,至俄罗斯卡卢加州沃尔西诺站,全程11 398公里,运行时间约12天。

⑨ 中欧班列(合肥—汉堡)。从合肥北站始发,由阿拉山口出境,途经哈萨克斯坦、俄罗斯、白俄罗斯、波兰,至德国汉堡,全程10 647公里,运行时间约15天。

2018年4月12日,首列直达奥地利首都维也纳的中欧班列从成都发车,穿越亚欧6国,行程9 800公里,于4月27日抵达目的地。

案例来源:中欧铁运物流(深圳)有限公司. http://www.annjor.com/111.html.

2. 国际仓储子系统

商品储存、保管使商品在其流通过程中处于一种或长或短的相对停滞状态,这种停滞是完全必要的。因为,商品流通是一个由分散到集中,再由集中到分散的源源不断的流通过程。国际贸易和跨国经营中的商品从生产厂或供应部门被集中运送到装运港口,有时需临时存放一段时间,再装运出口,是一个集和散的过程。

它主要是在各国的保税区和保税仓库进行的,主要涉及各国保税制度和保税仓库建设等方面。保税仓库的出现,为国际物流的海关仓储提供了既经济又便利的条件。例如,有时会出现对货物不知最后做何处理的情况,这时买主(或卖主)将货物在保税仓库暂存一段时间。若货物最终出口,则无须缴纳关税或其他税费;若货物将内销,可将纳税时间推迟到实际内销时为止。

从物流角度看,应尽量减少储存时间、储存数量,加速货物和资金周转,实现国际物流的高效率运转。

案例 7-2

控制仓储,就控制了一切

对大宗商品上下游供应链的渗透程度,决定了交易商在市场上的定价权。全球市场上一直有投行利用仓储进行套利的行为存在。更关键的是,投行还通过购买仓储公司,掌握了出货节奏。

以金属商品的仓储为例。伦敦金属交易所(LME)是世界上最大的有色金属交易所。LME 的价格和库存对全球范围的有色金属生产和销售有着重要影响。国际投行和大型贸易商们因此也把 LME 仓库视为兵家必争之地。

金属企业通常会将 LME 仓库中的现货金属按照一定的利率抵押给银行进行融资,很多金属企业为了争取到更低的融资利率,通常会和投行签订结构性仓单质押融资条款。借助这些条款,投行有权按照约定价格向金属企业购买现货库存,这部分结构性的融资业务占到了 LME 仓单抵押融资的 50% 以上,这就使得 LME 金属库存逐渐集中到了投行手中。

投行可以赚取两部分利润。

一方面,在不违反规定的前提下,仓库有意拖延出货速度,而金属在出库之前,每日都需要向仓库支付租金。

另一方面,投行持有库存相当于持有现货,在压低出货量、造成排队后,现货价格就会上涨。投行为了对冲这部分现货库存,同时会在期货上持有空仓,这类似于买现货、卖期货的期现套利。

手握 LME 库存的国际投行还可通过对交易所库存(即显性库存)规模的操控,轻易地左右市场供应增加的预期。因为如果交易所库存增加,那么供应预期就是宽松的,期货价格就会往下掉,从而令空头获利。所以,无论是现货价格上涨,还是期货价格下跌,投行都可以从中获利。

资料来源:搜狐网. http://mt.sohu.com/20150807/n418366290.shtml。

3. 商品检验子系统

由于国际贸易和跨国经营具有投资大、风险高、周期长等特点,使得商品检验成为国际物流系统中重要的子系统。通过商品检验,确定交货品质、数量和包装条件是否符合合同规定。如发现问题,可分清责任,向有关方面索赔。在买卖合同中,一般都订有商品检验条款,其主要内容有检验时间与地点、检验机构与检验证明、检验标准与检验方法等。

根据国际贸易惯例,商品检验时间与地点的规定可概括为以下三种做法。

(1) 在出口国检验

这可分为两种情况:在工厂检验,卖方只承担货物离厂前的责任,运输中品质、数量变化的风险概不负责;装船前或装船时检验,其品质和数量以当时的检验结果为准,买方对到货的品质与数量原则上一般不得提出异议。

(2) 在进口国检验

这包括卸货后在约定时间内检验,以及在买方营业处所或最后用户所在地查验两种情况。其检验结果可作为货物品质和数量的最后依据。在此条件下,卖方应承担运输过程中品质、重量变化的风险。

(3) 在出口国检验、进口国复验

货物在装船前进行检验,以装运港双方约定的商检机构出具的证明作为议付货款的凭证,但货到目的港后,买方有复验权。如复验结果与合同规定不符,买方有权向卖方提出索赔,但必须出具卖方同意的公证机构出具的检验证明。

在国际贸易中,从事商品检验的机构很多,包括卖方或制造厂商和买方或使用方的检验单位,有国家设立的商品检验机构,以及民间设立的公证机构和行业协会附设的检验机构。在我国,统一管理和监督商品检验工作的是国家进出口商品检验局及其分支机构。究竟选定由哪个机构实施和提出检验证明,在买卖合同条款中,必须明确加以规定。商品检验证明,即进出口商品经检验、鉴定后,应由检验机构出具具有法律效力的证明文件。如经买卖双方同意,也可采用由出口商品的生产单位和进口商品的使用部门出具证明的办法。商品检验证明是证明卖方所交货物在品质、重量、包装、卫生条件等方面是否与合同规定相符依据。如与合同规定不符,买卖双方可据此作为拒收、索赔和理赔的依据。

此外,商品检验证明也是议付货款的单据之一。商品检验可按生产国的标准进行检验,或按买卖双方协商同意的标准进行检验,或按国际标准或国际习惯进行检验。商品检验方法概括起来可分为感官鉴定法和理化鉴定法两种。理化鉴定法对进出口商品检验更具有重要作用。理化鉴定法一般是采用各种化学试剂、仪器器械鉴定商品品质的方法,如化学鉴定法、光学仪器鉴定法、热学分析鉴定法、机械性能鉴定法。

4. 商品包装子系统

杜邦定律(由美国杜邦化学公司提出)认为:63%的消费者是根据商品的包装装潢进行购买的。国际市场和消费者是通过商品来认识企业的,而商品的商标和包装就是企业的面孔,它反映了一个国家的科技文化综合水平。我国出口商品存在的主要问题是:出口商品包装材料主要靠进口;包装产品加工技术水平低,质量上不去;外贸企业经营者对出口商品包装缺乏现代意识,表现在缺乏现代包装观念、市场观念、竞争观念和包装的信息观念,仍存在着重商品、轻包装等思想。

为提高商品包装系统的功能和效率,应提高广大外贸职工对出口商品包装工作重要性的认识,树立现代包装意识和包装观念;尽快建立起一批出口商品包装工业基地,以适应外贸发展的需要,满足国际市场、国际物流系统对出口商品包装的各种特殊要求;认真组织好各种包装物料和容器的供应工作。这些包装物料和容器应具有品种多、规格齐全、批量小、变化快、交货时间快、质量高等特点,以便扩大外贸出口和创汇能力。

5. 国际物流信息子系统

国际物流信息子系统主要功能是采集、处理和传递国际物流和商流的信息情报。信息的顺利传递直接关系到国际物流的效率,而信息的传递又必须以通信基础设施为载体。没有功能完善的信息系统,国际贸易和跨国经营将寸步难行。国际物流信息的主要内容包括进出口单证的作业过程、支付方式信息、客户资料信息、市场行情信息和供求信息等。以国际海运为例,货物送抵目的港装船时,买方便通过信息流获取运输的船舶、航线和预计到货港,再根据以上信息办理国际海运保险业务,并通过信息流对货物及航运情况进行及时追踪,若出现风险和障碍,信息流便会立刻发出预警信息。这种动态跟踪的信息流,不仅可以及时掌握国际物流货物的行踪,而且还可以把国际货运的损失降到最低,而实现这一切的前提便是通信基础设施的完善。

国际物流信息系统的特点是:信息量大,交换频繁;传递量大,时间性强;环节多,点多,线长。国际贸易中 EDI 的发展是一个重要趋势,我国应该在国际物流中加强推广 EDI 的应用,建设国际贸易和跨国经营的高速公路。

6. 通关子系统

国际物流的一个重要特点就是要货物跨越关境。由于各国海关的规定并不相同,所以,对于国际货物的流通而言,各国的海关可能会成为国际物流中的瓶颈。要消除这一瓶颈,就要求物流经营人要熟知相关各国的通关制度,在适应各国的通关制度的前提下,建立安全有效的快速通关系统,保证货畅其流。

(二)国际物流系统的运作

国际物流系统通过其所联系的各子系统发挥功能,包括采购、运输、储存、装卸搬运、包装、流通加工、商品检验及信息处理功能等。它们相互协作,以实现国际物流系统所要求达到的低费用和高水平服务,从而最终实现国际物流系统的整体交易效益最大的目标。

国际物流系统是以实现国际贸易、国际物资交换的总体目标为核心的。国际贸易合同签订后的履行过程,就是国际物流系统的实施过程。国际物流系统的运作流程如图 7-1 所示。

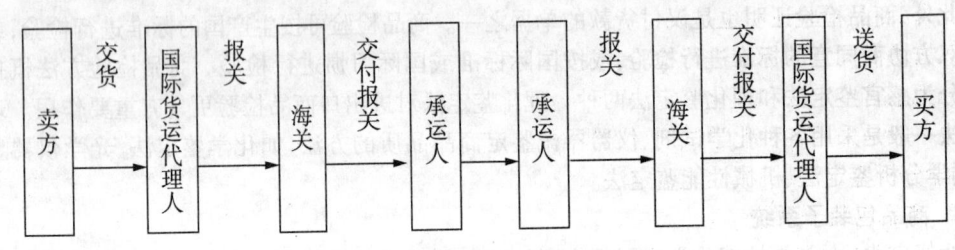

卖方 →交货→ 国际货运代理人 →报关→ 海关 →交付报关→ 承运人 → 承运人 →报关→ 海关 →交付报关→ 国际货运代理人 →送货→ 买方

图 7-1 国际物流系统运作流程

国际物流系统在国际信息物流系统的支撑下,在运输和储运等作业的参与下,在进出口中间商、国际货代及承运人的通力协作下,利用国际物流设施,共同形成一个遍布国内外,纵横交错、四通八达的物流运输网络。

国际物流系统网络是指由多个收发货的"节点"和它们之间的"连线"所构成的物流抽象网络以及与之相伴随的信息流网络的有机整体。

三、国际物流系统网络

(一)国际物流系统网络节点

整个国际物流过程是由多次的运动—停顿所组成的。与这种运动相对应的国际物流网络就是执行运动使命的路线和执行停顿使命的节点这两种基本元素组成的。路线和节点相互关联组成了不同的国际物流网络。国际物流网络水平的高低、功能的强弱则取决于网络中这两个基本元素的配置。由此可见,国际物流节点对优化整个国际物流网络起着重要的作用。

这些节点不仅执行一般的物流职能,而且越来越多地执行着指挥调度、信息等神经中枢的职能,因而日益受到人们的重视。所以人们把国际物流节点称为整个物流网络的灵魂。

1. 国际物流网络节点的概念

国际物流网络节点是指那些从事与国际物流相关活动的物流节点,如制造商仓库、中间商仓库、口岸仓库、国内外中转点仓库,以及流通加工配送中心和保税区仓库、物流中心、物流园区等。国际贸易商品或货物通过这些仓库和中心的收入和发出,并在中间存放保管来实现国际物流系统的时间效益,克服生产时间和消费时间上的分离,促进国际贸易系统顺利运行。

国际物流网络节点是一个广泛的概念,作为物流场所,甚至一个城市或一个大的区域都可看成国际物流节点。

2. 国际物流网络节点的功能

国际物流网络节点的功能是综合性的,可以说包含了所有物流的基本功能。国际物流网络节点的功能可概括为以下四项。

① 作业功能。一般来讲,国际物流网络节点可承担各项物流作业功能,如储存、包装、流通加工、装卸搬运、配送、信息处理等。但由于定位和目标不一,其基本作业功能可多可少或有所侧重。

② 衔接功能。国际物流网络节点一般采取以下手段来衔接物流:通过转换运输方式,衔接不同的运输手段;通过加工,衔接干线物流及配送物流;通过存储,衔接不同时间的供应物流与需求物流;通过集装箱、托盘等集装处理,衔接整个"门到门"运输,使之成为一体。

③ 信息功能。国际物流网络节点是国际物流信息的集散地,在国际物流系统中每一个节点都是物流信息的一个点。

④ 管理功能。国际物流网络节点大都是集管理、指挥、调度、信息、衔接及货物处理等功能于一体的物流综合设施,整个国际物流系统的运转有序化、正常化和效率高低取决于各物流网络节点的管理水平。

3. 国际物流网络节点的类型

根据其主要功能,国际物流网络节点可分为以下四类。

① 转运型节点。它是指以连接不同运输方式为主要职能的节点,如货站、编组站、车站、货场、机场、港口、码头等。

② 储存型节点。它是指以存放货物为主要职能的节点,如储备仓库、营业仓库、中转仓库、口岸仓库、港口仓库、货栈等。

③ 流通加工型节点。它是指以组织货物在系统中运动为主要职能,并根据需要对货物施加包装、分割、计量、组装、刷标志、商品检验等作业的节点,如流通仓库、流通中心、配送中心等。

④ 综合性节点。它是指多功能的国际物流网络节点,往往表现为一个大区域,如国际物流中心、出口加工区、国际物流园区、自由经济区等。综合性节点是为适应国际物流大量化和复杂化的趋势而产生的,它使国际物流更为精密准确,在一个节点中要求实现多种转化而使物流系统简化,是国际物流网络节点的重点和发展的方向之一。

(二)国际物流系统网络连线

连线是指连接上述国内外众多收发货节点间的运输,如各种海运航线、铁路线、飞机航线,以及海、陆、空联合运输线。这些网络连线是库存货物的移动(运输)轨迹的物化形式;每一对节点有许多连线以表示不同的运输路线、不同产品的各种运输服务;各节点表示存货流动暂时停滞,其目的是为了更有效地移动(收或发)。

信息流动网的连线通常包括国内外的邮件,或某些电子媒介(如电话、电传、电报及 EDI 等),其信息网络的节点则是各种物流信息汇集及处理之点,如员工处理国际订货单据、编制大量出口单证、准备提单或电脑对最新库存量的记录等。物流网与信息网并非独立,它们之间的关系是密切相联的。

第二节 国际多式联运

一、国际多式联运的定义

国际多式联运(International Multimodal Transport)简称多式联运,是在集装箱运输的基础上产生和发展起来的,是指按照国际多式联运合同,以至少两种不同的运输方式,由多式联运经营人将货物从一国境内的接管地点运至另一国境内指定交付地点的货物运输。简单来说,国际多式联运是一种以实现货物整体运输的最优化效益为目标的联运组织形式。它通常是以集装箱为运输单元,将不同的运输方式有机地组合在一起,构成连续的、综合性的一体化货物运输。

国际多式联运适用于水路、公路、铁路和航空多种运输方式。在国际贸易中,由于85%~90%的货物是通过海运完成的,故海运在国际多式联运中占据主导地位。

二、国际多式联运的特征

① 多式联运整个过程只有一个运输合同。多式联运与传统的联运最大的区别在于多式联运整个过程中只有一个多式联运合同,明确多式联运经营人与托运人的合同关系。在签订相关合同的过程中,从事多式联运服务的企业将负责货物从接收地到目的地的全程运输,并据此收取全程单一运费。

② 运输方式覆盖两种及以上。目前,全球对于固态货物的运输主要包括海、铁、公、空四种,根据定义,多式联运需涵盖四种运输方式中的两种及以上。在我国,由于国际海上运输与沿海运输、内河运输分别适用不同的法律,因此我国将国际海上运输、国内沿海及内河运输视为不同的运输方式。同时,我国与国际上通行的标准有所不同,对于多式联运的定义中明确规定多式联运所包含的运输方式中必须涵盖海上运输方式,可以是沿海运输也可以是国际海上运输。

③ 全程使用一张多式联运单据,即"一票到底",该单据是物权凭证,也是有价证券。

④ 由一个多式联运经营人对全程运输负总责。他是与托运人签订多式联运合同的当事人,也是签发多式联运单据或多式联运提单者,承担自接受货物起至交付货物止的全程运输责任。

小·知识

多式联运经营人

国际多式联运经营人(Multimodal Transport Operator,简称MTO)指其本人或通过其代理同托运人订立多式联运合同的人,可以是实际承运人,也可以是无船承运人(Non-Vessel Operating Carrier,简称NVOC)。

多式联运经营人应该具备以下特征。

① 多式联运经营人必须与货主本人或其代理订立多式联运合同,同时又以货主的身份与各区段的实际承运人订立运输合同,因此具有双重身份。

② 多式联运经营人对全程运输所发生的货损、货差负责,但其可向分承运人追偿。

③ 多式联运经营人可以拥有运输工具也可以不拥有运输工具。

三、国际多式联运的业务流程

国际多式联运业务是在多式联运经营人的组织下完成的。其业务程序主要有以下环节。

(一)接受托运申请,订立多式联运合同

多式联运经营人根据货主提出的托运申请和自己的运输路线等情况,判断是否接受该托运

申请。如果能够接受,则双方议订有关事项后,在交给发货人或其代理的场站收据(货物情况可暂时空白)副本上签章(必须是海关能接收的),证明接受托运申请,多式联运合同已经订立并开始执行。

发货人或其代理根据双方就货物交接方式、时间、地点、付费方式等达成协议填写场站收据(货物情况可暂空),并把其送至多式联运经营人处编号,多式联运经营人编号后留下货物托运联,将其他联交还给发货人或其代理。

(二) 集装箱的发放、提取及运送

多式联运大多数使用集装箱运输。多式联运中使用的集装箱一般应由经营人提供。这些集装箱来源可能有三个:一是经营人自己购置使用的集装箱;二是由公司租用的集装箱,这类箱一般在货物的启运地附近提箱而在交付货物地点附近还箱;三是由全程运输中的某一分运人提供,这类箱一般需要在多式联运经营人为完成合同运输与该分运人(一般是海上区段承运人)订立分运合同后获得使用权。

如果双方协议由发货人自行装箱,则由多式联运经营人签发提箱单或者由租箱公司或分运人签发提箱单交给发货人或其代理,由他们在规定日期到指定的堆场提箱并自行将空箱拖运到货物装箱地点,准备装货。如发货人委托亦可由多式联运经营人办理从堆场装箱地点的空箱拖运(这种情况需加收空箱拖运费)。

如是拼箱货(或是整箱货但发货人无装箱条件不能自装)时,则由多式联运经营人将所用空箱调运至接受货物集装箱货运站,做好装箱准备。

(三) 出口报关

若联运从港口开始,则在港口报关;若从内陆地区开始,应在附近的海关办理报关。一般由托运人办理,也可委托多式联运经营人代办。报关时应提供场站收据、装箱单、出口许可证等有关单据和文件。

(四) 货物装箱

1. 自行装箱

若是发货人自行装箱,发货人或其代理提取空箱后在自己的工厂和仓库组织装箱。装箱工作一般要在报关后进行,并请海关派员到装箱地点监装和办理加封事宜。如需理货,还应请理货人员现场理货并与之共同制作装箱单。

2. 委托多式联运经营人或货运站装箱

若是发货人不具备装箱条件,可委托多式联运经营人或货运站装箱(指整箱货情况),发货人应将货物以原来形态运至指定的货运站由其代为装箱。如是拼箱货,发货人应负责将货物运至指定的集装箱货运站,由货运站按多式联运经营人的指示装箱。无论装箱工作由谁负责,装箱人均需制作装箱单,并办理海关监装与加封事宜。

3. 多式联运的配积载

货物配积载是指根据货物种类、特性、数量、流向等多种货物的既定运输任务,通过合理配装以充分利用运输工具的容积及载重能力的作业环节。它是联合运输的一项重要的技术性较强的工作,相应工作人员应对运输程序、货物调运方法、车船性能、货物拼配拼装条件等情况清楚明了。

在进行多式联运的配积载时,可以采用见单配积载和见货配积载的形式。在配积载时要注

意发货的顺序,做到先急后缓,先重点后一般,先计划内后计划外,先远后近,先进先出,后进后出;掌握不同货物的拼配范围,确保货物安全;做到轻重配积载原则,提高车船容积利用,节约运输费用。

(五) 接收货物

对于由货主自装箱的整箱货物,发货人应负责将货物运至双方协议规定的地点,多式联运经营人或其代理(包括委托的堆场业务员)在指定地点接收货物。如是拼箱货,经营人在指定的货运站接收货物。验收货物后,代表多式联运经营人接收货物的人应在场站收据正本上签章并将其交给发货人或其代理。

(六) 核收多式联运费用

多式联运费用主要包括运费、杂费、中转费和服务费。

运费包括铁路运费、水路运费、公路运费、航空运费、管道运费5个类别。按货物使用的运输工具按照国家或各省、市、自治区物价部门规定的运价计算运费。

杂费包括装卸费、换装包干费、货物港务费和货物保管费。

中转费包括装卸费、仓储费、接驳费(或市内汽车短途转运费)、包装整理费等。

服务费是指联运企业在集中办理运输业务时支付的劳务费用。其一般采取定额包干的形式,按不同运输方式和不同的取送货方式,规定不同费率。服务费一般包括业务费和管理费。业务费是指用于铁路、水路、公路各个流转环节所发生的劳务费用。管理费是指从事联运业务人员的工资、固定资产折旧和行政管理费等方面的支出。

(七) 订舱及安排货物运送

多式联运经营人在合同订立之后,即应制订合同涉及的集装箱货物的运输计划。该计划包括货物的运输路线,区段的划分,各区段实际承运人的确定及各区段衔接地点的到达、起运时间等内容。订舱泛指多式联运经营人按照运输计划安排洽定各区段的运输工具,与选定的各实际承运人订立各区段的分运合同。这些合同的订立由经营人本人(派出机构或代表)或委托的代理(在各转接地)办理,也可请前一区段的实际承运人作为代表向后一区段的实际承运人订立。

(八) 办理保险

在发货人方面,应投保货物运输险。该保险由发货人自行办理,或由发货人承担费用由多式联运经营人办理。货物运输险可以是全程,也可分段投保。在多式联运经营人方面,应投保货物责任险和集装箱险,由经营人或其代理向保险公司或以其他形式办理。

(九) 签发多式联运提单,组织完成货物的全程运输

多式联运经营人的代表收取货物后,经营人应向发货人签发多式联运提单(见图7-2)。在把提单交给发货人前,应注意按双方议定的付费方式及内容、数量向发货人收取全部应付费用。

托运人 Shipper		B/L No. **中国对外贸易运输总公司** CHINA NATIONAL FOREIGN TRADE TRANSPORTATION CORP. GA **联运提单** COMBINED TRANSPORT BILL OF LADING RECEIVED the goods in apparent good order and condition as specified below unless otherwise stated herein. 1) undertakes to perform or to procure the performance of the entire transport from the place at which the goods are taken in charge to the place designated for delivery in this document, and 2) assumes liability as prescribed in this document for such transport. One of the Bills of Lading must be surrendered duly indorsed in exchange for the goods or delivery order.		
收货人或指示 Consignee or Order				
通知地址 Notify Address				
前段运输 Pre-Carriage by	收货地点 Place of Receipt			
海运船只 Ocean Vessel	装货港 Port of Loading			
卸货港 Port of Discharge	交货地点 Place of Delivery	运费支付地 Freight Payable at		正本提单份数 Number of Original B/L
标志和号码 Marks and Nos.	件数和包装种类 Number and Kind of Packages	货名 Description of Goods	毛重(千克) Gross Weight (kg)	尺码(立方米) Measurement(m³)
		以上各细目由托运人提供 ABOVE PARTICULARS FURNISHED BY SHIPPER			
运费和费用 Freight and Charges		IN WITNESS whereof the number of original Bills of Lading stated above have been signed, one of which being accomplished, the other (s)to be void.			
		签单地点和日期 Place and Date of Issue			
		代表承运人签字 Signed for or on Behalf of the Carrier 代理 As Agents			

图 7-2 集装箱联运提单(样本)

多式联运经营人有完成和组织完成全程运输的责任和义务。在接收货物后,要组织各区段实际承运人、各派出机构及代表人共同协调工作,完成全程中各区段的运输及各区段之间的衔接工作,运输过程中所涉及的各种服务性工作和运输单据、文件及有关信息等的组织和协调工作。

(十)货物交付

当货物运至目的地后,由目的地代理通知收货人提货。收货人需凭多式联运提单提货,多式联运经营人或其代理需按合同规定,收取收货人应付的全部费用。收回提单后签发提货单(交货记录),提货人凭提货单到指定堆场(整箱货)和集装箱货运站(拼箱货)提取货物。

如果整箱提货,则收货人要负责至掏箱地点的运输,并在货物掏出后将集装箱运回指定的堆场,运输合同终止。

(十一) 运输过程中的海关业务

按惯例国际多式联运的全程运输(包括进口国内陆段运输)均应视为国际货物运输。因此,该环节工作主要包括货物及集装箱进口国的通关手续,进口国内陆段保税(海关监管)运输手续及结关等内容。如果陆上运输要通过其他国家海关和内陆运输路线时,还应包括这些海关的通关及保税运输手续。

这些涉及海关的手续一般由多式联运经营人的派出所机构或代理办理,也可由各区段的实际承运人作为多式联运经营人的代表办理,由此产生的全部费用应由发货人或收货人负担。

如果货物在目的港交付,则结关应在港口所在地海关进行。如在内陆地交货,则应在口岸办理保税(海关监管)运输手续,海关加封后方可运往内陆目的地,然后在内陆海关办理结关手续。

(十二) 货运事故处理

如果全程运输中发生了货物灭失、损害和运输延误,无论是否能确定发生的区段,发(收)货人均可向多式联运经营人提出索赔。多式联运经营人根据提单条款及双方协议确定责任并做出赔偿。如能确知事故发生的区段和实际责任者时,可向其进一步进行索赔;如不能确定事故发生的区段时,一般按在海运段发生处理。如果已对货物及责任投保,则存在要求保险公司赔偿和向保险公司进一步追索问题。如果受损人和责任人之间不能取得一致,则需在诉讼时效内提起诉讼和仲裁来解决。

国内多式联运与国际多式联运业务流程的不同之处,主要是在于是否需要报关和办理保险的迫切性。国际多式联运必须报关,办理货物运输保险的迫切性更大。

第三节 跨国公司

一、跨国公司的定义及经营特点

(一) 跨国公司的定义

跨国公司(transnational corporation)又称多国公司(multi-national enterprise)、国际公司(international firm)、超国家公司(supernational enterprise)或宇宙公司(cosmo-corporation)等。20世纪70年代初,联合国经济及社会理事会组成了由知名人士参加的小组,较为全面地考察了跨国公司的各种准则和定义后,于1974年做出决议,决定联合国统一采用"跨国公司"这一名称。

跨国公司主要是指由两个或两个以上国家的经济实体所组成,并从事生产、销售和其他经营活动的国际性大型企业。跨国公司主要是指发达资本主义国家的垄断企业,以本国为基地,通过对外直接投资,在世界各地设立分支机构或子公司,从事国际化生产和经营活动的垄断企业。联合国跨国公司委员会认为跨国公司应具备以下三个要素。

① 跨国公司是指一个工商企业,组成这个企业的实体在两个或两个以上的国家内经营业务,而不论其采取何种法律形式经营,也不论其在哪一经济部门经营。

② 这种企业有一个中央决策体系,因而具有共同的决策,此等决策可能反映企业的全球战略目标。

③ 这种企业的各个实体分享资源、信息并分担责任。

(二) 跨国公司的经营特点

1. 跨国公司具有全球战略目标和高度集中统一的经营管理

跨国公司作为在国内外拥有较多分支机构、从事全球性生产经营活动的公司，与国内企业相比较，是有一些区别的。这些区别表现在以下几点。

① 跨国公司的战略目标是以国际市场为导向的，目的是实现全球利润最大化；而国内企业是以国内市场为导向的。

② 跨国公司是通过控股的方式对国外的企业实行控制；而国内企业对其较少的涉外经济活动大多是以契约的方式来实行控制。

③ 国内企业的涉外活动不涉及在国外建立经济实体问题，国内外经济活动的关系是松散的，有较大偶然性，其涉外经济活动往往在交易完成后就立即终止，不再参与以后的再生产过程；而跨国公司则在世界范围内的各个领域全面进行资本、商品、人才、技术、管理和信息等交易活动，并且这种"一揽子"活动必须符合公司总体战略目标而处于母公司控制之下，其子公司也像外国企业一样参加当地的再生产过程，所以，跨国公司对其分支机构必然实行高度集中的统一管理。

2. 跨国公司从事综合性多种经营

① 横向型多种经营。此类公司主要从事单一产品的生产经营，母公司和子公司很少有专业化分工，但公司内部转移生产技术、销售技能和商标专利等无形资产的数额较大。

② 垂直型多种经营。此类公司按其经营内容又可分为两种。一种是母公司和子公司生产和经营不同行业的但却相互有关的产品。它们是跨行业的公司，主要涉及原材料、初级产品的生产和加工行业，如开采种植—提炼—加工制造—销售等行业。另一种是母公司和子公司生产和经营同一行业不同加工程度或工艺阶段的产品，主要涉及汽车、电子等专业化分工水平较高的行业。例如，美国的美孚石油公司就是前一种垂直型的跨国公司，它在全球范围内从事石油和天然气的勘探、开采，以管道、油槽和车船运输石油和天然气，经营大型炼油厂，从原油中精炼出最终产品，批发和零售几百种石油衍生产品；而法国的雪铁龙汽车公司则是后一种垂直型的跨国公司，公司内部实行专业化分工，它在国外的 84 个子公司和销售机构，分别从事铸模、铸造、发动机、齿轮、减速器、机械加工、组装和销售等各工序的业务，实现了垂直型的生产经营一体化。

③ 混合型多种经营。此类公司经营多种产品，母公司和子公司生产不同的产品，经营不同的业务，而且它们之间互不衔接，没有必然联系。例如，日本的三菱重工业公司即如此，它原是一家造船公司，后改为混合多种经营，经营范围包括汽车、建筑机械、发电系统产品、造船和钢构件、化学工业、一般机械、飞机制造业等。

3. 以开发新技术推动跨国公司的发展

"二战"后，全世界的新技术、新生产工艺、新产品基本上都掌握在跨国公司手中，这是跨国公司能够几十年不衰反而不断发展壮大的根本原因之一。通常跨国公司都投入大量人力、物力开发新技术、新产品。例如，20 世纪 80 年代中后期，美国电话电报公司研究与开发中心平均每年的研究经费高达 19 亿美元，并聘用了 1.5 万名科研人员，其中 2 100 人获博士学位，4 人曾先后获得 4 项诺贝尔物理学奖。又如，著名的 3M 公司，1994 年夏季就新上市近 400 种半组合式五金类用品，其新产品层出不穷，其原因用 3M 加拿大分公司 DIY 产品部门行销经理的话解释为，该公司每年营业额的 7% 用在研制新产品上，业务宗旨是每年必须有 30% 的销售收入来自 4 年前尚未上市的新产品。由此可见其研究的超前。跨国公司不仅注重开发新技术，而且非常善于通过对外转让技术获得高额利润及实行对分、子机构的控制。

4. 竞争是跨国公司争夺和垄断国外市场的主要手段

在国际贸易中,传统的竞争手段是价格竞争,即指企业通过降低生产成本,以低于国际市场或其他企业同类商品的价格,在国外市场上打击和排挤竞争对手,扩大商品销路。而今,由于世界范围内尤其是发达国家生活水平的提高、耐用消费品支出占总支出比重的增大以及世界范围内的持续通货膨胀造成物价持续上涨、产品生命周期普遍缩短等因素影响,价格竞争已很难为跨国公司争取到更多的客户,取而代之的是非价格竞争。事实证明,非价格竞争是当代跨国公司垄断和争夺市场的主要手段。非价格竞争是指通过提高产品质量和性能,增加花色品种,改进商品包装,改善售前售后服务,提供优惠的支付条件,更新商标牌号,加强广告宣传和保证及时交货等手段,来提高产品的质量、信誉和知名度,以增强商品的竞争能力,扩大商品的销路。目前,跨国公司主要从以下几个方面提高商品非价格竞争能力:①提高产品质量,逾越贸易技术壁垒;②加强技术服务,提高商品性能,延长使用期限;③提供信贷;④加速产品升级换代,不断推出新产品,更新花色品种;⑤不断设计新颖和多样的包装,注意包装的个性化;⑥加强广告宣传,大力研究改进广告销售术。

二、跨国公司的类型

(一) 按经营项目分类

1. 资源开发型跨国公司

资源开发型跨国公司以获得母国所短缺的各种资源和原材料为目的,对外直接投资主要涉及种植业、采矿业、石油业和铁路等领域。这类公司是跨国公司早期积累时经常采用的形式。资本原始积累时期英、法、荷等老牌殖民国家的特许公司在19世纪时向美国、加拿大、澳大利亚和新西兰等经济落后而资源丰富的国家进行的直接投资就主要集中在种植业、采矿业和铁路。资源开发型跨国公司仍集中于采矿业和石油开采业,如著名的埃克森—美孚公司(Exxon-Mobil)、英荷壳牌公司(Royal Dutch Shell)。

2. 加工制造型跨国公司

加工制造型跨国公司主要从事机器设备制造和零配件中间产品的加工业务,以巩固和扩大市场份额为主要目的。这类公司以生产加工为主,进口大量投入品生产各种消费品供应东道国或附近市场,或者对原材料进行加工后再出口。这类公司主要生产和经营诸如金属制品、钢材、机械及运输设备等产品,随着当地工业化程度的提高,公司经营逐步进入资本货物部门和中间产品部门。加工制造型跨国公司是当代一种重要的公司形式,为大多数东道国所欢迎。美国通用汽车公司(General Motors)作为世界上最大的汽车制造公司,是制造业跨国公司的典型代表。

3. 服务提供型跨国公司

服务提供型跨国公司主要是指向国际市场提供技术、管理、信息、咨询、法律服务及营销技能等无形产品的公司。这类公司包括跨国银行、保险公司、咨询公司、律师事务所及注册会计师事务所等。20世纪80年代以来,随着服务业的迅猛发展,其已逐渐成为当今最大的产业部门,服务提供型跨国公司也成为跨国公司的一种重要形式。

（二）按经营结构分类

1. 横向型跨国公司

横向型跨国公司是指母公司和各分支机构从事同一种产品的生产和经营活动的公司。在公司内部，母公司和各分支机构之间在生产经营上专业化分工程度很低，生产制造工艺、过程和产品基本相同。这类跨国公司的特点是母子公司之间在公司内部相互转移生产技术、营销诀窍和商标专利等无形资产，有利于增强各自的竞争优势与公司的整体优势、减少交易成本，从而形成强大的规模经济。横向型跨国公司的特点是地理分布区域广泛，通过在不同的国家和地区设立子公司与分支机构就地生产与销售，以克服东道国的贸易壁垒，巩固和拓展市场。

2. 垂直型跨国公司

垂直型跨国公司是指母公司和各分支机构之间实行纵向一体化专业分工的公司。纵向一体化专业分工又有两种具体形式：一是指母子公司生产和经营不同行业的相互关联产品，如自然资源的勘探、开发、提炼、加工制造与市场销售等；二是指母子公司生产和经营同行业不同加工程序和工艺阶段的产品，如专业化分工程度较高的汽车行业与电子行业等的关联产品。垂直型跨国公司把具有前后衔接关系的社会生产活动国际化，母子公司之间的生产经营活动具有显著的投入产出关系。这类公司的特点是全球生产的专业化分工与协作程度高，各个生产经营环节紧密相扣，便于公司按照全球战略发挥各子公司的优势；而且由于专业化分工，每个子公司只负责生产一种或少数几种零部件，有利于实现标准化、大规模生产，获得规模经济效益。

3. 混合型跨国公司

混合型跨国公司是指母公司和各分支机构生产和经营互不关联产品的公司。混合型跨国公司是企业在世界范围内实行多样化经营的结果。它将没有联系的各种产品及其相关行业组合起来，加强了生产与资本的集中，规模经济效果明显；同时，跨行业非相关产品的多样化经营能有效地分散经营风险。但是由于经营多种业务，业务的复杂性会给企业管理带来不利影响，因此具有竞争优势的跨国公司并不是向不同行业盲目扩展业务，而是倾向于围绕加强核心业务或产品的竞争优势开展国际多样化经营活动。

（三）按决策行为分类

1. 民族中心型跨国公司

民族中心型跨国公司的决策哲学是以本民族为中心，其决策行为主要体现母国与母公司的利益。公司的管理决策高度集中于母公司，对海外子公司采取集权式管理体制。这种管理体制强调公司整体目标的一致性，优点是能充分发挥母公司的中心调整功能，更优化地使用资源；但缺点是不利于发挥子公司的自主性与积极性，且东道国往往不太欢迎此模式。跨国公司发展初期，一般采用这种传统的管理体制。

2. 多元中心型跨国公司

多元中心型跨国公司的决策哲学是多元与多中心，其决策行为倾向于体现众多东道国与海外子公司的利益，母公司允许子公司根据自己所在国的具体情况独立地确定经营目标与长期发展战略。公司的管理权力较为分散，母公司对子公司采取分权式管理体制。这种管理体制强调的是管理的灵活性与适应性，有利于充分发挥各子公司的积极性和责任感，且受到东道国的欢迎。但这种管理体制的不足在于母公司难以统一调配资源，而且各子公司除了自谋发展外，完全失去了利用公司内部网络发展的机会，局限性很大。在跨国公司迅速发展的过程中，东道国在接受外来投资的同时逐渐培养起民族意识，经过多年的积累和发展，大多数跨国公司的管理体制从集权和以本民族为中心转变为多元中心型。

3. 全球中心型跨国公司

全球中心型跨国公司既不以母公司也不以分公司为中心,其决策哲学是公司的全球利益最大化。相应地,公司采取集权与分权相结合的管理体制。这种管理体制吸取了集权与分权两种管理体制的优点,事关全局的重大决策权和管理权集中在母公司的管理机构,但海外子公司可以在母公司的总体经营战略范围内自行制订具体的实施计划、调配和使用资源,有较大的经营自主权。这种管理体制的优点是在维护公司全球经营目标的前提下,各子公司在限定范围内有一定的自主权,有利于调动子公司的经营主动性和积极性。

三、跨国公司的物流运营模式

(一) 自给自足的自营物流模式

自营物流模式包括第一方物流模式和第二方物流模式,是指在社会物流还没有能力整合企业供应链各物流环节和行使管理职能之前,由物资提供方或物资需求方自己利用原有的物流资源或在整合社会物流资源的基础上构建自营物流体系,从而解决所需物资的空间位移问题。

自营物流可使跨国企业对整个供应链进行有效地控制及有效地减少各种交易成本,使企业各环节之间的配合与衔接良好,从而保证企业的稳步发展。同时,自营物流能够避免跨国公司商业秘密的泄露。例如,强生公司通过在中国投资建立合资企业生产和销售医药保健产品取得了显著的成功。另一个建立自己物流配送体系的成功典范是通用汽车公司,它承诺在中国制造出世界一流的小汽车,作为回报,它也从中国政府那里获得了取得成功的必要条件——建立自己的经销商网络,同时培育高效的供应链体系。在这样优越的条件下,它们在评估了经销商的销售记录、财务实力、客户导向程度及商务创新能力之后,在每一个城市批准了唯一的经销商,这样确保了经销商全心全意地从事经营活动,而不至于因为竞争对手分散精力。现在通用汽车公司已经在中国成功地建立了由60多个经销网点组成的遍布全国主要城市的物流配送网络。

但是不可避免的,自营物流模式增加了跨国公司的经营成本。在自营物流模式下,仓储、运输设施、物流信息传递系统及相应的人力资源等都会占用企业大量的资金,这不但增加了企业的成本,也无法保证信息传递的高效和准确及时。特别是对于一些实力一般的跨国企业来说,自营物流模式的这些缺陷就更加凸显;同时,自营物流模式有着很大的地域局限性。

(二) 联合物流配送模式

建立有效的合作伙伴关系需要在国内市场上选择合适的物流企业,帮助它有效地提高服务水平,然后合作组织物流。在这种模式下,关键是选择适合于企业物流策略的合作伙伴,包括潜在的物流配送企业和主要的零售商。这种方法成功以后,企业可以获得有竞争力的物流配送渠道,并通过规模经济降低成本。

可口可乐是美国著名的软饮料公司,现在它在中国也是极少几个获得全国范围内消费者普遍认同的品牌之一,其中一个重要的原因在于:可口可乐公司认识到了它生产饮料瓶企业的中方合资者难以胜任组织产品配送的任务,于是它努力取得了在合资企业中的大股东地位,掌握了在物流策略中的主动权,逐步提高合资企业的物流配送能力,而不通过传统商业批发企业来组织产品配送。这种直接配送策略使每个饮料瓶生产企业负责周围50公里范围内的产品配送,以及为更远的主要零售店送货,商业批发企业主要负责小商店和远距离送货,这种策略使可口可乐的产品形成了有效的市场覆盖。

(三) 物流服务外包的第三方物流模式

第三方物流模式是指由物资流动的提供方和需求方之外的第三方去完成物流服务的运作方式。

由于中国的市场经济体制还处于不断的完善过程中,只有屈指可数的几个国外制造商敢于不畏风险建立自己的物流配送体系。同时国内的物流服务尚未达到理想的地步,越来越多的跨国公司倾向于利用外资专业物流企业来实现自己在全国范围的市场发展计划。例如,产品畅销全国的强生公司通过 ST-Anda 公司(中国和新加坡合资的专业第三方物流企业,总部位于深圳)来组织产品分销,把产品从上海的合资工厂运到各地区的仓库和经销商手中;新进入中国的通用汽车公司也高度认同第三方物流的作用,通过利用一流的专业物流公司管理自己的供应链,通用汽车比其他竞争对手更迅速地实现了预定的市场占有率。

可以看出,物流策略是跨国公司当地化策略的核心内容,它们的物流组织之所以能够具有较高的效率,主要在于两个方面的原因。①物流策略基于先进的管理平台。事实上,跨国公司在这个方面进行了大量的市场调研和科学论证,并在实施过程中进行严格的科学管理。②物流体系基于先进的技术平台。在管理中采用了大量的先进技术和设备以保证商流和物流的有效分离和合理流向,从而使物流配送和企业生产、市场需求紧密地结合在一起。

但是,第三方物流无法充分满足跨国公司全球化、多元化和个性化的物流服务需求。第三方物流企业多是在传统的运输仓储企业基础上转化而来的,其虽然擅长物流过程的实际操作,但缺乏对整个供应链流程的战略性把握及整合的相关技术,无法满足跨国公司整个物流过程外包的需求。另外,由于第三方物流缺乏专门的知识和人才,使其无法满足跨国公司对特定产品运输和流通加工等的特殊要求。第三方物流可能导致跨国企业商业秘密外泄。由于信息资源共享的缘故,很多第三方物流企业都会掌握跨国公司的许多商业秘密。如果第三方物流企业管理不善或不遵守商业道德则会导致跨国公司的商业秘密外泄。同时,第三方物流可能导致跨国企业业务失控。随着第三方物流企业参与整个供应链程度的逐步深入,跨国公司对其的依赖会逐渐加深,这也会导致跨国公司部分管理控制权的失控。

案例 7-3

宜家家具全球化的外包物流系统

宜家家具(IKEA)以其质量可靠、价格适中、服务周到而享誉全球。从1943年创始,截至2001年,宜家家具已遍布13个国家和地区,有近150家分店,另有20家宜家商场为宜家集团之外授权特许经营店,员工达到44 000人,成为国际知名的家具公司。

宜家家具目前在全球55个国家拥有约2 000家供应商,在33个国家设立了40所贸易代表处。2 000家供货商为宜家生产宜家目录册和宜家商场内的所有产品。其中,大部分产品、生产厂商来自于环境工作发展水平较高的国家和地区。同时,宜家家具也在一些环境工作尚处于起始阶段的国家进行部分产品的采购。在2000—2003财政年度期间,宜家家具环境工作的一项主要任务就是帮助改善部分供货商的生产环境条件。目前,这些厂商的生产活动对于环境造成的影响是最迫切得到降低和改善的。具体措施是宜家家具向它们提供有关基本要求的文件材料,然后对执行情况进行跟踪检查。宜家家具供货商的数量在不断增加,主要在欧洲,一部分在亚洲。生产厂家对于制作材料和生产工艺的选择在相当大程度上取决于宜家家具提供的产品规格文件。文件内容包含了所有有关限制性规定,如对于某种化学成分、金属材料或其他原材料的指定使用。此外,宜家家具对环境管理制度做了简化修订。宜家家具具有鲜明的产品物流特色,如全面采用平板包装和组装分开计价等。

宜家家具在降低物流成本方面采用新的物流理念,可以分为以下三个方面。

1. 减少仓储设备

宜家家具要求供货商把大多数的货物直接送到自选商场,省略中间的仓储存放和搬运工作,目前这个比例已经达到了60%~70%,未来的一年里将达到90%。针对必须转运的货物,宜家家具也做了许多改善之处,如减少货物转运次数,目前$1m^3$的货物,处理次数可以达到8次,目标是降低到2.5次。同时,宜家家具还加大力度提高家具超市的面积,降低仓储面积。

2. 采用密集运输以降低成本

2000年,宜家家具货物运输量达2 100万m^3,船舶运输占20%,铁路运输占20%,公路运输占60%。宜家家具经过考察后发现,改变送货方式可以降低物流成本。以德国境内的宜家家具为例,它共有1 600个供应商,其中1 500个分布在远东、北美、北欧和东欧,这些供应商将货物直接送到集中仓储中心,其余100个供应商把货物直接送到展销中心。按照货物的体积计算,约有50%的货物是由供应商送到集中仓储中心,从那里每星期再分送到展销中心,另外50%的货物由供应商直接送到展销中心,如大型床垫,或者是长木条等体积较大的货物。主要的送货方式有三种。

① 快速反应。根据展销中心的需要,直接在计算机上向供应商下订单,货物会在一至两周内由集中仓储中心送到展销场地。

② 卖方管理存货。供应商每天收到其所生产的货物的存货情况,决定补货时间、种类和数量。

③ 直接通过计算机网络向国外的供应商订货,用40ft的集装箱集中海运到汉堡,然后由码头运输到各展销中心。宜家家具所有产品都采用平板包装,可以最大程度地降低货运量,增加装货能力。目前,宜家家具不仅关注货品的单位包装数量,同时竭力多采用船舶和火车作为货运方式。因此,所有宜家家具仓库都已连接于直通铁路网或货运港口。

3. 降低整体运作成本

宜家家具针对特殊订单,成立地方性的服务中心。货物集中到离客户最近的服务中心,然后再送到客户手中。宜家家具没有自己的车队,其运输全部由外包负责,由外部承运代理负责运输。所有宜家家具承运代理必须遵从环境标准和多项检查,如环境政策与行动计划、机动车尾气排放安全指数等,必须达到最低标准要求。为了减少公路运输尾气成分二氧化碳的排放,宜家家具设法增加了产品的单位包装数量,并采用二氧化碳排放量少的货运方式。目前,宜家家具已建立铁路公司,以确保铁路承运能力,提高铁路货运比例。增加产品单位包装数量是宜家家具的一项永无止境的工作,不仅是在集装箱内增加单位装箱数量,同时要考虑提高产品集合包装的数量。高效的外包物流系统和不断优化的运输方式,使宜家家具的物流能够顺应业务的发展,从而使得宜家家具的发展欣欣向荣。

资料来源:百度文库. http://wenku.baidu.com/view/dc2b97c8be1e650e52ea99b7.html.

专业拓展

国际物流行业未来发展趋势

1. 银色国际物流

五年后,第一波数字化人口即将进入老年化,银色国际物流为老龄化社会提供新的服务(如送货上门)来应对这一人口趋势发展所带来的挑战。

2. 国际物流信息平台

对透明、灵活和容易调整的国际物流服务需求不断增长,促成了中介数字经纪平台,这样集中的市场可以为不同国际物流供应商提供可见性信息。

3. 共享国际物流

共享已经成为近年来最突出的趋势之一,国际物流供应商可以分享其现有的企业和私人资源,更具成本效益和时间效益。

4. 智慧能源国际物流

可再生能源(如太阳能、风能等)日益增加,推动了国际物流中电动移动解决方案的应用,为智能国际物流提供机会,推动新的供应链发展。

5. 管道国际物流

交通工具的发展加速了城市的拥堵情况,不过好的方面是推动了国际物流对管道设施的发展。

6. 超级网络国际物流

重点关注整合供应链网络,把不同国际物流供应商和生产企业群体整合,带动国际物流公司开辟新的商机。

资料来源:百家号. http://baijiahao.baidu.com/s id=1586018752476354450&wfr=spider&for=pc.

本章小结

国际物流(international logistics)就是组织货物在国际间的合理流动,也就是指在两个或两个以上国家(或地区)之间进行的物流。国际物流的实质是按照国际分工协作的原则,利用国际化的物流网络、物流设施和物流技术,实现货物在国际间的流动与交换,以促进区域经济的发展和世界资源优化配置。

国际物流是随着国际贸易的发展而产生和发展起来的,并成为影响和制约国际贸易进一步发展的重要因素。国际物流与国际贸易之间存在着非常紧密的关系。

国际物流系统由国际运输子系统、国际仓储子系统、包装子系统、商品检验子系统、国际物流通关子系统和国际信息子系统等构成;国际物流系统网络是由国际物流系统网络节点和国际物流系统网络连线构成。

国际多式联运是在集装箱运输的基础上产生和发展起来的,是指按照国际多式联运合同,以至少两种不同的运输方式,由多式联运经营人将货物从一国境内的接管地点运至另一国境内指定交付地点的货物运输。它是国际物流的主要发展方向。

跨国公司主要是指由两个或两个以上国家的经济实体所组成,并从事生产、销售和其他经营活动的国际性大型企业。跨国公司主要是指发达资本主义国家的垄断企业,以本国为基地,通过对外直接投资,在世界各地设立分支机构或子公司,从事国际化生产和经营活动的垄断企业。其物流运营模式包括自给自足的自营物流模式、联合物流配送模式和物流服务外包的第三方物流模式。

本章习题

思考题

1. 简述国际物流系统的构成。

2. 简述国际多式联运的业务流程。
3. 跨国公司的物流运营模式有哪些？

案例分析

美国阿拉米达货运走廊对解决我国多式联运"中间一公里"的启示

"中间一公里"是指水运和铁路运输两种运输方式转换衔接中间的断带。断带的距离通常是一公里到几十公里不等，这段运输需要用集装箱公路拖车进行弥合，弥合的成本往往占干线运输成本的50%以上，吞噬的运输时效更是惊人。"中间一公里"带来的"连而不畅"、疏港路拥堵、环境污染等一系列问题，是导致港城矛盾的主要原因。"中间一公里"已经成为多式联运发展中的突出问题，制约着多式联运的发展，而港城矛盾更是令许多地方政府头疼不已。目前，还没有哪个地区有较好的可复制的解决方案。

笔者在美国了解多式联运设施时，专程访问了位于洛杉矶的阿拉米达交通管理局，这是负责运营著名的阿拉米达货运走廊的机构。在对这条货运走廊进行了深度交流访问和现场考察后，笔者认为，这条海铁联运货运走廊的做法，可以为我国多个城市的破解港城矛盾，发展海铁联运，解决"中间一公里"的困局，提供很好的借鉴。

20世纪80年代，美国洛杉矶市因港口的快速发展，港口集疏运能力与港口运输需求不匹配，引发了严重的港城矛盾。南加州政府因此提出优化疏港铁路的资源配置以协调港口和都市区的发展，继而催生了阿拉米达货运走廊(Alameda Corridor)项目(见图7-3)，给洛杉矶市带来了巨大的经济、社会和环境效益。

图 7-3 美国阿拉米达货运走廊俯瞰

1. 一个具有国家战略意义的项目——阿拉米达货运走廊

洛杉矶港和长滩港的快速发展，导致了严重的港城矛盾。洛杉矶位于浩瀚的太平洋东侧的圣佩德罗湾和圣莫尼卡湾沿岸，是美国第二大城市。坐落于圣佩德罗湾港群的洛杉矶港和长滩港(以下简称双子港)是美国集装箱吞吐量排名前两位的大港(见图7-4)。2017年上半年集装箱吞吐量分别为448万TEU和345万TEU，同比上年增长分别为6.9%和5.1%。每年完成的贸易量可达3 100亿美元，是美国吞吐量最高的港口群，其中60%是来自亚洲的进口贸易。

圣佩德罗湾港群的集装箱吞吐量从1995年的530万TEU增长到2016年的1 560万TEU，快速增长的集装箱吞吐量给城市集疏运系统带来了巨大压力。同时，随着洛杉矶城市的自身发展，又产生了用地受限、交通拥堵、噪音、环境污染等众多问题。

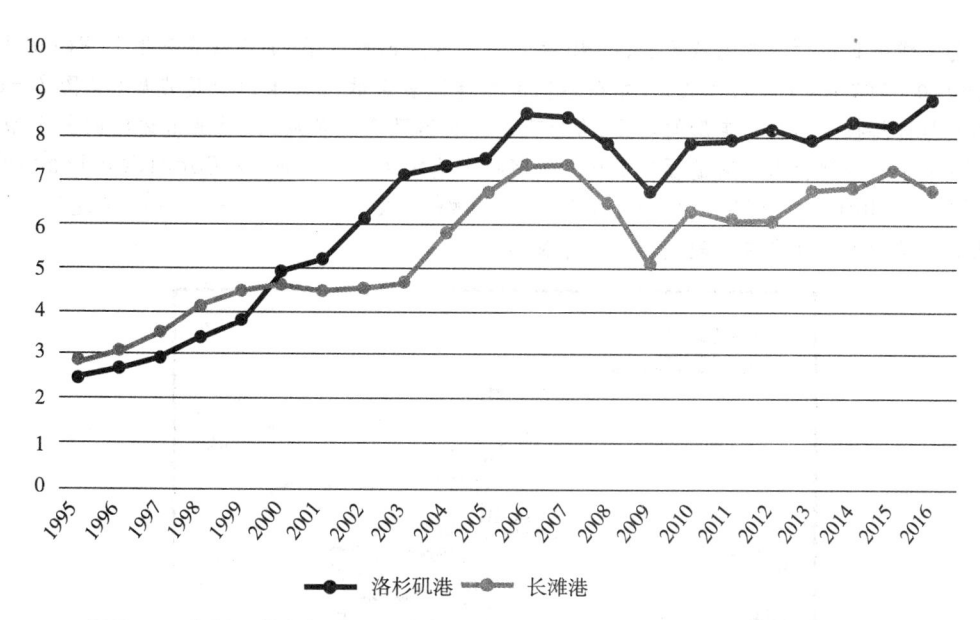

图7-4　洛杉矶港和长滩港集装箱吞吐量增长情况(1995—2016年,百万TEU)

洛杉矶双子港是北美大陆西海岸重要的货运枢纽,60%以上的贸易往来是加州以外的其他地区,大都是中部、东部地区的贸易。因此,洛杉矶港承担着大量的海铁联运业务。

洛杉矶城市交通运输系统建成于100多年前,交通网络不完善,制约了整体交通基础设施发展,再加上港口快速增长的货运量,给洛杉矶城市道路造成了更加重大的负荷。圣佩德罗湾港群有四条集疏运铁路接入洛杉矶港与长滩港,与城市道路形成200多个平面交汇道口,每天约有35列火车,以16公里/小时的速度通过这些道口,物流车辆与城市客运车辆在这里发生严重冲突,交通事故频发,致使整个城市的交通运行效率低下,如图7-5所示。这种局面如不改善,任由港口与城市的矛盾发展,后果将不堪设想。

图7-5　未修建阿拉米达货运走廊之前洛杉矶港城冲突情况

为了缓解日益严峻的港城矛盾,1995 年在联邦政府的授权下,加州政府采用 PPP(Public-Private Partnership)模式,开始在港口后方建造著名的阿拉米达货运走廊(见图 7-6)。为顺利推进阿拉米达货运走廊的建设,洛杉矶港和长滩两个港务局,以及通道途经的 7 个城市,共同成立了一个阿拉米达通道项目机构——阿拉米达交通署(Alameda Corridor Transportation Authority,ACTA),作为业主负责项目的融资及其他前期工作。1997 年通道改造工程正式开始,2002 年通道铺轨完毕并开始试运营。

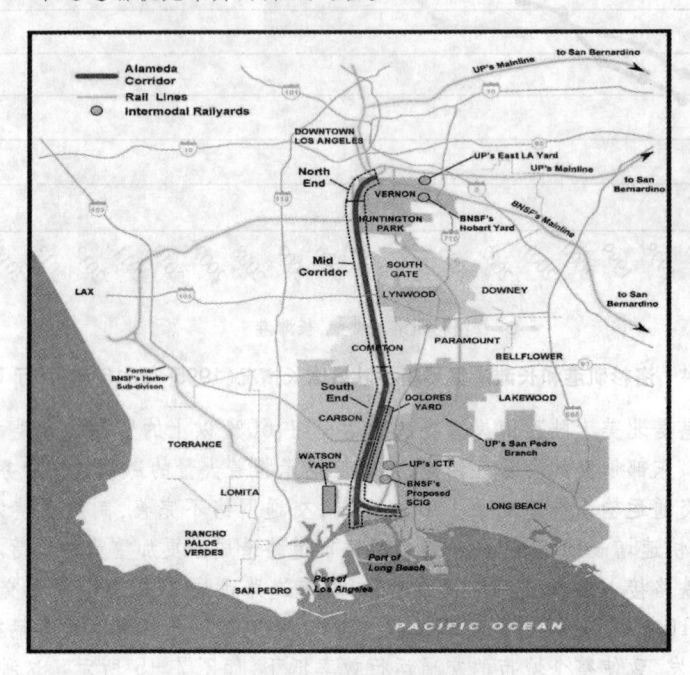

图 7-6 阿拉米达货运走廊示意

阿拉米达货运走廊项目建设资金约 24.31 亿美元,其中发行项目长期债券约占项目资金来源金额的一半,双子港的投资额占 16%,如图 7-7 所示。

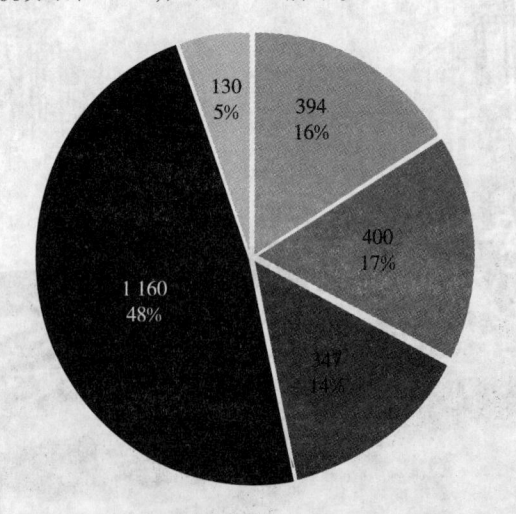

图 7-7 阿拉米达货运走廊项目资金来源(百万美元)及占比

建成后的阿拉米达货运走廊长度为32公里,将洛杉矶港、长滩港与内陆铁路场站连接(见图7-8),合并了4条铁路支线,开挖了16公里的地下渠道,消除了200多个平行交道口,使交通延迟损失降低90%,对缓解港城矛盾做出了极大的贡献。

阿拉米达货运走廊的修建带来一系列的效益,有效地促进了美国西海岸多式联运效率的提升。阿拉米达货运走廊的开通运营不仅带来自身运输效率的提升,而且与港口及铁路的联动也产生了一系列经济与社会效益,实现了集装箱货物在港口和铁路场站之间快速、便捷的中转。阿拉米达货运走廊使铁路的运行速度由不足20公里/小时提升至65公里/小时,运行效率提高了约4倍,可满足每天150列火车通过。现港区与场站之间的列车运行时间由原先的2小时降低至30~45分钟,每天运行的列车最高达60列。

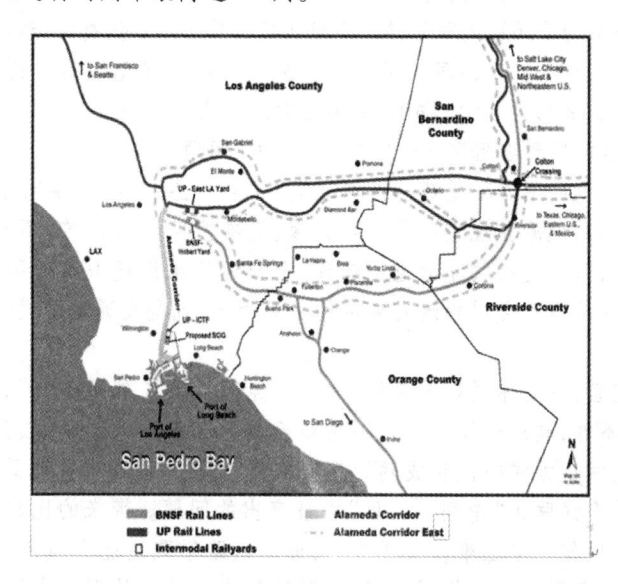

图7-8 阿拉米达货运走廊与港口和铁路场站连接示意

通过洛杉矶港和长滩港的货物中超过60%分拨到美国内陆,阿拉米达货运走廊承载内陆分拨货物的比重超过50%,年收入超过1亿美元,如图7-9所示。

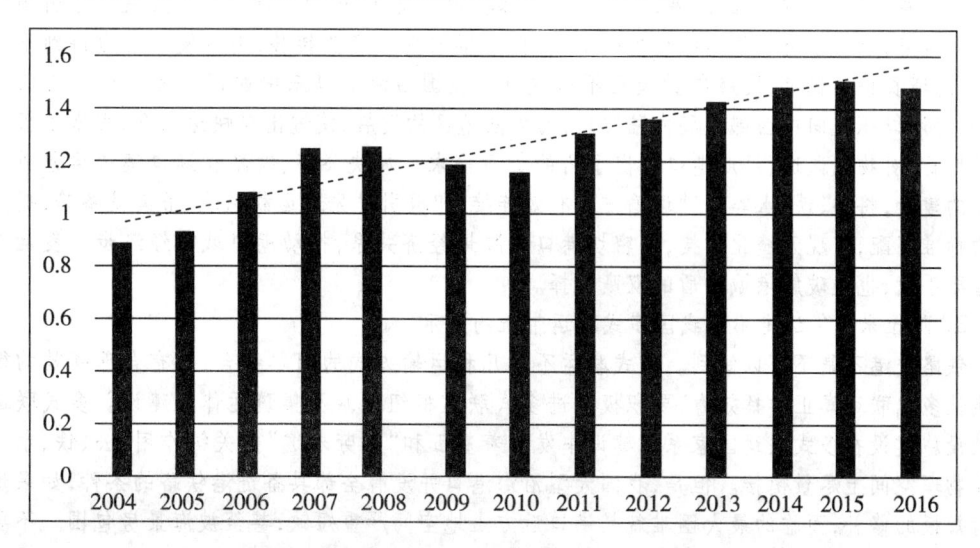

图7-9 阿拉米达货运走廊年收入(亿美元)

阿拉米达货运走廊案例的经典之处在于，有效地缓解了日益尖锐的港城矛盾，释放了洛杉矶市的交通压力；采用PPP建设模式，发行长期债券，多方成立平台机构共同建设运营，摆脱了单纯的靠政府资金建设的模式，这种方式有效地保障了阿拉米达货运走廊的顺利建设和长期稳定运行，并带来了逐渐增长的收益；将港口的腹地通过铁路线向内陆发展，解决大陆桥运输和国际海运通道衔接的"中间一公里"问题，使沿海港口和内陆场站做到了高效、快捷连接，真正发挥了多式联运运输的整体效力。

美国积极探索货运走廊建设，加强多式联运协同联动。鉴于阿拉米达货运走廊取得的显著经济和社会效益，美国在其他地区也积极进行了货运走廊的建设。诺福克南方铁路公司（NS）在2010年开通了Heartland走廊，提高了美国中西部和东海岸弗吉尼亚州诺福克港之间的联运能力。该项目总投资额为2.61亿美元，NS公司已投资约1.41亿美元，该项目也得到了沿线各州和联邦政府的支持。至今，NS公司双层列车在芝加哥和诺福克之间运行，向北通过宾夕法尼亚州的哈里斯堡(2 034km)，Heartland走廊比向北路线短375km。

2. 我国多式联运发展严重阻滞——"中间一公里"问题

衔接转换不畅，能力尚不匹配是我国多式联运"中间一公里"的主要问题。"中间一公里"问题成因复杂，包括了基础设施在规划阶段各自为政，没有空间上的衔接，不同运输方式之间衔接协调和融合发展不足，信息交换共享渠道不畅通，全程运输组织链条断而不畅，难以把物流各个环节高效串接起来，这是当前交通物流发展中的主要矛盾，也是交通运输促进物流业健康发展亟待破解的重要瓶颈。

物流通道不够完善，主要体现在重要枢纽之间"连而不畅""邻而不接"，港口、枢纽与物流园区、铁路场站等衔接不够，集疏运体系能力不足现象较为突出。铁水联运、公铁联运和国际铁路联运是我国现行多式联运方式中比较成熟的三类。其中，铁水联运的占比最大，而港口和铁路场站衔接不畅的问题是多式联运"中间一公里"中最突出的问题。带来的比较突出的影响是，港口与铁路在工作时间和操作效率上难以实现协同，进港铁路集疏运能力与港内集装箱操作能力不匹配，导致海铁联运业务周期被拉长，影响海铁联运能力提升。从而引发了尖锐的港城矛盾，整体集疏运系统运行效率低下，城市交通阻塞严重，环境污染问题突出等。

解决"中间一公里"的衔接问题，对提升多式联运运输效率，发挥综合物流整体效益有极大作用。随着我国经济的不断发展，尤其是中西部城市的发展，中西部地区以新发展理念引领经济发展新常态，全力推进供给侧结构性改革，积极承接国内外产业转移，地区发展潜力得到不断释放，经济增长持续稳定，发展质量效益不断提升。我国沿海港口东中西部经济互动格局已经形成，沿海港口积极向中西部扩展内陆腹地，而内陆地区的发展，使进出口快速上升，带来了极大的货源增长，对物流通道、沿海港口提出了新的货运需求。加快公路、铁路和港口集疏运通道和连接线的建设，将公、铁、水等多种运输方式有效连接，积极引进先进运载系统、吊装设备等，提升装备的标准匹配，实现无缝化衔接，是密切港口与腹地经济关系，推动港口城市经济步入良性循环的重要手段，也是破解港城矛盾的双赢选择。

3. 阿拉米达货运走廊给我国多式联运带来的启示

铁路进港不是不可以做到。多式联运不是几种运输方式的简单组合，只有合理高效的衔接才能让多式联运真正发挥效力，要积极推进多式联运枢纽场站及集疏运体系建设。多式联运的基础设施建设在多式联运国家系统建设中发挥着基石和"一劳永逸"的关键作用，公、铁、水之间要在物理空间上尽量衔接。但是，我国大型沿海港口并没有全部具备进港铁路的条件，如果现在进行短板的修补，面临的最大困难就是港口后方土地空间严重短缺，甚至被海景房包围。不要说海铁联运换装设施，港口的正常生产作业都受到严重影响。

对于这样的港口城市，阿拉米达货运走廊的做法不失为一种选项。将铁路修进码头作业区，通过下沉式的走廊或是空轨式的走廊，与最近、最具备铁路整编能力的铁路物流中心连接，减少城市的土地消耗。

多式联运枢纽城市要建立专属的货运通道。随着多式联运越来越被重视，许多货运量较大，且具备大型公、铁、水、空枢纽资源的城市，纷纷打出了建立多式联运枢纽城市的牌。但是走访细查这些城市，这些城市的货运路网都是拥挤不堪，物流发展得越快，造成的城市道路矛盾越多。有些城市因噎废食，索性发布一系列的货车限行令，货运司机们更是叫苦不迭。如何让货流和人流都能各行其道，畅通无阻呢？阿拉米达货运走廊就是经典案例。

在城市多个物流基地之间开辟专属的货运通道，保证货车的自由通行，进而保证港口、铁路的集疏运环境，赋予货运车辆应有的路权。

解决多式联运"中间一公里"需要创新开发投资建设和运营管理模式。"中间一公里"的问题，影响面较宽，客户叫苦，承运商叫苦，政府交通管理部门也叫苦。但是涉及投资改造项目时，问题就来了，谁出钱投建这样的专属货运通道呢？企业投资解决的不仅是自身的问题，更需要解决社会问题，不仅可以缓解道路拥堵，还可以为政府节省每年动辄几亿元的道路维护费用。阿拉米达货运走廊建设采用PPP模式，政府与社会经营主体建立起"利益共享、风险共担、全程合作"的共同体关系，政府的财政负担减轻，社会主体的投资风险减小，同时提高了资源使用效能和建设、运营效率。阿拉米达货运走廊管理局，通过政府批准的收费标准，用于分担设施的维护成本。多方收益，多方投资，政府主导，企业运营，解决多式联运基础设施短板的问题。

我国多式联运的发展处于"弯道超车"的关键阶段，多式联运基础设施建设步伐加快。交通运输部划定的70个重要港区中，已经有26个港口建成了集疏运铁路，各大内陆城市纷纷加快内陆无水港的建设，多式联运新型装备层出不穷，多式联运基础设施建设模式也需要从项目开发、投资、建设和运营多方面进行大胆的创新。

在顶层设计上做好港城联动的规划。"以港兴市""港城联动""港城一体"是许多港口城市提出的发展理念。理念无错，措施有误，才会导致港城矛盾。港口是多式联运的枢纽，是物流产业集聚的内核，港口首先带动的货物的聚集，不是人员和居民的聚集。笔者认为顶层的规划中，应本着"物流的归物流、产业的归产业、城市生活的归城市生活"原则，避免把物流功能区与城市生活区和非物流产业集聚区混淆，看似协同，实则制造了港城矛盾。物流与城市规划的绩效目标是不同的。我国多地实践表明，由于土地经济泛滥，导致在物流核心功能区开发了大量的城市商业用地。一些地方，海景房包裹着港口作业区，导致港口集疏运的微循环不畅，港口的物流配套、转运能力建立不起来。恶性的发展环境，最终使各类投资商望而却步。

做好港口与城市的整体统筹规划，合理进行城市产业布局。为保证"以港兴市"的目标实现，就需要政府在规划中，将港口和港口后方的土地，划定为物流战略性功能区加以保护，为港口、多式联运和临港物流聚集提供空间，才可以发挥物流业引擎作用，最终实现"以港兴市"的发展目标。

资料来源：中国物流与采购网．

请分析下列问题。
① "中间一公里"的多式联运是什么？
② 从案例中分析阿拉米达货运走廊给我国多式联运带来的启示。

技能训练题

"一带一路"为多式联运带来新机遇

集装箱多式联运是物流运输的高级发展阶段,被各国看成本国货运现代化进程的重要标志。当前,全球多式联运重心向中国转移,我国多式联运发展正逢其时、蓄势待发。自我国发布了《物流业发展中长期规划》以来,各地都高度重视多式联运的发展,加速推进物流大通道建设、完善综合交通运输体系已成为我国多式联运发展的首要任务。中国多式联运的发展,将加速带动周边市场的繁荣,促进国际贸易活动,助力国家"一带一路"战略。

要求:请同学们以小组为单位,了解什么是"一带一路","一带一路"下的多式联运产品有哪些,这些产品为多式联运的发展带来哪些机遇,并以PPT的形式进行汇报展示。

第八章

供应链

学习目标
- 了解供应链的概念、特征和分类。
- 理解牛鞭效应的概念、产生原因及减小牛鞭效应的方法。
- 掌握供应链管理的方法。

学习重点
- 掌握供应链管理的概念和不同类型的供应链。
- 掌握牛鞭效应的解决方法。
- 掌握 QR、ECR 和 ERP 三种供应链管理方法的基本理念。

案例导入　宝洁公司的供应链

宝洁公司(Procter & Gamble,简称 P&G)是一家美国消费日用品生产商,也是目前全球最大的日用品公司之一。宝洁公司全球雇员近 10 万人,在全球 80 多个国家和地区设有工厂及分公司,拥有约 300 个品牌,畅销 160 余个国家和地区,每天与全球 30 亿消费者发生着亲密接触。1998—2000 年左右,保洁公司通过整合供应链度过了"中年危机",并开创"宝玛模式",其优秀的供应链管理被各大公司模仿。

2005 年起,宝洁将原有采购人员重组为数个不同的采购池(spend pool),每个采购池负责某一类的技术,其模式如图 8-1 所示。例如,所有包装材料采购人员现在分在一起,每个人针对一个更小的细分市场,但服务于多个产品线,甚至多个地区。

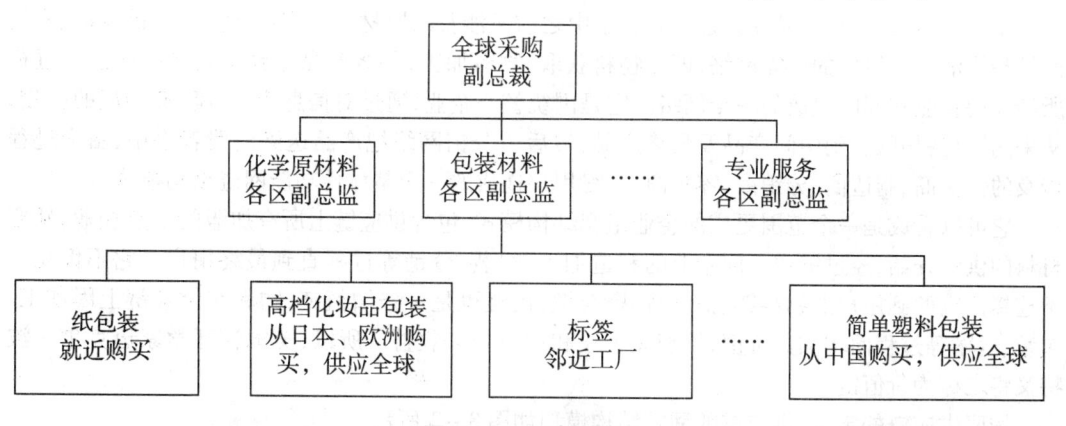

```
                    全球采购
                    副总裁
          ┌───────────┼───────────┐
      化学原材料    包装材料    ……    专业服务
      各区副总监    各区副总监          各区副总监
    ┌─────┐    ┌─────────────┐   ┌─────┐   ┌─────────────┐
    │纸包装│    │高档化妆品包装│   │ 标签 │   │简单塑料包装 │
    │就近  │    │从日本、欧洲购│   │邻近  │   │从中国购买, │
    │购买  │    │买,供应全球  │   │工厂  │   │供应全球    │
    └─────┘    └─────────────┘   └─────┘   └─────────────┘
```

图 8-1　采购池模式

这种采购池模式重整了采购资源和供应商资源,不仅消除了重叠,加强采购专业化,更利于创造价值,而且提高了效率,缩短了采购响应时间。

在与全球最大的零售商沃尔玛合作中,双方共同创立了"宝玛模式"。该模式是由宝洁开发并给沃尔玛安装了一套持续补货系统(见图8-2),具体形式是:双方通过EDI(电子数据交换)和卫星通信实现联网,借助于信息系统,宝洁公司能迅速知晓沃尔玛物流中心内的纸尿裤的销售量、库存量、价格等数据。这样不仅能使宝洁公司及时制订出符合市场需求的生产和研发计划,同时也能对沃尔玛的库存进行单品管理,做到连续补货,防止滞销商品库存过多,或畅销商品断货。

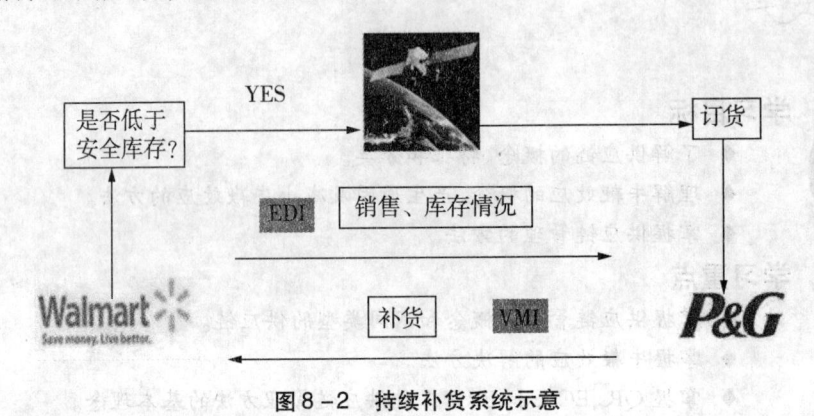

图8-2 持续补货系统示意

资料来源:百度文库. https://wenku.baidu.com.

第一节 供应链概述

一、供应链的概念和特征

(一) 供应链的定义

所谓供应链,是指产品在到达消费者手中之前所涉及的原材料供应商、生产商、批发商、零售商及最终消费者组成的供需网络,即由物料获取、物料加工,并将产品送到消费者手中这一过程所涉及的企业和部门组成的一个网络。它是围绕核心企业,通过对信息流、物流、资金流的控制,从采购原材料开始,到中间产品及最终产品,最后由分销网络把产品送到消费者手中,由全过程涉及的供应商、制造商、分销商、零售商、最终用户连成的一个整体性功能网链结构模式。

它可以看成是一个范围更广的企业组织结构模式,包含供应链上所有加盟的节点企业,从原材料的供应开始,经过链中不同企业的制造加工、组装、分销等过程直到最终用户。它不仅是一条连接供应商到用户的物料链、信息链、资金链,而且也是一条增值链,物料在供应链上因加工、包装、运输等过程而增加其价值,给相关企业和用户带来收益。所以,美国管理学家迈克尔·波特又将之称为价值链。

按照供应链的定义,供应链的网链结构模型如图8-3所示。

第八章 供应链 203

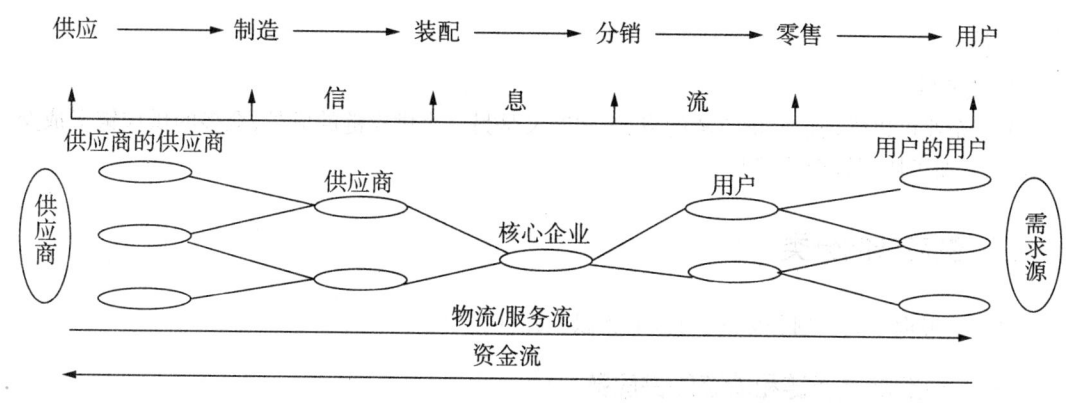

```
供应 ──→ 制造 ──→ 装配 ──→ 分销 ──→ 零售 ──→ 用户
        ↑         ↑    信   ↑  息   ↑  流   ↑         ↑
     供应商的供应商                              用户的用户
供              供应商              用户              需
应                     核心企业                     求
商                                                 源
                   物流/服务流
                    资金流
```

图8-3 供应链的网链结构模型

从图8-3中可以看出,供应链由所有加盟的节点企业组成,其中一般有一个核心企业(可以是产品制造企业,也可以是大型零售企业)。节点企业在需求信息的驱动下,通过供应链的职能分工与合作(生产、分销、零售等),以资金流、物流、服务流为媒介实现整个供应链的不断增值。

(二) 供应链的特征

从供应链的结构模型可以看出,供应链是一个网链结构,由围绕核心企业的供应商、供应商的供应商和用户、用户的用户组成。一个企业是一个节点,节点企业和节点企业之间是一种需求与供应关系。供应链主要具有以下特征。

1. 复杂性

供应链节点企业涉及的跨度(层次)不同。供应链一般由多个不同类型甚至多国企业构成,所以供应链结构模式比一般单个企业的结构模式更为复杂。例如,以沃尔玛为核心企业的供应链,其上游供应商有来自欧洲、亚洲、北美等不同区域国家的产品,而且有多少类型的产品就有多少类型的生产企业,整个网络供应链相当庞大和繁多。

2. 动态性

为了企业战略和适应市场需求变化的需要,节点企业需要动态的更新,这就使得供应链具有明显的动态性。例如,手机的更新换代在半年至一年左右,这就要求手机零部件的供应商、生产商和销售商进行同步、动态的变化。

3. 面向用户需求

供应链的形成、存在、重构都是基于一定的市场需求而发生,并且在供应链的运作过程中,用户的需求变动是供应链中信息流、物流/服务流、资金流运作的驱动源。此特征目前尤其体现在以"拉"式生产模式为主、订单驱动式的生产企业中。

小知识

拉动式生产与推进式生产

拉动式生产是丰田生产模式两大支柱之一准时制生产得以实现的技术承载。在拉动式生产中,是后道工序根据需要加工产品的数量,要求前道工序制造正好需要的零件。看板管理就是在各个作业之间传递这种信息、运营这种系统的工具。

与拉动式生产相对应的是推进式生产(push production)。在推进式生产中,每一道工序都根据生产计划,尽其所能地生产,尽快完成生产任务,不管下一工序当时是否需要,最终将会造成物品的堆积。

4. 交叉性

节点企业可以既是这个供应链的成员,同时又是另一个供应链的成员,众多的供应链形成交叉结构,增加了协调管理的难度。

二、供应链的分类

供应链根据不同的划分标准,可以分为以下几种类型。

(一)稳定的供应链和动态的供应链

根据供应链存在的稳定性可以将供应链分为稳定的和动态的供应链。基于相对稳定、单一的市场需求而组成的供应链稳定性较强,如方便面、纯净水、油盐酱醋等类型的产品;而基于相对频繁变化、复杂的需求而组成的供应链动态性较强,如电脑、手机、汽车、服装等类型的产品。在实际管理运作中,需要根据不断变化的需求,相应地改变供应链的组成。

(二)平衡的供应链和倾斜的供应链

根据供应链容量与客户需求的关系则可以划分为平衡的供应链和倾斜的供应链。一个供应链具有一定的、相对稳定的设备容量和生产能力(所有节点企业能力的总和,包括供应商、制造商、储运商、分销商、零售商等),但客户需求处于不断变化的过程中,当供应链的容量能满足客户需求时,供应链处于平衡状态;当市场变化加剧,造成供应链成本增加、库存增加、浪费增加等现象时,企业不是在最优状态下运作,供应链则处于倾斜状态,如图8-4所示。

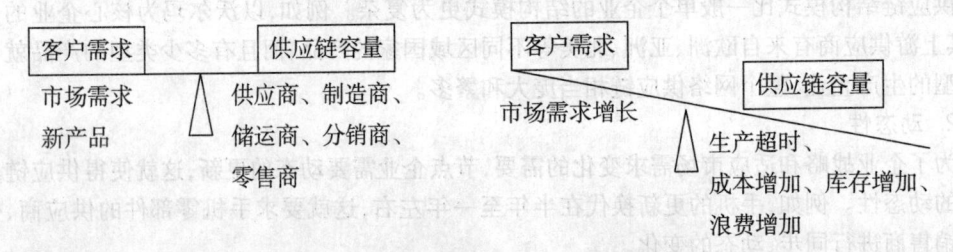

客户需求	供应链容量	客户需求	供应链容量
市场需求 新产品	供应商、制造商、 储运商、分销商、 零售商	市场需求增长	生产超时、 成本增加、库存增加、 浪费增加

图8-4 平衡的供应链与倾斜的供应链

平衡的供应链可以实现各主要职能(低采购成本、生产规模效益、低分销和储运成本、产品多样化和资金周转快)之间的均衡。

(三)有效型供应链和反应型供应链

根据供应链的功能模式(物理功能和市场中介功能)可以把供应链划分为有效型供应链和反应型供应链。有效型供应链主要体现供应链的物理功能,即以最低的成本将原材料转化成零部件、半成品、成品,以及在供应链中的储运等,此供应链比较适合市场需求变化比较稳定的产品,即功能性产品;反应型供应链主要体现供应链的市场中介功能,即把产品分配到满足客户需求的市场,对未预知的需求做出快速反应,此供应链比较适合市场需求变化大、更新速度快、生命周期短的产品,即创新性产品。两者的不同之处如表8-1所示。

表8-1 反应型供应链和有效型供应链的比较

	反应型供应链	有效型供应链
基本目标	尽可能对不可预测的需求做出快速反应,使缺货、降价、库存达到最小	以最低的成本供应可预测的需求
制造核心	保持生产的柔性,小批量生产或大批量定制	保持高的平均利用率,大批量生产
库存策略	部署好原材料、中间件和成品的缓冲库存	保持最佳经济库存
提前期	大量投资以缩短提前期	在不增加成本的前提下,尽可能缩短提前期
供应商选择	以速度、质量和柔性为核心	以成本、效率和质量为核心
产品设计	使用平台策略,将产品的共同要素与独特要素相结合	标准化设计,以尽可能减小产品差别

案例 8-1

盘点2017年那些改变中国供应链的历史事件

2017年,是中国供应链变革的黄金元年!在这一年里,有太多值得供应链管理人回味和纪念的日子,而有些事件也将永远铭刻在中国供应链的发展里程碑上。今天,我们就一起来盘点一下。

一、国务院办公厅发布《关于积极推进供应链创新与应用的指导意见》

10月13日,国务院办公厅发布了《关于积极推进供应链创新与应用的指导意见》,首次将供应链的创新与应用上升为国家战略,并明确了目标:培育100家左右的全球供应链领先企业,重点产业的供应链竞争力进入世界前列,中国成为全球供应链创新与应用的重要中心。

《关于积极推进供应链创新与应用的指导意见》的出台,预示着中国供应链创新变革的黄金十年已经正式揭开帷幕,作为供应链管理人,很荣幸,我们生在了这个时代、生在了中国,我们将用十年的时间走完发达国家数十年甚至上百年的产业供应链升级之路。让我们张开双臂,拥抱变革!

二、中国首支产业供应链基金诞生

4月18日,中国物流与采购联合会发起我国第一支产业供应链基金,重点覆盖有助于供应链创新的关键技术及产业升级的相关方向。

当下中国经济面临的一大问题是通货紧缩。然而这次通货紧缩与以往的通货紧缩有着天壤之别。不是货币太少,流动性不足,而是所谓的流动性阻塞。供应链金融无疑是打开资金流向实体产业大门的一把钥匙,是化解中国目前经济困局的一剂良方。

三、民营物流企业大举上市

从年初到年末,韵达、顺丰、东方嘉盛、德邦等供应链服务企业纷纷上市。

伴随着中国供应链的快速发展变革,中国民营供应链服务企业的发展也迎来了春天。上市无疑为它们布局网络、强化能力提供了充足的资金保障,也为中国供应链服务业的发展提供了丰富的想象空间。未来,物流企业将会逐渐拓展,将现有的节点向供应链的纵深拓展,将过去在某个点具备的能力转变成未来在某个链条或网络形成的优势,打造成为拥有"网络+系统+平台"

的一体化供应链资源掌控者。

四、S2b 概念的提出

5月26日，阿里巴巴参谋长曾鸣教授在阿里巴巴智慧供应链开放日、阿里巴巴供应链研究中心的成立仪式上发表了一次演讲，在这次演讲中曾鸣教授首次提出了 S2b(Supply to business)的概念。

借用曾鸣教授所言，"S 代表着大的供应平台，它将更好地赋能给更多的小 b，帮助他们更好地服务自己的客户。这不是一个传统的加盟体系，而是一个创新的协同网络。只有在这个越来越广大、越来越紧密的协同网络的基础之上，才能走向整个 C2B 这个未来最重要的商业模式。"协同创新，赋能生态，S2b 将开创中国供应链创新的生态发展模式。

五、B2B 蓄势待发

2017年 B2B 行业的发展依然如火如荼，正如美团网创始人王兴所言，互联网的下半场是 B2B 和供应链的创新。这一年里，找钢网完成了超5亿元的融资，欧冶云商开放28%股权募资10亿元，工业和信息化部正式印发了《工业电子商务发展三年计划》。

产业互联网的本质是产业供应链。从企业到产业 B2B，从封闭到开放，是大势所趋。当价值链发生调整的时候，企业的供应链架构是否会受到冲击，是坚守还是变革，每一家企业都应当思考。诚然，未来的供应链一定是"封闭"和"开放"二者皆有，我们要做的，就是找寻自身存在的价值！

六、总结

2017年，无疑是中国供应链变革的黄金元年！政策的利好，行业的重视，企业的重心，都在推动着中国供应链管理与供应链服务的快速发展和变革。十年之内，我们将以数字为驱动，以互联网为工具，以实体经济为根本，打造一个举世瞩目的供应链强国！

资料来源：中国物流与采购网. http://www.chinawuliu.com.cn/zixun/201801/04/327620.shtml.

第二节　牛鞭效应

一、牛鞭效应的概念

当供应链上的各级供应商只根据来自其相邻的下级销售商的需求信息做出供应决策时，需求信息的不真实性会沿着供应链逆流而上，产生逐级放大的现象，这种现象被称为牛鞭效应。

如图8-5所示，是由一个制造商、一个分销商、一个零售商和一个客户构成的简单四阶供应链。零售商根据客户需求向分销商订货，分销商、制造商依次向上游订货。对于分销商来说，接到零售商的订单后，为确定自己向制造商的订货量，分销商必须预测零售商的需求，如果分销商不能获得客户的需求数据，它只能依据零售商发出的订单进行预测。而零售商订货量的变动明显大于客户需求的变动。为满足与零售商同样的服务水平，分销商要持有比零售商更大的安全库存，这样，对制造商的订货量就进一步增大了。制造商和供应商也要面对同样的情况。结果导致供应链成员维持了相当高的订货量、生产能力及库存水平，远远大于实际的需求，造成高成本及资源的浪费。这样，整个供应链的运行是低效的，没有体现出供应链应有的价值。

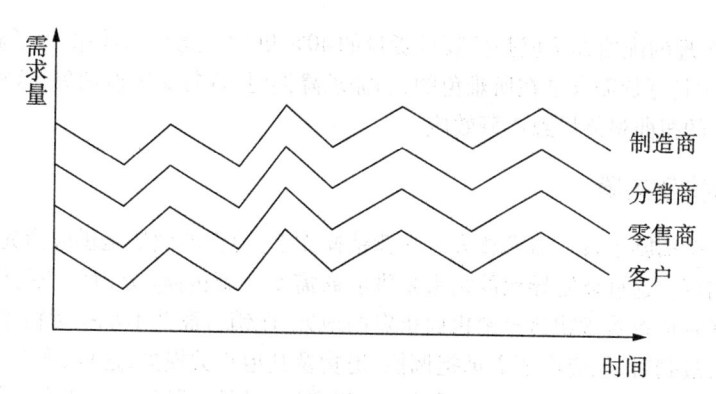

图 8-5 供应链中的牛鞭效应

二、牛鞭效应产生的原因

产生牛鞭效应的原因主要有以下几个。

(一) 需求预测修正

当供应链各阶成员都以其直接的下游订货数据作为其市场需求预测的依据时,就会产生需求放大现象。例如,在市场销售活动中,假如零售商的历史最高月销量为 5 000 件,但下月正逢销售旺季,为了保证销售不断档,零售商会在最高月销量的基础上再追加 $A\%$,于是向其上级分销商下订单 $(1+A\%)\times 5\,000$ 件。分销商汇总该地区的销量预计后假设为 20 000 件,分销商为了保证零售商的需要又追加 $B\%$,于是分销商向制造商下订单 $(1+B\%)\times 20\,000$ 件。制造商为了保证分销商的需要,不得不按照 $(1+B\%)\times 20\,000$ 件投产,并且为了稳妥起见,在考虑毁损、漏订等情况后,又加量生产,这样一层一层增加预订量,从而导致牛鞭效应。

(二) 订货批量决策

在供应链中,每个企业都会向其上游订货。一般情况下,销售商并不会接到一个订单就向上级供应商订货一次,而是在考虑库存和运输费用的基础上,在一个周期或汇总到一定数量后再向供应商订货。同时为了减少订货频率,降低成本和规避断货风险,销售商往往会按照最佳经济规模加量订货。同时供应商为了降低其工作量和成本,往往要求销售商按照一定数量或一定周期订货,此时销售商为了尽早得到货物或全额得到货物以及考虑安全库存的需要,往往会人为提高订货量,这样,由于订货策略也导致了牛鞭效应。

(三) 价格波动

价格波动是由于一些促销手段,或者经济环境突变造成的,如价格折扣、数量折扣、与竞争对手的恶性竞争,以及供不应求、通货膨胀、自然灾害、社会动荡等。这种因素使许多零售商和推销人员预先采购的订货量大于实际的需求量,同时如果库存成本小于由于价格折扣所获得的利益,销售人员也愿意预先多买,这样的订货数量就不能真实反映需求的变化,从而产生牛鞭效应。

(四) 短缺博弈

当需求大于供应时,理性的决策是按照订货量比例分配现有供应量。例如,总的供应量只有订货量的40%，合理的配给办法就是按其订货量的40%供货。此时，销售商为了获得更大份额的配给量，故意夸大其订货需求是在所难免的，当需求降温时，订货又突然消失，这种由于短缺博弈导致的需求信息的扭曲最终导致牛鞭效应。

（五）库存责任失衡

库存责任失衡加剧了订货需求放大。在营销操作上，通常的做法是供应商先铺货，待销售商销售完成后再结算。这种体制导致的结果是供应商需要在销售商（分销商、零售商）结算之前按照销售商的订货量负责将货物运至销售商指定的地方，而销售商并不承担货物搬运费用；在发生货物毁损或供给过剩时，供应商还需承担调换、退货及其他相关损失，这样，库存责任自然转移到供应商，从而使销售商处于有利地位。同时在销售商资金周转不畅时，由于有大量存货可作为资产使用，所以销售商会利用这些存货与其他供应商易货，或者不顾供应商的价格规定，低价出货，加速资金回笼，从而缓解资金周转的困境；再者，销售商掌握大量的库存也可以作为与供应商进行博弈的筹码。因此，销售商普遍倾向于加大订货量掌握主动权，这样也必然会导致牛鞭效应。

（六）应付环境变异

应付环境变异所产生的不确定性也是促使订货需求放大加剧的现实原因。自然环境、人文环境、政策环境和社会环境的变化都会增强市场的不确定性。销售商应对这些不确定性因素影响的最主要手段之一就是保持库存，并且随着这些不确定性的增强，库存量也会随之变化。当对不确定性的预测被人为渲染，或者形成一种较为普遍的认识时，为了保有应付这些不确定性的安全库存，销售商会加大订货，将不确定性风险转移给供应商，这样也会导致牛鞭效应。

小知识

牛鞭效应的由来

牛鞭效应是供应链中特有的一种需求放大效应。宝洁公司在研究其某种产品的市场需求时发现，该产品的零售数量是相当稳定的，波动性并不大。但在考察分销中心向其订货的情况时，却发现波动性明显增大，但分销中心说，它们是根据汇总的销售商的订货需求量向其订货的。进一步研究后又发现，零售商往往根据对历史销量及现实销售情况的预测，确定一个比较客观的订货量，但为了保证这个订货量是及时可得的，并且能够适应客户需求增量的变化，它们通常会将预测订货量做一定放大后向分销商订货，分销商出于同样的考虑，也会在汇总零售商订货量的基础上再做一定的放大后向宝洁订货。这样，虽然客户需求量并没有大的波动，但经过零售商和分销商的订货放大后，订货量就一级一级的放大了。在考察向其供应商的订货情况时，也惊奇地发现订货的变化更大，而且越往供应链上游其订货偏差越大，同时会导致订货成本、运输成本和库存成本增大，从而造成人力、物力资源的巨大浪费。显然，如何有效克服或减小牛鞭效应是供应链高效运作的关键。

三、减小牛鞭效应的方法

根据前面的分析，我们可以找出一些减小牛鞭效应的方法。

（一）集中需求信息，降低不确定性

一方面，通过科学的手段、先进的技术尽可能地减少需求误差，精确估计需求；另一方面，为供应链各阶成员提供实际的客户需求的全部信息，通过集中需求信息来减小需求的不确定性，从而减小或消除牛鞭效应。

（二）缩短交货期

交货期的延长扩大了需求的变动性，因此，缩短交货期能够显著减少整个供应链的牛鞭效应。根据沃尔玛的调查，如果提前26周进货，需求预测误差为40%，如果提前16周进货，则需求预测的误差为20%，如果在销售时节开始时进货，则需求误差仅为10%。并且通过应用现代信息系统可以及时获得销售信息和货物流动情况，同时通过多频度小数量联合送货方式，实现实需订货，从而使需求预测的误差进一步降低。

（三）减少变动性

通过减少客户需求过程内的变化性，可以缩小牛鞭效应。例如，如果能够减少零售商所观察到的客户需求的变化性，那么即使牛鞭效应出现，分销商所观察到的需求的变化性也会减少。可以通过如天天低价等策略来减少客户需求的变动性。当零售商使用天天低价时，它会以单一的价格出售商品，而不是以带有周期性价格促销的常规价格出售商品。通过消除价格促销，零售商可以消除与这些促销一起产生的需求的急剧变化。因此，天天低价策略能够产生更稳定的、变动性更小的客户需求模式。

（四）建立战略伙伴关系

通过实施战略伙伴关系，建立长期互信互利的合作方式，实现信息共享和供应商库存管理，可以很大程度上消除牛鞭效应的影响。例如，在零售商管理库存过程中，制造商可以监控到各零售店的库存情况，从而为其自身确定每一期保有多少库存和向零售商补充多少商品。这样，制造商的生产计划和库存控制并不依赖零售商发出的订单，从而彻底避免了牛鞭效应。

（五）规避短缺情况下的博弈行为

面临供应不足时，供应商可以根据客户以前的销售记录来进行限额供应，而不是根据订货的数量，这样就可以防止销售商为了获得更多的供应而夸大订购量。通用汽车公司长期以来都是这样做的，现在很多大公司，如惠普公司等也开始采用这种方法。

在供不应求时，销售商对供应商的供应情况缺乏了解，博弈的程度就很容易加剧。与销售商共享供应能力和库存状况的有关信息能减轻销售商的忧虑，从而在一定程度上可以防止它们参与博弈。但是，共享这些信息并不能完全解决问题，如果供应商在销售旺季来临之前帮助销售商做好订货工作，它们就能更好地设计生产能力和安排生产进度以满足产品的需求，从而降低产生牛鞭效应的机会。

第三节　供应链管理

一、供应链管理概述

（一）供应链管理的概念

所谓供应链管理，就是为了满足客户的需求，在从原材料到最终产品形成的过程中，为了获取有效的物资运输和储存，以及高质量的服务和有效的相关信息所做的计划、操作和控制。它是一种集成的管理思想和方法，它执行供应链中从供应商到最终客户的物流的计划与控制等职能。它是一种管理策略，主张把不同企业集成起来以增加供应链的效率，注重企业之间的合作，它把供应链上的各个企业作为一个不可分割的整体，使供应链上各个企业分担的采购、分销和销售的职能成为一个协调发展的有机体。

供应链管理的范围包括从最初的原材料直到最终产品到达客户手中的全过程，如图8-6所示。供应链管理对象是在此过程中所有与物资流动及信息流动有关的活动和相互之间的关系。其基本功能是将顾客所需的产品能够在正确的时间按照正确的数量和正确的质量送到正确的地点，并且使总成本最少。

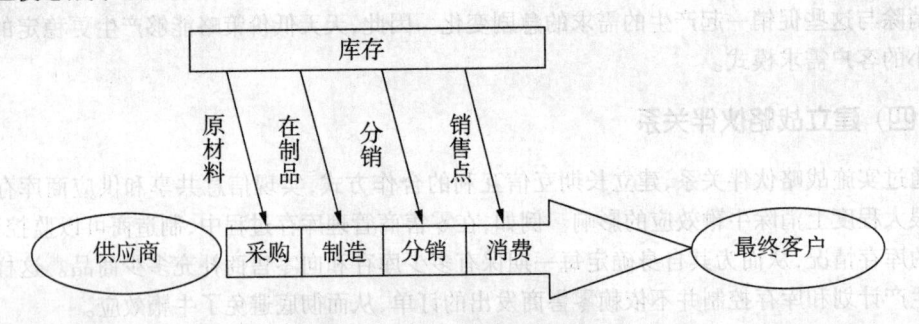

图8-6　供应链管理的范围

集成化供应链管理是指采购者、供应商和客户的联盟以及它们共同努力达到一个更具有竞争力的先进组织的过程。早期的供应链管理通常将视点集中在一个企业内部的供应链管理，而现在则主要集中在跨公司的计划与执行活动，即供应链的垂直一体化。由于供应链系统所包含的范围很广，所以供应链系统合理运作的关键在于供应链系统的垂直一体化，即供应商、制造商、客户为同一个目标而共同努力，从而提高效率。集成化供应链如图8-7所示。

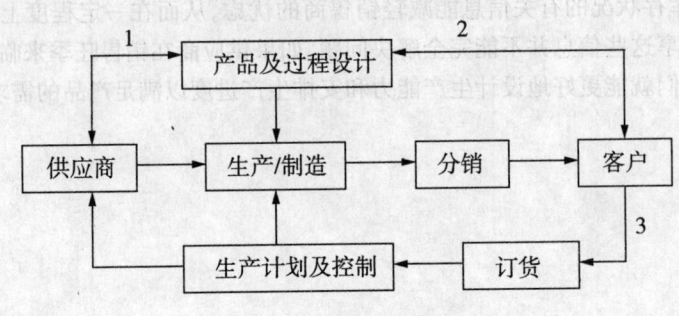

图8-7　集成化供应链示意

其中，过程1是指合作设计，即供应商参与到设计过程中，这样可以避免由于设计不合理而造成供应商无法生产、供应商需改变生产线才能满足总装厂的要求、生产成本提高造成不必要的浪费等现象的发生。过程2是指客户驱动设计，即根据客户的需要对产品进行设计，这样可以使产品尽可能满足客户的需求，从而增加产品的竞争力。过程3是指订单驱动生产，即工厂根据客户的需求量进行生产，而不是盲目生产，避免了库存积压及供不应求的现象。

（二）供应链管理的内容

1. 供应链管理涉及的主要领域

供应链管理研究的内容主要涉及四个主要领域：供应、生产计划、物流、需求，如图8-7所示。供应链管理是以同步化、集成化生产计划为指导，以各种技术为支持，尤其以 Internet/Intranet 为依托，围绕供应、生产作业、物流（主要指制造过程）、满足客户需求来实施的。供应链管理包括计划和控制从供应商到用户的物流（零部件和成品等）和信息。供应链管理的目标在于提高客户服务水平和降低总的交易成本，并且寻求两个目标之间的平衡（这两个目标往往有冲突）。

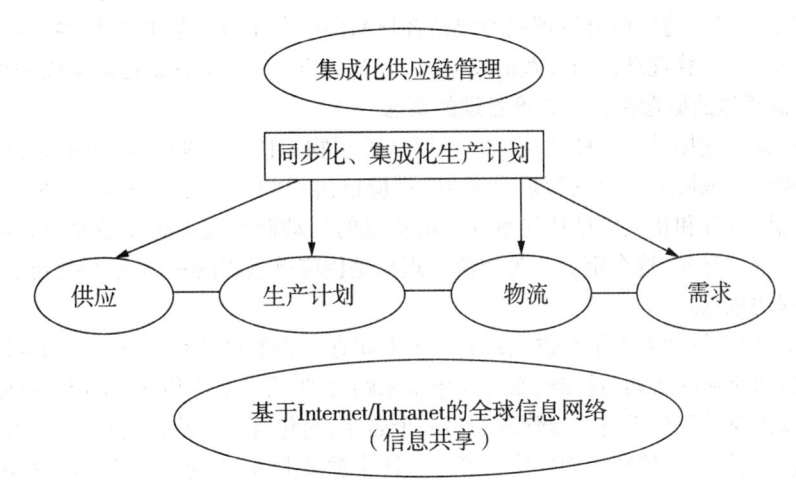

图8-8 供应链管理涉及的领域

在以上四个领域的基础上，可以将供应链管理细分为职能领域和辅助领域。职能领域主要包括产品工程、产品技术保证、采购、生产控制、库存控制、仓储管理、分销管理。而辅助领域主要包括客户服务、制造、设计工程、会计核算、人力资源、市场营销。

2. 供应链管理涉及的主要问题

供应链管理涉及的并不仅仅是物料实体在供应链中的流动，供应链管理还注重以下主要问题。

① 随机性问题，包括供应商可靠性、运输渠道可靠性、需求不确定性、价格波动影响、汇率变动影响、客户满意度的确定等的研究。

② 供应链结构性问题，包括规模经济性、选址决策、生产技术选择、产品决策、联盟网络等的研究。

③ 供应链全球化问题，包括贸易壁垒、税收、政治环境、产品各国差异性等的研究。

④ 协调机制问题，如供应—生产协调、生产—销售协调、库存—销售协调等。

此外，供应链管理还包括战略性供应商和客户伙伴关系管理；供应链产品需求预测和计划；全球节点企业的定位，设备和生产的集成化计划、跟踪和控制；企业内部与企业之间物料供应与需求管理;基于供应链管理的产品设计与制造管理;基于供应链的客户服务和运输、库存、包装等管理;企业间资金流管理(汇率、成本等问题);基于Internet/Intranet供应链交互信息原理等内容。

(三) 供应链管理与传统管理模式的区别

供应链管理与传统管理有着明显的区别,主要体现在以下几个方面。

① 供应链管理把供应链中所有节点企业看成一个整体,供应链管理涵盖整个物流过程,包括从供应商到最终客户的采购、制造、分销、零售等职能领域。

② 供应链管理强调和依赖战略管理,它影响和决定了整个供应链的成本和市场占有份额。

③ 供应链管理最关键的是需要采用集成的思想和方法,而不仅是节点企业资源的简单连接。

④ 供应链管理具有更高的目标,通过协调合作关系达到最高的客户服务水平。

(四) 供应链管理与物流管理的区别

长期以来,人们一直将供应链管理与物流管理相混淆。很多人将供应链管理等同于一体化物流管理概念,也就是将供应链管理视为包括客户和供应商在内的企业以外的物流。近年来,随着供应链管理和物流管理理论与实践的发展,人们对这两个概念的认识逐渐清晰和统一。

1. 供应链管理的概念要大于物流管理的概念

这是目前被普遍接受的一种观点。其可以从美国物流协会1998年给出的物流管理的最新定义中得到验证。该协会将物流管理定义为"供应链过程的一部分,是以满足客户需求为目的的,为提高产品、服务和相关信息从起始点到消费点的流动储存效率和效益而对其进行计划、执行和控制的过程。"显然,这个定义认为物流管理只是供应链过程的一部分,供应链管理的概念涵盖了物流管理的概念。

一般来讲,物流管理侧重于对供应链各环节上库存货物的移动和存放定位的运作,而供应链管理不仅包括对物流的协调与控制,而且还包括采购管理、客户订单管理、生产过程管理、信息流监控等。所以供应链管理不是物流管理的另一个名字,它包含了一些物流管理中所没有的内容,如信息系统整合、规划与控制活动的协调等。从这个意义上讲,供应链管理的概念要大于物流管理的概念。

2. 供应链管理更强调组织外部一体化

虽然物流管理也管理企业以外的物流活动,但其主要是关注组织内部的功能整合,而供应链管理认为只有组织内部的一体化是远远不够的。供应链管理是一项高度互动和复杂的系统工程,需要同步考虑不同层次上的相互关联的技术经济问题,进行成本效益权衡。例如,要考虑组织内部和组织之间,存货以什么样的形态放在什么地方,在什么时候执行什么样的计划;供应链系统的布局和选址决策,信息共享的深度;实施商务过程一体化管理后所获得的整体效益如何在供应链成员之间进行分配;特别是要求供应链成员在一开始就共同参与制定整体发展战略或新产品开发战略等。供应链管理跨边界和跨组织的一体化管理使组织的边界变得模糊起来。

二、供应链管理方法

(一) 快速反应(QR)方法

1. QR的含义

快速反应(Quick Response,简称QR)是美国零售商、服装制造商及纺织品供应商开发的整体业务概念,是指在供应链中,为了实现共同的目标,至少在两个环节之间进行的紧密合作。目的是减少原材料到销售点的时间和整个供应链上的库存,最大程度地提高供应链的运作效率。

QR 的着重点是对消费者需求做出快速反应。QR 的具体策略有商品即时出售、自动物料处理等。实施 QR 可分为三个阶段。

第一阶段:对所有的商品单元条码化,即对所有商品消费单元用 EAN/UPC 条码标志,对商品储运单元用 ITF-14 条码标志,而对贸易单元则用 UCC/EAN-128 条码标志。利用 EDI 传输订购单报文和发票报文。

第二阶段:在第一阶段的基础上增加与内部业务处理有关的策略,如自动库存补给与商品即时出售等,并采用 EDI 传输更多的报文,如发货通知报文、收货通知报文等。

第三阶段:与贸易伙伴密切合作,采用更高级的 QR 策略,以对客户的需求做出快速反应。一般来说,企业内部业务的优化相对来说较为容易,但在贸易伙伴间进行合作时,往往会遇到诸多障碍。在 QR 实施的第三阶段,每个企业必须把自己当成集成供应链系统的一个组成部分,以保证整个供应链的整体效益。

2. QR 的优点

(1) QR 对厂商的优点

① 更好地为客户服务。快速反应零售商可为店铺提供更好的服务,最终为客户提供更好的店内服务。由于厂商送来的货物与承诺的货物是相符的,厂商能够很好地协调与零售商间的关系。长期良好的客户服务会增加市场份额。

② 降低了流通费用。由于集成了对客户消费水平的预测和生产规划,就可以提高库存周转速度,需要处理和盘点的库存量减少了,从而降低了流通费用。

③ 降低了管理费用。因为不需要手工输入订单,所以采购订单的准确率提高了。额外发货的减少也降低了管理费用。货物发出之前,仓库对运输标签进行扫描并向零售商发出提前运输通知,这些措施都降低了管理费用。

④ 生产计划准确。由于可以对销售进行预测并能够得到准确的销售信息,厂商可以准确地安排生产计划。

(2) QR 对零售商的优点

① 提高了销售额。条形码和 POS 扫描使零售商能够跟踪各种商品的销售和库存情况,这样零售商就能够:准确地跟踪存货情况,在库存真正降低时才订货;缩短订货周期;实施自动补货系统(也称厂商补货系统),使用库存模型来确定什么情况下需要采购,以保证在客户需要商品时可以得到现货。

② 减少了削价的损失。由于具有了更准确的客户需求信息,店铺可以更多地储存客户需要的商品,减少客户不需要商品的存货,这样就减少了削价的损失。

③ 降低了采购成本。商品采购成本是企业完成采购职能时发生的费用,这些职能包括订单准备、订单创建、订单发送及订单跟踪等。实施快速反应后,上述业务流程大大简化了,采购成本降低了。

④ 降低了流通费用。厂商使用物流条形码(SCM)标签后,零售商可以扫描这个标签,这样就减少了手工检查到货所发生的成本。

SCM 支持商品的直接出货,即配送中心收到货物后不需要检查,可立即将货物送到零售商的店铺。

厂商发来的预先发货清单(ASN)可使配送中心在货物到达前有效地调度人员和库存空间。而且不需进行异常情况处理,因为零售商能准确掌握厂商发货信息。

> **小·知识**
>
> **认识 ASN**
>
> ASN 即预先发货清单(Advanced Shipping Note)。预先发货清单是生产厂家或分销商在发货时利用电子通信网络提前向零售商传送货物的明细清单。这样零售商事前可以做好货物进货准备工作,同时可以省去货物数据的输入作业,使商品检验作业效率化。购买商也可以凭借此清单核对订单交货数量、剩余数量等,及时更正数量上的错误。

⑤ 加快了库存周转。零售商能够根据客户的需要频繁地小批量订货,也降低了库存投资和相应的运输成本。

⑥ 降低了管理成本。管理成本包括接受发票、发票输入和发票例外处理时所发生的费用,由于采用了电子发票及 ASN,管理费用大幅度降低了。

总之,采用了快速反应的方法后,虽然单位商品的采购成本会增加,但通过频繁地小批量采购商品,客户服务水平就会提高,零售商就更能适应市场的变化,同时其他成本也会降低,如库存成本和清仓削价成本等,最终提高了利润。

3. 实施 QR 应具备的条件

实施 QR 必须具备以下 5 个条件。

(1) 改变传统的经营方式,革新企业的经营意识和组织

其主要表现在以下 5 个方面。

① 企业必须改变只依靠独自的力量来提高经营效率的传统经营意识,要树立通过与供应链各方建立合作伙伴关系,努力利用各方资源来提高经营效率的现代经营意识。

② 零售商在垂直型 QR 系统中起主导作用,零售店铺是垂直型 QR 系统的起始点。

③ 通过 POS 数据等销售信息和成本信息的相互公开和交换来提高各个企业的经营效率。

④ 明确垂直型 QR 系统内各个企业之间的分工协作范围和形式,消除重复作业,建立有效的分工协作框架。

⑤ 通过利用信息技术实现事务作业的无纸化和自动化,改变传统的事务作业方式。

(2) 开发和应用现代信息处理技术

这些信息技术有商品条形码技术、物流条形码技术、电子订货系统、POS 数据读取系统、EDI 系统、预先发货清单技术、电子资金支付系统、供应商管理库存、连续库存补充计划等。

(3) 与供应链相关方建立战略伙伴关系

具体内容包括以下两个方面:一是积极寻找和发现战略合作伙伴;二是在合作伙伴之间建立分工和协作关系。合作的目标既要削减库存,又要避免缺货现象的发生,降低商品风险,避免大幅度降价现象发生,减少作业人员和简化事务性作业等。

(4) 改变传统的对企业商业信息保密的做法

将销售信息、库存信息、生产信息、成本信息等与合作伙伴交流分享,并在此基础上,要求各方一起发现问题、分析问题和解决问题。

(5) 供应方必须缩短生产周期和商品库存

缩短商品的生产周期,进行多品种、少批量生产和多频度、小数量配送,降低零售商的库存水平,提高客户服务水平,在商品实际需要将要发生时采用准时制生产方式组织生产,减少供应商的库存水平。

4. QR 的实施步骤

实施 QR 需要经过 6 个步骤,如图 8-9 所示。每一个步骤都需要以前一个步骤作为基础,并比前一个步骤有更高的回报,但是需要额外的投资。

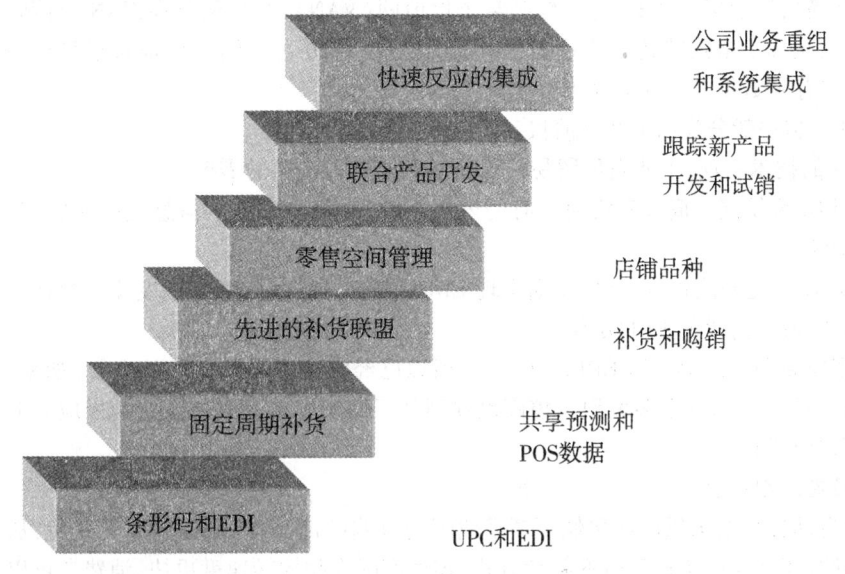

```
快速反应的集成      公司业务重组
                   和系统集成
联合产品开发        跟踪新产品
                   开发和试销
零售空间管理        店铺品种
先进的补货联盟      补货和购销
固定周期补货        共享预测和
                   POS数据
条形码和EDI         UPC和EDI
```

图 8-9 QR 的实施步骤

（1）条形码和 EDI

零售商首先必须安装通用产品代码（UPC 码）、POS 扫描和 EDI 等技术设备,以加快 POS 机收款速度、获得更准确的销售数据并使信息沟通更加通畅。POS 扫描用于数据输入和数据采集,即在收款检查时用光学方式阅读条形码,然后将条形码转换成相应的商品代码。

小·知识

认识 POS 系统

POS 系统,即销售时点信息系统,是指通过自动读取设备（如收银机）在销售商品时直接读取商品销售信息（如商品名、单价、销售数量、销售时间、销售店铺等）,并通过通信网络和计算机系统传送至有关部门进行分析加工以提高经营效率的系统。POS 系统最早应用于零售业,以后逐渐扩展至其他如金融、旅馆等服务行业,利用 POS 系统的范围也从企业内部扩展到整个供应链。

国内消费 POS 的手续费如下。

① 航空售票、加油、大型超市一般扣率为消费金额的 0.5%。

② 药店、小超市、批发部、专卖店、诊所等 POS 刷卡消费额不高的商户,一般扣率为消费金额的 1%。

③ 宾馆、餐饮、娱乐、珠宝首饰、工艺美术类店铺一般扣率为消费金额的 2%。

④ 房地产、汽车销售类商户一般扣率为固定手续费,按照 POS 消费刷卡笔数扣收,每笔按规定不超过 40 元。

UPC 码是行业标准的 12 位条形码,用做产品识别。正确的 UPC 产品标志对 POS 端的客户服务和有效的操作是至关重要的。扫描条形码可以快速准确地检查价格并记录交易。

EDI 是在计算机间交换的商业单证,需遵从一定的标准,如 ANSI X.12。零售业的专用标准是"志愿跨行业通信标准"委员会制定的,食品类的专用标准是 UCC 制定的。EDI 要求公司将其业务单证转换成行业标准格式,并传输到某个增值网(VAN),贸易伙伴在 VAN 上接收到这些单证,然后将其从标准格式转到自己系统可识别的格式。EDI 可传输的单证包括订单、发票、订单确认、销售和存货数据及事先运输通知等。

EDI 的实施一般分为以下几个阶段。

① EDI 的技术实现,主要满足贸易伙伴通过 EDI 进行沟通的需要。

② 将 EDI 系统同厂商和零售商现有的内部系统集成起来,加快信息流的速度,并提高通信数据的准确性。

③ 重新设计业务流程,以支持全面实现 EDI 后带来的角色和责任的变化。快速反应要求厂商和零售商完成本阶段的 EDI 实施。

许多零售商和厂商都了解 EDI 的重要性,所以已经实施了一些基本的交易(如采购订单、发票等)的 EDI 业务。而且很多大型零售商也强制其厂商实施 EDI 来保证快速反应。但 EDI 的全面实施还需要时间。

(2) 固定周期补货

QR 的自动补货要求供应商更快更频繁地配送订购的商品,以保证店铺不缺货,从而提高销售额。通过对商品实施快速反应的补货方式,零售商的商品周转速度更快,消费者可以得到更多的选择。

某些基本商品每年的销售模式实际上都是一样的,一般不会受流行趋势的影响。这些商品的销售量是可以预测的,所以不需要对商品进行考察来确定重新订货的数量。

自动补货是指基本商品销售预测的自动化。自动补货使用基于过去和目前销售数据及其可能变化的因素进行定期预测,同时考虑目前的存货情况和其他一些因素,以确定订货量。自动补货是由零售商、分销商在仓库或店内进行的。

(3) 先进的补货联盟

这是为了保证补货业务的流畅,零售商和制造商联合起来检查销售数据,制订关于未来需求的计划和预测,在保证有货和减少缺货的情况下降低库存水平。还可以进一步由制造商管理零售商的存货和补货,以加快库存周转速度,提高投资毛利率。投资毛利率是销售商品实际实现的毛利除以零售商的库存投资额。

(4) 零售空间管理

这是指根据每个店铺的需求模式来规定其经营商品的花色品种和补货业务。一般来说,对于花色品种、数量、店内陈列,以及培训或激励售货员等决策,制造商也可以参与甚至制定决策。

(5) 联合产品开发

这一步的重点不再是一般商品和季节商品,而是像服装等生命周期很短的商品。厂商和零售商联合开发新产品,其关系的密切超过了购买与销售的业务关系,不仅缩短了从新产品概念到新产品上市的时间,而且经常在店内对新产品实时试销。

(6) 快速反应的集成

通过重新设计业务流程,将前五步的工作和公司的整体业务集成起来,以支持公司的整体战略。快速反应前四步的实施,可以使零售商和制造商重新设计产品补货、采购和销售业务流程。前五步使配送中心得以改进,可以适应频繁的小批量运输,使配送业务更加流畅。

同样,由于库存量的增加,大部分制造商也开始强调存货的管理,改进采购和制造业务,以能够做出正确的反应。

最后一步零售商和制造商重新设计其整个组织、绩效评估系统、业务流程和信息系统,设计的重点围绕着消费者而不是传统的公司职能,它们要求集成的信息技术。

有时可以先完成最后一步工作,至少是设计整体体系结构,这样补货的改进和新产品的开发就会尽可能地互相吻合。在确定公司核心业务及其发展方向时,应具有战略性的眼光。

5. QR 的未来发展

近年来,尽管 QR 的原则没有变化,但 QR 的策略及技术却今非昔比。最初,供应链上的每一个业务实体(如制造商、零售商或分销商)都单独发挥作用。因此,每一个企业都对其贸易伙伴的业务不感兴趣,更谈不上同其贸易伙伴共享信息。随着市场竞争的加剧,企业主及经营者逐渐认识到,应改进自己的业务系统,提高产品的质量,以便为客户提供最好的服务。

目前在欧美,QR 的发展已跨入第三个阶段,即联合计划、预测与补货(简称 CPFR)阶段。CPFR 是一种建立在贸易伙伴之间密切合作和标准业务流程基础上的经营理念,它应用一系列技术模型,这些模型具有如下特点。

① 开放,但通信系统安全。
② 适应于各个行业。
③ 在整个供应链上是可扩展的。
④ 能支持多种需求,如新数据类型、各种数据库系统之间的连接等。

CPFR 研究的重点是供应商、制造商、分销商及零售商之间协调一致的伙伴关系,以保证供应链整体计划、目标和策略的先进性。

然而,值得提出的是,即使在美国,如今也有一半以上的零售商不允许别人访问它们的 POS 扫描数据,而这些数据对于供应商来说至关重要,因此,它们不得不用高库存来应付因缺货造成的损失,但这样做却大大提高了存货成本,不利于供应链效益的提高。要真正实现 CPFR,零售商必须向其贸易伙伴开放自己的 POS 扫描数据。

美国的 Kurt Salmon 公司通过调查研究和分析认为,通过实施 CPFR 可以达到以下目标。

① 新产品开发的前导时间可以减少 2/3。
② 可补货产品的缺货将大大减少,甚至消灭(通过供应商与零售商的联合从而保证 24 小时供货)。
③ 库存周转率可以提高 1~2 周(通过制造商减少前导时间、零售商利用客户需求导向策略)。
④ 通过敏捷制造技术,企业产品中可以有 20%~30% 是根据客户的特定需求而制造的。

QR 策略在过去的十几年中取得了巨大的成功。商品的供应商和零售商通过这一策略为它们的客户提供了更好的服务,同时也减少了整个供应链上的非增值成本。QR 策略作为一种全新的供应链管理理念,必将向更高的阶段发展,必将为供应链上的贸易伙伴——供应商、分销商、零售商和最终客户带来更大的价值。

(二) 有效客户反应(ECR)方法

1. ECR 的含义

有效客户反映(Efficient Customer Response,简称 ECR)是指供应商、制造商、分销商和零售商等供应链组成各方相互协调和合作,更快、更好并以更低的成本满足客户需要为目的的供应链管理系统,如图 8-10 所示。

ECR 的优势在于供应链各方为了提高客户满意这个共同的目标进行合作,分享信息和诀窍,

ECR 是一种把以前处于分离状态的供应链联系在一起来满足客户需要的工具。ECR 的目标是建立一个具有高效反应能力和以客户需求为基础的系统,使零售商与供应商以业务伙伴方式合作,提高整个供应链的效率,大幅度降低成本、库存,提高服务水平。

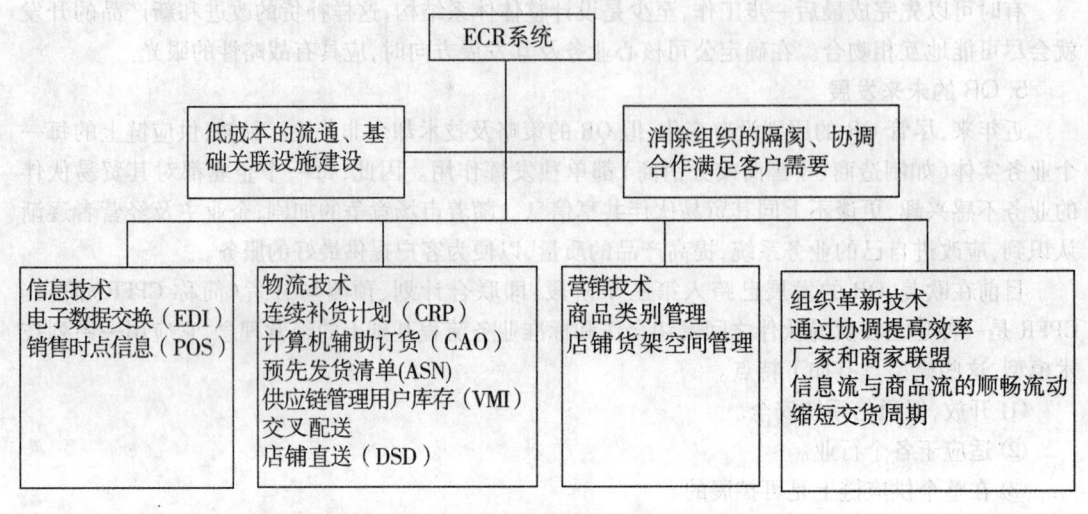

```
                          ┌─────────┐
                          │ ECR系统  │
                          └────┬────┘
                ┌──────────────┴──────────────┐
         ┌──────┴──────┐              ┌───────┴───────┐
         │低成本的流通、基│              │消除组织的隔阂、协调│
         │础关联设施建设 │              │合作满足客户需要  │
         └──────┬──────┘              └───────┬───────┘
        ┌──────┬┴──────────┐         ┌────────┴────────┐
┌───────┴─┐ ┌──┴──────────┐ ┌────────┴────┐ ┌──────────┴──────┐
│信息技术  │ │物流技术       │ │营销技术      │ │组织革新技术      │
│电子数据交│ │连续补货计划(CRP)│ │商品类别管理  │ │通过协调提高效率   │
│换(EDI)  │ │计算机辅助订货(CAO)│店铺货架空间管理│ │厂家和商家联盟    │
│销售时点信│ │预先发货清单(ASN)│ │             │ │信息流与商品流的顺畅流动│
│息(POS)  │ │供应链管理用户库存(VMI)│        │ │缩短交货周期      │
│         │ │交叉配送      │ │             │ │                 │
│         │ │店铺直送(DSD)  │ │             │ │                 │
└─────────┘ └────────────┘ └─────────────┘ └─────────────────┘
```

图 8-10 ECR 系统

2. 实施 ECR 的原则

供应链企业实施 ECR 时应遵循以下基本原则。

① 以较少的成本,不断致力于向客户提供更优的产品、更高的质量、更好的分类、更好的库存服务及更多的便利服务。

② ECR 必须有相关的商业带头人。该商业带头人应决心通过代表共同利益的商业联盟取代旧式的贸易关系,而达到获利的目的。

③ 必须利用准确、适时的信息以支持有效的市场、生产及后勤决策。这些信息将以 EDI 方式在贸易伙伴间自由流动,它将影响以计算机信息为基础的系统信息的有效利用。

④ 产品必须随其不断增值的过程,从生产至包装,直至流动到最终客户的购物篮中,以确保客户能随时获得所需产品。

⑤ 必须采用通用一致的工作措施和回报系统。该系统注重整个系统的有效性(即通过降低成本与库存以及更好的资产利用,实现更优价值),清晰地标志出潜在的回报(即增加的总值和利润),促进对回报的公平分享。

3. ECR 的实施方法

ECR 概念的提出者认为,ECR 活动是过程,这个过程主要由贯穿供应链各方的四个核心过程组成,如 8-11 所示。因此,ECR 的战略主要集中在四个领域:有效的产品引进、有效的商店分类、有效的促销和有效的补货。有效的产品引进是指最有效地开发新产品,制订产品的生产计划,以降低成本;有效的商店分类是指通过第二次包装(如为满足不同的订单需求,将一个运输包装中的产品进行不同的包装,并赋予不同的包装标志)等手段,提高货物的分销效率,使库存和商店空间的使用最优化;有效的促销是指提高仓储、运输、管理和生产效率,减少预先购买、供应商库存及仓储费用,使贸易和促销的整个系统效率更高;有效的补货是指使用以需求为导向的自动连续补货系统和计算机辅助订货系统,使补货系统的时间和成本最优化。

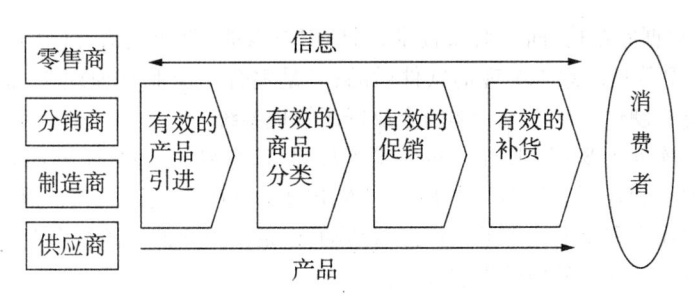

图 8-11　ECR 的运作过程

4. ECR 的主要策略

ECR 的主要策略包括以下几种。

(1) 计算机辅助订货(Computer Assisted Ordering,简称 CAO)

CAO 是通过计算机对有关产品转移(如销售点的设备记录)、影响需求的外在因素(如季节变化)、实际库存、产品接收和可接受的安全库存等信息集成而实现的订单准备工作。

CAO 是一个由零售商建立的"有效客户反映"工具。应用计算机辅助订货使得公司能够配合客户的要求,控制货物的流动,达到最佳存货管理。

(2) 连续补货计划(Continuous Replenishment Program,简称 CRP)

CRP 是根据客户信息,自行决定补货数量,采取频繁交货、缩短提前期等办法降低共同成本。

在库存系统中,订货点与最低库存之差主要取决于从订货到交货的时间、产品周转时间、产品价格、供销变化及其他变量。订货点与最低库存保持一定的距离是为了防止产品脱销情况的出现。订货点与最高库存之差主要取决于交货的频率、产品周转时间、供销变化等。为了快速反应客户降低库存的要求,供应商通过与零售商缔结伙伴关系,主动向零售商频繁交货,并缩短从订货到交货之间的时间间隔。这样,就可降低整个货物补充过程(由工厂到商店)的存货,尽量切合客户的要求,同时减轻存货和生产量的波动。

(3) 交接运输

交接运输是将仓库或配销中心接到的货物不作为存货,而是为紧接着的下一次货物发送做准备的一种分销系统。因此,交接运输要求所有的归港和出港运输尽量同时进行。

交接运输实施的成功取决于三个因素:交付至仓库或配销中心的货物预先通知;无论交付包装的尺寸或原产地如何,仓库或配销中心要具备利用自动数据采集设备对所有交付包装的识别能力;具备交货接收的自动确认能力。

(4) 产品、价格和促销数据库

当大多数 ECR 概念都强调有关实物供应链的问题时,应注意的是,要想成功地改善供应链关系的效率,必须着眼于供应商和零售商最初所关注的问题,那便是产品、价格和促销数据库。将信息存到产品、价格和促销数据库中对 ECR 概念的有效运作是很重要的。离开这些数据库,无纸系统的诸多好处就不能实现。

(三) 企业资源计划(ERP)

1. ERP 的概念

ERP(Enterprise Resources Planning)即企业资源计划,可以从管理思想、软件产品、管理系统三个层次给出它的定义:一是由美国著名的计算机技术咨询和评估集团 Garter Group Inc. 提出的一整套企业管理系统体系标准,其实质是在 MRP Ⅱ (Manufacturing Resources Planning,制造资源计划)基础上进一步发展而成的面向供应链(supply chain)的管理思想;二是综合运用了客户机/

服务器体系、关系数据库结构、面向对象技术、图形用户界面、第四代语言(4GL)、网络通信等信息产业成果,以 ERP 管理思想为灵魂的软件产品;三是整合了企业管理理念、业务流程、基础数据、人力物力、计算机硬件和软件于一体的企业资源管理系统。

ERP 的概念层次如图 8-12 所示。对应于管理界、信息界、企业界不同的表述要求,ERP 分别有着它特定的内涵和外延。我们认为 ERP 在 MRPⅡ 的基础上,通过前馈的物流和反馈的信息流、资金流,把客户需求和企业内部的生产经营活动,以及供应商的资源整合在一起,体现完全按客户需求进行经营管理的一种新的管理方法。

图 8-12 ERP 概念层次

2. ERP 系统的管理思想

ERP 的核心管理思想就是实现对整个供应链的有效管理,主要体现在以下三个方面。

(1) 体现对整个供应链资源进行管理的思想

在知识经济时代仅靠自己企业的资源不可能有效地参与市场竞争,还必须把经营过程中的有关各方,如供应商、制造商、分销商、客户等纳入一个紧密的供应链中,才能有效地安排企业的产、供、销活动,满足企业利用全社会一切市场资源快速高效地进行生产经营的需求,以期进一步提高效率和在市场上获得竞争优势。换句话说,现代企业竞争不是单一企业与单一企业间的竞争,而是一个企业供应链与另一个企业供应链之间的竞争。ERP 系统实现了对整个企业供应链的管理,适应了企业在知识经济时代市场竞争的需要。

(2) 体现精益生产、同步工程和敏捷制造的思想

ERP 系统支持对混合型生产方式的管理,其管理思想表现在两个方面。其一是"精益生产"的思想。它是由美国麻省理工学院提出的一种企业经营战略体系。即企业按照大批量生产方式组织生产时,把客户、销售代理、供应商、协作单位纳入生产体系,企业同其销售代理、客户和供应商的关系,已不再是简单的业务往来关系,而是利益共享的合作伙伴关系,这种合作伙伴关系组成了一个企业的供应链,这就是精益生产的核心思想。其二是"敏捷制造"的思想。当市场发生变化,企业遇有特定的市场和产品需求时,企业的基本合作伙伴不一定能满足新产品开发生产的要求,这时,企业会组织一个由特定的供应商和销售渠道组成的短期或一次性供应链,形成"虚拟工厂",把供应和协作单位看成是企业的一个组成部分,运用"同步工程"组织生产,用最短的时间将新产品打入市场,时刻保持产品的高质量、多样化和灵活性,这就是敏捷制造的核心思想。

(3) 体现事先计划与事中控制的思想

ERP 系统中的计划体系主要包括主生产计划、物料需求计划、能力计划、采购计划、销售执行计划、利润计划、财务预算和人力资源计划等,而且这些计划功能与价值控制功能已完全集成到整个供应链系统中。

ERP 系统还通过定义事务处理相关的会计核算科目与核算方式,以便在事务处理发生的同时自动生成会计核算分录,保证了资金流与物流的同步记录和数据的一致性。从而实现了根据财务资金现状,可以追溯资金的来龙去脉,并进一步追溯所发生的相关业务活动,改变了资金信息滞后于物料信息的状况,便于实现事中控制和实时做出决策。

此外，计划、事务处理、控制与决策功能都在整个供应链的业务处理流程中实现，要求在每个流程业务处理过程中最大程度地发挥每个人的工作潜能与责任心，流程与流程之间则强调人与人之间的合作精神，以便在有机组织中充分发挥每个人的主观能动性与潜能。实现企业管理从高耸型组织结构向扁平型组织结构的转变，提高企业对市场动态变化的响应速度。

3. ERP系统的功能组成

(1) MRP是ERP系统的核心功能

MRP(Materials Requirements Planning,物料需求计划)主要用于订货管理和库存控制，它从产品的结构或物料清单出发，根据需求的优先顺序，在统一的计划指导下，实现企业的产、供、销信息集成，解决了制造业所关心的缺件与超储的矛盾。MRP作为主生产计划与控制模块，是ERP系统不可缺少的核心部分。

(2) MRPⅡ是ERP系统的重要组成

MRPⅡ是将生产活动中的销售、财务、成本、工程技术等主要环节与闭环MRP集成为一个系统，覆盖了企业生产制造活动所有领域的一种综合制订计划的工具。MRPⅡ通过周密的计划，有效地利用各种制造资源，控制资金占用，缩短生产周期，降低成本，提高生产率，实现企业制造资源的整体优化。MRPⅡ较好地运用了管理会计的概念，用货币形式说明了执行企业物料计划带来的效益，实现了物料信息同资金信息的集成，保证了物流与资金流的同步，改变了资金信息滞后于物料信息的状况，便于实时做出决策。

(3) 发展功能

ERP系统除了传统MRPⅡ系统的制造、供销和财务功能外，还借助于网络通信技术的应用，使ERP系统得以实现供应链管理信息集成，加快了信息传递速度和实时性，扩大了业务的覆盖面和信息的交换量，提高了信息的敏捷通畅，增强了企业的竞争优势，促进了企业业务流程、信息流程和组织结构的改革，推动了ERP系统通过网络信息对内外环境变化的能动性，为企业进行信息的实时处理和决策提供了极其有利的条件。

4. ERP的实施策略

目前企业实施ERP管理面临着如下诸多问题：供应链的成本高，库存水平过高，生产计划与生产能力及部门之间存在冲突，资源的利用率较低；产品寿命周期及产品开发能力的问题；外部环境竞争加剧和经济发展的不确定性增加；价格和汇率以及运输问题；客户需求的多样性，满足客户需求的能力等。因而设计和运行一个有效的供应链对每一个制造企业都是极为重要的。为此，可以通过信息制造和现代化管理技术，将企业生产经营过程中有关的人、技术、经营管理三要素有机地结合起来并优化运行，通过对生产经营过程的物流、管理过程的信息流和决策过程进行有效的控制和协调，将企业内部的供应链与企业外部的供应链有机地集成起来进行管理，达到全局动态最优目标，以适应新的竞争环境。

(1) 企业职能集成管理

企业通过多组织实行业务流程重组，实现职能部门的优化集成与建立交叉职能团队，共同参与计划和执行项目，围绕核心职能对物流实施集成化管理。

(2) 企业内部集成管理

为了支持企业内部集成化供应链管理，可集成企业所有的主要计划和决策业务，包括需求预测、库存计划、资源配置、设备管理、优化路径、基于能力约束的生产计划和作业计划，以及能力计划、采购计划等；还可以继承企业业务流程中主要的执行职能，包括订单管理、财务管理、库存管理、生产制造管理和采购管理等职能。以最低的成本和最快的速度生产最好的产品，最快地满足客户的需求，以达到对市场反应能力和效率的提高。

(3) 组建集成化 ERP 动态联盟

与主要供应商和客户建立良好的合作伙伴关系是集成化 ERP 管理的关键。为此,要注重战略伙伴关系,以面向供应链和客户取代面向产品,增强与主要供应商和客户的联系,增进相互间的了解、合作与信息共享。为了适应市场的变化,柔性高、速度快和知识革新等需要,基于一定的市场需求和实时信息的共享,组建能快速重构的集成化 ERP 动态联盟是非常必要的。

本章小结

供应链是指产品在到达消费者手中之前所涉及的原材料供应商、生产商、批发商、零售商及最终消费者组成的供需网络,即由物料获取、物料加工,并将产品送到消费者手中这一过程所涉及的企业和部门组成的一个网络。其具有复杂性、动态性、面向用户需求的特点,根据不同的标准进行划分,其类型也不同。

当供应链上的各级供应商只根据来自其相邻的下级销售商的需求信息做出供应决策时,需求信息的不真实性会沿着供应链逆流而上,产生逐级放大的现象,这种现象被称为牛鞭效应。其产生的原因主要有需求预测修正、订货批量决策、价格波动、短期博弈、库存责任失衡、应付环境变异六个方面。

供应链管理就是为了满足客户的需求,在从原材料到最终产品形成的过程中,为了获取有效的物资运输和储存,以及高质量的服务和有效的相关信息所做的计划、操作和控制。它是一种集成的管理思想和方法,它执行供应链中从供应商到最终客户的物流的计划与控制等职能。供应链管理方法主要有快速反应(QR)、有效客户反应(ECR)和企业资源计划(ERP)等。

本章习题

思考题

1. 手机、矿泉水、尿不湿、汽车、方便面、服装这六种产品适合建立有效型供应链还是反应型供应链?为什么?
2. 通过供应链管理是否能完全消除牛鞭效应?为什么?

案例分析 1

宜家家具的供应链策略

宜家家具的口号是"为大多数人创造更加美好的日常生活",其产品一般比竞争对手便宜 30%~50%,便宜但不劣质且保持时尚感。宜家家具物美价廉的核心是深入供应链每一个环节的低成本设计和衔接,一个新产品开始孕育的时候就开始压低成本,并在整个供应链过程中严格执行。在宜家,曾经有一种 50 美分的咖啡杯被重新设计了三次,目的是为了能在运输托盘上放进尽量多的杯子。最开始的设计,托盘上只能放 864 只杯子;第二次设计在杯子上加了一个圈,类似于花盆上的那种,改变后托盘上能装 1 280 只杯子;第三次设计是一种较矮的、带杯柄的杯子,这样一个托盘上能塞下 2 024 只杯子。经过两次的改变后使得运输费用降低了 60%。

同样,宜家家具的全球采购执行策略,以低价为核心,当然这种低价是建立在保证认可的质量和环境与社会责任基础上的。

资料来源:搜狐网. http://www.sohu.com.

阐释宜家采取的是哪种供应链策略,并说明该供应链策略的特征、优缺点和适用对象。

案例分析 2

小米的高效率供应链网络

小米是互联网企业的代表，以互联网基因和思维创造了手机行业的传奇，现有小米手机、小米盒子、小米电视等系列产品。小米采用的是差异化战略，其轻资产是最重要的盈利模式。第一，小米没有工厂，所以它可以找世界上最好的代工厂；第二，它没有传统销售渠道，没有零售店，所以它可以采用互联网的电商直销模式；第三，也是最重要的，因为没有工厂，没有零售店，这些成本都很低，它可以把资金和精力全部都放在产品研发和与用户的交流上。

小米总部位于北京，这里是小米手机以及一系列智能硬件技术的研发中心。每年雷军都要从这里出发，带着团队夜以继日开发智能解决方案，与各地方的供应商商谈，将这些想法落实成一件件小米产品。此外，雷军对于供应商也十分重视，为了维持与供应商的关系，从2014年开始每年召开供应商大会。从产品定价、供应商谈判到确定供应量，每一环都彰显着雷军的营销艺术。

在供应链管理模式上，小米采用饥饿营销、缩短供应链的方式，依靠专业的代工厂为其代工，减少中间代理商和流转环节，直接对接生产商与用户。从小米供应链的布局上来看，分散供应商，向内地转移的趋势已经显现。据不完全统计，与小米结盟的国内供应商有上百家之多，其中上市的公司达到了12家，为小米提供不同的芯片、结构件等零配件。

目前小米的整体供应链中心以台湾地区和中国大陆为主，其中小米台湾系供应商主要有负责组装的代工厂富士康和英华达，手机芯片制造商联发科，提供面板的友达，开发驱动IC方案的联咏，相机镜头厂大立光等。

小米通过整合产业链达到效率最大化的同时也增加了对于整个手机产业的控制。而供应商们通过小米既提高了名气也提升了利润净值。在这个利益链条中，无法评断谁获利最大。

资料来源：虎嗅网. http://www.huxiu.com.

请思考小米的供应链到底有什么优势，又有哪些隐患？

技能训练题

ZARA 的极速供应链

ZARA 是1975年设立于西班牙隶属 Inditex 集团旗下的一个子公司，既是服装品牌也是专营 ZARA 品牌服装的连锁零售品牌。Inditex 目前超越了美国的 GAP、瑞典的 H&M、丹麦的 KM 成为全球排名第一的服装零售集团。截至2013年10月31日，Inditex 已在全球86个国家和地区开设了6 249家专卖店，旗下共有8个服装零售品牌，ZARA 是其中最有名的品牌。

目前，ZARA 是全球排名第三、西班牙排名第一的服装商，在全球86个国家拥有1 808家专卖店（自营专卖店占90%，其余为合资和特许专卖店）。ZARA 深受全球时尚青年的喜爱，拥有优异设计价格却更为低廉，简单来说就是让平民拥抱时尚。尽管 ZARA 品牌的专卖店只占 Inditex 公司所有分店数的三分之一，但是其销售额却占总销售额的66%左右。

要求：请同学们以小组为单位，结合所学知识，通过调研和资料的收集，了解并梳理 ZARA 的供应链运作模式，是如何做到快速响应的，并进行展示。

第九章 现代物流

学习目标
- 掌握第三方物流、第四方物流的含义。
- 了解逆向物流的分类。
- 理解冷链物流的技术设备。
- 了解精益物流的内涵。

学习重点
- 掌握第三方物流。
- 掌握冷链物流。

案例导入	麦当劳与夏晖公司

　　麦当劳已经在全球120多个国家拥有29 000多家餐厅,居全球知名品牌的前十位。在这个群体力量的成功故事中,物流伴随"我就喜欢"的火热节奏行遍全球,在麦当劳品牌的成长中扮演了一个不可或缺的角色。一整天的繁华喧嚣过后,来自麦当劳物流中心的大型白色冷藏车悄然泊在店门前,卸下货物后很快又开走。尽管一切近在眼前,但很少有人能透过这个场景,窥视到麦当劳每天所需原料所经历的复杂旅程。这些产品究竟如何保持新鲜,又是怎样在整条冷链中实现平滑无隙的流转呢?谈到麦当劳的冷链物流,不能不说到夏晖公司,麦当劳利用夏晖设立的物流中心,为其各个餐厅完成订货、储存、运输及分发等一系列工作。

　　为了满足麦当劳冷链物流的要求,夏晖公司建立了一个世界领先的多温度食品分发物流中心,冻库容量为1 100吨,设定温度为-18℃,存储着派、薯条、肉饼等冷冻食品;冷藏库容量超过300吨,设定温度为1~4℃,用于生菜、鸡蛋等需要冷藏的食品。其目的是为了最大程度地保鲜。在干库和冷藏库、冷藏库和冷冻库之间,均有一个隔离带,用自动门控制,以防止干库的热气和冷库的冷气互相干扰。该物流中心还配有先进的装卸、储存、冷藏设施,5~20吨多种温度控制运输车40余辆。该中心还配有电脑调控设施用以控制所规定的温度,检查每一批进货的温度。

　　资料来源:233网校资讯中心.http://www.233.com/wuliu/anli/20100921/103826659.html.

第一节 第三方物流

　　第三方物流的存在是为了生产经营企业可以更好地集中精力搞好主业,所以把原来属于自己处理的物流活动,以合同方式委托给专业物流服务企业,同时通过信息系统与物流企业保持密切联系,以便企业可以对物流进行全程管理控制。

一、第三方物流的兴起

第三方物流目前正处于快速发展中的阶段。虽然它只有短短几十年的历史,但是它的成长速度惊人。20世纪80年代中期,当时的美国物流管理委员会首次提出了第三方物流(Third Party Logistics,简称3PL)以及第三方服务提供者(third party services provider)的说法,从此拉开了以第三方物流管理为核心的现代物流及供应链管理的序幕。

(一)第三方物流产生的背景

第三方物流产生的背景有以下几个方面。

① 第三方物流的产生是社会分工的结果。在外包(out-souring)等新型管理理念的影响下,各企业为了增强市场竞争力而将企业的资金、人力、物力都投入到其核心业务,通过寻求社会化分工协作提高工作效率和追求效益的最大化。专业化分工的结果导致许多非核心业务从企业生产经营活动中分离出来,其中包括物流业。将物流业务委托给第三方专业物流公司负责,可降低物流成本,完善物流活动的服务功能。

② 第三方物流的产生是新型管理理念的要求。进入20世纪90年代后,信息技术特别是计算机技术的高速发展与社会分工的进一步细化,推动着管理技术和思想的迅速更新,由此产生了供应链、虚拟企业等一系列强调外部协调和合作的新型管理理念,既增加了物流活动的复杂性,又对物流活动提出了零库存、准时制、快速反应等新的要求。这一系列更高的要求,使一般企业很难承担此类业务,由此产生了专业化物流服务的需求。第三方物流的思想正是为满足这种需求而产生的。它的出现一方面迎合了个性需求时代企业间专业合作(资源配置)不断变化的要求,另一方面实现了进出物流的整合,提高了物流服务质量,加强了对供应链的全面控制和协调,促进供应链达到整体最佳。

③ 改善物流与强化竞争力相结合意识的萌芽。物流研究与物流实践经历了成本导向、利润导向、竞争力导向等几个阶段。将物流改善与竞争力提高的目标相结合是物流理论与技术成熟的标志。这是第三方物流概念出现的逻辑基础。

④ 物流领域的竞争激化导致综合物流业务的发展。随着经济自由化和贸易全球化的发展,物流领域的政策不断放宽,同时也导致物流企业自身竞争的激化,物流企业不断地拓展服务内涵和外延,从而导致第三方物流的出现。这是第三方物流概念出现的历史基础。

在过去几十年中,物流对企业在市场上能否取胜的决定作用变得越来越明显。从本质上说,企业在市场上的表现主要是由产品的质量、价格及供给三个因素决定,其中任何一个因素对企业的竞争能力都起着重要的影响作用,而这三个因素都分别直接受到物流的影响。世界经济将在纵向上对工业、供应商、客户、贸易和物流公司进行重新分工,介入生产及销售环节的物流公司的出现将是物流业发展的必然趋势。第三方物流给供应链各参与者带来了诸多好处和方便,因而受到了极大的欢迎,市场潜力巨大。

(二)第三方物流的发展阶段

第三方物流的产生及发展大致地分为以下三个阶段。

第一阶段:现代物流理念诞生之前——流通市场时期。

在这一阶段,现代意义上的物流活动尚未产生,一个企业要完成物流活动,就必须在流通市场上与运输、仓储、包装、装卸搬运、流通加工、配送等不同的服务提供商交易。此时企业的交易成本最大。

第二阶段:企业自营物流——物流行为的产生时期。

在这一阶段,产生了现代意义上的物流活动。相对于第一阶段而言,生产企业物流运营部的物流行为是对传统运输、仓储等功能的一种系统集成。物流运营部以完成本企业物流活动为宗旨,其对市场的初级替代大大降低了交易成本。但是,生产企业物流运营部是依托于生产企业(供方)而存在的非独立性职能部门,所以它并不具备第三方物流的独立主体构成要件。

另外,有时物流运营部为了降低和分摊运行成本,也会对外向其他企业提供物流服务。这种对外提供的物流服务在一定程度上具有了第三方物流的行为特征,但物流运营部不具有独立的民事权利能力、行为能力及责任能力,所以物流运营部在法律上不是独立的商业个体,其对外仍需以所在企业的名义开展经营。总而言之,从经济关系上讲,物流运营部必须依托生产企业(供方)而存在;从法律关系上讲,物流运营部必须以生产企业的名义经营。所以在这一阶段真正意义上的第三方物流并未产生。

第三阶段:第三方物流——独立的第三方主体的产生时期。

在这一阶段,产生了独立于供方、需方的第三方物流企业。相对于第二阶段而言,第三方物流企业对市场的最终替代更大程度地降低了交易成本。企业自营物流虽然在一定程度上带来了交易成本的节约,但同时也存在着弊端,如企业物流资源的重复投资、难以取得规模效益、缺乏专业化的物流管理、多元化经营导致主业不清等。

随着社会分工的进一步发展,生产企业集中主业,优化配置资源,将物流运营部从生产企业中剥离出来,并逐渐发展成为专门从事第三方物流服务的独立企业。此时,真正意义上的第三方物流产生并发展起来。

> **小·知识**
>
> **第一方物流、第二方物流的含义**
>
> 第一方物流(First Party Logistics,简称1PL)指卖方、生产者或供应方组织的物流活动。这些组织的主要业务是生产和供应商品,但为了其自身生产和销售的需要而进行物流网络及设施设备的投资、经营与管理。供方或厂商一般都需要投资建设一些仓库、运输车辆、站台,甚至铁路专用线等物流基础设施。卖方为了生产的正常进行而建设的物流设施是生产物流设施,为了产品的销售而在销售网络中配置的这些物流设施就是销售物流设施。总的来说,由制造商或生产企业自己完成的物流活动称为第一方物流。
>
> 第二方物流(Second Party Logistics,简称2PL)指买方、销售者或流通企业组织的物流活动。这些组织的核心业务是采购并销售商品,为了销售业务需要而投资建设物流网络、物流设施和设备,并进行具体的物流业务运作组织和管理。严格地说,从事第二方物流的公司属于分销商。
>
> 资料来源:MBA智库百科.http://wiki.mbalib.com.

二、第三方物流的含义及作用

从表面看,第三方物流是相对于第一方发货人和第二方收货人而言的。它是由与货物有关的发货人和收货人之外的专业企业,即第三方来承担企业物流活动的一种物流形态。

（一）第三方物流的含义

所谓第三方物流，在国外又称为契约物流（contract logistics），是20世纪80年代中期以来在欧美发达国家出现的。

国家标准《物流术语》对第三方物流所下的定义是："由供方与需方以外的物流企业提供物流服务的业务模式"。

根据定义，第三方物流主要由以下两个要件构成。

① 主体要件。即在主体上是指"第三方"，表明第三方物流是独立的第三方企业，而不依附于供方或需方等任何一方的非独立性经济组织。

② 行为要件。即在行为上是指"物流"，表明第三方物流从事的是现代物流活动，而不是传统意义上的运输、仓储等。

第三方物流是通过契约的形式，由发货人和收货人以外的第三方进行的物流。第三方物流企业的利润不是来自运费、仓储费等直接费用收入，而是来源于现代物流管理科学的推广所产生的新价值。

小知识

第三方物流与传统物流的区别（见表9-1）

表9-1　第三方物流与传统物流的区别

	第三方物流	传统物流
服务功能	提供功能完备的全方位、一体化物流服务	仓储或运输等功能服务
物流成本	由于具有规模经济性、先进的管理方法和技术等，使物流成本较低	资源利用率低，管理方法落后，物流成本较高
增值服务	可以提供订单处理、库存管理、流通加工等增值服务	较少提供增值服务
与客户关系	客户的战略同盟者，长期的契约关系	临时的买卖关系
运营风险	需要较大的投资、运营风险大	运营风险小
利润来源	与客户一起在物流领域创造新价值	客户的成本性支出
信息共享程度	每个环节的物流信息都能透明地与其他环节进行交流与共享，共享程度高	信息的利用率低，没有共享有关的需求资源

（二）第三方物流的作用

在竞争激烈的市场上，降低成本、提高利润率往往是企业追求的首选目标。这也是物流在20世纪70年代石油危机之后其成本价值被挖掘出来作为第三利润源受到普遍重视的原因。物流成本通常被认为是企业经营中较高的成本之一，控制物流成本就等于控制了总成本。第三方物流如果应用得当，就是控制物流成本的重要方法之一。其主要作用如下。

① 集中主业。企业能够实现资源优化配置，将有限的人力、财务集中于核心业务，进行重点研究，发展基本技术，努力开发出新产品参与世界竞争。

② 节省费用，减少资本积压。专业的第三方物流提供者利用规模生产的专业优势和成本优

势,通过提高各环节能力的利用率节省费用,使企业能从分离费用结构中获益。根据对工业用车的调查结果,企业解散自有车队而代之以公共运输服务的主要原因就是为了减少固定费用,这不仅可以节省购买车辆的投资,还节省了车间仓库、发货设施、包装器械及与员工相关的开支。

③ 减少库存。企业不能承担原料和库存的无限拉长,尤其是高价值的部件要及时送往装配点以保证库存的最小量。第三方物流提供者借助精心策划的物流计划和适时运送手段,最大程度地养活库存,改善了企业的现金流量,实现成本优势。

④ 简化交易。第三方物流的存在大大简化了交易结构和过程。

⑤ 降低成本,提高效率。第三方物流不仅可以提供更专业的服务,还可以实现规模经济所带来的低成本和高效率。

⑥ 提高服务水平。第三方物流可以更好地满足消费者的需求,减少缺货概率,与营销有效配合,提供更加专业化的物流服务。

⑦ 提升企业形象。第三方物流提供者与客户不是竞争对手,而是战略伙伴。第三方物流提供者为客户着想,通过全球性的信息网络使客户的供应链管理完全透明化,客户随时可通过网络了解供应链的情况;第三方物流提供者是物流专家,它们利用完备的设施和训练有素的员工对整个供应链实现完全的控制,减少物流的复杂性;第三方物流提供者通过遍布全球的运送网络和服务提供者(分承包方)大大缩短了交货期,帮助客户改进服务,树立自己的品牌形象;第三方物流提供者通过量体定制式的设计,制定出以客户为导向、低成本高效率的物流方案,为企业在竞争中取胜创造有利条件。

三、第三方物流企业的分类

第三方物流企业的类别可以有三种不同的分法,即按照服务内容和服务对象分类、按照提供物流服务的种类分类、按照所属的物流市场分类。

(一) 按照服务内容和服务对象分类

1. 针对少数客户提供的低集成度的物流服务

针对少数客户提供的低集成度的物流服务,存在两种情况。一种是作为成长阶段性存在的,即物流公司在发展初期,其客户资源有限,且服务能力还处于不完善阶段,能够提供的物流服务集成度有限。目前,在国内有些大型的投资商涉足物流,尽管它们有为更多客户提供一体化物流的潜力,但由于发展的历史较短,且中国物流需求市场还没完全启动,基本上属于第一类企业。另一种情况即物流服务商的市场定位就是第一类第三方物流企业。这些物流服务提供商自身规模和能力有限,不具备提供高集成度物流的能力,同时,由于投入能力的限制,只能为有限的客户提供服务。

2. 同时为较多的客户提供低集成度的物流服务

同时为较多的客户提供低集成度的物流服务是目前存在比较多的一种第三方物流企业。比较典型的有宝供物流、虹鑫物流等。从国内物流业的发展和国外的实践看,第二类物流公司将是未来物流市场的主流模式。

3. 针对较少的客户提供高集成度的物流服务

针对较少的客户提供高集成度的物流服务是西方物流服务的一种典型形式。很多大型物流集团在操作具体客户时,采用同客户共同投资新的物流公司的方式,全面管理客户的物流业务,就这个新公司而言,就是专门为特定客户提供高集成度的物流服务的典型。高集成度的物流服务由于个性化强,物流企业参与客户的营运程度深,一般不适合大规模运作,即一家公司同时为很多家企业提供高集成度的物流服务困难较大。例如,联邦快递在欧洲就同某家具公司专门成立了一家物流公司,负责该家具公司全球物流业务的具体管理和运作。

4. 同时为较多的客户提供高集成度的物流服务

同时为较多的客户提供高集成度的物流服务很困难,即便在西方发达国家,能同时为很多家企业提供高集成度的物流服务的公司,目前还未出现。

(二) 按照提供物流服务的种类分类

1. 以资产为基础的第三方物流企业

以资产为基础的第三方物流企业自己拥有资产,如运输车队、仓库和各种物流设备,通过自己的资产提供专业的物流服务,如 UPS 公司。

2. 以管理为基础的第三方物流企业

以管理为基础的第三方物流服务提供者通过系统数据库和咨询服务为企业提供物流管理或提供一定的人力资源。这种物流服务提供者不具备运输和仓储设施,只是提供以管理为基础的物流服务。

3. 提供综合物流服务的第三方物流企业

提供综合物流服务的第三方物流企业自己拥有资产,并能提供相应的物流管理服务,同时,它可以利用其他物流服务提供者的资产,提供一些相关的服务。

4. 提供临时物流服务的第三方物流企业

对于业务量波动较大的企业,或有辅助服务需求时,雇用临时服务是最有效的选择。临时性服务的优势在于企业的短期需要或对有特殊技能人员的临时需要,而又无须雇用长期固定员工。临时物流服务能够缩减过量的经常性开支,降低固定成本,同时提高劳动投入的柔性,提高生产率。

案例 9-1

第三方物流行业市场前景

第三方物流又称物流联盟、物流伙伴、合同物流、物流社会化或物流市场化。第三方物流的特征首先是"第三方物流具有关系契约化的特征,第三方物流是通过契约形式来规范物流经营者与物流消费者之间的关系";其次是"第三方物流具有服务个性化的特征,不同的物流消费者存在不同的物流服务需求"。

国家标准《物流术语》中,将第三方物流定义为"由供方与需方以外的物流企业提供物流服务的业务模式"。第三方物流是在物流渠道中,由专业物流企业以合同的形式在一定期限内提供客户所需的全部或部分物流服务。第三方物流企业的利润来源基于物流的供应链管理推广所产生的价值。据前瞻产业研究院发布的《2018—2023 年中国第三方物流行业市场前瞻与投资战略规划分析报告》显示,在 2017 年我国第三方物流行业整体市场规模已经超过 12 000 亿元,同比增速在 6.3% 左右。

1. 降本增效,第三方物流对企业意义重大

首先,使用第三方物流能够减少企业自营物流的固定资产投资。其次,把物流业务交给专业公司承包,能够通过方案设计,整合优化原有物流系统,减少不必要费用。再次,对于目前市场上

科技研发投入日益提升的企业来说,在提高核心业务投入的同时也在考虑如何最大程度地减少非核心业务的成本投入,而将非核心的物流业务进行外包也成为了一种削减成本的较为理想的方式。从第三方物流对企业的降本增效效果来看,在降低企业物流费用、降低仓储成本、减少物流固定资产、提升订单完成度及定点准确率方面,分别有9%、5%、15%、6%及5%的提升效果。

2. 物流标准提升,物流外包需求增加

为了降低成本,提高生产效率,越来越多的公司开始选择准时制生产方式(JIT),其实质是保持物质流和信息流在生产中的同步,以恰当数量的物料,在恰当的时候进入恰当的地方,生产出恰当质量的产品,尽可能达到零库存、无缺陷、低成本的理想生产模式。由于该模式的每一步都环环相扣,因此对物流时间的精确性把握要求非常高;小批量、多批次、多品种也给物流运输带来了极大挑战;JIT模式对物流标准化的程度也有所提高,如对路线数量、发车准时、全程可视、司机服务质量、操作是否规范、现场控制人员是否对业务全过程熟悉、出仓后的到货时间、签收过程等一系列问题全部都要求严苛。

如果国内企业仅靠自身物流部门经营管理,很难达到模式所要求的标准。另外,随着企业规模的扩大,越来越多的产品在世界范围内流通、生产、销售和消费,物流活动日益庞大和复杂,企业自营物流已不能满足需要。因此,将物流外包给专业第三方物流企业将是管理层的最优选择。

3. 政策助力,第三方物流迎来发展机遇

2014年,国务院印发了《物流业发展中长期规划(2014—2020年)》,提出要鼓励制造企业分离外包物流业务,促进企业内部物流需求社会化。优化制造业、商贸业集聚区物流资源配置,构建中小微企业公共物流服务平台,提供社会化物流服务。着力发展第三方物流,引导传统仓储、运输、国际货代、快递等企业采用现代物流管理理念和技术装备,提高服务能力。支持从制造企业内部剥离出来的物流企业发挥专业化、精益化服务优势,积极为社会提供公共物流服务。鼓励物流企业功能整合和业务创新,不断提升专业化服务水平,积极发展定制化物流服务,满足日益增长的个性化物流需求。进一步优化物流组织模式,积极发展共同配送、统一配送,提高多式联运比重。

2014年5月国务院印发的《第三方信息服务平台案例指引》、2014年9月商务部印发的《商务部关于促进商贸物流发展的实施意见》及2015年5月印发的《中国制造2025》等文件都对第三方物流发展给出了明确的指导意见。

2017年,商务部、国家邮政局等五部委联合发布了《商贸物流发展"十三五"规划》,提出"十三五"期间,将大力支持第三方物流发展,拓展物流方案设计、智能包装、设备租赁等增值服务,着力提升第三方物流服务水平。

自20世纪90年代中期,第三方物流伴随现代物流理念传入我国以来,已经有了长足发展。2009年至2017年,中国第三方物流收入呈现快速增长态势。短短8年间,总量由最初的4 167亿元增加到12 411亿元,远超日本及其他欧洲国家,同时与美国的差距也在不断缩小,在未来或超过美国位列全球第一。未来,随着我国企业对第三方物流需求的不断增加,预计到"十三五"末期市场规模将达到16 000亿元左右。

资料来源:亿邦动力网.

第二节 第四方物流

一、第四方物流概述

（一）第四方物流的含义

第四方物流是1998年美国埃森哲咨询公司率先提出的，是专门为第一方、第二方和第三方提供物流规划、咨询、信息系统、供应链管理等活动。第四方物流并不实际承担具体的物流运作活动。

第四方物流（Fourth Party Logistics，简称4PL）是一个供应链的集成商，是供需双方及第三方物流的领导力量。它不是物流的利益方，而是通过拥有的信息技术、整合能力及其他资源提供一套完整的供应链解决方案，以此获取一定的利润。它是帮助企业实现降低成本和有效整合资源，并且依靠优秀的第三方物流供应商、技术供应商、管理咨询及其他增值服务商，为客户提供独特的和广泛的供应链解决方案。

（二）第四方物流的基本特征

① 第四方物流有能力提供一整套完善的供应链解决方案，是集成管理咨询和第三方物流服务的集成商。

② 第四方物流是通过对供应链产生影响的能力来增加价值，在向客户提供持续更新和优化的技术方案的同时，满足客户的特殊需求。

③ 成为第四方物流企业需具备一定的条件，如能够制定供应链策略、设计业务流程再造、具备技术集成和人力资源管理的能力；在集成供应链技术和外包能力方面处于领先地位，并具有较雄厚的专业人才；能够管理多个不同的供应商并具有良好的管理和组织能力等。

二、第四方物流的优势

（一）具有对整个供应链及物流系统进行整合规划的优势

第三方物流的优势在于运输、储存、包装、装卸、配送、流通加工等实际的物流业务操作能力，在综合技能、集成技术、战略规划、区域及全球拓展能力等方面存在明显的局限性，特别是缺乏对整个供应链及物流系统进行整合规划的能力。而第四方物流的核心竞争力就在于对整个供应链及物流系统进行整合规划的能力，也是降低客户企业物流成本的根本所在。

（二）具有对供应链服务商进行资源整合的优势

第四方物流作为有领导力量的物流服务提供商，可以通过影响整个供应链的能力，整合最优秀的第三方物流服务商、管理咨询服务商、信息技术服务商和电子商务服务商等，为客户企业提供个性化、多样化的供应链解决方案，为其创造超额价值。

(三) 具有信息及服务网络优势

第四方物流企业的运作主要依靠信息与网络,其强大的信息技术支持能力和广泛的服务网络覆盖支持能力是客户企业开拓国内外市场、降低物流成本所极为看重的,也是取得客户企业信赖,获得大额长期订单的优势所在。

(四) 具有人才优势

第四方物流企业拥有大量高素质、国际化的物流和供应链管理专业人才和团队,可以为客户企业提供全面、卓越的供应链管理与运作,提供个性化、多样化的供应链解决方案,在解决物流实际业务的同时实施与客户企业战略相适应的物流发展战略。

(五) 具有成本优势

发展第四方物流可以减少物流资本投入、降低资金占用。通过第四方物流,客户企业可以大大减少在物流设施(如仓库、配送中心、车队、物流服务网点等)方面的资本投入,降低资金占用,提高资金周转速度,减少投资风险。降低库存管理及仓储成本。第四方物流企业通过其卓越的供应链管理和运作能力可以实现供应链零库存的目标,为供应链上的所有企业降低仓储成本。同时,第四方物流大大提高了客户企业的库存管理水平,从而降低库存管理成本。发展第四方物流还可以改善物流服务质量,提升客户企业形象。

三、第四方物流的运作模式

第四方物流组织有较大的柔性,根据成员组织的约定和目标,它能够适应不同的组织,反过来也能够被行业结构和行为所塑造,组成灵活的运作模式。第四方物流主要有以下几种运作模式。

(一) 协同运作模式

该模式下,第四方物流只与第三方物流有内部合作关系,即第四方物流服务供应商不直接与客户企业接触,而是通过第三方物流服务提供商将其提出的供应链解决方案、再造的物流运作流程等进行实施。这就意味着,第四方物流与第三方物流共同开发市场,在开发的过程中第四方物流向第三方物流提供技术支持、供应链管理决策、市场准入能力及项目管理能力等,它们之间的合作关系可以采用合同方式绑定或采用战略联盟方式形成。

(二) 方案集成商模式

该模式下,第四方物流作为客户企业与第三方物流的纽带,将客户企业与第三方物流连接起来,这样客户企业就不需要与众多第三方物流服务提供商进行接触,而是直接通过第四方物流服务提供商来实现复杂的物流运作的管理。在这种模式下,第四方物流作为方案集成商除了提出供应链管理的可行性解决方案外,还要对第三方物流资源进行整合,统一规划为客户企业服务。

(三) 行业创新者模式

行业创新者模式与方案集成商模式有相似之处,都是作为第三方物流和客户沟通的桥梁,将物流运作的两个端点连接起来。两者的不同之处在于,行业创新者模式的客户是同一行业的多个企业,而方案集成商模式只针对一个客户企业进行物流管理。在这种模式下,第四方物流提供行业整体物流的解决方案,这样可以使第四方物流运作的规模最大程度地得到扩大,使整个行业在物流运作上获得收益。

第四方物流无论采取哪一种模式,都突破了单纯发展第三方物流的局限性,能真正地低成本运作,实现最大范围的资源整合。因为第三方物流缺乏跨越整个供应链运作及真正整合供应链流程所需的战略专业技术,第四方物流则可以不受约束地将每一个领域的最佳物流提供商组合起来,为客户提供最佳物流服务,进而形成最优物流方案或供应链管理方案。而第三方物流要么独自,要么通过与自己有密切关系的转包商来为客户提供服务,它不太可能提供技术、仓储与运输服务的最佳结合。

案例9-2

菜鸟物流模式分析:五大核心打造第四方物流体系

第四方平台就是在第三方平台上的一个产物,用来统筹、协调第三方平台,提升第三方平台的运营和组织效率,从而高效、低成本的为市场和社会提供服务。

在阿里巴巴的介绍中,菜鸟物流将利用先进的互联网技术,建立开放、透明、共享的数据应用平台,为电子商务企业、物流公司、仓储企业、第三方物流服务商、供应链服务商等各类企业提供优质服务,支持物流行业向高附加值领域发展和升级。最终促使建立社会化资源高效协同机制,提升中国社会化物流服务品质,打造中国未来商业基础设施。

菜鸟物流的五大核心组成部分如下。

1. IT系统

事实上,不仅仅是整个菜鸟物流的运营模式,就连菜鸟物流的IT运维系统也是一个第四方的IT系统。这套IT系统整合和对接了众多的第三方IT系统,包括智能仓储系统、分拣配送系统、路况天气系统、开放的接口管理系统等林林总总不下几十个,并且未来随着菜鸟物流体量的增加,还会新接入各种各样的IT信息系统。

值得一提的是,菜鸟物流这个庞大的IT系统还将会是一个半开放半封闭的社交网络系统,随时随地采集分析社交网络和网民的行为数据,实时了解并且能够实时加以利用。

2. 第三方物流

第四方物流的出现,利用其高效的IT系统进行统筹,结合大数据的分析等技术体系,可以大幅度地提升第三方物流企业的配送效率、大幅度降低成本,同样反馈到消费者身上就是用更少的钱、更快的时间拿到了自己的货物。菜鸟物流通过和第三方物流这些合作伙伴联手,可以让2小时极速达、当日达、次日达、承诺达、夜间配、预约配送、大家电当日送装等服务变成可能。

3. 骨干物流节点

在中国,阿里巴巴做第四方物流的时候,打破常规,自建了一大批的骨干物流节点。这些骨干节点基本上规模都非常惊人,动辄十几亿元甚至更高额度的投资。以菜鸟物流搭建的中国智能骨干网天津武清项目(华北物流中心)为例,分三期建设占地1 500亩,定位为"以仓聚货",不仅要整合社会化物流资源,为电商零售企业提供物流基础设施及服务,还肩负着带动周边电商企业业联动发展,形成电商产业集群,促生一批围绕该平台的新兴第三方服务企业整体发展,并带动当地传统产业电商化。与此同时,菜鸟物流在上海、广州、武汉、重庆、成都、郑州等中国主流城市纷纷建成了智能骨干物流中心。

4. 菜鸟驿站

在消费者层面,使用菜鸟驿站之后,消费者在网上购买商品之后,选择离自己最近的菜鸟驿站网点,快件送达之后,会有一个提货短信提醒。取件时,凭手机提货短信即可。与此同时,使用菜鸟驿站,可以避免这几年颇让消费者头疼的由于快递单子泄露引发的个人信息泄露。

在快递员层面,意味着在收件人不在家的情况下,快递员把快件送到网点即可。对于快递员背后的快递公司来说,快递效率大幅度提升,每个快递员每天配送的包裹数量能够提升几十个百分点。

5. 阿里系资源配合

阿里巴巴拥有四大核心业务,分别是电子商务(淘宝、天猫、1688、聚划算及投资的相关电商企业)、物流(菜鸟物流)、金融(支付宝、余额宝、网商银行等)、大数据(阿里云等)。如果离开阿里巴巴其他三大业务的支持,单独的菜鸟物流独木难支,难以发挥到像现在这样的作用。这也是为什么菜鸟第四方物流模式只有阿里巴巴这样的公司可以做,而中国邮政乃至联邦快递这种国内外的传统物流巨头无法插手。

菜鸟物流作为互联网思维下的新模式,主要的优势在于以下几点。

1. 阿里巴巴所拥有的大数据资源

菜鸟物流的核心在于整个中国的快递资源,想办法减少当地各个快递公司的物流成本。在网络化的现代,拥有大数据这一资源和技术无疑会增加菜鸟物流在运作过程中的稳定性及准确性。通过大数据可以计算出货物从发货到收货的最省时省力省资源的路线和方式,不单单降低了运输成本,也减少了运输时间,从而带给消费者更加方便快捷的购物体验。

2. 菜鸟物流拥有智能化的服务

菜鸟物流通过电子面单、智能仓储等智能化服务为商家减轻了大量的负担也使仓储变的更加便捷。电子面单服务可以帮助商家快速处理大量的订单,区别于传统纸质面单,电子面单更高效环保。使用电子面单,使一件包裹在上亿的包裹中被识别、处理、录入、配送。通过数据系统可以自动为发货商家、快递公司与消费者更新数据信息,智能化的下单大大节约了录单时间,提升了整体的发货效率且准确率更高。智能仓储利用智能化的系统和机器人,从买家下完订单到包裹生成的过程中,将不必要的人力转化为智能机器代替,不仅节约时间还节约了人力成本。当客户的订单下达之后,机器人会发现订单所在的货品的位置,自动走到货品所在的区域,这样拣货员就不需要在仓库里跑来跑去,机器人可以大大减少仓库内操作人员的工作强度,更会提升操作的效率。菜鸟物流这种先进的仓储配送服务,是传统物流所不能达到的。

3. 菜鸟物流减轻"最后一公里"的负担

"最后一公里"是物流中最后也是最重要的一步,暴力快递、伪装快递员入室犯罪等负面新闻不断。菜鸟物流推出菜鸟驿站服务,减轻了快递商家和消费者的负担。菜鸟驿站的流程简便,消费者购物后可以选择将物品寄存在家附近的站点,当快递到达菜鸟驿站后,菜鸟驿站会将订单信息录入到电脑的菜鸟系统里,菜鸟系统自动将取货短信发送到消费者的手机中,消费者再凭借短信进行自提取货。这一方式使不愿意透露身份信息和不能随时收取快递的消费者得到了益处。

资料来源:物联云仓. https://www.50yc.com/information/hangye-wuliu/10923.

第三节 逆向物流

目前我国正处于经济转型期,由粗放型经济向集约型经济转变,国家大力提倡走可持续发展道路。而逆向物流就是加强物质的循环利用,有利于保护生态系统,是可持续发展战略的体现。

一、逆向物流的概念

目前,理论界对逆向物流的概念表述有很多,较专业、准确地概括其特点的定义是:与传统供应链反向,为价值恢复或处置合理而对原材料、中间库存、最终产品及相关信息从消费地到起始点的有效实际流动所进行的计划、管理和控制过程。

可见,逆向物流的表现是多样化的,从使用过的包装到经处理过的电脑设备,从未售出商品的退货到机械零件等。也就是说,逆向物流包含来自于客户手中的产品及其包装品、零部件、物料等物资的流动。简而言之,逆向物流就是从客户手中回收用过的、过时的或损坏的产品和包装开始,直至最终处理环节的过程。但是现在越来越被普遍接受的观点是,逆向物流是在整个产品生命周期中对产品和物资的完整的、有效的和高效的利用过程的协调。然而对产品再使用和循环的逆向物流控制研究却是在过去的十年里才开始被认知和展开的。其中较知名的论著是罗杰斯等人的《回收物流趋势和实践》、佛雷普的《物流计划和产品再造》等。

在我国,由国家质量技术监督局发布的《物流术语》中所讲的"逆向物流"就是狭义的逆向物流,它不包括废弃物物流,具体表述如下:

"逆向物流(returned logistics)是指不合格物品的返修、退货以及周转使用的包装容器从需方返回到供方所形成的物品实体流动。比如回收用于运输的托盘和集装箱、接受客户的退货、收集容器、原材料边角料、零部件加工中的缺陷在制品等的销售方面物品实体的反向流动过程。"

"废弃物物流(waste material logistics)是指将经济活动中失去原有使用价值的物品,根据实际需要进行收集、分类、加工、包装、搬运、储存等,并分送到专门处理场所时形成的物品实体流动。"

综上所述,逆向物流有广义和狭义之分。狭义的逆向物流是指对那些由于环境问题或产品已过时的原因而使产品、零部件或物料回收的过程。它是将排泄物中有再利用价值的部分加以分拣、加工、分解,使其成为有用的资源重新进入生产和消费领域。广义的逆向物流除了包含狭义的逆向物流的定义之外,还包括废弃物物流的内容,其最终目标是减少资源使用,并通过减少使用资源达到废弃物减少的目标,同时使正向及回收的物流更有效率。

二、逆向物流的成因

(一)主要驱动因素

在那些已经运用逆向物流系统的公司中,高级管理人员过度地将它的管理推给了运营层,这已经不再是有效的方法。有许多有力的因素迫使企业将逆向物流的管理提高到战略程度的高级管理日程上。带来这些变化的主要驱动因素有政府立法、产品生命周期的缩短、新的分销渠道、供应链中的力量转换。

1. 政府立法

在工业化世界中,政府的环境立法有效地推动了企业对它们所制造的产品的整个生命周期负责。消费者对全球气候变暖、温室效应和环境污染的关注加深了这种趋势。在美国,议会在过去的几年中引入了超过2 000个固体废品的处理法案;1997年,日本国会通过了强制回收某些物资的法案。

在欧洲,这种信息更加强大。为了减少垃圾掩埋法的废品处理方式,欧盟制定了包装和包装废品的指导性意见,并在欧盟成员中形成法律。意见中规定了减少、再利用和回收包装材料的方法,并根据供应链环节中不同成员的地位和相应的年营业额,提出了企业每年进行垃圾回收和产品再生的数量要求。法规的目的是使生产者共同承担产品责任。

对于年产包装材料50吨,每年营业额500万英镑的企业,英国政府强制要求它们登记并完成物资的再生和回收工作。需要进行再生的物资有铝、玻璃、纸张、木料、塑料和钢铁。1998年再生物资比例为38%,2001年上升到52%。为了让垃圾制造者为污染问题付费,英国政府开征了垃圾掩埋税,迫使企业改变处理废品的方法。积极的立法工作仅仅处于初始阶段,目前政府强令企业改变它们研究并管理从产品生产到最终废品处理的方法。

聪明的企业并没有消极地应对强制性法规的实行。它们正在为下一代的环境法案做准备,积极地思考它们在产品管理上的地位、责任和机会。实际上,它们正在为必将到来的一天做准备,那就是它们必须在产品使用寿命终结之时,对它的处理负全部责任。当政府正式推行该项法律时,以往产品的归属权与责任权的转移问题将不复存在。买者和卖者的关系将发生永久性的转变。

2. 产品生命周期的缩短

产品生命周期正在变得越来越短,这种现象在许多行业都非常明显,尤其是计算机行业。新品和升级换代产品以前所未有的速度推向市场,推动消费者更加频繁的购买。当消费者从更多的选择和功能中受益时,这种趋势也不可避免地导致了消费者使用更多的不被需要的产品,同时也带来了更多的包装、更多的退货和更多的浪费问题。缩短的产品生命周期增加了进入逆向物流的浪费物资及管理成本。

3. 新的分销渠道

消费者可以更加便捷地通过新的分销渠道购买商品。直销电视购物网络和互联网的出现使商品直销成为可能,但是直销产品也增加了退货的可能性。要么是因为产品在运输过程中被损坏,要么是由于实际物品与在电视或网上看到的商品不同。直销渠道给逆向物流带来了压力。一般零售商的退货率是5%~10%,而通过产品目录和销售网络销售的产品的退货比例则高达35%。由于直销渠道面对的消费者是全球范围的,而不仅仅局限于本地、国内或某一区域,退货物品管理的复杂性就会增加,管理成本也将上升。

4. 供应链中的力量转移

竞争的加剧和产品供应量的增加意味着买家在供应链中的地位提升。零售商可以而且的确在拒绝承担未售出商品和过度包装品的处理责任。在美国,大多数返还给最上层供应商的产品(要么来源于消费者,要么是因为未售出)都被最初的供应商收回,由它们对这些产品进行再加工和处理。这种趋势在所有行业都有所发生,即便是航空业,航空公司会要求供应商收回并处理不需要的包装物品。

(二) 主要动机

对于企业而言,逆向物流往往出于以下动机:环境管制;经济利益(体现在废弃物处理费用的减少、产品寿命的延长、原材料零部件的节省等方面);商业考虑。因而,管理者首先应认识到逆向物流的重要性和价值,其次要在实际运作中如何给予逆向物流以资源和支援,才是发挥竞争优势的关键。

随着电子商务的快速发展,物流业已从传统的流通业中独立出来并日益受到人们的关注。而随着人们环保意识的增强,环保法规约束力度的加大,逆向物流的经济价值也逐步显现。在我国经济发展水平较为落后的时期和地区厉行节约是理所当然的首要选择,传统社会生活中的废品收购,如空桶、空瓶、空盘、废旧钢铁、纸张、衣物等的回收也是一种司空见惯的现象,因而,服务于废品回收再利用的逆向物流并不是什么新产物。后来,新的资源再生利用技术的研究与推广大大降低了处理回收物品的成本,使逆向物流不仅仅意味着成本的降低,而且由于它能带来资源的节约就可能意味着经济效益、社会效益和环境效益的共同增加。

国内电商领域已经有了成熟的逆向物流模式,其驱动因素主要有以下两个。

1. 逆向物流与现代物流和快递业发展紧密相关

随着现代物流和快递业的发展,国内消费者已经可以足不出户网购全球商品。而在国内现代物流和快递业已经能够深入一、二级城市以及三、四级城市直达用户家中,这为逆向物流发展打下了良好基础。

2. 逆向物流与电商行业发展紧密相连

现代物流和快递业发展与电商行业的发展相辅相成,没有现代物流和快递业发展,电商发展将会滞后;同样,没有电商行业繁荣,也难有现代物流和快递业的发达。以往电商领域只有正向物流,没有逆向物流,行业迅速发展呼唤电商物流实现完美闭环。

三、逆向物流的分类及特点

(一) 逆向物流的分类

1. 按照回收物品的渠道来分

按照回收物品的特点可分为退货逆向物流和回收逆向物流。退货逆向物流是指下游客户将不符合订单要求的产品退回给上游供应商,其流程与常规产品流向正好相反。回收逆向物流是指将最终客户所持有的废旧物品回收到供应链上各节点企业。

2. 按照逆向物流材料的物理属性分

按照逆向物流材料的物理属性可分为钢铁和有色金属制品逆向物流、橡胶制品逆向物流、木制品逆向物流、玻璃制品逆向物流等。

3. 按成因、途径和处置方式及其产业形态来分

按成因、途径和处置方式及其产业形态不同,逆向物流被学者们区分为投诉退货、终端使用退回、商业退回、维修退回、生产报废品和副品退回,以及包装退回六大类别。

(二) 逆向物流的特点

逆向物流作为企业价值链中特殊的一环,与正向物流相比,既有共同点,也有各自不同的特点。二者的共同点在于都具有包装、装卸、运输、储存、加工等物流功能。但是,逆向物流与正向物流相比又具有鲜明的特殊性。

1. 分散性

换言之,逆向物流产生的地点、时间、质量和数量是难以预见的。废旧物资流可能产生于生产领域、流通领域或生活消费领域,涉及任何领域、任何部门、任何个人,在社会的每个角落都在日夜不停地发生。正是这种多元性使其具有分散性。

2. 缓慢性

开始的时候逆向物流数量少、种类多,只有在不断汇集的情况下才能形成较大的流动规模。废旧物资的产生也往往不能立即满足人们的某些需要,它需要经过加工、改制等环节,甚至只能

作为原料回收使用,这一系列过程的时间是较长的。同时,废旧物资的收集和整理也是一个较复杂的过程。这一切都决定了废旧物资缓慢性这一特点。

3. 混杂性

回收的产品在进入逆向物流系统时往往难以划分为产品,因为不同种类、不同状况的废旧物资常常是混杂在一起的。当回收产品经过检查、分类后,混杂性逐渐衰退。

4. 多变性

由于逆向物流的分散性及消费者对退货、产品召回等回收政策的滥用,有的企业很难控制产品的回收时间与空间,这就导致了多变性。其主要表现在以下四个方面:逆向物流具有极大的不确定性;逆向物流的处理系统与方式复杂多样;逆向物流技术具有一定的特殊性;相对高昂的成本。

第四节 冷链物流

冷链物流是随着科学技术的进步、制冷技术的发展而建立起来的。很多需要保持一定低温环境下的物品,如农产品、禽蛋肉类等,这些产品在生产、储运和销售过程中,一直到消费前的各个环节,始终处于产品规定的最佳低温环境下,这样才能保证食品品质,减少食品损耗,冷链物流由此产生。

一、冷链物流概述

(一)冷链物流的含义

根据《物流术语》中的定义,冷链(cold chain)是指为保持新鲜食品及冷冻食品等的品质,使其在从生产到消费的过程中,始终处于低温状态的配有专门设备的物流网络。

冷链物流是以冷冻工艺学为基础,以人工制冷技术为手段,以生产流通为衔接,以达到保持冷链物流商品质量完好与安全的一个系统工程,包括低温加工、低温运输与配送、低温储存、低温销售等各个方面,其各个环节始终处于商品所必需的低温环境下,各作业环节必须紧密配合,在设备数量上相互协调,在质量管理标准上一致,形成一个完整的冷藏链,以保证商品的品质和安全,减少损耗,防止污染。

(二)冷链物流的适用范围

冷链物流的适用范围包括:初级农产品,如蔬菜、水果、肉、禽、蛋、水产品、花卉产品;加工食品,如速冻食品,禽、肉、水产等包装熟食,冰淇淋和奶制品,巧克力,快餐原料;特殊商品,如药品。所以它比一般常温物流系统的要求更高、更复杂,建设投资也要大很多,是一个庞大的系统工程。由于易腐食品的时效性要求冷链各环节具有更高的组织协调性,所以,食品冷链的运作始终是和能耗成本相关联的,有效控制运作成本与食品冷链的发展密切相关。

二、冷链技术及装备

冷链物流的主要设施包括冷库或低温物流中心、生鲜食品加工中心(包括中央厨房)、冷藏运输车、超市陈列柜等。在冷链物流所有环节中，冷库是最核心的设施，其投资占了整个冷链建设的大部分。冷链物流的主要技术与设备主要包括以下几种。

（一）主要建筑结构形式

① 土建式冷库。目前国内在建的数万吨级以上的大型冷库，基本采用的都是土建式冷库，其建筑一般是多楼层，钢筋混凝土结构，在结构内部再用 PU 夹芯冷库板组装冷库，或使用 PU 喷涂四周的方式建造。这种使用 PU 喷涂的建设方式在国内已使用了 40 年以上。

② 装配式冷库。前几年，装配式冷库在国内一般用于小型拼装冷库，近几年随着钢结构在许多大型建筑中广泛使用，大型的钢结构装配式冷库也在陆续建设。大型钢结构冷库柱网跨度大、柱子较小、施工周期短，更适合内部物流设施设备的规划，如货架布局、码头设备规划、内部物流动线规划等。

③ 库架合一结构。随着货架在物流中心的广泛使用，国外一些大量存储的自动冷库、多层高位货架冷库在二三十年前已大量采用库架合一结构进行建设。同时，在非货架区域配合采用 PU 夹芯库板拼装在钢结构外侧的施工方式，整体建成室外型冷库。目前在国内，由于其施工水平、工程细节及精准程度要求较高，在冷库建设方面此种结构方式建造较少。库架合一结构由于物流中心内部没有柱网，可以达到单位面积存量最大化及物流动线最顺畅化。

（二）制冷系统

制冷系统在冷链物流的投资中占有较大比重。在冷媒的选择方面，国内主要使用的是氨系列或氟系列的冷媒。另外，在较高温层，如 12℃ 作业区，还可规划使用二次冷媒，如冰水或乙二醇。

制冷系统是由一系列的设备统筹组装而来。一般可区分为制冷主机（主要包括机头、压力容器、油分离器、阀件等）、制冷风机（由不同的布局方式及数量、除霜设计方式，进行不同的选择配置，如电热除霜、水除霜、热气除霜）、控制系统（由一系列的阀件、感应装置、自控装置及控制等组成）、管路与阀件系统（一般依设计配置）。与制冷系统配套的还有压力平衡装置、温度感应装置、温度记录装置、电器设备等。

（三）存储及相关设备

与常温物流中心相同，冷链物流中心内部存储同样需要各种货架或自动化立体系统（AS/KS）。在国外，食品类商品不允许直接堆叠在地面，必须使用塑料托盘，使用货架存储。各种货架，如从自动仓库使用的 20 多米的高位货架，到拆零拣货使用的流利货架，在冷链物流中心均有大量使用。与常温货架不同的是，低温库内使用的货架对钢材的材质、荷重、货架的跨度设计均有特殊要求。

为配合存储，满足生鲜食品的特殊要求，冷链物流中心的仓储库内会配置臭氧发生器、加湿器等相关设备。

（四）冷库用门组及库板工程

① 各类门组在冷链物流中心起着至关重要的作用，对冷链物流中心的能耗影响较大。例如，冷冻库使用的电动平移门、封闭式低温月台区使用的滑升门、人员进出门等，都需要足够的保温性能与气密性。此类门组属于低温专业用门。

② 与门组配套的各型防撞杆。

③ 冷冻、冷藏库建设使用的聚胺酯库板也是冷链物流建设的关键材料。

(五) 冷链物流月台设备设施

其主要包括月台门罩或门封、月台调节板(电动、手动)、月台防撞设施、月台车辆尾门机坑等。

(六) 搬运设备

冷链物流中心内部的搬运设备主要有各型叉车,如高位货架库内的前移式叉车、步行式叉车、电动托盘车、油压托盘车,以及自动仓库内的堆垛机等。一般情况下,这些搬运设备需是耐低温的专用型设备。

与自动仓库及物流动线配合的皮带式或滚轮式的流水线也属于冷链物流中心内部的搬运设备。

(七) 物流容器

冷链物流的目标商品一般是食品类和药品类,托盘一般需要使用塑料托盘。

除塑料托盘外,冷链物流容器还有蓄冷箱、物流箱、笼车、物流筐、台车及与商品特性需求配合的物流容器。

(八) 分拣设备

分拣设备包括自动分拣机、电子标签拣货系统、RF 拣选系统、自动台车等。常温物流中心使用的设备在低温中心同样需要使用,对这些设备同样有低温环境的适用性方面的要求。

生鲜食品加工中心是全程冷链物流体系中的一个环节,在考虑全程冷链物流时,通常也会将生鲜食品加工中心一并纳入考虑范围。例如,肉类加工中心(包括猪肉、牛羊肉、禽肉类)、水产品加工中心、蔬果净配菜类加工中心、乳制品及冰品类加工中心、烘焙类产品加工中心(如面包厂等)、连锁餐饮的中央厨房等。

生鲜食品加工中心在建造技术与设备使用方面,除包括前述冷链物流中心的全部设备外,还有食品加工类设备及食品包装类设备、清洗类设备、灭菌消毒类设备、洁净类设备等。

此外,运输作为全程冷链中极为重要、不可或缺的一个关键环节,涉及各类型冷藏车的使用。冷藏车除保温车箱外,一般会配置制冷系统、温度追踪记录系统、GPS 定位系统等。

三、冷链管理

冷链物流的适用范围决定了冷链物流必须做到全过程都有高效的质量管理。

(一) 加工过程应遵循 3C、3P 原则

3C 原则是指冷却(Chilling)、清洁(Clean)、小心(Care)。也就是说,要保证产品的清洁,不受污染;要使产品尽快冷却下来或快速冻结,即使产品尽快进入所要求的低温状态;在操作的全过程中要小心谨慎,避免产品受任何伤害。

3P 原则是指原料(Products)、加工工艺(Processing)、包装(Package)。要求被加工原料一定要用品质新鲜、不受污染的产品;采用合理的加工工艺;成品必须具有既符合健康卫生规范又不污染环境的包装。

（二）储运过程应遵循3T原则

3T原则是指产品最终质量取决于冷链的储藏与流通的时间(Time)、温度(Temperature)、产品耐藏性(Tolerance)。3T原则指出了冷藏食品品质保持所允许的时间和产品温度之间存在的关系。冷藏食品的品质变化主要取决于温度，冷藏食品的温度越低，优良品质保持的时间越长。由于冷藏食品在流通中因温度的变化而引起的品质降低的累积和不可逆性，因此对不同的产品品种和不同的品质要求都有相应的产品控制和储藏时间的技术经济指标。

（三）整个冷链过程的3Q、3M条件

3Q条件是指冷链中设备的数量(Quantity)协调，设备的质量(Quality)标准的一致，以及快速的(Quick)作业组织。冷链中设备数量（能力）和质量标准的协调能够保证食品总是处在适宜的环境（温度、湿度、气体成分、卫生、包装）之中，并能提高各项设备的利用率。因此，要求产销部门的预冷站、各种冷库、运输工具等，都要按照食品物流的客观需要，互相协调发展。快速的作业组织则是指加工部门的生产过程，经营者的货源组织，运输部门的车辆准备与途中服务、换装作业的衔接，销售部门的库容准备等均应快速组织并协调配合。3Q条件十分重要，并具有实际指导意义。例如，冷链中各环节的温度标准若不统一，则会导致食品品质极大地下降。这是因为在常温中暴露1小时的食品，其质量损失可能相当于在 -20℃下储存半年的质量损失量。因此，对冷链各接口的管理与协调是非常重要的。

3M条件是指保鲜工具与手段(Means)、保鲜方法(Methods)和管理措施(Management)。在冷链中所使用的储运工具及保鲜方法要符合食品的特性，并能保证既经济又取得最佳的保鲜效果；同时，要有相应的管理机构和行之有效的管理措施，以保证冷链协调、有序、高效地运转。

在上述条件中，属于产品特性的有原料品质和耐藏性；属于设备条件的有设备的数量、质量、低温环境和保鲜储运工具；属于处理工艺条件的有工艺水平、包装条件和清洁卫生；属于人为条件的有管理、快速作业和对食品的爱护。其中，有些因素是互相影响的，如设备条件对处理工艺、管理和作业过程均有直接影响。

（四）质量检查要坚持"终端原则"

冷藏食品的鲜度可以用测定挥发性盐基氮等方法来进行。但是最适合冷藏食品市场经济运行规律的办法，应以"感官检验为主"，从外观、触摸、气味等方面判断其鲜度、品质及价位。而且，这种质量检验应坚持"终端原则"。不管冷藏链如何运行，最终质量检查应该是在冷藏链的终端，即应当以到达消费者手中的冷藏食品的质量为衡量标准。

（五）建立现代化设备保证体系

这是冷链的硬件保证条件之一。发展和建设冷链应该有合适的冷藏库。我国有专业生产企业能生产质优价廉的速冻装置、冷藏保温车、冷藏集装箱、冷藏柜、解冻装置、与生产冷冻食品相关的辅助设备等。

案例9-3

京东物流全面开放冷链网络建设带来设备需求

2016年11月23日，京东集团推出了"京东物流"全新的品牌标识，并正式宣布京东物流将

以品牌化运营的方式全面对社会开放。据京东集团高级副总裁、京东商城运营体系负责人王振辉介绍,京东物流会对外开放中小件网络、大件网络和生鲜冷链网络。截至2016年9月30日,京东物流已经形成了中小件物流、大件物流和冷链物流网的三张网布局,拥有7个智能物流中心、254个大型仓库、550万平方米的仓储设施、6 780个配送站和自提点,完成了对全国2 646个区县的覆盖。全面开放将促进京东加强冷链网络建设,进一步刺激上游冷链设备需求。

资料来源:华创证券研报。http://www.lenglian.org.cn/list-265 page=2.

案例9-4

冷链物流新机遇

我国冷链物流行业是从2008年北京奥运会之后开始逐渐发展起来的,近年来随着政府、行业协会及龙头企业的积极推动,水平开始提升、市场环境有了一定改善。2010年国家发改委出台的《农产品冷链物流发展规划》中指出,2010年我国果蔬、肉类、水产品的冷链流通率分别为5%、15%、23%,而到2015年据中国物流与采购联合会冷链物流专业委员会统计,果蔬、肉类、水产品的冷链流通率已分别达到10%、26%、38%,这些数字虽与5年前相比有所提升,但与欧美发达国家相比还有很大差距,它们的冷链流通率基本都在95%以上。

冷链物流关乎食品和药品安全,影响国计民生。特别是农产品冷链,一头连着农民、一头连着市民。冷链物流如何才能发展得好?基础当然是冷链设施的建设和冷链技术与设备的升级,如产地预冷和加工设施、城市冷链配送中心、冷链批发市场等的基础建设,以及海陆空的冷链运输设备、超市冷柜、温湿度监控技术等的升级和增长,只有这些"点"布局好了,才有形成线、面、网的可能。2010年我国冷藏车保有量不足2万辆,冷库总容量880万吨;而到2015年我国冷藏车已接近9万辆,冷库总容量超过3 700万吨。此外,我国冷链基础设施方面也存在很多结构不合理的问题,部分冷库扎堆性建设导致资源浪费。例如,东部地区冷库多中西部地区冷库少,肉类冷库多果蔬气调库少,销地冷库多产地冷库少,冷冻库多冷藏库少等。这些问题只有针对性的解决,才能夯实冷链物流发展的基础。

当然只有基础还不行,冷链追求的目标是全程不断"链",即每个步骤要环环相扣、无缝衔接,才能发挥冷链物流的最大作用,保障食品、药品的最大价值,这也是冷链的精髓和难点。以酸奶为例(温度要求高、保质期短),从生产出来到消费者手中,中间要经过仓储、运输、分拣、包装、配送、上架等不下10个环节,每个环节都要求有严格的温度保障,一旦断链,冷链物流的不可逆特性就会显现,产品质量就会大打折扣。

如何才能保证不断链?其一,政府的重视和支持,如加大对鲜活农产品绿色通道的建设,给运送食品、药品的冷藏车辆提供进城配送的便利性。其二,加大法规、标准的执行和监管力度。史上最严的食品安全法已经颁布,冷链各环节不缺乏标准,缺的是对法规标准的执行力度,由于各地方政府对法规和标准理解不一致,上下游链条上的企业因为自身利益,往往在执行标准中不到位,监管部门对物流的过程监管也不严。其三,加快冷链人才培养。冷链物流需要的是复合型人才,国内目前开设专业的院校还比较少。其四,加大冷链理念宣传。呼吁更多的媒体报道冷链物流对食品、药品安全和品质的重要性,让更多消费者认识到冷链的价值。其五,加快冷链信息和追溯体系建设,使每类温控产品的流通信息都可以进行实时监控和查询,使消费者对每个环节一目了然,形成倒逼机制,成为真正震慑企业的达摩克利斯之剑。

当前,"一带一路"国家战略的实施,上海、广东、天津、福建自贸区的发力,中澳、中韩等贸易协定的签署,使得跨境冷链业务日益频繁,而移动互联网的崛起,又催生了生鲜电商、冷链宅配的兴起,这些无疑将是冷链物流发展面临的新主题、新机遇。

资料来源:经济参考报.

第五节　精益物流

一、精益物流系统的产生及内涵

(一) 精益物流的原理

精益物流(lean logistics)起源于精益制造(lean manufacturing)的概念。它产生于日本丰田汽车公司在20世纪70年代所独创的"丰田生产系统",后经美国麻省理工学院教授的研究和总结,正式发表于1990年出版的《改变世界的机器》一书中。

精益思想是指运用多种现代管理方法和手段,以社会需求为依据,以充分发挥人的作用为根本,有效配置和合理使用企业资源,最大程度地为企业谋求经济效益的一种新型的经营管理理念。

精益物流则是精益思想在物流管理中的应用,是物流发展中的必然反映。

(二) 精益物流的内涵

作为一种新型的生产组织方式,精益制造的概念给物流及供应链管理提供了一种新的方式。它包括以下几个方面。

① 以客户需求为中心。要从客户的立场,而不是仅从企业的立场,或一个功能系统的立场来确定什么创造价值、什么不创造价值。

② 对价值链中的产品设计、制造和订货等的每一个环节进行分析,找出不能提供增值的浪费所在。

③ 根据不间断、不迂回、不倒流、不等待和不出废品的原则制定创造价值的行动方案。

④ 及时创造仅由客户驱动的价值。

⑤ 一旦发现造成浪费的环节就及时消除,努力追求完美。

所以,作为准时制生产(JIT)的发展,精益物流的内涵已经远远超出了JIT的概念。因此可以说,所谓精益物流,是指通过消除生产和供应过程中的非增值的浪费,以减少备货时间,提高客户满意度。

二、精益物流系统的目标及特点

(一) 精益物流的目标

根据客户需求,提供客户满意的物流服务,同时追求把提供物流服务过程中的浪费和延迟降至最低程度,不断提高物流服务过程的增值效益。

(二) 精益物流的特点

1. 精益物流的前提是正确认识价值流

价值流是企业产生价值的所有活动过程,这些活动主要体现在三项关键的流向上:从概念设想、产品设计、工艺设计到投产的产品流;从客户订单、制定详细进度到送货的全过程信息流;从原材料制成最终产品、送到用户手中的物流。因此,认识价值流必须超出企业这个世界上公认的划分单位的标准,去查看创造和生产一个特定产品所必须的全部活动,搞清每一个步骤和环节,并对它们进行描述和分析。

2. 精益物流的保证是价值流的顺畅流动

消除浪费的关键是让完成某一项工作所需步骤以最优的方式连接起来,形成无中断、无绕流和排除等候的连续流动,让价值流顺畅流动起来。具体实施时,首先要明确流动过程的目标,使价值流动朝向明确。其次,把沿价值流的所有参与企业集成起来,摒弃传统的各自追求利润极大化而相互对立的观点,以最终客户的需求为共同目标,共同探讨最优物流路径,消除一切不产生价值的行为。

3. 精益物流的关键是将客户需求作为价值流动力

在精益物流模式中,价值流的流动要靠下游客户的拉动,而不是靠上游来推动,当客户没有发出需求指令时,上游的任何部分都不要去生产产品,而当客户的需求指令发出后,则快速生产产品,提供服务。当然,这不是绝对的现象,在实际操作中,要区分是哪一种类型的产品。如果是需求稳定、可预测性较强的功能型产品,可以根据准确预测进行生产;而需求波动较大、可预测性不强的创新型产品,则要采用精确反应、延迟技术,缩短反应时间,提高客户服务水平。

4. 精益物流的生命是不断改进,追求完善

精益物流是动态管理,对物流活动的改进和完善是不断循环的,每一次改进,消除一批浪费,形成新的价值流的流动,同时又存在新的浪费而需要不断改进,这种改进使物流总成本不断降低,提前期不断缩短而使浪费不断减少。实现这种不断改进需要全体人员的参与,上下一心,各司其职、各尽其责,达到全面物流管理的境界。

三、精益物流系统的基本框架

(一) 以客户需求为中心

在精益物流系统中,客户需求是驱动生产的源动力,是价值流的出发点。价值流的流动要靠下游客户来拉动,而不是依靠上游的推动,当客户没有发出需求指令时,上游的任何部分不提供服务,而当客户需求指令发出后,则快速提供服务。系统的生产是通过客户需求拉动的。

(二) 准时

在精益物流系统中,电子化的信息流保证了信息流动的迅速、准确无误,还可有效减少冗余信息传递,减少作业环节,消除操作延迟,这使得物流服务准时、准确、快速,具备高质量的特性。

货品在流通中能够顺畅、有节奏的流动是物流系统的目标。而保证货品的顺畅流动最关键的是准时。准时的概念包括物品在流动中的各个环节按计划按时完成,包括交货、运输、中转、分拣、配送等环节。物流服务的准时概念是与快速同样重要的方面,也是保证货品在流动中的各个环节以最低成本完成的必要条件,同时也是满足客户要求的重要方面之一。准时也是保证物流

系统整体优化方案能得以实现的必要条件。

（三）准确

准确包括准确的信息传递、准确的库存、准确的客户需求预测、准确的送货数量等。准确是保证物流精益化的重要条件之一。

（四）快速

精益物流系统的快速包括两个方面含义：第一是物流系统对客户需求反应速度；第二是货品在流通过程中的速度。

物流系统对客户个性需求的反应速度取决于系统的功能和流程。当客户提出需求时，系统应能对客户的需求进行快速识别、分类，并制定出与客户要求相适应的物流方案。客户历史信息的统计、积累会帮助制定快速的物流服务方案。

货品在物流链中的快速性包括货物停留的节点最少、流通所经路径最短、仓储时间最合理，以达到整体物流的快速。速度体现在产品和服务上是影响成本和价值的重要因素，特别是在市场竞争日趋激烈的今天，速度是竞争中强有力的手段。快速的物流系统是实现货品在流通中增加价值的重要保证。

（五）系统集成

精益系统是由资源、信息流和能够使企业实现精益效益的决策规则组成的系统。精益物流系统则是由提供物流服务的基本资源、电子化信息和使物流系统实现精益效益的决策规则所组成的系统。

具有能够提供物流服务的基本资源是建立精益物流系统的基本前提。在此基础上，需要对这些资源进行最佳配置，资源配置的范围包括设施设备共享、信息共享、利益共享等。只有这样才可以最充分地调动优势和实力，合理运用这些资源，消除浪费，最经济合理地提供满足客户要求的优质服务。

高质量的物流服务有赖于信息的电子化。物流服务是一个复杂的系统项目，涉及大量繁杂的信息。电子化信息便于传递，这使得信息流动迅速、准确无误，保证物流服务的准时和高效；电子化信息便于存储和统计，可以有效减少冗余信息传递，减少作业环节，降低人力浪费。此外，传统的物流运作方式已不适应全球化、知识化的物流业市场竞争，必须实现信息的电子化，不断改进传统业务项目，寻找传统物流产业与新经济的结合点，提供增值物流服务。

使系统实现精益效益的决策规则包括使领导者和全体员工共同理解并接受精益思想，即消除浪费和连续改善，用这种思想方法思考问题、分析问题，制定和执行能够使系统实现精益效益的决策。

小·知识

精益物流的流程

精益物流流程是物流管理的核心流程。推行精益物流的目标是为了在准确的时间内，把准确数量、准确包装的合格零件配送到准确的地点，保障生产高效运行。

第一步：固定周期订购。

固定周期订购就是按照预先定义好的固定周期订购，以确保零件的有效、均衡供应。

第二步：供应商管理。

日常运作过程中应建立与供应商之间开放的交流方式，跟踪供应商问题的流程，保证当订单改变或问题出现时能及时前馈；对物料供应渠道进行管理以促使供应商能以最低成本运作。

第三步：精益包装。

精益包装就是通过对物料包装和物流器具的标准化、系列化、柔性化设计，保证物流的安全、质量、成本及效率，满足精益物流的要求。

第四步：外部运输控制。

外部运输控制应预先做好路线规划，确定装货/卸货时间，并在确保高的设备利用率（目标值85%）前提下均衡运输；按每小时、每天、每周来制订运输计划以均衡工作量和设备，同时尽可能追求最小化库存、最小化货物装卸搬运。

第五步：预期接收。

预期接收就是运输物料的车辆在指定的时间内到达/离开预定的物料接收窗口，目的是在准确的时间内把准确数量、质量的物料送到指定的地点，保障生产线的高效运行。

第六步：临时物料存储。

临时物料存储的方法是对生产物料存储管理的基本要求，有利于改进人机工程及安全工作环境，减小堵塞，提高效率，保证先入先出。

第七步：物料拉动系统。

物料拉动系统是由生产人员根据物料消耗量发起拉动信号，仓储物流人员根据拉动信号对生产现场进行物料补给的精益物流控制方法。

第八步：均衡生产。

通过均衡生产本身与供应商均能够均衡班组成员的工作量，提高产品质量，减少伤害，降低疲劳，避免制造过程中的过度生产浪费，提高装置、设备及劳动力的利用率，促进成本节约，满足客户需求。

本章小结

本章主要介绍了随着当今科技的进步、经济的发展应运而生的几种新型物流，分别是第三方物流、第四方物流、逆向物流、冷链物流及精益物流。本章对这五种不同的物流分别从含义、发展、分类等方面进行了介绍。其中，第三方物流在我国已经有了一定程度的发展，根据不同的客户及提供服务方，第三方物流有不同的分类；第四方物流在我国目前还有很大的发展空间，因其独特的优势也越来越受到企业的重视；逆向物流与电子商务紧密相连，发展势头迅猛；冷链物流涉及国计民生，越来越引起人们的重视，对冷链的管理要求也越来越高；精益物流的目标体现在根据客户需求，提供客户满意的物流服务，同时追求把提供物流服务过程中的浪费和延迟降至最低程度，不断提高物流服务过程的增值效益。除了以上五种，还有很多其他的新型物流等待大家去学习研究。

本章习题

思考题

1. 简述第三方物流与第四方物流的区别与联系。
2. 简要介绍冷链物流的适用范围。
3. 精益物流的特点有哪些？

案例分析

Yantra是美国马萨诸塞州吐克斯伯利镇的一家供应链执行商。该企业也使用退货政策来管理保修问题。保修问题只是Yantra的客户——CellStar提供的诸多逆向物流服务中的其中之一。CellStar是美国德克萨斯州北部卡罗顿市的一家手机的物流服务提供商。CellStar提供的一项新服务——Omnigistics,是专门为手机退货处理设计的。据CellStar副总裁兼总经理史密斯介绍,该企业的前向物流非常成熟,但是逆向物流非常薄弱,绝大多数使用电子制表软件和其他软件。

另外,手机行业还有许多问题。不同的手机不仅结构、样式各异,所应用的软件技术不同,而且保修政策也各不相同。严格来讲,每月都有无数个手机从客户端退回。这些退回的手机都必须经过检验和评估,以确定是否能保修、修理是否经济。特别是当客户退回在保修期内的手机时,企业又得给客户另外一部手机,新手机的平均销售价格为150美元,又是一笔昂贵的费用。CellStar提供的Omnigistics服务主张为客户修好手机,而不是换部新的,这样就可以降低30%到40%的成本。

由于Omnigistics的诞生,当客户的手机出现问题并且在保修期内时,他们会直接打电话到电话中心。然后,电话中心记录下这部手机的信息,并通过电子数据传输给CellStar一份客户的资料。第二天,CellStar就会邮递给客户另外一部价格、型号相当的新手机。收到这部新电话的同时,客户会用刚刚收到的包装退回那部出现问题的手机。在最初客户给电话中心打电话时,有关这部手机的所有信息,包括产品序列号,都会被输入Yantra的系统。序列号也有助于Omnigistics确定手机是否仍然在保修期内。同时,当退回的手机在逆向物流链上流动时,也可以计算出它的劳动成本。

Omnigistics不仅带来成本的降低和客户服务水平的提高,而且使企业获取了更多的信息。CellStar向零售商和制造商报告修理任务的总数,可以获取许多有价值的可靠信息,这可以使企业提前采取措施。另外,CellStar按照环保要求处理退货产品为公司的发展提供了很大的发展空间。因为2005年加利福尼亚州将实行一部新的法律,这部法律要求手机的运输商和零售商必须按照环保要求处理手机。

资料来源:百度文库.

结合本案例试分析评价逆向物流。

技能训练题

要求:
1. 查阅资料,阅读文献,思考除书中所述五种新型物流之外的其他新型物流还有哪些?
2. 根据查阅内容,总结其他新型物流的含义、特点、产生及发展。

请分组完成上述训练,每组4人左右,以组为单位提交学习总结。

第十章
物流信息管理

学习目标

◆ 了解物流信息的概念、特征、内容和作用。
◆ 了解常用的物流信息技术的种类。
◆ 了解常用的物流信息技术的基本概念、运行原理。
◆ 掌握各种物流信息技术的功能。

学习重点

◆ 掌握物流信息技术的种类。
◆ 掌握各种物流信息技术的功能和在物流中的应用。

案例导入 沃尔玛现行的物流信息技术

1. 通信卫星系统

沃尔玛是世界上第一个拥有私人通信卫星的企业，它拥有一个频道的卫星系统，形成了世界上最大的民用数据库，比美国电报公司的还要大。所谓高投入就有高回报，这个高科技的通信系统使信息得以在公司内部及时、快速、通畅的流动。不但总部的会议情况和决策都可以通过卫星系统传送到各分店，有关物流的各种信息也可以通过这个系统进行交流，保证各分店的商品需求能顺利到达配送中心，总部对分店进货的建议也可以及时到达各分店。

同时，卫星系统还能使企业和众多供应商保持紧密联系。每天通过卫星系统直接把销售情况传送给供应商。这样，配送中心、供应商及每一分店的每一销售点都能形成连线作业，在短短的数小时内便可完成"填妥订单—各分店订单汇总—送出订单"的整个流程，大大提高了作业的高效性和准确性。

另外采用全球定位系统来对车辆进行定位。因此，在任何时候，调度中心都能知道这些车辆在什么地方，离商店还有多远。通过卫星系统和电脑的追踪系统，完全能够在全球范围内实现商品的快速运输，进而保证了各门店能够及时地进行商品供给。

2. 电子数据交换技术

EDI 技术即电子数据交换技术，其作用是将商业文件标准化和格式化，并通过计算机网络在贸易伙伴的计算机网络系统之间进行数据交流和自动处理。通过这一技术，大型超市通过把各分店前端的 POS 系统与总部后端的仓储数据适时联机，快捷准确地掌握每一种商品的销售情况和库存量，从而大大降低了人工填写销售日报表的人工耗费。

通过这一技术，可以将需要补充货源的分店信息在第一时间传输给供应商，便于供应商及时收单、出货，保证物流的畅通无阻。另外，该技术可以提高企业的整体工作效率，提高企业的整体竞争力。

3. 条形码技术

通过条形码的扫描来对商品进行"阅读",节省了人力、物力,大大提高了工作效率。另外,还可以在条形码的基础上实行企业的自动补货系统。

先进的信息系统使超市把供应商、分销商和零售商直到最终的客户连成一个整体,保证物流无缝化,在效率上把竞争对手远远甩在身后。

案例来源:MBA 智库文档. http://doc.mbalib.com/view/7eff2a943815f70adc3c35ac763e4d58.html。

第一节 物流信息概述

一、信息和物流信息的含义

(一) 信息的含义

信息是对能够反映事物内涵的知识、资料、情报、图像、数据、文件、语言、声音等的总称。关于信息的定义,不同学科,由于其研究的内容不同,对信息有不同的定义。美国管理学家西蒙从决策的角度出发,认为信息是影响人改变对于决策方案的期待或评价的外界刺激;管理信息系统中,通常为信息所下的定义是,信息是一种已经被加工为特定形式的数据,这种数据形式对于接收者来说是有意义的,而且对当前和将来决策具有明显的或实际的价值。总之,信息是事物的内容、形式及其发展变化的反映。随着社会的进步和经济的发展,人们社会活动的深度和广度不断增加,信息的获取、加工、处理变得越来越重要。

(二) 物流信息的含义

物流信息(logistics information)是反映物流各种活动内容的知识、资料、图像、数据、文件的总称。

物流信息包含的内容可以从狭义和广义两个方面来考察。从狭义的范围来看,物流信息是指与物流活动(如运输、保管、包装、装卸、流通加工和配送等)有关的信息。在物流活动的管理与决策中,如运输工具的选择、运输路线的确定、每次运送批量的确定、在途货物的跟踪、仓库库存的有效利用、最佳库存数量的确定、订单管理、如何提高客户服务水平等,都需要详细和准确的物流信息。

从广义的范围来看,物流信息不仅包括与物流活动有关的信息,而且包括与其他流通有关的信息,如商品交易信息和市场信息等。商品交易信息是指与买卖双方的交易过程有关的信息,如销售和购买信息、订货和接受订货信息、发出货款和收到货款信息等。市场信息是指与市场活动有关的信息,如消费者的需求信息、竞争业者或竞争性商品的信息、促销活动有关的信息、交通信息、基础设施信息等。在现代经营管理活动中,物流信息与商品交易信息、市场信息相互交叉、融合,有着密切的联系。例如,零售商根据对消费者需求的预测及库存状况制订订货计划,向分销商或直接向生产商发出订货信息;分销商在接到零售商的订货信息后,在确认现有库存水平能够满足订单要求的基础上,向物流部门发出发货、配货信息;如果发现现有库存不能满足订单要求则马上组织订货,再按订单上的数量和时间要求向物流部门发出发货、配送信息。广义的物流信息不仅能起到连接整合生产厂家、经过分销和零售商最后到消费者的整个供应链作用,而且在应用现代信息技术(如 EDI、EOS、POS、电子商务等)的基础上能实现整个供应链活动的效率化。也就是说,利用物流信息对供应链各个企业的计划、协调、客户服务和控制活动进行有效管理。

二、物流信息的特征

物流信息除了具有信息的一般属性,还具有自己的一些特征,主要如下。

(一) 广泛性

由于物流是一个大范围内的活动,物流信息源也分布于一个大范围内,信息源点多、信息量大,涉及从生产到消费、从国民经济到财政信贷各个方面。物流信息来源的广泛性决定了它的影响也是广泛的,涉及国民经济各个部门、物流活动各环节等。

(二) 联系性

物流活动是多环节、多因素、多角色共同参与的活动,目的就是实现产品从产地到消费地的顺利移动,因此在该活动中所产生的各种物流信息必然存在十分密切的联系,如生产信息、运输信息、储存信息、装卸信息间都是相互关联、相互影响的。这种相互联系的特性是保证物流各子系统、供应链各环节,以及物流内部系统与物流外部系统相互协调运作的重要因素。

(三) 多样性

物流信息种类繁多,从其作用的范围来看,本系统内部各个环节有不同种类的信息,如流转信息、作业信息、控制信息、管理信息等,物流系统外也存在各种不同种类的信息,如市场信息、政策信息、区域信息等。从其稳定程度来看,又有固定信息、流动信息与偶然信息等。从其加工程度看,又有原始信息与加工信息等。从其发生时间来看,又有滞后信息、实时信息和预测信息等。在进行物流系统的研究时,应根据不同种类的信息进行分类收集和整理。

(四) 动态性

多品种、小批量、多频度的配送技术与 POS、EOS、EDI 数据收集技术的不断应用使得各种物流作业频繁发生,加快了物流信息的价值衰减速度,要求物流信息的不断更新。物流信息的及时收集、快速响应、动态处理已成为主宰现代物流经营活动成败的关键。

(五) 复杂性

物流信息广泛性、联系性、多样性和动态性带来了物流信息的复杂性。在物流活动中,必须对不同来源、不同种类、不同时间和相互联系的物流信息进行反复研究和处理,才能得到有实际应用价值的信息,去指导物流活动,这是一个非常复杂的过程。

三、物流信息的内容

物流信息包括伴随物流活动而发生的信息和在物流活动以外发生的但对物流有影响的信息。开展物流活动涉及面很广。首先,是与商流的联系,由于货源来之于商业购销业务部门,只有时刻掌握有关货源方面的信息,才能做出开展物流活动的安排。其次,是与交通运输部门的联系,因为除部分的汽车短途运输外,运输工具是由铁路、航运和港务等部门所掌握,只有随时了解车、船等运输信息,才能使商品流通顺利进行。再则,在改革开放的过程中出现运输市场和仓储市场,还应做到知己知彼,更要学习国内外物流管理方面的有益经验。由此可见,物流信息不仅量大,而且来源分散,更多更广地掌握物流信息,是开展物流活动的必要条件。

(一) 货源信息

货源的多少是决定物流活动规模大小的基本因素,它既是商流信息的主要内容,也是物流信息的主要内容。

货源信息一般包括以下几个方面的内容。

① 商业购销部门的商品流转计划和供销合同,以及提出的委托运输和储存的计划和合同。
② 工农业生产部门自己销售量的统计和分析,以及提出的委托运输和储存计划和合同。
③ 社会性物资的运输量和储存量分析,以及提出的委托运输及储存计划和合同。

根据对以上三方面的货源信息的分析,如果掌握的货源大于物流设施的能力,一方面要充分发挥物流设施的使用效能,挖掘潜力,尽最大可能满足货主需要;同时在制订物流计划和签订储运合同时,也可在充足的货源中做出有利的选择。

反之,如果掌握的货源信息小于物流设施的能力时,则要采取有利的措施,积极组织货源,以取得物流企业最大的经济效益。

(二) 市场信息

直接的货源信息,是制订物流计划,确定月度、季度以至年度运输量、储存量的指标,能起现实的微观效果。但是为了从宏观上进行决策的需要,还必须对市场动态进行分析,注意掌握有关的市场信息。因为市场是经常变化的,这些变化不仅会直接影响到委托单位所提运输计划和储存计划的准确性,更为重要的是,市场的变化趋势必须引起物流企业宏观上的思考,以利于在制订远期计划时做出正确的决策。

市场信息是多方面的,就其反映的性质来看主要有以下几种。

① 货源信息,包括货源的分布、结构、供应能力。
② 流通渠道的变化和竞争信息。
③ 价格信息。
④ 运输信息。
⑤ 管理信息。

从广义上看,市场信息还包括社会上各物流行业的信息,也就是通常所说的行业信息。随着改革的深化,运输市场和仓储市场的形成,物流行业有了很大的发展,如城郊农村仓库发展迅速,社会托运行业的兴起,加上铁路、港务部门直接受理面的扩大等,这些行业的发展,不可避免地要吸引一部分货源。因此,了解同行的信息,对争取货源,决定竞争对策,同样具有重要意义。

(三) 运能信息

运输能力的大小,与物流活动能否顺利开展,有着十分密切的关系。运输条件的变化,如铁路、公路、航空运力适量的变化,会使物流系统对运输工具和运输路线的选择发生变化。这些会影响到交货的及时性及费用是否增加。在我国运输长期处于短线的情况下,尤为如此。运能信息主要有以下几个方面。

① 交通运输部门批准的运输月计划,包括追加、补充计划的可能性。
② 具体的装车、装船日期;对接运商品,着重掌握到达车次和日期的预报和确报。

③ 运输业的运输能力,包括各地区地方船舶和车队的运输能力等。

运能信息对商品储存也有着直接的影响。有些待储商品是从外地运来的,要及时掌握到货的数量和日期,以利安排仓位;有些库存是待运商品,更要密切注意运能动态。目前我国的交通运输状态紧张,国家正在采取措施改变这一局面。了解今后交通运输的发展趋势和具体进度,对制定物流企业的远景规划和做出宏观决策,也是十分必要的。

(四) 企业物流信息

仅就商业企业物流系统来看,由于商品在系统内各环节流转,每个环节都会产生诸多信息,如在本环节内有哪些商品、每种商品的性能、状态如何、每种商品有多少、在本环节内在某个时期可以向下一环节输出多少商品,以及在本环节内某个时期需要上一个环节供应多少商品等。所以企业物流系统的各子系统都会产生商品的动态信息。

(五) 物流管理信息

加强物流管理,实现物流系统化,是一项繁重的任务,既要认真总结多年来物流活动的经验,又要虚心学习国内外同行对物流管理的研究成果。因此,要尽可能地多收集一些国内外有关物流管理方面的信息,包括物流企业、物流中心的配置,物流网络的组织,以及自动分拣系统、自动化仓库的使用情况等,并借鉴国内外有益的经验,不断提高物流管理水平。

四、物流信息的作用

物流信息在物流活动中具有十分重要的作用,通过物流信息的收集、传递、存储、处理、输出等,成为决策依据,对整个物流活动起指挥、协调、支持和保障作用。其主要作用如下。

(一) 沟通联系的作用

物流系统是由许多个行业、部门及众多企业群体构成的经济大系统,系统内部正是通过各种指令、计划、文件、数据、报表、凭证、广告、商情等物流信息,建立起各种纵向和横向的联系,沟通生产商、分销商、零售商、物流服务商和消费者,满足各方的需要。因此,物流信息是沟通物流活动各环节之间联系的桥梁。

(二) 引导和协调的作用

物流信息随着物资、货币及物流当事人的行为等信息载体进入物流供应链中,同时信息的反馈也随着信息载体反馈给供应链上的各个环节,依靠物流信息及其反馈可以引导供应链结构的变动和物流布局的优化;协调物资结构,使供需之间平衡;协调人、财、物等物流资源的配置,促进物流资源的整合和合理使用等。

(三) 管理控制的作用

通过移动通信、计算机信息网、电子数据交换(EDI)、全球定位系统(GPS)等技术实现物流活动的电子化,如货物实时跟踪、车辆实时跟踪、库存自动补货等,用信息化代替传统的手工作业,实现物流运行、服务质量和成本等的管理控制。

(四) 缩短物流管道的作用

为了应付需求波动,在物流供应链的不同节点上通常设置有库存,包括中间库存和最终库存,如零部件、在制品、制成品的库存等,这些库存增加了供应链的长度,提高了供应链成本。但是,如果能够实时地掌握供应链上不同节点的信息,如果知道在供应管道中,什么时候、什么地方、多少数量的货物可以到达目的地,那么就可以发现供应链上的过多库存并进行缩减,从而缩短物流链,提高物流服务水平。

(五) 辅助决策分析的作用

物流信息是制定决策方案的重要基础和关键依据。物流管理决策过程的本身就是对物流信息进行深加工的过程,是对物流活动的发展变化规律性认识的过程。物流信息可以协助物流管理者鉴别、评估及比较物流战略和策略的可选方案,如车辆调度、库存管理、设施选址、资源选择、流程设计及有关作业比较和安排的成本—收益分析等均是在物流信息的帮助下才能做出的科学决策。

(六) 支持战略计划的作用

作为决策分析的延伸,物流战略计划涉及物流活动的长期发展方向和经营方针的制订,如企业战略联盟的形成、以利润为基础的客户服务分析及能力和机会的开发和提炼。作为一种更加抽象、松散的决策,它是对物流信息进一步提炼和开发的结果。

(七) 价值增值的作用

物流信息本身是有价值的,而在物流领域中,流通信息在实现其使用价值的同时,其自身的价值又呈现增长的趋势,即物流信息本身具有增值特征。另一方面,物流信息是影响物流的重要因素,它把物流的各个要素及有关因素有机地组合并联结起来,以形成现实的生产力和创造出更高的社会生产力。同时,在社会化大生产条件下,生产过程日益复杂,物流诸要素都渗透着知识形态的信息,信息真正起着影响生产力的现实作用。企业只有有效地利用物流信息,投入生产和经营活动后,才能使生产力中的劳动者、劳动手段和劳动对象进行最佳结合,产生放大效应,使经济效益出现增值。物流系统的优化,各个物流环节的优化所采取的办法、措施,如选用合适的设备、设计最合理路线、决定最佳库存储备等,都要切合系统实际,也即都要依靠准确反映实际的物流信息。否则,任何行动都不免带有盲目性。所以,物流信息对提高经济效益也起着非常重要的作用。

第二节 物流信息技术

物流信息技术(logistics information technology)是指运用于物流各环节中的信息技术。根据物流的功能及特点,物流信息技术包括计算机技术、网络技术、信息分类编码技术、条形码技术、射频识别技术、POS 系统、电子数据交换技术、电子自动订货系统、地理信息系统(GIS)、全球定位系统(GPS)等。

物流信息技术是物流现代化的重要标志,也是物流技术中发展最快的领域,从数据采集的条形码系统,到办公自动化系统中的微机、互联网,各种终端设备等硬件以及计算机软件都在日新月异地发展。同时,随着物流信息技术地不断发展,产生了一系列新的物流理念和新的物流经营方式,推进了物流的变革。在供应链管理方面,物流信息技术的发展也改变了企业应用供应链管理获得竞争优势的方式,成功的企业通过物流应用信息技术来支持它的经营战略并选择它的经营业务。通过利用物流信息技术来提高供应链活动的效率性,增强整个供应链的经营决策能力。

一、条形码技术

条形码(也称条码)技术是在计算机的应用实践中产生和发展起来的一种自动识别技术。为人们提供了一种对物流中的货物进行标志和描述的方法。

条形码是实现 POS 系统、EDI、电子商务、供应链管理的技术基础,是物流管理现代化、提高企业管理水平和竞争能力的重要技术手段。

(一) 条形码的概念

我国国家标准 GB/T 12905—2000《条码术语》中定义:"条码(bar code)是由一组规则排列的条、空及其对应字符组成的标记,用以表示一定的信息。"

"条"指对光线反射率较低的部分(一般表现为黑色);"空"指对光线反射率较高的部分(一般表现为白色)。这些条和空组成的标记,能够被特定的设备(如光电扫描器等)识读,以标志物品的各种信息,如名称、单价、规格等。如果某个条形码的条或空标记模糊或被磨损,则条形码上的对应字符可供人直接识读或通过键盘向计算机输入数据使用。

(二) 条形码的种类

1. 一维条形码

一维条形码(线形条形码)是由一个接一个的条和空排列组成的,条形码信息靠条和空的不同宽度和位置来传递。信息量的大小是由条形码的宽度和印刷的精度来决定的,条形码越宽,包容的条和空越多,信息量越大;条形码印刷的精度越高,单位长度内可以容纳的条和空越多,传递的信息量也就越大。这种条形码技术只能在一个方向上通过条与空的排列组合来存储信息,所以称为一维条形码。

(1) 一维条形码的构成

一个完整的条形码符号一般由以下几个部分组成:两侧空白区(也称静区)、起始符、数据符(对于 EAN 码,则含中间分隔符)、校验符(可选)、终止符及供人识别符,如图 10-1 所示。

图 10-1 一维条形码的组成

① 空白区(静区)。条形码起始符、终止符两端外侧与空的反射率相同的限定区域,是没有任何符号的白色区域,它提示条形码阅读器准备扫描。当两个条形码相距较近时,静区有助于对它们加以区分,静区的宽度通常应不小于6mm。

② 起始符，位于条形码起始位置的若干条与空，标志一个条形码的开始。阅读器确认此字符存在后开始处理扫描脉冲。

③ 数据符，位于起始符后面的字符，它包含条形码所表达的特定信息。其结构异于起始符，可允许进行双向扫描。

④ 校验符，表示校验码的字符。校验码代表一种算术运算结果。阅读器在对条形码进行解码时，对读入的各字符进行规定的运算，如运算结果与校验码相同，则规定此次阅读有效，否则不予读入。

⑤ 终止符，是条形码的最后一位字符，标志一个条形码符号的结束，阅读器确认此字符后停止处理。

⑥ 供人识别符，位于条形码字符的下方，是与相应的条形码字符相对应的，用于供人识别的字符。

(2) 一维条形码的种类

一维条形码按照不同的分类方法、不同的编码规则可以分成许多种，现在已知的世界上正在使用的条形码就有 250 种之多。下面简要介绍世界上使用比较广泛的几种条形码。

① EAN 码。EAN 码是国际物品编码协会（International Article Numbering Association）在全球推广应用的商品条形码。它是定长的纯数字型条形码，表示的字符集为数字 0~9。在实际应用中，EAN 码有两种版本：标准版和缩短版。标准版是由 13 位数字组成，称为 EAN-13 码或长码。缩短版是由 8 位数字组成，称为 EAN-8 码或短码。

EAN-13 码由 13 位数字组成。根据 EAN 规范，这 13 位数字分别赋予了不同的含义。前 3 位叫前缀码，表示条形码所属的国家或地区，我国大陆地区所使用的前缀码是 690~695，目前已经分配到了 694，695 还没有开始分配，香港地区使用 489，澳门地区使用 958，台湾地区使用 471。包含前缀码在内的前若干位叫厂商识别码，具体位数由条形码使用国家自己规定，我国规定的是前 7、8 位，690~691 开头的是前 7 位，692~694 开头的是前 8 位。厂商识别码之后直到第 12 位的部分叫商品项目代码，表示企业自己不同的产品。最后一位叫校验码，用来检查扫描到的数字是否有错误，校验码是根据条形码字符的数值按一定的数学算法计算得出的。

EAN-8 码是 EAN-13 码的压缩版，由 8 位数字组成，用于包装面积较小的商品上。与 EAN-13 码相比，EAN-8 码没有制造厂商代码，仅有前缀码、商品项目代码和校验码。在我国，凡需使用 EAN-8 码的商品生产厂家，需将本企业欲使用 EAN-8 码的商品目录及其外包装（或设计稿）报至中国物品编码中心或其分支机构，由中国物品编码中心统一赋码。

② UPC 码。UPC 码是美国统一代码委员会制定的商品条形码。它是世界上最早出现并投入应用的商品条形码，在北美地区得以广泛应用。UPC 码在技术上与 EAN 码完全一致，其编码方法也是模块组合法，也是定长、纯数字型条形码。UPC 码有 5 种版本，常用的商品条形码版本为 UPC-A 码和 UPC-E 码。UPC-A 码是标准的 UPC 通用商品条形码版本，UPC-E 码为 UPC-A 的压缩版。

UPC-A 码供人识读的数字代码只有 12 位。它的代码结构由厂商识别代码（6 位）（包括系统字符 1 位）、商品项目代码（5 位）和校验码（1 位）共三部分组成。UPC-A 码的代码结构中没有前缀码，它的系统字符为 1 位数字，用以标志商品类别。带有规则包装的商品，其系统字符一般为 0、6 或 7。

UPC-E 码是 UPC-A 码的缩短版，是 UPC-A 码系统字符为 0 时，通过一定规则消 0 压缩而得到的。

(3) 一维条形码的缺点

一维条形码的主要缺点有:信息密度较低,信息容量较小;没有错误纠正能力,只能通过校验码进行错误校验;保密防伪性较差;使用可靠性差,受外界损伤后会毁损信息;只能完成对物品的表示,而无法对物品本身进行描述;必须依赖数据库的存在;表示汉字信息困难。

2. 二维条形码

为了提高一定面积上的条形码信息密度和信息量,又发展了一种新的条形码编码形式——二维条形码。

目前二维条形码主要有 PDF417 码、Code 49 码、Code 16k 码、Data Matrix 码、MaxiCode 码等,主要分为堆积或层排式和棋盘或矩阵式两大类。二维条形码作为一种新的信息存储和传递技术,从诞生之时就受到了国际社会的广泛关注。现在已经应用在国防、公共安全、交通运输、医疗保健、工业、商业、金融、海关及政府管理等多个领域。

二维条形码依靠其庞大的信息携带量,能够把过去使用一维条形码时存储于后台数据库中的信息全包含进去,可以直接通过阅读条形码得到相应的信息,并且还有错误修正及防伪功能,增加了数据的安全性。

二维条形码可把照片、指纹编制于其中,有效解决了证件的机读和防伪问题。因此,可广泛应用于护照、身份证、行车证、军人证、健康证、保险卡等。

(三) 条形码扫描阅读原理

条形码的阅读与识别涉及光学、电子学、数据处理等多学科技术,就阅读条形码信息而言,一般都要经过以下几个环节。首先,要求建立一个光学系统,该光学系统能够产生一个光点,该光点能够在自动或手工控制下在条形码信息上沿某一轨迹做直线运动,同时,要求该光点直径与待扫描条形码中最窄条符的宽度基本相同。其次,要求有一个接收系统能够采集到光点运动时打在条形码条符上反射回来的反射光,光点打在着色条符上的反射光弱,而光点打在白色条符及左右空白区的反射光强,通过对接收到反射光的强弱及延续时间的测定,就可以分辨出扫描到的是着色条符还是白色条符及条符的宽窄。再次,要求有一个电子电路将接收到的光信号不失真地转换成电脉冲。最后,要求建立某种算法,并利用这一算法对已经获取的电脉冲信号进行译解,从而得到所需信息。

(四) 条形码扫描器工作方式及性能分析

1. 光笔条形码扫描器

光笔条形码扫描器是一种轻便的条形码读入装置。在光笔内部有扫描光束发生器及反射光接收器。目前,市场上出售的这类扫描器有很多种,它们主要在发光的波长、光学系统结构、电子电路结构、分辨率、操作方式等方面存在不同。光笔类条形码扫描器不论采用何种工作方式,从使用上都存在一个共同点,即阅读条形码信息时,要求扫描器与待识读的条形码接触或离开一个极短的距离(一般仅 0.2 ~ 1mm)。

2. 手持式枪型条形码扫描器

手持式枪型条形码扫描器内一般都装有控制扫描光束的自动扫描装置。阅读条形码时不需与条形码符号接触,因此,对条形码标签没有损伤。扫描头与条形码标签的距离,短的在0~20mm 范围内,而长的可达 500mm 左右。枪型条形码扫描器具有扫描光点匀速扫描的优点,因此,阅读效果比光笔扫描器要好,扫描速度快,每秒可对同一标签的内容扫描几十次至上百次。

3. 台式条形码自动扫描器

台式条形码自动扫描器适合于不便使用手持式扫描方式阅读条形码信息的场合。如果工作环境不允许操作者一只手处理标附有条形码信息的物体,另一只手操纵手持式条形码扫描器进行操作,就可以选用台式条形码扫描器自动扫描。这种扫描器也可以安装在生产流水线传送带旁的某一固定位置,等待标附有条形码标签的待测物体以平稳、缓慢的速度进入扫描范围,对自动化生产流水线进行控制。

4. 激光自动扫描器

激光自动扫描器的最大优点是扫描光照强,可以远距离扫描且扫描景深长。而且激光扫描器的扫描速度高,有的产品扫描速度可以达到1 200次/秒,这种扫描器可以在百分之一秒时间内对某一条形码标签扫描阅读多次,而且可以做到每一次扫描不重复上一次扫描的轨迹。扫描器内部光学系统可以单束光转变成十字光或米字光,从而保证被测条形码从各个不同角度进入扫描范围时都可以被识读。

5. 卡式条形码阅读器

卡式条形码阅读器可以用于医院病案管理、身份验证、考勤和生产管理等领域。这种阅读器内部的机械结构能保证标有条形码的卡式证件或文件在插入滑槽后自动沿轨道做直线运动,在卡片前进过程中,扫描光点将条形码信息读入。卡式条形码阅读器一般都具有与计算机传送数据的能力,同时具有声光提示以证明识别正确与否。

6. 便携式条形码阅读器

便携式条形码阅读器一般配接光笔式或轻便的枪型条形码扫描器,有的也配接激光扫描器。便携式条形码阅读器本身就是一台专用计算机,有的甚至就是一台通用微型计算机。这种阅读器本身具有对条形码信号的译解能力。条形码译解后,可直接存入机器内存或机内磁带存储器的磁带中。该阅读器具有与计算机主机通信的能力。通常,它本身带有显示屏、键盘、条形码识别结果声响指示及用户编程功能。使用时,这种阅读器可以与计算机主机分别安装在两个地点,通过数据线连成网络,也可以脱机使用,利用电池供电。这种设备特别适用于流动性数据采集环境。收集到的数据可以定时送到主机内存储。有些场合,标有条形码信息或代号的载体体积大,比较笨重,不适合搬运到同一数据采集中心处理,这种情况下,使用便携式条形码阅读器十分方便。

(五) 条形码技术在物流中的应用

作为物流管理的工具,条形码的应用主要集中在以下几个环节。

1. 生产管理中的条形码应用

生产作业现场会产生大量实时的有用数据,这些生产数据将对企业的快速决策起重要作用。在这种情况下,条形码软件在生产上的应用就应运而生,条形码生产管理系统强调对生产作业现场的管理,应用条形码技术实现对生产作业过程中产生的大量的实时数据的自动化快速收集,并对实时事件及时处理。同时又与计划层(ERP/MRP)保持双向通信能力,从计划层接收相应数据并反馈处理结果和生产指令。生产管理条形码解决方案有效解决制造企业在对生产现场作业管理的难题,使企业更轻松地管理生产数据,实现对生产控制、产品质量追溯,以及后续的库存和销售追踪的有效管理。

2. 库存管理中的条形码应用

条形码技术在库存管理上的运用是将无线网络技术和条形码自动识别技术嵌入到企业产成品库存管理中去。在每个流程点中,将人工操作完全电子化地在手持终端中实现,从而提高人工的效率,确保在库存管理、运输过程的统一性和准确性。条形码技术在库存管理应用中的运用能使物料出入库、物品存放地点等信息传递烦琐、滞后,导致库存量上升、发货日期无法保证、决策依据不准等一系列问题得到更好地解决。利用条形码技术,对仓库进行基本的进、销、存管理,有效地降低成本,形成质量检验报告,与采购订单挂钩,建立对供应商的评价体系。

3. 配送管理中的条形码应用

在现代化配送中心的管理中,条形码已被广泛应用。在所用到的条形码中,除了商品的条形码外,还有货位条形码、装卸台条形码、运输车条形码等;还应用到配送中心业务处理中的收货、摆货、仓储、配货、补货等。条形码应用几乎出现在整个配送中心作业流程中的所有环节。条形码同样可用来做配送中心配货分析。通过统计分店要货情况,可按不同的时间段,合理分配商品库存数量,合理分配货品摆放空间,减少库存占用,更好地管理商品。由于条形码和计算机的应用,大大提高了信息的传递速度和数据的准确性,从而可以做到实时物流跟踪,实现仓库的进货、发货、运输中的装卸自动化管理,整个配送中心的运营状况、商品的库存量也会通过计算机及时反映到管理层和决策层。这样就可以进行有效的库存控制,缩短商品的流转周期,将库存量降到最低。

案例 10-1

运输物流业条形码实施案例

一、案例概述

产业的发展使行业的划分更细、更专业。我国把物流作为一个行业也还是近十年的事。第三方物流的概念在2000年才被媒体及业内关注。随着市场经济的发展、物资交通的庞大和繁复,物流业已是一个十分专业的领域,也是一个带动相关产业共进的朝阳产业。物流业的识别技术应该在这个行业中是重中之重。

对正处于高速发展中的中国来说,物流业具有广阔的发展空间和巨大的市场潜力,现代物流业将会成为中国经济发展的重要产业和新的经济增长点。但是,由于中国的物流业起步较晚,再加上观念滞后、硬件老化、成本较高、管理体制落后等原因,物流过程的各个环节还处于独立、分割的状态,离一体化、信息化、规模化的现代物流业还有一定差距。

二、解决方法

人工写码、人工抄录、人工核对、人工盘点等已经是阻碍物流业发展的绊脚石,今天的规模化物流业早已采用了条形码识别技术。它为我们提供了一种对物流中的物品进行标志和描述的方法,借助自动识别技术、POS系统、EDI等现代技术手段,企业可以随时了解有关产品在供应链上的位置,并即时做出反应。当今在欧美等发达国家兴起的ECR、QR、自动连续补货系统等供应链管理策略,都离不开条形码技术的应用。

利用条形码技术,对企业的物流信息进行采集跟踪管理,主要满足企业针对仓储运输、市场销售、售后服务、快件跟踪等方面的应用。

1. 用于仓储运输

在配送中心仓库中,首先建立仓库、库房、库位的概念。仓库分为若干个库房;每一库房分若干个库位。库房是仓库中独立和封闭存货空间,库房内空间细分为库位。细分后能够更加明确存货空间。

接着,仓库管理系统根据货物的品名、型号、规格、产地、品牌、包装等划分货物品种,并且分配唯一的条形码。根据条形码管理货物库存和管理货号的单件集合,并且应用于仓库的各种操作,包括出库、入库、盘库、月盘库、移库等。不同业务以各自的方式进行,完成仓库的进、销、存管理。

2. 用于市场销售链管理

通过在销售、配送过程中采集产品的单品条形码信息,根据产品单件标志条形码记录产品销售过程,完成产品销售链跟踪,防止串货现象发生。

3. 用于产品售后跟踪服务

通过产品的售后服务信息采集与跟踪,产品标志号反馈产品售后维修记录,监督产品维修点信息,记录统计维修原因,建立产品售后维修档案。为企业产品售后保修服务提供了依据,同时能够有效地控制售后服务带来的困难——销售产品重要部件被更换而造成保修损失;销售商虚假的修理报表等。

4. 用于快件跟踪

对于快递公司,把运单号用条形码表现出来,可以有效防止人工抄录单号错误,方便快递公司运单、货物的管理。另外,在货物处理的任何状态,如在快递收件人收到客户的货物或货物在转送到某个中转站后,可以使用数据采集器扫描运单上的条形码,数据通过GPRS实时传送到公司的服务器上,客户结合快递公司在线查询系统,可以让客户对货物的状态一目了然。

案例来源:RFID世界网. http://success.rfidworld.com.cn/2012_12/ecacaab3a1c54695.html.

二、POS系统

(一) POS系统的概念

销售时点(Point Of Sale,简称POS)系统是指利用光学式自动读取设备,按照商品的最小类别读取实时销售信息,以及采购、配送等阶段发生的各种信息,并通过通信网络和计算机系统传送至有关部门进行分析、加工、处理和传送,便于各部门可以根据各自的目的有效地利用上述信息以提高经营效率的系统。该系统在销售的同时,采集每一种商品的销售信息并传送给计算机,计算机通过对销售、库存、进货和配送等信息的处理和加工,为企业进、销、存提供决策依据。

(二) POS系统的运行步骤

① 零售商销售商品都贴有表示该商品信息的条形码标签。

② 顾客购买商品结账时,收银员使用扫描器自动读取商品条形码标签上的信息,通过店铺内的微型计算机确认商品的单价,计算顾客购买总金额等,同时返回给收银机,打印出顾客购买清单和付款总金额。

③ 各个店铺的销售时点信息通过专用网络传送给总部或物流中心。

④ 总部、物流中心和店铺利用销售时点信息顾客来进行库存调整、配送管理、商品订货等作业。通过对销售时点信息进行加工分析来掌握顾客购买动向,找出畅销商品和滞销商品,进行商品品种配置、商品陈列、价格设置等方面的作业。

⑤ 在零售商与供应链的上游企业(分销商、生产厂家、物流业者等)结成战略联盟的条件下,零售商利用专用网络以在线的方式把销售时点信息传送给上游企业。上游企业可以利用销售现场的最及时、准确的销售信息制订经营计划,进行决策。

(三) POS 系统的应用

1. 单品管理、职工管理和顾客管理

零售业的单品管理是指对店铺陈列展示销售的商品以单个商品为单位进行销售跟踪和管理的方法。由于 POS 信息及时、准确地反映了单个商品的销售信息,因此 POS 系统的应用使高效率的单品管理成为可能。

职工管理是指通过 POS 终端机上的记时器的记录,依据每个职工的出勤状况、销售状况(以月、周、日甚至时间段为单位)进行考核管理。

顾客管理是指在顾客购买商品结账时,通过收银机自动读取零售商发行的顾客会员卡来把握每个顾客的购买品种和购买额,从而对顾客进行分类管理。

2. 自动读取销售时点的信息

在顾客购买商品结账时,POS 系统通过扫描器自动读取商品条形码标签或 OCR 标签上的信息。在销售商品的同时获得实时的销售信息是 POS 系统的最大特征。

3. 信息的集中管理

在各个 POS 终端获得的销售时点信息以在线连接的方式汇总到企业总部,与其他部门发送的有关信息一起由总部的信息系统加以集中并进行分析加工。例如,把握畅销商品、滞销商品及新商品的销售倾向,对商品的销售量和销售价格、销售量和销售时间之间的相关关系进行分析,对商品店铺陈列方式、促销方法、促销期间、竞争商品的影响进行相关分析等。

4. 连接供应链的有力工具

供应链参与各方合作的主要领域之一是信息共享,而销售时点信息是企业经营中最重要的信息之一。通过它能及时把握顾客的需要信息,供应链的参与各方可以利用销售时点信息并结合其他的信息来制订企业的经营计划和市场营销计划。目前,领先的零售商正在与制造商共同开发一个整合的物流系统 CFAR(Collaboration Forecasting And Replenishment,整合预测和库存补充系统)。该系统不仅分享 POS 信息,而且一起联合进行市场预测,分享预测信息。

三、EDI 技术

(一) EDI 的概念

EDI 是英文 Electronic Data Interchange 的缩写,中文可译为电子数据交换。EDI 商务是指将商业或行政事务按一个公认的标准,形成结构化的事务处理或文档数据格式,从计算机到计算机的电子传输方法。简单地说,EDI 就是按照商定的协议,将商业文件标准化和格式化,并通过计算机网络,在贸易伙伴的计算机网络系统之间进行数据交换和自动处理。构成 EDI 系统的三个要素是 EDI 软硬件、通信网络及数据标准化。

(二) EDI 的特点

1. EDI 是用电子方法传递信息和处理数据的

EDI 一方面用电子传输的方式取代了以往纸质单证的邮寄和递送,从而提高了传输效率,另一方面通过计算机处理数据取代人工处理数据,从而减少了差错和延误。

2. EDI 是采用统一标准编制数据信息的

这是 EDI 与电传、传真等其他传递方式的重要区别。电传、传真等并没有统一格式标准,而

EDI 必须有统一的标准方能运作。

3. EDI 是计算机应用程序之间的连接

一般的电子通信手段是人与人之间的信息传递,传输的内容即使不完整、格式即使不规范,也能被人所理解。这些通信手段仅仅是人与人之间的信息传递工具,不能处理和返回信息。EDI 实现的是计算机应用程序与计算机应用程序之间的信息传递与交换。由于计算机只能按照给定的程序识别和接受信息,所以电子单证必须符合标准格式并且内容完整准确。在电子单证符合标准且内容完整的情况下,EDI 系统不但能识别、接受、存储信息,还能对单证数据信息进行处理,自动制作新的电子单据并传输到有关部门。在有关部门就自己发出的电子单证进行查询时,计算机还可以反馈有关信息的处理结果和进展状况。在收到一些重要电子邮件时,计算机还可以按程序自动产生电子收据并传回对方。

4. EDI 系统采用加密防伪手段

EDI 系统有相应的保密措施,EDI 传输信息的保密通常是采用密码系统。各用户掌握自己的密码,可打开自己的邮箱取出信息,外人却不能打开这个邮箱,有关部门和企业发给自己的电子信息均自动进入自己的邮箱。一些重要信息在传送时还要加密,即把信息转换成他人无法识别的代码,接收方计算机按特定程序译码后还原成可识别信息。为防止有些信息在传递过程中被篡改,或防止有人传递假信息,还可以使用证实手段,即将普通信息与变成代码的信息同时传递给接收方,接收方把代码翻译成普通信息进行比较,如二者完全一致,可知信息未被篡改。

(三) EDI 的通信流程

EDI 的通信流程主要是通过以下操作来进行。

1. EDI 文件的生成

通过应用系统将用户的应用文件如单证、票据或数据库中的数据等,转化为一种标准的中间文件,就是所谓的 EDI 电子单证,或称为电子票据。它可直接阅读、显示和打印输出,是 EDI 用户之间进行贸易和业务往来的依据。EDI 标准格式文件是一种只有计算机才能阅读的文件,按照 EDI 标准的要求,将单证文件中的目录项加上特定的标志信息,生成一种包括控制符、代码和单证信息在内的代码文件。

2. EDI 文件的传送

已经转换为 EDI 标准格式的文件进入通信网络的途径是这样的:用户通过通信网络,接入 EDI 邮箱系统,将 EDI 电子单证投递到对方的邮箱中。EDI 邮箱系统则自动完成投递和转接,并按照其共同遵守的通信协议的要求,为电子单证加上信封、信头、信尾、投送地址、要求及其他辅助信息。

3. EDI 文件的接收和处理

接收和处理 EDI 文件时,接收用户首先要接入 EDI 邮箱系统,打开自己的邮箱,将来函接收到自己一方,经格式校验、翻译,还原成应用文件,然后才能对应用文件进行编辑、处理和回复。EDI 系统在实际操作过程中,是靠调用其为用户提供的不同功能的应用软件包来完成上述各项功能和实现局部处理过程的。

(四) EDI 的应用

一个传统企业简单的购货贸易过程为:买方向卖方提出订单;卖方得到订单后,就进行自己内部的纸质票据处理,准备发货,纸质票据包括发货票等;买方在收到货和发货票之后,开出支票,寄给卖方;卖方持支票至银行兑现;银行再开出一个票据,确认这笔款项的汇兑。

而一个生产企业的 EDI 系统，就是要把上述买卖双方在贸易处理过程中的所有纸质单据由 EDI 通信网来传送，并由计算机自动完成全部（或大部分）处理过程。其具体过程为：企业收到一份 EDI 订单，则系统自动处理该订单，检查订单是否符合要求；然后通知企业内部管理系统安排生产；向零部件供应商订购零部件等；有关部门申请进出口许可证；通知银行并给订货方开出 EDI 发票；向保险公司申请保险单等。从而使整个贸易活动过程在最短时间内准确地完成。一个真正的 EDI 系统是将订单、发货、报关、商检和银行结算合成一体，从而大大加速了贸易的全过程。因此，EDI 对企业文化、业务流程和组织机构的影响是巨大的。

（五）EDI 在物流业中的应用

1. EDI 在生产企业的应用

相对于物流公司而言，生产企业与其交易伙伴间的商业行为大致可分为接单、出货、催款及收款作业，其间往来的单据包括采购进货单、出货单、催款对账单及付款凭证等。

① 如果生产企业是为数据传输而引入 EDI，可选择低成本的方式引入采购进货单，接收客户传来的 EDI 订购单报文，将其转换成企业内部的订单形式。

② 如果生产企业是为改善作业流程而引入 EDI，可以同客户合作，依次引入采购进货单、出货单及催款对账单，并与企业内部的信息系统集成，逐渐改善接单、出货、对账及收款作业。

2. EDI 在分销商中的应用

分销商因其交易特性，其相关业务包括向客户提供产品及向厂商采购商品。

① 如果分销商是为了数据传输而引入 EDI，可选择低成本方式引入客户订单，接收客户传来的 EDI 订货单报文，将其转换成企业内部的订货单形式。

② 如果分销商是为改善作业流程而引入 EDI，可逐步引入各项单证，并与企业内部信息系统集成，改善接单、出货、催款的作业流程，或改善订购、验收、对账、付款的作业流程。

3. EDI 在系统运输业务中的应用

运输企业以其强大的运输工具和遍布各地的营业点在流通业中扮演了重要的角色。

① 如果运输企业是为数据传输而引入 EDI，可选择低成本方式引入托运单，接收托运人传来的 EDI 托运单报文，将其转换成企业内部的托运单格式。

② 如果运输企业是为改善作业流程而引入 EDI，可逐步引入各项单证，且与企业内部信息系统集成，进一步改善托运、收货、送货、回报、对账、收款等作业流程。

案例 10-2

美的集团 EDI 应用案例

1. 应用背景

随着自身业务在全球范围内的不断扩大，美的已经形成了一个覆盖全球，从生产制造、供应商、物流、渠道到客户的庞大企业供应链群。2010 年，美的制定"十二五"发展规划，定下了五年内进入世界 500 强，成为全球白色家电前三位的具备全球竞争力的国际化企业集团的发展目标。美的意识到，当前的市场竞争已经由企业与企业之间的竞争变为供应链与供应链之间的竞争，要实现既定目标，成为一个屹立全球市场的企业，就必须要进一步联合上下游的业务伙伴，紧密合作关系，加强供应链一体化管理，共同增强整条供应链的竞争力，实现"敏捷供应链"。

敏捷供应链的第一步便是提升供应链成员在业务合作中大量信息交换的速度和准确性，这将直接影响到整个供应链的运作效率。美的的供应链伙伴群体十分庞大,上下游企业和合作伙伴众多,每年需要交换大量的单据。

之前,美的是采用人工的方式实现对大量业务单据的接收、处理和发送,需要花费较长时间来完成单据的处理;同时,人工处理方式难免发生错误。为了满足美的与供应链合作伙伴之间实时、安全、高效和准确的业务单据交互,提高供应链的运作效率,降低运营成本,美的迫切需要利用提供企业级(B2B)数据自动化交互和传输技术,即 EDI(电子数据交换)方案来解决这个问题。

在选型的时候,美的着重 EDI 解决方案的如下特性。

① 美的供应链内众多的合作伙伴,包括供应商、物流商、渠道商、银行和保险机构等,它们都有自己的业务数据标准和传输协议。同时,美的内部各子应用系统也有各自的数据标准。因此,EDI 平台方案必须具备强大的数据处理能力,能够将各类异构数据迅速转换为标准 EDI 报文,同时还要具备支持多种传输协议的能力。

② EDI 平台作为连接美的与众多合作伙伴的中间平台,是双方进行业务数据集成和交互的核心,处理速度直接影响到业务流程的效率。因此,需要具备数据快速处理和传输能力,同时,整个处理和传输过程应该完全自动化而无须人工干涉。

③ 随着业务不断发展,美的供应链内的合作伙伴、业务流程、数据标准会发生相应的变动。因此,EDI 平台方案必须具备良好的柔韧性,以迅速适应业务需求的变更和拓展。

2. 解决之道

经过反复的筛选和比较,美的最终选择业界领先的供应链管理解决方案提供商 SinoServices(锐特信息)为其提供 EDI 解决方案和技术支持。SinoServices 提供了 SinoEDI 企业级数据整合解决方案。SinoEDI 企业级数据整合解决方案支持各类传输协议、加密算法,同时也是一款性能非常优异的数据处理平台,支持任意数据格式之间的转换,数据流程可灵活定制,路由功能强大,且具备各类适配器与后台系统、数据源的集成。开发、部署由图形化的统一开发平台来完成,简单易用。它具备以下优点。

① 高度灵活、反应敏捷,可高效、快速地适应业务需求的变化。不管是有新的合作伙伴的加入,还是有新的数据格式,EDI 平台都可在不影响现有平台运行的情况下,快速接入新合作伙伴,增加新的数据格式,且平台架构不会发生任何大的变化。

② 支持任何数据格式。例如,EDIFACT、ANSI X12、RosettaNet、XML、IDOC、Flat File 等。强大的 EDI 引擎可支持各个时期各个版本的 EDI 标准。

③ 安全、高效、统一的 B2B 传输网关。B2B 传输网关不仅提供了一个 B2B 传输的统一接入点,便于管理,具备强大的合作伙伴管理功能;同时,保证所有通过网关的数据都能安全发送与接收,提供多层次的安全防护,包括协议安全策略、SSL/TLS 策略等。

④ 强大的数据并发及处理能力。EDI 平台独特的设计,具备高效的数据处理能力,性能极其出色。

⑤ 实现与后台各种系统实现无缝集成。例如,SAP、IBM MQ、J2EE 应用、数据库等都有相应的直连接口,便于美的内部各业务系统与 EDI 平台的高度集成。

利用 SinoEDI 企业级数据整合解决方案,美的和各业务伙伴之间大量的数据和业务表单往来便可实现完全的自动化传输和识别,而不受各类数据源的结构和传输协议的影响。

3. 实施过程

2009 年 11 月 4 日,美的和 SinoServices 成立了由双方专家组成的项目实施小组,宣布 EDI 项目正式启动。

在项目实施过程中，首先对 EDI 平台以及对各种网络系统、数据备份、防火墙、入侵检测等运行环境进行部署、调试。同时 SinoServices 深入到美的业务系统应用的各部门中去，对实际工作业务流程等进行深层次的调研，并结合美的合作伙伴的业务和操作流程进行全面的分析。然后在调研的基础上，立即着手进行 EDI 平台上的设计和开发，围绕所确定的业务范畴中的流程与数据的调研分析，按照产品线和业务类型的划分，分析企业数据流需求和详细的各类业务数据需求，在此基础上提交了整体项目分析和设计文档。同时，SinoServices 对美的业务人员进行 EDI 操作流程培训，对美的 EDI 平台管理人员分阶段进行了平台管理和监控方面的培训。

2010 年 2 月 3 日，是美的 EDI 项目的重要日子，在这一天，伊莱克斯（Electrolux）作为美的第一家 EDI 对接合作伙伴，成功上线运行，实现了双方出货通知、发票等的自动化 EDI 流程。2010 年 11 月 4 日，北滘码头成功上线运行，实现了美的与北滘码头的订舱确认、调柜指令等的自动化 EDI 流程。2011 年 5 月 4 日，美的与中国出口信用保险公司（中信保）EDI 对接成功，双方实现了费率同步、OA 限额申请、LC 限额申请、出运申报、出运反馈、收汇反馈等业务数据的交互。这一系列项目的上线，大大提高了美的和伙伴双方业务贸易的效率，减少了人工干预的工作量。

4. 应用效益

美的的 EDI 成功运转一年多后，先后接入伊莱克斯、北滘码头、中信保等业务合作伙伴，美的已经明显感到集成、开放、灵活的 EDI 应用所带来的效益。

① 美的与业务伙伴之间的数据交互由过去的人工方式转变为完全的自动化，极大地提升了供应链的工作效率。

以前的人工处理方式需要从美的的各个业务子系统如 ERP、CRM 等提取出相关数据，再人工转换成合作伙伴所需要的单据格式，通过邮件、传真等方式向相应的接收方发送（人工转换的过程可在美的或合作伙伴方进行）。同样地，当从合作伙伴处接收到各类异构形态的单据之后，要通过人工方式识别、读取，并录入到相应的子系统中。

现在，这个工作流程变为 EDI 平台自动接收各子系统发出的数据，再自动转换成标准 EDI 报文（或者合作伙伴系统能够直接识别的数据格式），再自动传输给接收方，整个过程无须人工干预，极大地提升了工作效率。

下面以美的和其合作伙伴中信保的一个业务流程"短期出口险申报"为例介绍 EDI 流程。

短期出口险申报的笔数大，数据来源多，数据在传送给中信保之前要做很多预加工。例如，美的内部以订单为管理单位，而中信保以发票为最小业务识别单位。因此，美的要对同一张发票下的订单做金额合计，出运日、商品、运输方式也需要按业务规则提取，合并成一张发票提交中信保。同时，数据多以 Excel 报表作为传递的载体，美的先要从业务管理系统中导出 Excel 数据，再做数据加工处理交给中信保。在如上操作方式下，仅能够支持每次最大不超过三万条数据的传送，并且多为单向的传送方式（美的到中信保）。而实施 EDI 方案之后，可支持每次十万条以上的数据传送，美的在操作本企业的业务系统的同时，即可完成保险业务申请，并即时获取中信保业务处理的反馈，不仅加快了业务处理速度，还轻松实现了双方的高效沟通。

从以上例子中可以看出，实施 EDI 方案后，美的大大加快了业务处理速度并且降低了人工处理方式下的相关成本：平均几秒钟便能够完成一份单据的处理；单日数据传送数量提升了六倍；数据传输已完全自动化，节省了劳动力，提高了劳动力的利用效率。

② 为美的节省了过去人工处理方式下所产生的额外费用：节省各类纸张费用；节省电话、传真、邮递的费用；节省打印、复印费用；节省对数据收发、录用人员的管理费用。

③ 由于实行了无纸化和全自动操作，大大降低了人工处理过程中由于人为操作、纸张丢失

等造成的出错率，基本实现了无错化处理。

除了上述这些即时的效益之外，EDI 应用对美的全面提升竞争力有着深远的作用。

① 随着越来越多合作伙伴被纳入到 EDI 应用，整条供应链的运作效率将大大提升，包括：企业运作效率的提升让美的更加轻松地扩展业务，并快速适应业务增长带来的数据交互工作的增加；由于供应链对请求响应速度提高，产品可以在最短的时间内被送达消费者手里。

② 减少了人工方式下产生的错误，提升了客户满意度。

③ 以更有竞争力的价格向下游供货，提高客户的忠诚度。

④ 提升企业形象，以高效、精准的工作方式赢得更多合作伙伴及增强合作关系。

⑤ 为企业走向世界，和海外客户及合作伙伴建立良好关系奠定坚实的基础。

案例来源：中国物流与采购网．

四、EOS 技术

（一）EOS 的概念

电子自动订货系统（Electronic Ordering System，简称 EOS）是指企业间利用通信网络（专用网络或互联网）和终端设备以在线连接（on-line）方式进行订货作业和订货信息交换的系统。

（二）EOS 的类型

1. 企业内的 EOS 系统

企业内的 EOS，即连锁店有电子订货系统，连锁总部有电子接单系统，并用即时、分批次等方式传输订货信息。这是初级形式的电子订货系统。

2. 零售商与分销商之间的 EOS 系统（供应商对连锁门店的网络型）

其具体形式有两种：一种是由众多的不同连锁体系下属的门店对供应商，由供应商直接接单发货至门店；另一种是以各连锁体系内部的配送中心为中介，即连锁门店直接向供应商订货，并告知配送中心有关订货信息，供货商按商品类别向配送中心发货，并由配送中心向门店送货。这是中级形式的电子订货系统。

3. 零售商、分销商和生产商之间的 EOS 系统

其特征是利用标准化的传票和社会配套的信息管理系统完成订货作业。其具体形式有两种：地区性社会配套的信息管理系统网络，即成立由众多的中小型零售商、分销商构成的区域性社会配套的信息管理系统营运公司和地区性的咨询处理公司，为本地的零售业服务，支持本地区 EOS 的运行；专业性社会配套信息管理系统网络，即按商品的性质划分专业，从而形成各个不同专业的信息网络。这是高级形式的电子订货系统，必须以统一的商品代码、统一的企业代码、统一的传票和订货规范标准的建立为前提条件。

（三）EOS 的流程

EOS 的作业流程如下。

① 在零售店的终端用条形码阅读器获取准备采购的商品条形码，并在终端机上输入订货材料；利用网络传到分销商的计算机中。

② 分销商开出提货传票，并根据传票，同时开出拣货单，实施拣货，然后依据送货传票进行商品发货。

③ 送货传票上的资料便成为零售商的应付账款资料及分销商的应收账款资料。
④ 将以上资料并接到应收账款的系统中去。
⑤ 零售商对送到的货物进行检验后,便可以陈列与销售了。

(四) EOS 在物流中应用的效益

1. 给零售商带来的好处

① 下单简便,且迅速正确。
② 交货期缩短,减少缺货。经由电脑网络传递订单,供应商能够很快地接到订单进行处理,加速货品的送达。
③ 降低库存。在供应商少量、多样、高频率配送的结合下,可降低店内库存量。
④ 管理方便。通过 EOS 结合 POS 等信息系统,可方便进行进货、销售、储存、应付账款等管理工作。

2. 给供应商带来的好处

① 减少接单处理作业并缩短时间。通过 EOS 自动接单处理,可减少人工处理、确认及重复输入等工作。
② 减少退货率。顾客若依 POS 系统分析进行下单,在下单时已考虑市场需求,一般不易产生临时取消订单的情形。
③ 保持适当的库存量。零售商通过 POS 系统能够充分掌握市场状况而下单,供应商更可通过此资料来了解市场变动的情形,调整生产及营销计划以维持适当的库存量。

五、GIS 技术

(一) GIS 的概念

GIS(Geographical Information System,地理信息系统)是多种学科交叉的产物。它以地理空间数据为基础,采用地理模型分析方法,适时地提供多种空间的和动态的地理信息,是一种为地理研究和地理决策服务的计算机技术系统。其基本功能是将表格型数据(无论它来自数据库、电子表格文件或直接在程序中输入)转换为地理图形显示,然后对显示结果浏览、操作和分析。其显示范围可以从洲际地图到非常详细的街区地图,显示对象包括人口、销售情况、运输路线和其他内容。

(二) GIS 的组成

从应用的角度,地理信息系统由硬件、软件、数据、方法和人员五部分组成。硬件和软件为地理信息系统建设提供环境;数据是 GIS 的重要内容;方法为 GIS 建设提供解决方案;人员是系统建设中的关键和能动性因素,直接影响和协调其他几个组成部分。

① 硬件主要包括计算机和网络设备,存储设备,数据输入、显示和输出的外围设备等。
② 软件主要包括操作系统软件、数据库管理软件、系统开发软件、GIS 软件等。GIS 软件的选型,直接影响其他软件的选择,影响系统解决方案,也影响着系统建设周期和效益。
③ 数据是 GIS 的重要内容,也是 GIS 系统的灵魂和生命。数据组织和处理是 GIS 应用系统建设中的关键环节,涉及许多问题:应该选择何种(或哪些)比例尺的数据?已有数据现实性如何?数据精度是否能满足要求?数据格式是否能被已有的 GIS 软件集成?应采用何种方法进行处理和集成?采用何种方法进行数据的更新和维护?等等。

④ 方法指系统需要采用何种技术路线,采用何种解决方案来实现系统目标。方法的采用会直接影响系统性能,影响系统的可用性和可维护性。

⑤ 人员是 GIS 系统的能动部分。人员的技术水平和组织管理能力是决定系统建设成败的重要因素。人员按不同分工有项目经理、项目开发人员、项目数据人员、系统文档撰写人员和系统测试人员等。

各个部分齐心协力、分工协作是 GIS 系统成功建设的重要保证。

(三) GIS 的主要功能

1. 输入

对于大型的项目,现代的 GIS 技术可以通过扫描技术来使数字化过程全部自动化,对于小的项目,可手工数字化。目前,许多地理数据已经是 GIS 兼容的数据格式。这些数据可以从数据提供商那里获得并直接装入 GIS 中。

2. 处理

对于一个特殊的 GIS 项目来说,有可能需要将数据转化成或处理成某种形式以适应系统需要。

3. 管理

对于小型项目,把地理信息存储成简单文件就足够了。但如果数据量很大而且数据用户很多时,最好使用一个数据库管理系统,来协助存储、组织和管理数据。

4. 查询和分析

对于经常出现的问题,如这块土地属于谁、两个地点之间的距离有多大、边界在哪、适合发展的地点在哪等均可通过 GIS 进行查询和分析。

5. 可视化

对许多类型的地理操作,最终结果最好是以地图或图形来显示。图形对于存储和传递地理信息是非常有效的。地图显示可以集成在报告、三维观察、照片、图像和其他媒体的多媒体输出中。

(四) GIS 在物流中的应用

GIS 能在运输路线的优化和车辆调度方面解决大量信息的查询、分析与处理问题,并在运输管理决策层面提供分析问题、建立模型、模拟决策过程的环境。其在物流中的主要作用如下。

1. 实时监控

经过 GSM 网络的数字通道,将信号输送到车辆监控中心,监控中心通过差分技术换算位置信息,然后通过 GIS 将位置信号用地图语言显示出来。货主、物流企业可以随时了解车辆的运行状况、任务执行和安排情况,使得不同地方的流动运输设备变得透明而且可控。另外还可能通过远程操作进行断电锁车、超速报警,对车辆行驶进行实时限速监管、偏移路线预警、疲劳驾驶预警、危险路段提示、紧急情况报警、求助信息发送等安全管理,保障驾驶员、货物、车辆及客户财产安全。

2. 定位跟踪

结合 GPS 技术实现实时快速的定位,这对于现代物流的高效率管理来说是非常核心的关键。在主控中心的电子地图上选定跟踪车辆,将其运行位置在地图上保存,精确定位车辆的具体位置、行驶方向、瞬间时速,形成直观的运行轨迹。可以任意放大、缩小、还原、切换图,可以随目标移动,使目标始终保持在屏幕上。利用该功能可对车辆和货物进行实时定位、跟踪,满足掌握车辆基本信息、对车辆进行远程管理的需要。另外轨迹回放功能也是 GIS 和 GPS 相结合的产物,也可以作为车辆跟踪功能的一个重要补充。

3. 指挥调度

客户经常会因突发性的变故而在车队出发后要求改变原定计划。例如,有时公司在集中回程期间临时得到了新的货源信息;有时几个不同的物流项目要交叉调车。在上述情况下,监控中心借助于 GIS 就可以根据车辆信息、位置、交通状况向车辆发出实时调度指令,实施车载配货等。用系统的观念运作企业业务,达到充分调度货物及车辆的目的,降低空载率,提高车辆运作效率。如为某条供应链服务,则能够发挥第三方物流的作用,把整个供应链上的业务操作变得透明,为企业供应链管理打下基础。

4. 规划车辆路径

目前主流的 GIS 应用开发平台大多集成了路径分析模块,运输企业可以根据送货车辆的装载量、客户分布、配送订单、送货路线交通状况等因素设定计算条件。利用该模块的功能,结合真实环境中所采集到的空间数据,分析客、货流量的变化情况,对公司的运输路线进行优化处理,可以便利地实现以费用最小或路径最短等为目标的运输路径规划。

5. 信息的查询

货物发出以后,受控车辆所有的移动信息均被存储在控制中心的计算机中,有序存档、方便查询。接货方只需要通过发货方提供的相关资料和权限,就可通过网络实时查看车辆和货物的相关信息,掌握货物在途中的情况以及大概的到达时间,以此来提前安排货物的接收、存放及销售等环节,使货物的销售链可提前完成,提高了信息准确度。

六、GPS 技术

(一) GPS 的定义

全球定位系统(Global Positioning System,简称 GPS)是利用空间卫星星座(通信卫星)、地面控制部分、信号接收机对地球上任何地方的用户都能进行全方位导航和定位的系统。全球定位系统也称全球卫星定位系统。

(二) GPS 的组成

GPS 包括三大部分:空间部分——GPS 卫星星座;地面控制部分——地面监控系统;用户设备部分——GPS 信号接收机。

1. GPS 卫星星座

由 21 颗工作卫星和 3 颗在轨备用卫星组成 GPS 卫星星座,记作(21+3)GPS 星座。24 颗卫星均匀分布在 6 个轨道平面内,轨道倾角为 55°,各个轨道平面之间相距 60°,即轨道的升交点赤经各相差 60°。每个轨道平面内各颗卫星之间的升交角距相差 90°,轨道平面上的卫星比西边相邻轨道平面上的相应卫星超前 30°。

在两万公里高空的 GPS 卫星,当地球对恒星来说自转一周时,它们绕地球运行两周即绕地球一周的时间为 12 恒星时,这样对于地面观测者来说,每天将提前 4 分钟见到同一颗 GPS 卫星。位于地平线以上的卫星颗数,随着时间和地点的不同而不同,最少可见到 4 颗,最多可见到 11 颗。在用 GPS 信号导航定位时,为了计算测站的三维坐标,必须观测 4 颗 GPS 卫星,这称为定位星座。这 4 颗卫星在观测过程中的几何位置分布,对定位精度有一定的影响。对于某地某时甚至不能测得精确的点位坐标,这种时间段叫作间隙段。但这种时间间隙段是很短暂的,并不影响全球绝大多数地方的全天候、高精度、连续实时的导航定位测量。GPS 工作卫星的编号和试验卫星基本相同。

2. 地面监控系统

对于导航定位来说，GPS 卫星是一动态已知点。卫星的位置是依据卫星发射的星历，描述卫星运动及其轨道的参数算出的。每颗 GPS 卫星所广播的星历，是由地面监控系统提供的。卫星上的各种设备是否正常工作，以及卫星是否一直沿着预定轨道运行，都要由地面设备进行监测和控制。

地面监控系统的另一重要作用是保持各颗卫星处于同一时间标准，即 GPS 时间系统。这就需要地面站监测各颗卫星的时间求出钟差，然后由地面注入站发给卫星，卫星再由导航电文发给用户设备。GPS 工作卫星的地面监控系统包括一个主控站、三个注入站和五个监测站。

3. GPS 信号接收机

GPS 信号接收机的任务是，能够捕获到按一定卫星高度截止角所选择的待测卫星的信号，并跟踪这些卫星的运行，对所接收到的 GPS 信号进行变换、放大和处理，以便测量出 GPS 信号从卫星到接收机天线的传播时间，解译出 GPS 卫星所发送的导航电文，实时地计算出测站的三维位置甚至三维速度和时间。

GPS 卫星发送的导航定位信号是一种可供无数用户共享的信息资源。对于陆地、海洋和空间的广大用户，只要用户拥有能够接收、跟踪、变换和测量 GPS 信号的接收设备即 GPS 信号接收机，就可以在任何时候用 GPS 信号进行导航定位测量。

（三）GPS 的特点

GPS 的问世标志着电子导航技术发展到了一个更加辉煌的时代。GPS 与其他导航系统相比，主要有以下几个特点。

① 全球地面连续覆盖。由于 GPS 卫星数目较多且分布合理，所以在地球上任何地点均可连续同步地观测到至少 4 颗卫星，从而保障了全球、全天候连续实时导航与定位的需要。

② 功能多、精度高。GPS 可为各类用户连续地提供高精度的三维位置、三维速度和时间信息。

③ 实时定位速度快。目前 GPS 信号接收机的一次定位和测速工作在一秒甚至更少的时间内便可完成。这对高动态需求的用户来讲尤其重要。

④ 抗干扰性能好、保密性强。由于 GPS 采用了伪码扩频技术，因而 GPS 卫星所发送的信息具有良好的抗干扰性和保密性。

⑤ GPS 信号接收机是被动式全天候系统，只收信息不发信号，故不受卫星系统和地面控制系统的控制，用户数量也不受限制。

（四）GPS 技术在现代物流中的应用

1. 物流配送

GPS 能将车辆的状态信息（包括位置、速度、车厢内温度等）及客户的位置信息快速、准确地反映给物流系统，由特定区域的配送中心统一合理地对该区域内所有车辆做出快速地调度。这样便大幅度提高了物流车辆的利用率，减少了空载车辆的数量和空载的时间，从而减少物流公司的运营成本，提高物流公司的效率和市场竞争能力，同时增强物流配送的适应能力和应变能力。

2. 动态调度

运输企业可进行车辆待命计划管理。操作人员通过在途信息的反馈，在车辆未返回车队前即做好待命计划，提前下达运输任务，减少等待时间，加快车辆周转，以提高重载率，减少空车时间和空车距离，充分利用运输工具的运能，提前预知车辆信息及精确的抵达时间，用户可根据具体情况合理安排回程配货,为运输车辆排解后顾之忧。

3. 货物跟踪

通过 GPS 和电子地图系统,可以实时了解车辆位置和货物状况(车厢内温度、空载或重载),真正实现在线监控,避免以往在货物发出后难以知情的被动局面,提高货物的安全性。货主可以主动、随时了解货物的运动状态及货物运达目的地的整个过程,增强物流企业和货主之间的相互信任。

4. 车辆优选

查出在锁定范围内可供调用的车辆,根据系统预先设定的条件判断车辆中哪些是可调用的。在系统提供可调用的车辆的同时,将根据最优化原则,在可能被调用的车辆中选择一辆最合适的车辆。

5. 路线优选

地理分析功能可以快速地为驾驶人员选择合理的物流路线,以及这条路线的一些信息。所有可供调度的车辆不用区分本地或是异地都可以统一调度。配送货物目的地的位置和配送中心的地理数据结合后,产生的路线将是整体的最优路线。

6. 报警援救

在物流运输过程中有可能发生一些意外的情况。当发生故障和一些意外的情况时,GPS 系统可以及时地反映发生事故的地点,调度中心会尽可能地采取相应的措施来挽回和降低损失,增加运输的安全和应变能力。GPS 系统的投入使用,使过去制约运输公司发展的一系列问题迎刃而解,为物流公司降低运输成本、加强车辆安全管理、推动货物运输有效运转发挥了重要作用。此外,GPS 的网络设备还能容纳上千辆车同时使用,跟踪区域遍及全国。物流企业导入 GPS 是物流行业以信息化带动产业化发展的重要一环,它不仅为运输企业提供信息支持,并且对整合货物运输资源、加强区域之间的合作具有重要意义。

7. 军事物流

GPS 首先是由于军事目的而建立的。GPS 在军事物流中,如后勤装备的保障等方面应用相当普遍。

案例 10-3

GPS/GIS 技术在钢铁物流中的应用

1. GIS/GPS 在钢铁运输中的监控功能

利用 GPS 和 GIS 技术建立的钢铁物流的管理系统,可以负责对所有任务的调度和监控。通过 GPS 和计算机网络实时收集全路汽车、全路列车、机车、集装箱及所运货物的动态信息,实现汽车、列车、货物追踪管理,及时进行汽车的调度管理。把 GPS 获取的数据信息导入到 GIS 中,就可以确定货物所处的位置,位置信息包括经度、纬度、速度、方向、时间等信息;可以任意放大、缩小、切换图;可以随目标移动,使目标始终保持在屏幕上;还可实现多窗口、多车辆、多屏幕同时跟踪,接收控制中心发送的各位置的生产数据,发送控制调度;地图空间数据和属性数据修改、管理及查询;监控目标查询,地图和报表的打印输出等功能。可对重要车辆和货物进行跟踪运输,实现对在途车辆的实时监控功能。以便进行合理调度和管理。

2. 利用 GIS/GPS 在钢铁运输中选择最优配送方式

GIS 可以实时地为物流配送提供详尽的空间信息和可视化的操作环境。把 GIS 技术融入到物流过程中,利用 GIS 电子地图能更容易地处理物流过程中货物的运输、仓储、装卸、投递等各个环节,并对其中涉及的问题如运输路线的选择、仓库位置的选择、仓库的容量设置、合理装卸策略、运输车辆的调度和投递路线的选择等进行有效的管理和决策分析,使其符合现代电子物流的要求,有助于企业有效地利用现有资源,降低消耗,在物流配送中最大程度地利用人力、物力资源,提高效率。

3. 利用 GIS/GPS 在钢铁运输中确定钢铁流量

基于货物流量的物流分析支持,即把货物流量视觉化地在地图上显示出来。虽然在传统的物流据点分析中物流数据可以以 Excel 表格的形式表示出来,但表格与数据的直观性不强,即使数据有错误也难以发现。新的方法是在地图上按货物流向从起点到终点方向画一箭头,箭头粗细按流量大小确定。根据分析目的,把流量以视觉化的形式表示出来。此方法可以更加直观地用于运输方式转换的可能性分析,物流据点选址分析,道路、港口等物流基础设施的建设分析等。

4. 利用 GIS/GPS 在钢铁运输中分析事故原因

在钢铁物流的配送作业过程中,不可避免地会发生各种诸如到达时间延迟、数量不符等事故。只有查明事故原因,改善薄弱环节,才能负起对货主的责任,减少经营损失。运用 GIS 技术对配送事故原因进行辅助分析是企业风险管理的重要一环。可以把过去发生的配送事故统计与位置信息相结合,在地图上表示出来,以便查找、分析事故原因。

案例来源:道客巴巴. http://www.doc88.com/p-3187112786855.html。

案例 10-4

十大智慧物流技术

物流,作为近代工业贸易的衍生品,发展日新月异,甚至衍生出了"智慧物流"这一流行词。今天,抛开"智慧物流"的大概念,我们来跟大家数一数现在最火热的十大智慧物流技术。

1. 配载技术

配载技术是在完成一个或多个运作目标的前提下,将时间、成本、资源、效率、环境约束集中整合优化,实现现代物流管理低成本、高效率的关键技术,是物流运营计划与实际运营之间有效结合的关键。

配送是物流系统中的一个重要环节。它是指按客户的订货要求,在物流中心进行分货、配货工作,并将配好的货物及时送交收货人的物流活动。

2. 配载路线优化技术

集货路线优化、货物配装及送货路线优化等是配送系统优化的关键。

国外将配送车辆调度问题归结为 VRP(Vehicle Routing Problem,车辆路径问题)、VSP(Vehicle Scheduling Problem,车辆调度问题)和 MTSP(Multiple Traveling Salesman Problem,多路旅行商问题)。解决相关问题会运用到运筹学、应用数学等,从不同执行角度支持和实现配送路线。

配载路线优化技术的实际运营效果,以亚马逊物流+为例,配送站大多围绕着各大运营中心而建,运输网络四通八达,通过货车将包裹配送到各配送站,而配送管理部门通过对全国路线及实时路况的掌握,早已为配送部门的快递员提前规划好最优化的路径。通过对配载路线技术的优化,亚马逊物流+大大提高了配送的效率。

在配送业务中,配载技术和配载路线优化技术对配送企业提高服务质量、降低物流成本、增加经济效益有着绝对性的影响。

3. 装卸技术

装卸技术是指在同一地域范围内进行的、以改变物的存放状态和空间位置为主要内容和目的的活动，具体来说，包括装上、卸下、移送、拣选、分类、堆垛、入库、出库等活动。装卸技术直接影响物流管理中的成本、效率和质量管理。

装卸技术的优化追求的是最省力的目标，但具体实施需要因地制宜，因为这完全是一项个性化的工作，不能够照搬别人的模式进行复制，需要综合规划设计。

4. 包装技术

包装技术包括包装工艺、包装材料、包装设计、包装测试等。包装指的是为在流通过程中保护产品，方便储运，促进销售，按一定技术方法而采用的容器、材料及辅助物的总体名称。

时下最流行的就是绿色环保包装。在绿色包装技术上，亚马逊拥有独特的技术——所有商品在入库的时候都会由 Cubi Scan 3D 测量仪读取商品的尺寸并存储入数据库，在消费者下了订单之后，系统就会根据该商品的尺寸推荐尺寸最合适的包装箱，从而避免浪费。

5. MilkRun 循环取货技术

MilkRun 循环取货是由一家(或几家)运输承包商根据预先设计的取货路线，按次序到供应商 A、B、C 取货，然后直接输送到工厂或零件再分配中心。

MilkRun 循环取货是一种相对优化的物流系统，是闭环拉动式取货。其特点是多频次、小批量、及时拉动式的取货模式。它把原先的供应商送货——推动方式，转变为工厂委托的物流运输者取货——拉动方式。

6. 过程控制技术

现代物流已趋向商流和信息流的一体化趋势，通过构建现代化物流中心、信息处理中心这一全新的现代物流体系，使商流、物流和信息流在物流信息系统的支持下实现互动，从而能提供准确和及时的物流服务。

现代物流的发展离不开信息技术，通过多种信息技术的支持，实现对各个物流环节的大量信息的收集、处理和分析，力求实现缩短在途时间，实现零库存，及时供货和保持供应链的连续与稳定的现代物流管理目标。

在物流管理过程中，过程控制已经是物流透明化管理的必须环节。此领域是未来行业发展的新亮点，具有高度战略价值。

亚马逊在这一技术上已经取得一定的成绩，如供应链的预测技术和运营中心的库存控制技术。这二者都基于对亚马逊的大数据计算能力——通过对海量订单进行整理分析，供应链可以科学地预测出未来的订单趋势；运营中心也可以基于这一点，做到以最合适的库存满足市场需求，从而减少资源的浪费和其他风险。

7. 条形码与自动识别技术

条形码是由一组按一定编码规则排列的条、空符号，用以表示特定的信息。条形码系统是由条空符号设计、制作及扫描阅读组成的自动识别系统。

这一技术对亚马逊来说早就不陌生了，库内的每一件商品都带有独特的编号，每一个货架也是。商品与货架以代码的形式存在于数据库内，每一次的移动都会自动更新数据库。仓库人员由此可对库存情况了如指掌。

8. 物流作业自动化技术

物流作业自动化是提高物流效率的一个重要途径和手段，也是物流产业发展的一个重要趋势。

国际经验表明，物流作业自动化的实现，并不仅仅是各种物流机械装备的应用，而是与大量信息技术的应用联系在一起的。目前，中国物流作业的自动化水平是比较低的，在搬运、点货、包装、分拣、订单及数据处理等诸多物流作业环节上，手工操作方式仍然占据着主导地位。

作为一家以高科技著称的企业，亚马逊运营中心里运用的各种自动化设备在此就不再一一说明了。其实对于亚马逊来说，让自动化设备充分发挥出其应有的效率才是真正值得骄傲的。

9. POS 系统与 EDI 技术

POS 系统，就是销售的动态数据要及时地传送到生产、采购、供应环节，POS 机通过收银机自动读取数据，实现整个供应链即时数据的共享，在收银台的作业效率可以大大提高，顾客的满意度也就提高了。

说到 POS 系统，不得不提及 EDI 技术。EDI 技术的特点主要在于一方面用电子传输的方式取代了以往纸质单证的邮寄和递送，从而提高了传输效率，另一方面则是通过计算机处理数据取代人工处理数据，从而减少了差错和延误。

在面对一系列复杂的物流运营操作，亚马逊通过 EDI 技术对接，可以为客户实现过程中的物流、信息流和资金流透明化、可视化，让卖家真正做到运筹帷幄之中，决胜千里之外。

10. GIS 技术、GPS 技术

通过 GIS 和 GPS 两项技术，人们可以实时了解车辆的位置和货物状况（车厢内温度、空载或重载），真正实现在线监控，避免以往在货物发出后难以知情的被动局面，提高货物的安全性。同时，消费者也可以主动、随时了解货物的状态及货物运达目的地的整个过程，增强卖家和消费者之间的相互信任。

随着经济和电子商务的高速发展，各大贸易企业对物流的需求量猛增，对物流服务质量的要求也有所提高，现代物流企业必须采用更加先进适用的设备与手段，进一步提高物流作业效率和安全性。

资料来源：康美物流. http://wl.kangmei.com.cn.

本章小结

本章首先介绍了物流信息的含义、特征、内容和作用。随后介绍了几种常用的物流信息技术，包括条形码技术、POS 系统、EDI 技术、EOS 技术、GIS 技术和 GPS 技术，要求了解这些物流信息技术的基本概念、工作原理，掌握每一种信息技术在物流中的应用。

本章习题

思考题

1. 物流信息的特征有哪些？
2. 物流信息的内容包括什么？
3. 物流信息的作用是什么？
4. 条形码的种类有哪些？在物流中的应用是怎样的？
5. POS 系统的运行步骤和在物流中的应用是怎样的？
6. EDI 的通信流程和在物流中的应用是怎样的？
7. EOS 的流程和在物流中的应用是怎样的？
8. GIS 的主要功能有哪些？在物流中的应用有哪些？
9. GPS 在物流中的应用是什么？

案例分析

海尔信息化建设的演进过程

现代物流区别于传统物流的特征是信息化与网络化。信息化贯穿于海尔物流发展的全过程。在资源重组阶段，海尔实施了 ERP 系统。在供应链管理阶段，海尔建立了 B2B 的采购平台，并建立起与集团 CRM 系统的无缝接口。在物流产业化阶段，海尔实施了大物流 LES 系统。

1. 建立 ERP 系统是海尔实现高度信息化的第一步。

在成功实施 ERP 系统的基础上，海尔建立了 SRM（招标、供应商关系管理）、B2B（订单互动、库存协调）、扫描系统（收发货、投入产出、仓库管理、电子标签）、定价支持（定价方案的审批）、模具生命周期管理、新品网上流转（新品开发各个环节的控制）等信息系统，并使之与 ERP 系统连接起来。这样，用户的信息可同步转化为企业内部的信息，实现以信息替代库存，零资金占用。

海尔通过搭建 BBP 采购平台，实现了全球供应商网上查询计划、网上接收订单、网上查询库存、网上支付等活动，使供应商足不出户就可以完成一系列的业务操作。

随着全球化信息网络和市场的形成，海尔物流开始着眼于全球供应链资源网络。

在物流产业化阶段，海尔通过研用信息集成化一流的物流执行系统（LES），成功地搭建起第三方物流运作管理的系统架构，实现全国 42 个配送中心的订单管理、条形码扫描、GPS 运输管理、仓储管理在内的基本业务流程系统管理。通过实时取数、透明追踪、条形码扫描、成本管理和决策支持来实现对多仓库、多客户跨地域管理，复杂的仓位控制，安全存量设置，自动补货警示等先进技术，搭建起高效的第三方物流操作平台。

在此基础之上，海尔又在自己的物流实践和优化业务流程之上，吸取先进仓储管理系统的经验，利用计算机及网络技术开发出针对市场需求的物流执行软件——海尔物流执行系统（HLES）。目前以信息化为基础的海尔物流正在迅速拓展社会化业务。

2. 条形码和 RF 技术支持下的"五个按单"

由于海尔信息化的提前推广，使网络共享解决了基础设施的瓶颈，同时也为条形码和 RF 技术在物流的各个环节、各个部门的数据采集和普遍应用做好了准备。海尔结合世界上先进的母本，设计了一套完整、科学的编码规则，使人、产品、设备、工位、仓位均有了规范统一的编码。

目前海尔应用最为广泛的条形码主要分为 7 种：托盘条形码、物料条形码、仓位条形码、成品条形码、操作人员条形码、工位条形码及设备条形码。托盘条形码由 6 位阿拉伯数字组成，具有唯一性。物料条形码相当于物资标签，每个容器外部都有一张物料条形码，包含物料号、物料描述、批号、供应商及送货数量等信息。仓位条形码相当于一个三维坐标，用来标志海尔青岛物流中心每个仓位的具体位置，如 01-09-03，01 代表第 1 巷道，09 代表第 9 列，03 代表第 3 层。成品条形码主要用来标记出厂成品，运用于整个成品下线、仓储及配送。成品条形码共计 20 位，包括产品大类、版本号、流通特征、生产特征、序列号等信息。工位条形码是海尔集团将所有的生产线统一编码，这使产品可追溯到生产线的生产工艺与质量。工位条形码是海尔集团所有员工的编码，工位条形码与其他条形码结合能够及时追溯到责任，同时也是海尔集团进行工资分配的依据。设备条形码是海尔集团所有设备的编码，为全面设备管理提供依据。条形码和 RF 技术在海尔的广泛采用，使海尔的"五个按单"——按单采购、按单分拣、按单配送、按单核算、按单计酬，成为可能。

案例来源：道客巴巴. http://www.doc88.com/p-1476545986495.html.

通过本案例，结合我国物流信息化建设的现状与特点，谈谈海尔企业的发展给我们带来了哪些启示?

技能训练题

要求:在 Internet 上登录某一专业物流公司的网站,了解该公司物流信息技术运用情况,并写出一篇关于其物流信息技术运用情况的案例。

第十一章

物流组织与控制

学习目标

- ◆ 了解企业物流组织结构的概念、影响因素。
- ◆ 了解物流质量管理的概念、内容、特点、关键点。
- ◆ 了解物流标准化的定义、作用。
- ◆ 掌握物流组织结构的典型形态。
- ◆ 掌握物流质量管理的常用方法。
- ◆ 掌握物流标准化的种类。

学习重点

- ◆ 掌握物流组织结构的典型形态。
- ◆ 掌握物流质量管理的常用方法。
- ◆ 掌握物流标准化的种类。

案例导入　企业如何正确认识和运用矩阵式管理

在美国项目管理专家韦尔斯博士眼里,矩阵的理念很简单,就是借用资源。你需要的时候就跑去借,用完了,就把它们送还回去。在矩阵这个不同管理元素构建的大网中,你可以尽情纵横驰骋,左右逢源。

矩阵式结构代表了围绕产品线组织资源及按职能划分组织资源二者之间的一种平衡。最初是20世纪50年代在美国开始出现,60到70年代开始在企业组织管理中流行。而进入80年代后,矩阵也遭到很多非议。甚至有人说,矩阵是问题最多的管理体系。风水轮流转,在90年代后期特别是21世纪,矩阵又走上了复兴之路。跨国公司一直是成功实施矩阵的领头羊。矩阵管理给这些公司带来三个公认的最大好处。

第一个好处,能充分共享资源。在矩阵管理中,人力资源得到了更有效的利用。研究表明,一般用这种管理模式的企业能比传统企业少用20%的员工。

第二大好处,能迅速解决问题。在最短的时间内调配人才,组成一个团队,把不同职能的人才集中在一起。

第三大好处,能让员工自己有更多机会接触自己企业的不同部门。

IBM就是在巨型多维矩阵中"跳舞的大象"。以前IBM是典型的金字塔格局,单一按照区域、业务职能、客户、产品等元素来划分部门,"大象"对市场和客户的反应奇慢,就像博物馆里的恐龙。郭士纳临危授命,进行了矩阵变革,IBM形成了立体多维矩阵,既按地域分区,如亚太区、中国区、华南区等,也按产品体系来划分不同的事业部,如服务器、软件等事业部;既按照银行、电信等行业划分客户,也有销售、渠道等不同职能划分。每一位IBM员工都是双重身份,既是大中华区的一员,又是某产品体系的成员,也可能按照其他标准划分在别的部门里。很明显,IBM的矩阵改造加强了横向联结,充分整合资源,提高反应速度。

但是,所有的管理工具和管理行为都是双刃剑,矩阵管理这种模式也不能例外。在增强企业产品或项目的推广能力、市场渗透能力的同时,矩阵管理模式也存在很多不足。矩阵管理在给公司带来控制良好、信息顺畅、管理透明等好处时,也使管理成本加大,多头汇报会让企业经常产生扯皮现象。矩阵管理改变了分公司纯粹利润中心的角色,但却让员工管理的环境变得复杂,沟通成本大大增加。

案例来源:百度文库. http://wenku.baidu.com/view/8154c555f01dc281e53af097.html.

第一节　物流组织结构认知

一、企业物流组织概述

(一)企业物流组织的概念

现代物流的实施和运行不会是自发的,它必然要通过一定的组织方式予以管理和推进,同时还要接受不同层次的控制和协调。而一定的组织方式就是我们要讲述的物流组织。物流组织要解决的一个主要问题就是安排企业负责物流活动的人员,以鼓励他们更好地相互协调、相互合作。而这些组织活动要通过推动在物流系统规划和运作过程中频繁出现的成本平衡来提高货物和服务的供应、分拨效率。

物流组织从属于整个组织或公司,一般是指以物流经营和管理活动为核心内容的实体性组织。从广义上讲,它可以是企业内部的物流管理和运作部门、企业间的物流联盟组织,也可以是从事物流及其中介服务的部门、企业及政府物流管理机构。

(二)企业物流组织存在的必要性

1. 调和矛盾

如表11-1所示,在传统企业组织结构条件下,总的经营目标经分解变成若干活动的分目标,企业各部门都有明确的经营目标和评价体系。例如,营销部门的首要职责是利润最大化;生产部门的主要职责是使单位成本最小化;而财务部门的主要职责是取得最大的投资回报率。显而易见,各部门的经营目标之间存在很大差异。而这种目标的不一致性在分散管理方式下,往往会导致各部门的物流活动之间出现目标冲突。例如,配送渠道的选择、客户服务水平的设置、现场存货的控制部门主要由市场部门负责;部门间的沟通及存货水平的控制是财务部门的职责;而生产部门一般负责生产、仓储、运输及原材料供应等物流活动。在各自的经营目标下,这些物流活动表现出不可避免的目标冲突。因此需要采用适当的物流组织来协调它们之间的冲突。

表 11-1　传统企业部门之间的目标冲突

市场部门	财务部门	生产部门
大量库存	最小库存	大量库存
高频率、小批量生产	—	低频率、大批量生产
快速的订单处理速度	低成本订单处理	—
快速配送	低成本配送	—
客户服务水平高	服务水平与成本权衡	—

2. 管理

物流活动分散管理带来的另一个问题是业务运作互相牵制,物流效率低下。如果没有一定的物流组织机构明确权利和职责,那么各部门之间就会互相推卸责任,导致职责不明、物流活动效率的低下和资源的浪费。因此,需要设置某种物流机构,来明确各部门之间的权利和职责,来保证物流运作的顺畅,控制物流运作成本,提升物流运作效率,实现企业效率的最优。

二、企业物流组织结构

(一) 影响企业物流组织设计的因素

诸多的外部环境和内部条件因素会影响企业物流组织的设计,包括企业的战略、企业的类型、企业的规模、企业的技术因素等。

1. 企业的战略因素

企业物流组织设计必须服从企业整体战略的需要。企业的组织结构随企业整体战略的发展而发展,如果一个企业的战略发生了重大调整,毫无疑问,组织的结构就需要做相应的变动以适应和支持新的战略。

2. 企业的类型因素

不同类型的企业,物流管理的侧重点不同,物流管理组织的结构设计也有各自特点。例如,原材料生产型企业,主要为其他企业供应原材料,产品种类一般较少,但装卸量和运输量却很大,因此需要成立正式的物流管理部门与之适应;而销售型的企业,本身没有生产活动,经营集中在销售和物流活动上,从供应商那里进货后进行销售活动,涉及的物流活动主要有采购运输、库存控制、仓储、订货处理及销售运输等。

3. 企业的规模因素

企业的组织结构与企业的规模明显相关。越是规模大的企业,其组织结构越是复杂,与小型企业相比,大型企业的组织具有更高的专业化和横向、纵向的分化。小型企业的组织结构比较简单,通常只需两三个纵向层次,形成"扁平"的模式。

4. 企业的技术因素

企业组织涉及物流技术、生产组织技术两大技术环境。物流技术环境包括与物流活动的全过程相联系的技术工具、设施、手段。生产组织技术环境是企业面对消费需求个性化而合理有效地利用资源,适应技术环境变化的技术措施,如成组化技术、柔性制造系统、集成制造系统等。生产组织技术的发展对企业内外物流活动的组织提出了更高要求。

总之,企业物流管理组织设计一定要从企业实际出发,综合考虑企业的规模、产权制度、生产经营特点、实际管理水平等多种因素,以建立最适宜的组织。物流管理组织要适应企业经营方式变革和企业内部管理向集约化转换的需要。

(二) 企业物流组织结构的几种典型形态

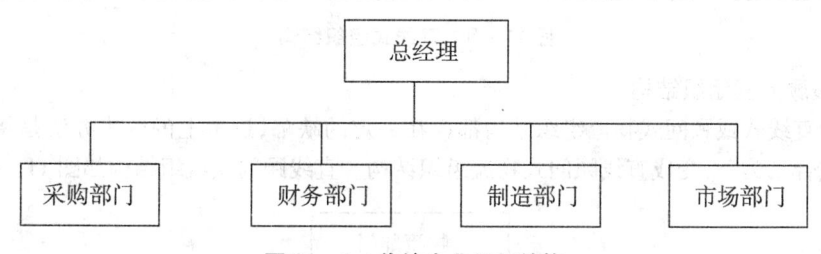

1. 传统企业组织结构

传统企业组织结构的特征是物流活动分散,对于物流活动没有明确的目标,也没有专门的物流部门,物流只是被看作各部门的必要活动,分散在各个相关的专业活动中,由上级主管部门协调,配合各部门目标的实现。采购部门、生产部门、市场部门和财务部门是各类企业最基本、最传统的部门,它们具有悠久的历史。在物流的战略地位未被确立之前,物流活动一直未受到应有的重视。人们对物流的认识不全面,也不成系统,各种物流活动曾一度分散在这几个部门,分别受部门经理的管理并由各层经理协调。但在实际中,各部门有可能从自身利益出发,很难使物流系统的运行协调一致,整个物流活动缺乏连接,容易出现断流现象。传统企业组织结构如图 11-1 所示。

图 11-1 传统企业组织结构

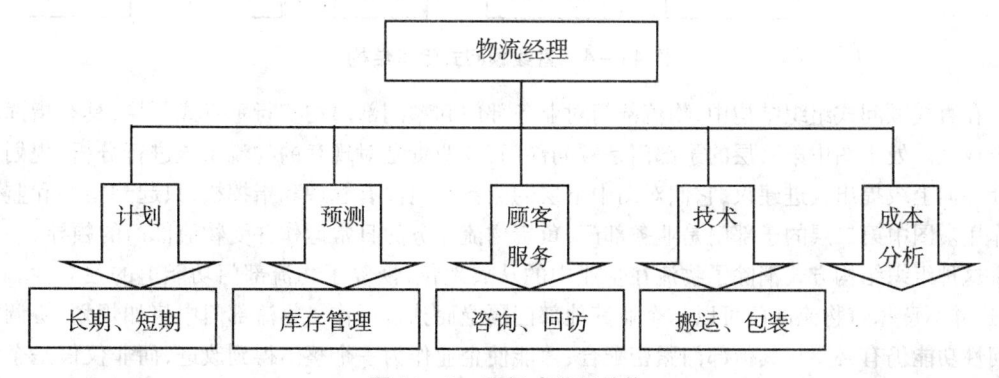

2. 顾问式组织结构

顾问式组织结构是一种过渡型、物流整体功能最弱的物流组织结构。在顾问式组织结构下,物流部门在企业中只是作为一种顾问的角色,它只负责整体物流的计划、预测、顾客服务、技术、成本分析五个方面,为物流活动进行有效决策提供参谋和建议。顾问式组织的好处在于能够在较短的时期内,使企业经营顺利地采用新的物流管理手段。顾问式组织结构带来的问题是物流活动仍分散在各个部门,仍会造成物流效率低下、资源浪费、职责不分的弊病。顾问式组织结构如图 11-2 所示。

图 11-2 顾问式组织结构

3. 直线式组织结构

这是一种按基本职能组织物流管理部门的组织形式。当物流活动对于一个企业的经营较为重要时,企业一般会采取这种模式。在这种结构中,物流管理的各个要素不再作为其他的职能部门如财务、市场、制造部门的从属职能而存在,而处于并列的地位。物流经理对所有的物流活动负责,对企业物流总成本的控制负责。在解决企业的经济冲突时,物流经理可以和其他各部门经理平等磋商,共同为企业的总体目标服务。

直线式组织结构的优点是:结构比较简单,责任分明,命令统一。其缺点是:它要求行政负责人通晓多种知识和技能,亲自处理各种业务。这在业务比较复杂、企业规模比较大的情况下,把所有物流管理职能都集中到物流经理一人身上,显然是难以胜任的。因此,直线制只适用于规模较小,生产技术比较简单的企业,对生产技术和经营管理比较复杂的企业并不适宜。直线式组织结构如图 11-3 所示。

图 11-3 直线式组织结构

4. 直线顾问式组织结构

单纯的直线式或顾问式物流组织结构都存在一定的缺陷,逻辑上的解决办法是将这两种组织结构形式合二为一,变成直线顾问式物流组织结构。直线顾问式组织结构如图 11-4 所示。

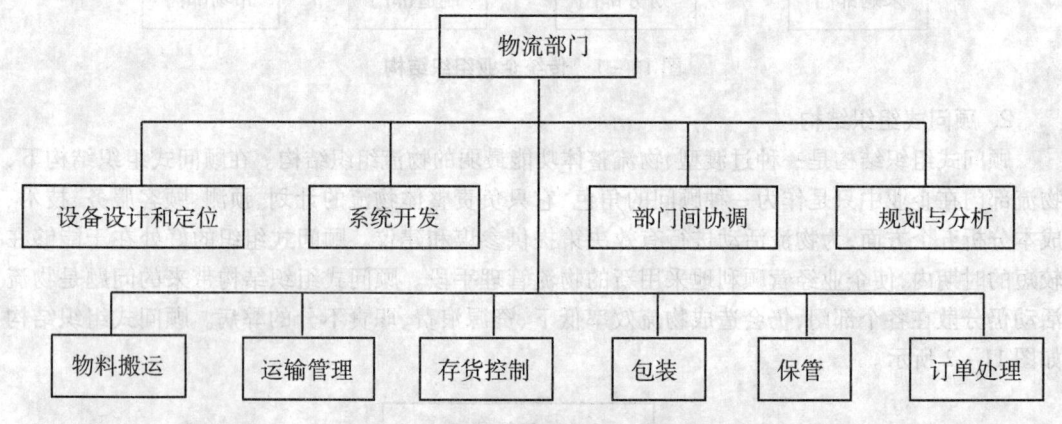

图 11-4 直线顾问式组织结构

在直线顾问式组织结构中,物流部门对业务部门和顾问部门均实行垂直式领导,具有指挥和命令权利。处于图中第一层的子部门是顾问部门,其职责是对现存的物流系统进行分析、规划和设计并向上级提出改进建议,它们对图中下层的业务部门没有管理和指挥权,只起到指导和监督的作用。图中第二层的子部门是业务部门,负责物流业务的日常运作并受物流部门的领导。

这种组织结构方式消除了物流在企业中的从属地位,恢复了物流部门功能上的独立性。当然,这并不意味着物流部门可以与企业其他部门隔绝而独自运作。物流部门中诸如规划、协调等顾问性功能仍有必要与其他部门紧密配合,才能使企业作为一个整体得到改进,而非仅仅是企业的物流功能得到改进。

5. 事业部制组织结构

Multidivisional Structure 的中文译义为事业部制,简称 M 型结构,最早是由美国通用汽车公司总裁斯隆于 1924 年提出的,故有斯隆模型之称,也叫联邦分权化,是一种高度(层)集权下的分权管理体制。它是现代大型企业常见的一种组织结构模式。事业部制的物流组织结构,是按产品或服务类别划分成一个个类似分公司的事业单位,实行独立核算。事业部实际是实行一种分权式的管理制度,即分级核算盈亏,分级管理。事业部相当于一个个物流子公司,负责不同类型的物流业务。事业部制组织结构如图 11-5 所示。

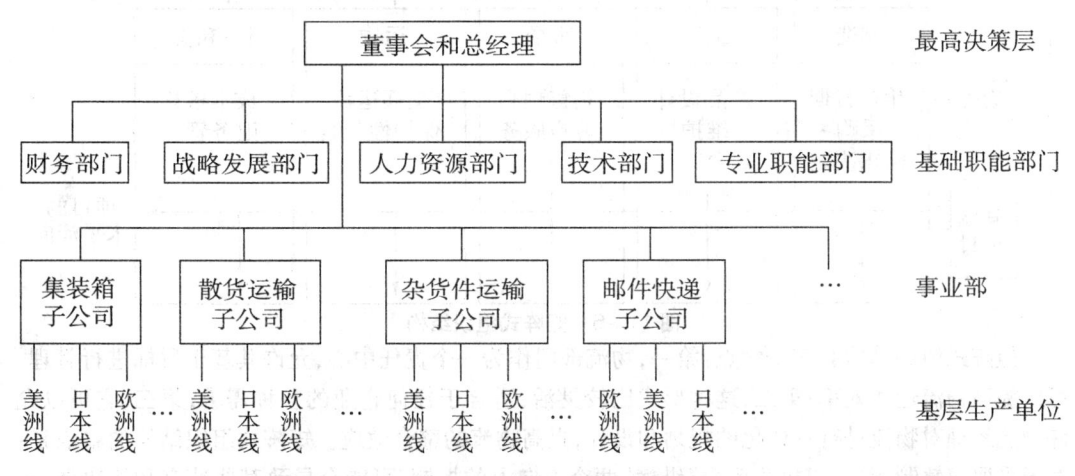

图 11-5 事业部制组织结构

事业部制为统一决策与分散经营相结合的典范,其优点是显而易见的。一是事业部制的分权式结构,适应了规模较大、组织分散、物流服务多样化的大型物流企业管理上的需要。二是事业部制能够保证公司总部从日常操作性业务中解脱出来,致力于重大问题的研究和决策,同时使各事业部能发挥主动性和积极性。三是事业部制有利于公司总部实施目标管理和各事业部的自我控制与约束。在事业部制下,"统一政策"要求各事业部的活动必须服从公司总部的整体战略,在总部的统一方针指导下展开,不得脱离轨道。公司总部一般从资金、利润、人事等方面实行集权管理,以确保公司整体目标的实现。另一方面,"分散经营"不仅使各事业部拥有很大的自主权,而且责任明确,这样,各事业部都能根据公司总部的要求,独立自主地规划其发展,自觉地约束自己的行为,发挥主观能动性和创造性,出色地进行工作。四是事业部制下实行的独立核算制度便于各事业部之间的相互比较,相互促进。

事业部制形式的主要缺点是:对事业部经理的素质要求高,公司需要有许多对特定物流经营活动比较熟悉的全能型管理人才来运作和领导事业部内的物流经营活动;各事业部都设立有类似的日常经营管理机构,容易造成职能重复,管理费用上升;各事业部拥有各自独立的经济利益,易产生对公司资源和共享市场的不良竞争,由此可能引发不必要的内耗,使总公司协调的任务加重;总公司和事业部之间的集分权关系处理起来难度较大也比较微妙,容易出现要么分权过度,削弱公司的整体领导力,要么分权不足,影响事业部的经营自主性。

6. 矩阵式组织结构

矩阵式组织形式是在直线职能制垂直指挥链系统的基础上,再增设一种横向指挥链系统,形成具有双重职权关系的组织矩阵,所以称之为矩阵制组织。它是由美国学者丹尼尔·W·蒂海斯和罗伯特·L·泰勒于1972年提出的,它的设计原理是将物流作为思考问题的一种角度和方法,而不把它作为企业内的另外一个功能。其大体内容是:履行物流业务所需的各种物流活动仍由原部门(垂直方向)管理,但水平方向上又加入类似于项目管理的部门(一般也称为物流部门),负责管理一个完整的物流业务(作为一个物流"项目"),从而形成了纵横交错的矩阵式组织结构。矩阵式组织结构如图 11-6 所示。

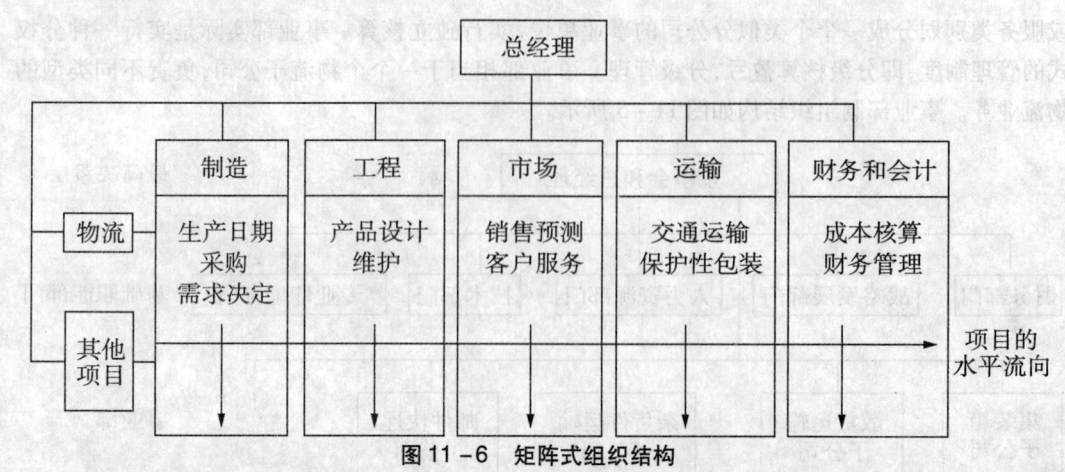

```
                            总经理
     ┌────────┬──────────┬──────────┬──────────┬──────────┐
              制造        工程       市场       运输      财务和会计
   物流      生产日期    产品设计   销售预测   交通运输    成本核算
              采购        维护      客户服务   保护性包装  财务管理
              需求决定
   其他
   项目                                                  → 项目的
                                                          水平流向
```

图11-6 矩阵式组织结构

矩阵式组织结构有三个优点:第一,物流部门作为一个责任中心,允许其基于目标进行管理,可以提高物流运作效率;第二,这种形式比较灵活,适合于任何企业的各种需求;第三,它可以允许物流经理对物流进行一体化的规划和设计,提高物流的整合效应。矩阵式组织结构的缺点是:由于采取双轨制管理,职权关系受"纵横"两个方向上的控制,可能会导致某些冲突和不协调,出了问题,往往难以分清责任;成员的工作位置不固定,容易产生临时观念,也不易树立责任心。

小知识

物流企业组织结构设计原则

除了遵循管理幅度和管理层次的原则外,有效的组织结构设计必须满足以下一些基本原则。

1. 任务目标原则

企业组织结构的根本目的是为实现企业战略任务和经营目标服务的,组织只是手段。如果企业战略目标发生了重大变化,则企业的组织结构也必须做相应的调整和变革,否则就是一个僵化和缺乏活力的组织。企业在进行机构改革、内部组织结构调整时,也必须从任务、目标的要求出发,机构该增则增,该减则减,该撤则撤。精简机构不是目的,只是手段。没有任务目标的组织是没有存在价值的,因而任务目标原则是最基本的一条原则。

2. 分工协作原则

分工、协作是社会化大生产的客观要求。现代企业的管理工作量大,专业性强,因此需要设置不同的专业部门,以提高技术工作和管理工作的水平和效率。另一方面,由于分工越来越细,更需要加强各部门之间的协作与配合,只有分工合理,协作明确,才能顺利地实现企业的整体目标和任务。

3. 统一指挥原则

统一指挥原则的实质是要在管理工作中实现统一领导,建立起严格的责任制,消除多头领导和无人负责的现象,保证全部活动的有效领导和正常进行。为此,在确定管理层次时,要使上下级之间形成一条等级链,任何一级组织只能有一个人负责,下级组织只接受一个上级的命令和指挥,下级只能向直接上级请示工作,不能越级请示,上级亦不能对下级越级指挥,以维护下级组织的领导权威。

4. 责、权、利相结合的原则

责任、权力和利益应该是三位一体的,不能有责而无权、无利,或者有权、有利而无责,或者责、权、利不对等。理论研究和实践经验都表明,责权不明确容易产生官僚主义、无政府状态,组织系统中容易出现摩擦及不必要的会议、对话等。权、责、利不对等对组织效能的发挥极为有害,易产生瞎指挥、滥用权力或束缚管理人员的积极性、创造性,使组织缺乏应有的活力。

5. 集权与分权相结合的原则

集权有利于保证企业生产经营活动的统一领导,统一指挥,有利于人、财、物等各种资源的集中合理分配使用,有利于形成合力办大事。分权则有利于高层领导摆脱日常事务性的领导工作,集中精力抓大事。集权与分权的关系是辩证统一的,不可偏废,集权应以不妨碍基层组织积极性的发挥为限,分权则应以上级不失去对下级的有效控制为限。集权与分权的关系是相对的,不是一成不变的,应根据不同情况进行相应的调整。从当今世界企业组织结构的实践看,侧重分权管理是组织发展的主要趋势。

6. 稳定性与适应性相结合的原则

企业的组织结构首先应当具有一定的稳定性,以利于生产经营活动的有序进行,因为结构的变动涉及人员、分工、职责、协调等各方面的调整,对人员的情绪、工作方法、工作习惯等带来影响,从而影响工作效率。而企业组织又是实现企业战略的工具,当企业战略随内外环境的变化而变化时,组织结构又应当具有与企业战略保持协调一致的适应性。企业领导的责任就是把稳定性和适应性恰当地结合起来。

7. 执行与监督分设的原则

为了保证监督工作的严肃性和公正性,监督机构应当与工作机构分开,单独设置,不能搞自我监督。分开设置后,监督机构既要执行监督职能,又要加强对被监督机构的服务职能。

8. 弹性原则

组织结构要富有弹性,要根据客观情况的变化实行动态管理。组织是整个社会环境的一部分,组织与社会环境密切相关,它受社会的政治、经济、文化等因素的制约。组织内的各个方面因素也在不断地变化着。因此,组织结构既要有相对的稳定性,不要轻易变动,又必须随组织内部和外部条件的变化,根据长远目标做出相应的调整,使组织结构具有弹性。墨守成规,长期不变的管理结构,不符合组织结构设计的弹性原则,它抑制职工的积极性与创造性。组织结构的弹性原则要求组织定期分析社会环境、组织内的人的因素及技术因素等的变化。

资料来源:道客巴巴. http://www.doc88.com/p-384749943531.html。

第二节 物流质量管理

一、物流质量管理的概念

物流质量管理是指科学运用先进的质量管理方法、手段,以质量为中心,对物流全过程进行系统管理,包括保证和提高物流产品质量和工作质量而进行的计划、组织、控制等各项工作。

二、物流质量管理的内容

物流质量管理的内容主要包括以下四大方面。

(一) 物流对象物的质量

物流对象物的质量主要是指在物流过程中对物流对象物的保护。这种保护包含数量保护、质量保护、防止灾害。

(二) 物流服务质量

物流服务质量是物流质量管理的一项重要内容。这是因为物流业有极强的服务性质,物流业属于第三产业,说明其性质主要在于服务。所以,整个物流的质量目标,就是其服务质量。服务质量因不同用户而要求各异,这就需要掌握和了解用户需求。

(三) 物流工作质量

物流工作质量指的是物流各环节、各工种、各岗位具体工作的质量。物流工作质量和物流服务质量是两个有关联但又不大相同的概念,物流服务质量水平取决于各个物流工作质量的总和。所以,物流工作质量是物流服务质量的某种保证和基础。重点抓好物流工作质量,物流服务质量也就有了一定程度的保证。

(四) 物流工程质量

物流工程是支撑物流活动的总体的工程系统,可以分成总体的网络工程系统和具体的技术工程系统两大类别。其主要作用是支持流通活动,提高活动的水平并最终实现交易物的有效转移。

三、物流质量管理的特点

现代物流质量管理可以归纳为以下三个特点。

(一) 管理的对象全面

物流质量管理不仅管理物流对象本身,而且还管理工作质量和工程质量,最终对成本及交货期起到管理作用,具有很强的全面性。

(二) 管理的范围广泛

物流质量管理对流通对象的包装、装卸搬运、储存、运输、配送及流通加工等若干过程进行全过程的质量管理,同时又是对产品在社会再生产全过程中进行全面质量管理的重要一环。在这全过程中,必须一环不漏地进行全过程管理,才能保证最终的物流质量,达到目标质量。

(三) 全员参加管理

要保证物流质量,必须依靠涉及的各部门和广大职工的共同努力。物流管理的全员性,正是物流的综合性、物流质量问题的重要性和复杂性所决定的,它反映了质量管理的客观要求。

由于物流质量管理存在的对象全面、范围广泛、全员参加的特点,因此,全面质量管理的一些原则和方法(如 PDCA 循环)同样适用于物流质量管理。但应注意物流的系统性,注意系统各环节的联系和配合。另外,要明确"预防为主、事前管理"的重要性。

四、物流质量管理的几个关键点

(一) 服务性

开展物流质量管理,必须紧紧把握服务性,全面分析生产者、用户及物流内部等各方面要求的特点和内在联系,服务水平越高,则成本越低。

(二) 预防性

物流质量管理强调"预防为主、事前控制",把质量管理由传统的质量检验转变成以预防为主的质量控制。

(三) 全面性

全面性即对物流全过程包括运输、保管、包装、装卸、流通加工、配送、信息等各个功能环节进行质量管理;对全员包括物流相关环节中各部门的全体职工进行管理。

五、物流企业质量管理常用的方法

目前常用的物流质量管理方法有 PDCA 工作方法和 5S 活动。

(一) PDCA 工作方法

PDCA 循环是由美国质量管理学专家戴明在 20 世纪 60 年代初创立的。PDCA 循环表示质量管理中任何工作都要分为四个阶段,四个阶段的工作循环如图 11-7 所示。

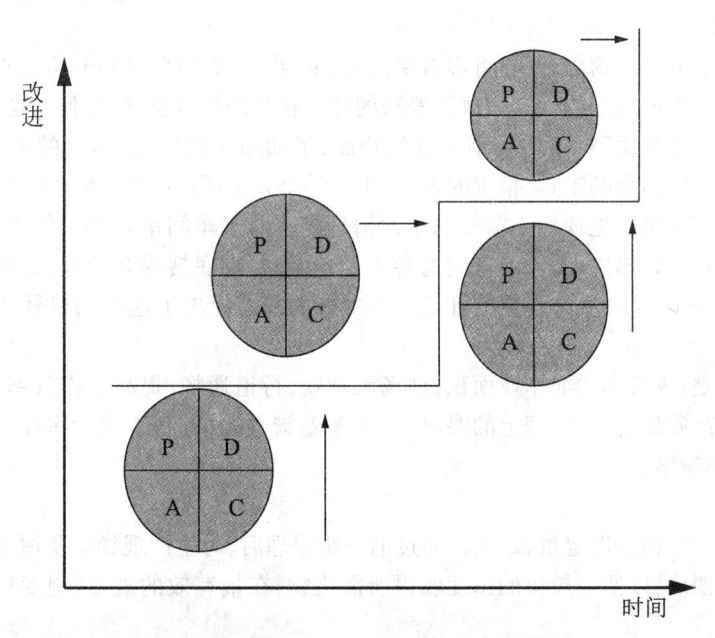

图 11-7 PDCA 质量管理示意

P(Plan)计划,包括方针和目标的确定以及活动计划的制订。

D(Do)执行,就是具体运作,实现计划中的内容。

C(Check)检查,就是要总结执行计划的结果,分清哪些对了,哪些错了,明确效果,找出问题。

A(Action)行动(或处理)。对总结检查的结果进行处理,成功的经验加以肯定,并予以标准化,或制定作业指导书,便于以后工作时遵循;对于失败的教训也要总结,以免重现。对于没有解决的问题,应提给下一个PDCA循环中去解决。

PDCA质量管理的特点如下。

① 周而复始。PDCA循环的四个过程不是运行一次就完结,而是周而复始地进行。一个循环结束了,解决了一部分问题,可能还有问题没有解决,或者又出现了新的问题,再进行下一个PDCA循环,依此类推。

② 大环带小环。类似行星轮系,一个公司或组织的整体运行体系与其内部各子体系的关系,是大环带小环的有机逻辑组合体。

③ 阶梯式上升。PDCA循环不是停留在一个水平上的循环,不断解决问题的过程就是水平逐步上升的过程。

(二) 5S 活动

5S活动起源于日本,并在日本企业中广泛推行,相当于我国企业开展的文明生产活动。

1. 5S活动的含义

5S是整理(Seiri)、整顿(Seiton)、清扫(Seiso)、清洁(Seiketsu)和素养(Shitsuke)这五个词的缩写,是指在生产现场中对人员、机器、材料、方法等生产要素进行有效管理,是日式企业独特的一种管理方法。因日语的罗马拼音均为S开头,所以简称为5S。

2. 5S活动的内容

(1) 整理

把要与不要的人、事、物分开,再将不需要的人、事、物加以处理,这是开始改善生产现场的第一步。其要点是对生产现场的现实摆放和停滞的各种物品进行分类,区分什么是现场需要的,什么是现场不需要的。其次,对于现场不需要的物品,诸如用剩的材料、多余的半成品、切下的料头、切屑、垃圾、废品、多余的工具、报废的设备、工人的个人生活用品等,要坚决清理出生产现场,这项工作的重点在于坚决把现场不需要的东西清理掉。对于车间里各个工位或设备的前后、通道左右、厂房上下、工具箱内外,以及车间的各个死角,都要彻底搜寻和清理,达到现场无不用之物。坚决做好这一步,是树立好作风的开始。日本有的公司提出了这样的口号:"效率和安全始于整理!"

整理的目的是:改善和增加作业面积;现场无杂物,行道通畅,提高工作效率;减少磕碰的机会,保障安全,提高质量;消除管理上的混放、混料等差错事故;有利于减少库存量,节约资金;改变作风,提高工作情绪。

(2) 整顿

把需要的人、事、物加以定量、定位。通过前一步整理后,对生产现场需要留下的物品进行科学合理的布置和摆放,以便用最快的速度取得所需之物,在最有效的规章、制度和最简捷的流程下完成作业。

整顿活动的要点是:物品摆放要有固定的地点和区域,以便于寻找,消除因混放而造成的差错;物品摆放地点要科学合理。例如,根据物品使用的频率,经常使用的东西应放得近些(如放在作业区内),偶而使用或不常使用的东西则应放得远些(如集中放在车间某处);物品摆放目视化,使定量装载的物品做到过目知数,摆放不同物品的区域采用不同的色彩和标记加以区别。

生产现场物品的合理摆放有利于提高工作效率和产品质量,保障生产安全。这项工作已发展成一项专门的现场管理方法——定置管理。

(3) 清扫

把工作场所打扫干净,设备异常时马上修理,使之恢复正常。生产现场在生产过程中会产生灰尘、油污、铁屑、垃圾等,从而使现场变脏。脏的现场会使设备精度降低,故障多发,影响产品质量,使安全事故防不胜防;脏的现场更会影响人们的工作情绪,使人不愿久留。因此,必须通过清扫活动来清除那些脏物,创建一个明快、舒畅的工作环境。

清扫活动的要点是:自己使用的物品,如设备、工具等,要自己清扫,而不要依赖他人,不增加专门的清扫工;对设备的清扫,着眼于对设备的维护保养。清扫设备要同设备的点检结合起来,清扫即点检;清扫设备要同时做设备的润滑工作,清扫也是保养;清扫也是为了改善。当清扫地面发现有飞屑和油水泄漏时,要查明原因,并采取措施加以改进。

(4) 清洁

整理、整顿、清扫之后要认真维护,使现场保持完美和最佳状态。清洁,是对前三项活动的坚持与深入,从而消除发生安全事故的根源。创造一个良好的工作环境,使职工能愉快地工作。

清洁活动的要点是:车间环境不仅要整齐,而且要做到清洁卫生,保证工人身体健康,提高工人劳动热情;不仅物品要清洁,而且工人本身也要做到清洁,如工作服要清洁,仪表要整洁,及时理发、刮须、修指甲、洗澡等;工人不仅要做到形体上的清洁,而且要做到精神上的"清洁",待人要讲礼貌、要尊重别人;要使环境不受污染,进一步消除混浊的空气、粉尘、噪声和污染源,消灭职业病。

(5) 素养

素养即教养,努力提高人员的素养,养成严格遵守规章制度的习惯和作风,这是5S活动的核心。没有人员素质的提高,各项活动就不能顺利开展,开展了也坚持不了。所以,抓5S活动,要始终着眼于提高人的素质。

3. 5S活动的实施手段

(1) 红牌作战

红牌作战是在有问题之处使用红牌揭示出来,意在运用醒目的红色标志标明问题所在,使大家都能一目了然地知道问题之所在。

(2) 看板管理

看板管理是将希望管理的项目或信息通过各类管理板提示出来,使管理状况众人皆知。

(3) 颜色管理的运用

颜色管理是将企业内的管理活动和管理实物披上一层有色的外衣,使任何管理方法都能利用红、黄、蓝、绿四种颜色来管制,让员工自然、直觉地与交通标志灯相结合,以促成全员共识、共鸣、共行而达到管理的目的。

六、物流质量的衡量

衡量物流质量是物流管理的一项内容。物流质量的保证首先建立在准确有效的质量衡量上。一般物流质量主要从以下三个方面来衡量。

(一) 物流时间

时间的价值在现代社会的竞争中越来越凸显出来,谁能保证时间的准确性和及时性,谁就获得了客户。由于物流的重要目标是保证及时送交商品,因此时间就成为衡量物流质量的重要因素。然而,在货物运输中,我国现行的运输管理体制在一定程度上制约了不同运输方式之间的高效衔接,减缓了物流速度。目前,全国铁路货运列车的平均技术速度仅为 45 km/h,而且散装、集装箱运输技术尚未普及,装卸效率低,铁路货车中转停留时间约 5 h。公路运输营运货车平均日行程仅 200 km 左右,车辆工作率约 60%。城市内运输由于道路面积增长与车辆增长不适应,因而车辆运输速度不断下降。在一些大城市,平均车速已下降到每小时 15 km,严重影响了城市物流效率。由此可见,物流质量的提高还依赖于物流大环境的改善。

(二) 物流成本

物流成本的降低不仅是企业获得利润的源泉,也是节约社会资源的有效途径。在国民经济各部门中,因各部门产品对运输的依赖程度不同,运输费用在生产费用中所占比重也不同。

(三) 物流效率

物流效率对于企业来说,指的是物流系统能否在一定的服务水平下满足客户的要求,也是指物流系统的整体构建。对于社会来说,衡量物流效率是一件复杂的事情。因为社会经济活动中的物流过程非常复杂,物流活动内容和形式不同,必须采用不同的方法去分析物流效率。一般用物流相关行业的成本费用总和与 GDP 的比值来评价物流总体效率。2002 年美国的物流总成本为 9 100 亿美元,低于 2001 年的 9 700 亿美元和 2000 年创纪录的 1.021 万亿美元。2002 年的物流成本仅占当年 10.47 万亿 GDP 的 8.7%,在 2001 年 9.5% 的基础上持续下降。这说明美国的物流效率在逐渐提高。

七、加强物流质量管理的基本途径

(一) 建立物流整体质量管理的思想

一般来说,物流活动就是为生产经营服务的服务性活动。不同的企业物流服务功能构成和其重要性不同,其质量都会影响整体服务质量和客户的满意程度。必须建立物流整体质量管理的思想,强化物流质量管理。物流管理人员必须深入了解物流服务全过程,并根据客户要求,认真做好物流服务网络体系设计工作和服务质量管理工作,不断创造物流价值,增加客户的信任感和忠诚度,确定物流服务质量标准,做好每一个关键环节的质量管理工作,促使服务实际符合或超过客户的期望。从整体角度客观地衡量物流服务质量管理水平,积极采用高新技术加强质量管理,对企业员工的物流服务行为进行管理,从而提升企业物流服务的整体质量水平。

(二) 采取有效的物流质量管理措施

① 根据全面质量管理理论,建立和完善物流质量的计量、评估体系。物流目标质量指标主要有服务水平指标、满足程度指标、交货水平指标、交货期质量指标、商品完好率指标、物流吨费用指标等。仓库质量指标主要有仓库吞吐能力实现率、商品收发正确率、商品完好率、库存商品缺货率、仓库面积利用率、仓容利用率、设备完好率、设备利用率、仓储吨日成本等。运输环节质量指标主要有正点运输率、满载率、运力利用率等。

② 积极引进现代质量管理理论和技术,大力开展技术创新活动,借助现代高新技术强化物流质量管理,提高质量管理水平。

③ 运用有效的激励措施,实行全面质量管理。运用有效的奖励和激励措施,激励员工提高学习能力和创新能力,鼓励员工承担风险,探索减少差错的方法。

案例 11-1

JC PENNEY 公司质量管理创新

一、配送中心的基本情况

JC PENNEY 公司(以下简称 JC 公司)位于美国俄亥俄州哥伦布市的配送中心,每年要处理 900 万种订货,或每天 25 000 笔订货。该中心为 264 家地区零售店装运货物,无论是零售商还是消费者的家,该配送中心都能做到 48 小时之内把货物送到所需的地点。哥伦布市的配送中心有 200 万平方米设施,雇用了 1 300 名全日制员工,旺季时有 500 名兼职雇员。JC 公司接着在其位于密苏里州的堪萨斯城、内华达州的雷诺及康涅狄格州的曼彻斯特的其他三个配送中心里成功地实施了质量创新活动,能够连续 24 小时为全国 90% 的地区提供服务。

二、质量管理创新

JC 公司感到真正的竞争优势在于优质的服务。管理部门认为,这种服务的优势应归功于 20 世纪 80 年代中期该公司所采取的三项创新活动,即质量循环、精确至上及激光扫描技术。

(一)质量循环:小改革解决大问题

1982 年,JC 公司首先启动了质量循环活动,以期维持和改善服务水准。管理部门担心,质量服务的想法会导致管理人员企图简单地花点钱来"解决问题"。然而,代之这些担心的是经慎重考虑后提出的一些小改革,解决了工作场所中存在的一些主要问题,其中包括工人们建议创建的中央工具库,用以提高工作效率和工具的可获得性。

(二)精确至上:不断消除物流过程的浪费

精确至上的创新活动旨在通过排除收取、提取和装运活动中存在的缺陷,以提高服务的精确性。因此,提供精确的顾客信息和完成订货承诺被视为头等大事。显然,在该层次上讲求服务的精确性,意味着该公司随时可以说出来某个产品项目是否有现货,并且当有电话订货时,便可以告知对方何时送货上门。该公司需要提高的另一个精确性与在卖主处提取产品有关。为了确保产品在质量和数量上的正确,JC 公司针对每次装运中的某个项目,进行质量控制和实际点数检查。如果存在着差异,将对订货进行 100% 的检查。与此同时将对 2.5% 的装运进行审计。订货承诺的完成需要把主要精力放在提高精确性上,为此该公司配送中心的经理罗杰·库克曼说道:"我们曾一直在犯错误,想在商品预付给顾客之前就能够进行精确的检查。"但问题是,在质量循环中是否已找到了解决办法,或者能够对该过程进行自动化。对此,库克曼感觉到:"只有依赖计算机系统,人们才有能力精确地检查。"于是,该公司开始利用计算机系统进行协调,把订购商品转移到转送提取区域,以减少订货提取者的步行时间。

(三)激光扫描技术:用科技改进质量管理

第三项质量管理创新活动是应用激光扫描技术,以 99.9% 的精确性来跟踪 230 000 个存货单位的存货。JC 公司最初在密尔沃基的配送中心是用手工来处理各种产品项目的储存和跟踪的,接着便开始用计算机键盘操作替代手工操作,这一举动使产品项目的精确性接近了 80%。而激光扫描技术则被看成是既提高记录精度,又提高记录速度的手段。但是,刚开始启动扫描技术时的结果并不理想,因为一系列的扫描过程需要精确地读取每一个包装盒子上的信息。然而,在某些情况下,往往需要扫描四次才获得一次读取信息。看来,JC 公司需要一种系统,能够按每秒三次的速度,从任何角度读取各种包装尺寸的产品信息。于是,公司内部的系统支持小组优化了硬件和软件来满足这一目的。其结果是,该配送中心的四个扫描站耗资 12 000 美元,削减了每个扫描站所需的 16 个键盘操作人员。

三、质量管理创新需要协调员工与技术的关系

"加重工作"的质量循环与"减轻工作"的技术应用之间,会产生一种有趣的尴尬境地。JC 公司需要在引进扫描技术的同时,还要保持其既得利益和改进成果。然而,该公司在时间上的选择却是完美的。因为公司在大举扩展的同时将需要增加雇员。于是,该公司便告诉其雇员,技术进步将不会导致裁员。

案例来源:豆丁网. http://www.docin.com/p-453996962.html.

第三节 物流标准化

一、物流标准化的定义

标准化是对产品、工作、工程、服务等活动制定、发布和实施统一标准的过程。它是使系统保持统一性和一致性,对系统进行管理,提高系统运行效益的有效手段。

物流标准化就是以物流系统为对象,围绕运输、储存、装卸、包装及物流信息处理等物流活动制定、发布和实施有关技术和工作方面的标准,并按照技术标准与工作标准的配合性要求,统一整个物流系统标准的过程。也就是说,在互相独立的系统中,选择与确定具有功能互换性或尺寸互换性的子系统或功能单元。

随着信息技术和电子商务、电子数据、供应链的快速发展,国际物流配送业已进入快速发展阶段,物流系统的标准化和规范化已成为先进国家提高物流运作效率和效益,提高竞争力的必备手段。它不仅是实现物流各环节衔接的一致性、降低物流成本的有效途径,而且也是进行科学化物流管理的重要手段。

二、物流标准化的作用

物流本身是一个大系统,所涉及的要素极其广泛,一项物流活动的完成,是众多物流要素共同作用的结果。实现物流系统化需要从包装、装卸、运输、配送、信息等各个功能环节上处理好有关技术、工艺的配合,各种运输手段的有机结合以及各种类型物流节点设施之间的货物转移需要在物流设备、包装方式等方面相互配合。为了能够使各种物流要素有效配合,需要对物流设施、设备、器具、作业方法等制定统一的标准,并且按照统一的标准组织物流活动。物流标准化有以下几个方面的作用。

(一)提高资源利用率

物流标准化是实现物流各个环节衔接的一致性、加快流通速度的需要。通过制定和执行物流工作中的相关标准,不仅可以保证物流活动各环节的技术衔接和协调、规范服务质量、加快流通速度,而且可以合理地利用物流资源,提高资源利用效率。

第十一章 物流组织与控制

（二）推进科学化管理

物流标准化是进行科学化物流管理的重要手段。物流标准化为物流管理的规范化奠定了基础，使得物流目标更加明确，有利于提高物流管理效率，实现整个物流大系统的高度协调统一。

（三）降低物流成本，提高物流效率

物流标准化还是降低物流成本的有效手段。通过物流标准化，可以实现物流各个环节的有机结合，减少中间环节，减少无效劳动，提高设备、设施及器具的使用效率，从而达到降低物流成本，提高经济效益的目的。

（四）推动技术进步

物流标准化有利于提高技术水平，推动物流技术的发展。标准化有利于在运输工具、装卸、包装等方面采用国际标准，为开展国际交流与合作，便于与国外物流设施、设备、器具的相互配合创造条件。

（五）促进各系统衔接

物流标准化便于同外界系统的连接。物流活动中使用的设施和设备需要机械制造企业提供，货源来自生产企业和流通企业等。也就是说，物流活动不仅是物流系统本身的问题，还涉及产品的生产、流通，以及物流设施和设备的生产制造系统等。实施标准化，可以促进这些系统的有效衔接。

三、物流标准化的种类

按照标准化工作应用的范围，物流标准可分为技术标准、工作标准和作业标准。

（一）物流技术标准

技术标准是指对标准化领域中需要协调统一的技术事项所制定的标准。在物流系统中，其主要是指物流基础标准和物流活动中采购、运输、装卸、仓储、包装、配送、流通加工等方面的技术标准。

1. 物流基础标准

基础标准是制定物流标准必须遵循的技术基础与方法指南，是全国统一的标准。它主要包括以下几个具体标准。

① 专业计量单位标准。除国际或国家公布的基本计量单位外，物流系统还有许多专业的计量问题，必须在国际和国家标准的基础上，确定物流专业标准，如集装箱的计量单位——标准箱等。同时，由于物流的国际性很强，专业计量标准必须考虑与国际计量方式一致，考虑国际上现有的习惯用法。

② 物流基础模数尺寸标准。基础模数尺寸是指标准化的共同单位尺寸，系统各标准尺寸的最小公约尺寸。在制定各个具体的尺寸标准时，要以基础模数尺寸为依据，选取其整数倍为规定的尺寸标准，这样，可以大大减少尺寸的复杂性，使物流系统各个环节协调配合，并成为系列化的基础。

ISO 对物流标准化的重要模数尺寸方案为：物流基础模数尺寸为 $600mm \times 400mm$；集装基础模数尺寸为 $1\,200mm \times 1\,000mm$ 为主，也允许 $1\,200mm \times 800mm$。物流基础模数尺寸与集装基础

模数尺寸的配合关系如图 11-8 所示。

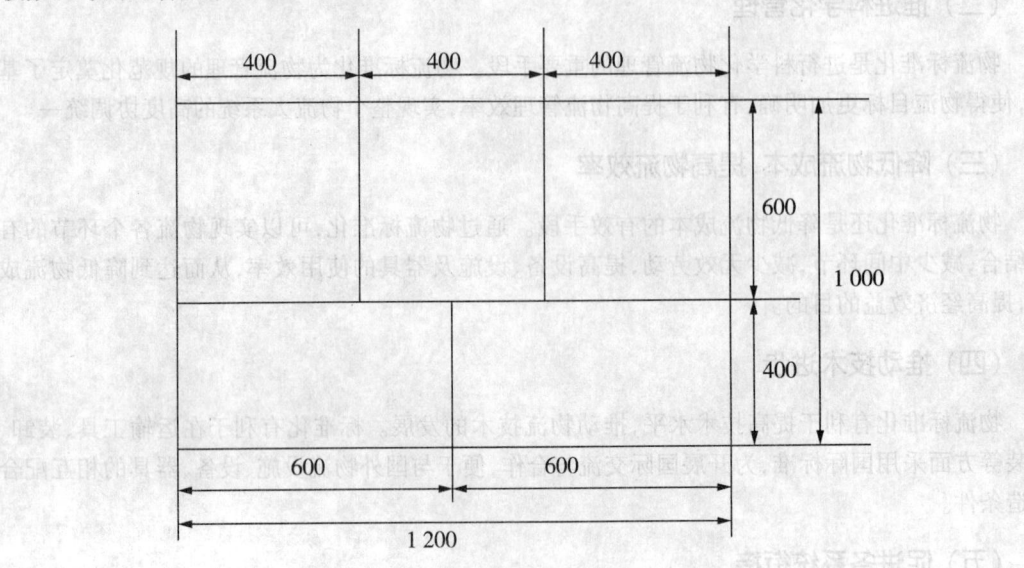

图 11-8 基础模数尺寸的配合关系

③ 物流建筑基础模数尺寸。它主要是指物流系统中各种建筑物如库房、中转站等所使用的基础模数。它是以物流基础模数尺寸为依据确定的,也可选择共同的模数尺寸。该尺寸是设计建筑物长、宽、高尺寸,门窗尺寸,建筑物柱间距、跨度及进深等尺寸的依据。

④ 集装模数尺寸。它是指在物流基础模数尺寸基础上推导出的各种集装设备的标准尺寸,可以此尺寸作为设计集装设备长、宽、高三维尺寸的依据。在物流系统中,集装单位是起贯穿作用的,集装设备尺寸必须与各个环节的物流固定设施、移动设备、专用机具相配合。因此,集装模数尺寸影响并决定着与其配合的相关环节的标准化。

⑤ 物流专业术语标准。其中包括物流专业名词的统一化、专业名词的统一编码及定义的统一解释。物流专业术语标准化可以避免由于人们对物流词汇的不同理解而造成物流工作的混乱。

⑥ 物流核算及统计的标准化。标准化的物流核算、统计体系是对物流系统进行宏观控制的基础。其中包括统计核算文件格式标准化、统计方法及程序标准化、商贸文件及业务程序标准化等。

⑦ 标志、图示和识别标准。在商品由生产到用户所经历的多个环节中,必须有全社会和全世界统一的标志、图示和识别标准。

2. 各个分系统的技术标准

各个分系统的技术标准主要有以下几个。

① 运输车船标准。它主要指物流系统中运输车辆、船舶等设备的技术标准。

② 作业车辆标准。它是指物流设施内部使用的各种作业车辆的尺寸、运行方式、作业范围、搬运重量、作业速度等方面的技术标准。

③ 传输机具标准。其包括水平、垂直输送的各种机械与气动起重机、传送机、提升机的尺寸、传输能力等技术标准。

④ 仓库技术标准。其包括仓库尺寸、建筑面积、有效面积、通道比例、单位储存能力、总吞吐能力、温湿度等技术标准。

⑤ 站台技术标准。其包括站台高度、作业能力等技术标准。

⑥ 包装、托盘、集装箱标准。其包括尺寸标准、包装强度标准、荷重及材料材质标准。

第十一章　物流组织与控制

⑦ 货架、储罐标准。其包括货架净空间、载重能力、储罐容积尺寸标准等。

（二）物流工作标准

物流工作标准是指对工作的内容、方法、流程和质量要求所制定的标准。其主要包括：各岗位的职责及权限范围、完成各项任务的流程和方法，以及与相关岗位的协调、信息传递方式、工作人员的绩效考核办法；物流设施、建筑的检查验收规范；吊钩、索具的使用及放置规定；货车和配送车辆运行时刻表、运行速度限制及异常情况处理等。

（三）物流作业标准

物流作业标准是指在物流作业过程中，物流设备运行、作业程序、作业要求等标准。它是实现作业规范化、效率化和保证作业质量的基础。

小·知识

物流标准化现状分析及建设

所谓标准化，是指系统内部，以及系统与系统间的软件口径、硬件模式的协同，从而便于系统功能、要素间的有效衔接与协调发展。物流标准化是以物流为系统，制定系统内部设施、机械设备、专用工具等各个分系统的技术标准，通过对各分系统的研究以达到技术标准与工作标准的配合一致的效果。物流标准根据其定义分为物流软件标准和物流硬件标准。具体而言，软件标准包括物流用语的统一、单位标准化、钱票收据标准化、应用条形码标准化和包装尺寸标准化；硬件标准含有托盘标准化、集装箱标准化、叉车标准化、拖车载重量标准化、保管设施标准化及其他物流设备标准化。

1. 物流标准化现状分析

目前，我国物流业已建立了一批物流标志标准体系，如《中国物流标准化体系规范》；同时《物流术语》《商品条码》《物流单元格条码》等一些重要的国家标准已投入实施。这些标准的实施对于规范我国当前物流业发展中的基本概念，促进物流业迅速发展并与国际接轨起到了重要作用。但是，我国物流标准化建设还只是处于起步阶段，很多实质性问题还远未接触。目前，存在于我国的物流标准化问题主要有以下几个方面。

① 各类运输方式间装备标准不一，限制多式联运的开展。以集装箱为例，海运中集装箱主要以 40 英尺×8 英尺×8 英尺和 20 英尺×8 英尺×8 英尺两种箱型为主，而铁路运输有其自有的一套集装箱标准，使得海铁联运必须经过再次拆箱、装箱后才能实现，造成了多次的包装成本及储存费用。同样的问题还出现在公路、航空中。这种运输方式间装备标准的不兼容性影响了我国综合运输的发展，降低了物流效率，限制了成本的节约空间。

② 物流器具标准不配套。我国现有托盘标准与各种运输装备、装卸设备标准间缺乏有效衔接，降低了托盘在整个物流过程中的通用性。目前在国内各物流企业中有的以欧洲标准 0.8m×1.2m 为蓝本，有的以日本的 1.1m×1.1m 为标准，更有甚者以自己定义为准。严重影响了货物在运输、仓储、搬运过程中的机械化、自动化水平的提高，影响物流配送系统的协调运作。

③ 物流包装标准与物流设施标准间的缺口严重影响运输工具的装载率、装卸设备的载荷率及仓储设施的空间利用率。

④ 信息技术不能实现自动地无缝衔接与处理，影响数据共享。截至 2001 年，我国已拥有电信网络干线光缆超过 30 万公里，基本形成以光缆为主体，以数字微波和卫星通信为辅助手段的

大容量数字干线运输网络,包括分组交换数据网、数字数据网、公用计算机互联网和公用中继网在内的四大骨干网络的总容量达到 62 万个端口,EDI、ERP、MRP、GPS 等技术得以应用。但是我国物流领域由于没有公共数据的接口行业和国家编码标准,造成了电子化物流网络相互不兼容,数据无法自由交换,信息不能共享。

⑤ 已有标准的应用推广存在障碍。由于我国过去计划经济体制下部门条块分割的影响,物流标准化工作被人为地分散在各个不同的管理部门,难以形成统一的管理体系,推广工作更是困难。例如,条形码标准有中国物品编码中心负责;集装箱标准技术由交通部科学研究院设计;托盘技术由铁道部科学研究院承担。要使不同部门的标准达成统一需要大量的协调工作。

2. 物流标准化对成本的影响

物流标准化作为物流行业的一种基准标准,对物流业的发展有着深远的意义。作为物流活动绩效标准的物流成本最直接体现标准化工作成效。狭义的物流成本指产品在包装、装卸、运输、储存、流通加工等各物流活动中所支出的人力、财力、物力之总和。在我们常见的财务账簿上主要是从运输费用和仓储费用上体现出来。在信息化时代我们还必须考虑信息的处理成本以及为保持生态的可持续发展,因物流活动造成的环境成本也是我们应当涵盖在物流成本范围内的。

为有效降低物流成本,需要对物流各活动进行合理管理,保证物流各环节的合理化和物流过程的快速、流畅。目前许多物流企业都对物流活动做出了相应的成本控制方法。例如,对于运输问题,采用线性规划法及非线性规划法,合理选择路线,尽量减少周转环节。通过对行车里程的节约,提高运输速度,合理使用车辆,以此达到运费的降低。在仓储方面发展了仓储理论,采用经济订购批量模型(EOQ)实现订购物资的最优控制以达到库存成本的节约,同时采用机械自动化设备尽量减少人力成本等。

但是,仔细分析这些成本控制法都只是局限于单个物流活动,忽略了物流各活动间的衔接,而且假设了所有商品、包装、运输器具的规格统一。通过对我国标准化现状的分析,我们可以得出结论:正是由于目前我国各类标准的不规范导致我国物流成本的高态势,致使我国物流业与发达国家差距拉大。根据世界银行统计,2000 年我国物流费用约占国内 GDP 的 16.77%,约为发达国家的 2 倍。

3. 物流标准化建设对策

针对当前物流标准化进程中存在的问题和国际物流标准化的发展方向,政府部门要加强对物流标准化工作的重视:一方面要在计量标准、技术标准、数据传输标准、物流作业和服务标准等方面做好基础工作;另一方面,也是最为迫切的是要加强对标准化工作的协调和组织工作,对国家已颁布的各种与物流活动相关的国家标准、行业标准进行深入研究,及时淘汰一批落后的标准,增加通用性较强的物流设施和装备的标准制定。要注意不同功能活动的特殊要求,但更应强调各类物流活动间的兼容性。

硬件方面要针对不同性质的运输货物制定相应的标准,同一体系内的标准之间要满足级数基准。例如,设计以 20m^3 为储运标准的,其他的标准系列应以此为基准,无论从长、宽、高角度都应是 20 的倍数。这种设计方式不仅便于统计、计算,而且沟通了不同运输方式,使得运输、仓储等各类物流活动得以协调运作。

软件方面要加快通用标准体系的建立。尽快实现标准数据传输格式和标准接口:通过网络和信息技术连接客户、制造商、供应商及相关单位,实现资源共享、信息共用。借助信息技术实现对物流的全程跟踪,实现有效控制。制定统一的条形码格式,使用一致的计量单位。此外,要进行环境体系的认证,规范各类物流企业的绿色标准。

资料来源:百度文库. http://wenku.baidu.com/view/d760cd4433687e21af45a937.html.

本章小结

本章首先介绍了物流组织结构的概念和典型形态,要求了解其基本概念,掌握几种典型的物流组织结构。然后介绍了物流质量管理的概念、内容、特点和常用方法,要求了解物流质量管理的基本知识,掌握物流质量管理的常用方法。最后介绍了物流标准化的定义、作用、种类等基本内容,使学生对物流标准化有一个全面的了解,并能让学生认识到物流标准化的重要作用,掌握各种物流作业设备之间的标准匹配关系并将之应用于实践。

本章习题

思考题

1. 影响企业物流组织结构的因素是什么?
2. 企业物流组织结构的典型形态有哪些?各自的特点是什么?
3. 物流质量管理的内容、特点是什么?
4. PDCA 质量管理的工作过程是怎样的?
5. 5S 活动的内容包括什么?
6. 物流标准化的作用是什么?
7. 物流基础标准包括哪些内容?

案例分析

上海百大配送有限公司的物流配送标准化管理的实践

上海百大配送有限公司是上市公司昆百大控股的云南百大投资有限公司在物流配送业投资的一个全国性的配送网络(以下简称上海百大配送)。经过近五年的运作,已建成包括上海、北京、南京和昆明四城市四种商业模式的从事第三方物流末段服务的专业公司,获得了上海创股和北京联办等投资机构的注资,形成了自己的标准化业务和管理流程,实现了整体盈利,为今后的配送网络复制和扩张打下了基础,并开始与"阳光网达"等中游物流企业进行企业标准对接。

上海百大配送的标准化内容包括:机构设置及管理制度、程度的标准化;业务流程的标准化;业务开发的标准化;客户开发及维护的标准化;数据库建设的标准化(包括数据采集、分析、提供等);与供应商、银行、终端消费者接口的标准化;属地公司及配送站建设的标准化等。

上海百大配送的标准化管理经历了三个阶段的探索和实践。

第一阶段:基于 ISO9002:1994 标准建立并实施的标准化管理。

为配合上海百大配送的战略发展需要,该公司在昆明和上海成立了专业的第三方物流配送公司,经过一年多的运作,积累了一定的经营和管理经验,并确立了在全国范围内成立同类的第三方物流配送公司,形成全国直投网络的战略目标,新公司的建立和运作需要有一套规范化、标准化的管理手册作为指导;随着昆明和上海两公司物流配送业务量的增长,对运作及管理规范化、标准化的需求促使该公司实施标准化管理。

实施标准化管理的过程中,主要采取了以下措施:按照 ISO9002:1994 建立质量体系;根据公司行政、财务管理需要,按照 ISO9002:1994 的理念建立行政财务管理体系;将质量管理体系与行政、财务管理体系有机融合,形成一套完整的公司管理手册(以下称"管理手册V1.0");在已成立的公司逐步实施"管理手册V1.0",并以此指导新公司的建立和运作。

上海百大配送所属的昆明公司在标准建立之初，即承担了配合设计并试验标准化管理体系及"管理手册V1.0"的任务。标准化管理体系的建立及实施，规范了公司的运作和管理，使公司的业务运作及行政、财务进入有序状态，提升了公司的服务质量，增强了竞争力，使该公司成为昆明地区物流配送行业的明星企业。随后，公司在"管理手册V1.0"的指导下在南京、北京相继成立了第三方物流配送公司。

第二阶段：根据实际运作情况，总结并提炼不同类型物品的物流配送运作过程规范化的标准化管理。

上海百大配送在北京、昆明、上海、南京四城市分别成立第三方物流末段配送公司，经过几年的运作，尽管四城市公司经营重点不同，但单一物品的物流配送业务流程已较成熟，而且同类物品的配送在不同地区、不同公司的业务流程与管理基本一致。在此基础上进行了标准化管理的升级。

上海百大配送综合所属四个物流企业的实际运作经验，总结不同物品、不同服务的业务流程，自下而上地收集各环节、各岗位操作指导，并按部门及功能块制定切实可行的管理制度及控制标准，形成了"管理手册V2.0"。

"管理手册V2.0"建立并实施后，公司内各部门及功能块控制点清晰，管理目标明确，减轻了中层管理人员的管理难度；各岗位人员严格按照操作指导及标准工作，为公司提升业务量及增加新的配送服务奠定了基础；各地区公司在开展新业务时，依据"管理手册V2.0"已建立同类业务的业务流程、操作指导及管理控制标准实施业务的开发、运作及管理，大大加快了各公司业务的拓展。

第三阶段：对有共性的不同物品的物流配送过程一体化的标准化运作及管理的探索，并增加对客户及合作者的接口标准化内容。

随着上海百大配送在四个城市的运作日趋成熟，各城市公司在物流配送实际运作中都不同程度地实现了不同物品、不同服务过程的资源共享及综合利用（其中，资源包括人力、信息、基础设施、工作环境、供方、合作者、银行及财务资源等）。因此，上海百大配送总结公司在不同物品物流配送实际运作中的搭载经验，探索及总结公司关联单位、客户及合作者的业务标准化接口，对实际运作经验进行分析，掌握搭载规律，制定运作及管理标准，在"管理手册V1.0"及"管理手册V2.0"基础上，随着业务种类、合作伙伴和合作方式地不断增加，采用 ISO9001:2000 及 ISO9004:2000 标准建立管理体系及标准，形成"管理手册V2.1"及后续同级版本。

案例来源：百度文库.

请分析上海百大配送有限公司的物流配送标准化管理的实践成就在哪里，有哪些需要改进的？

技能训练题

设计组织结构

春兰（集团）公司是集制造、科研、投资、贸易于一体的多元化、高科技、国际化的大型现代公司，是中国最大的企业集团之一。公司下辖42个独立子公司，其中制造公司18家，并设有春兰研究院、春兰学院、博士后工作站和国家级技术开发中心。春兰产业覆盖制造业、流通业、投资业、能源产业、服务业等，主导产品包括空调器、洗衣机、压缩机、除湿机、自动车、高能动力镍氢电池、机械及动力产品等。

要求：
① 请结合实际为春兰公司设计一种合适的组织结构。
② 请分析该种组织结构为春兰公司带来的益处。

参考文献

[1] 李严锋,张丽娟. 现代物流管理[M]. 大连:东北财经大学出版社,2014.
[2] 毛禹忠. 物流管理[M]. 北京:机械工业出版社,2014.
[3] 张念. 现代物流学[M]. 长沙:湖南人民出版社,2006.
[4] 王磊,王宜举. 库存管理[M]. 北京:北京交通大学出版社,2016.
[5] 熊正平,黄君麟. 库存管理[M]. 北京:机械工业出版社,2012.
[6] 田源. 仓储管理[M]. 北京:机械工业出版社,2015.
[7] 王皓,曾毅,刘钢. 仓储管理[M]. 北京:电子工业出版社,2013.
[8] 赵小柠. 仓储管理[M]. 北京:北京大学出版社,2015.
[9] 王自勤. 物流基础[M]. 北京:中国人民大学出版社,2015.